Revista de Direito Tributário

97

MALHEIROS EDITORES

Revista de Direito Tributário

Publicada sob os auspícios do
Instituto Geraldo Ataliba — IDEPE — Instituto Internacional de Direito Público e Empresarial
Presidente: Prof. Aires Barreto

ISS 0102-7956

REVISTA DE DIREITO TRIBUTÁRIO
publicação trimestral de
MALHEIROS EDITORES LTDA.
Rua Paes de Araújo, 29, 17º andar - conj. 171
CEP: 04531-940 - São Paulo, SP
Tel. (011) 3078-7205
Fax. (011) 3168-5495
Diretor Responsável: Álvaro Malheiros
Diretora: Suzana Fleury Malheiros

Assinaturas e comercialização:
CATAVENTO DISTRIBUIDORA
DE LIVROS S.A.
Rua Conselheiro Ramalho, 928
CEP 01325-000 - São Paulo - SP
Tel. (011) 3289-0811 - Fax. (011) 3251-3756
Supervisão Gráfica: Vânia Lúcia Amato
Composição: *Scripta*
Impressão: Paym Gráfica e Editora Ltda.

SUMÁRIO

CADERNOS DE DIREITO TRIBUTÁRIO

O ABSURDO DA INTERPRETAÇÃO ECONÔMICA DO "FATO GERADOR" – DIREITO E SUA AUTONOMIA – O PARADOXO DA INTERDISCIPLINARIEDADE 7

– PAULO DE BARROS CARVALHO

A FILOSOFIA DA PALAVRA 18

– GUSTAVO BERNARDO KRAUSE

INCREMENTO PATRIMONIAL NO JUSTIFICADO Y LOS FONDOS DE ORIGEN ILÍCITO: ¿PRESUNCIÓN O FICCIÓN? 30

– JORGE BRAVO CUCCI

ABUSOS DA FISCALIZAÇÃO – O CASO DA COBRANÇA DE ICMS SOBRE A CONSTRUÇÃO DE ABRIGOS DE ÔNIBUS 35

– SACHA CALMON NAVARRO COÊLHO, EDUARDO JUNQUEIRA COELHO E ANDRÉ MENDES MOREIRA

APURAÇÃO DA BASE DE CÁLCULO DO IRPJ E DA CSLL. A desconsideração de 100% dos custos e despesas. Obrigatoriedade do arbitramento do lucro 49

– MARY ELBE QUEIROZ

COMPETÊNCIA REGULAMENTAR DA ANATEL E TRIBUTAÇÃO. O caso da Súmula n. 7/2005 75

– TÁCIO LACERDA GAMA

O USO HABITUAL DOS VOCÁBULOS COMO LIMITE À INTERPRETAÇÃO: ANÁLISE SOB O PONTO DE VISTA DOS JULGADOS DO SUPREMO TRIBUNAL FEDERAL 86

– TATHIANE DOS SANTOS PISCITELLI

BOA-FÉ, REEXAME, VALORAÇÃO DAS PROVAS E OS "RECURSOS DE DIVERGÊNCIA" NO PROCESSO ADMINISTRATIVO-TRIBUTÁRIO 97

– DURVAL FERRO BARROS

AS PRESUNÇÕES E A LINGUAGEM PRESCRITIVA DO DIREITO 109

– FLORENCE CRONEMBERGER HARET

ESTUDOS E COMENTÁRIOS

O SIMPLES NACIONAL E ASPECTOS CONSTITUCIONAIS DA TRIBUTAÇÃO DAS MICRO E PEQUENAS EMPRESAS (LEI COMPLEMENTAR N. 123, DE 14 DE DEZEMBRO DE 2006) 119

– POLLYANA VILAR MAYER E OLÍVIA TONELLO MENDES FERREIRA

A TRIBUTAÇÃO DO SERVIÇO DE VoIP (Voz sobre IP) 130

– RUBYA FLORIANI DOS ANJOS

INTERPRETACIÓN TRIBUTARIA EXTENSIVA E INTEGRACIÓN ANALÓGICA A PARTIR DEL PRINCIPIO DE RESERVA DE LEY 143

– OLGA MA. AUCAR MERCHÁN E PAULA SUBÍA PINTO

A APURAÇÃO DO PIS E DA COFINS E A VIABILIDADE DA NÃO-TRIBUTAÇÃO DAS OPERAÇÕES DE VENDAS E PRESTAÇÕES DE SERVIÇOS INADIMPLIDAS: O CONCEITO DE FATURAMENTO E OS REGIMES CONTÁBEIS DE RECONHECIMENTO DAS RECEITAS 161

– VANESSA RAHAL CANADO

REGIMES DE TRIBUTAÇÃO MONOFÁSICA DA CONTRIBUIÇÃO PARA O PIS/PASEP E DA COFINS DE QUE TRATA A LEI 10.147/2000 E O ENTENDIMENTO VEICULADO NO ADI SRF 26/2004 179

– CIRO CARDOSO BRASILEIRO BORGES

CPMF: NÃO-INCIDÊNCIA SOBRE OPERAÇÕES SIMBÓLICAS DE CÂMBIO DECORRENTES DA CONVERSÃO DE EMPRÉSTIMO EM INVESTIMENTO EXTERNO DIRETO 196

– ELIANA KARSTEN ANCELES

Revista de Direito Tributário

CADERNOS DE DIREITO TRIBUTÁRIO

Fundador: Rubens Gomes de Sousa (†)

CADERNOS DE DIREITO TRIBUTÁRIO

O ABSURDO DA INTERPRETAÇÃO ECONÔMICA DO "FATO GERADOR" – DIREITO E SUA AUTONOMIA – O PARADOXO DA INTERDISCIPLINARIEDADE

PAULO DE BARROS CARVALHO
Professor Titular de Direito Tributário da PUC/SP e da USP

1. Introdução. 2. O conteúdo prescritivo da linguagem do direito positivo. 3. Observações a respeito das unidades que compõem o sistema do direito positivo. 4. Disciplinariedade e autonomia do direito. 5. Interpretação dos fatos: delimitação do conteúdo de "fato puro", "fato contábil" e "fato jurídico". 6. Teubner e o direito como sistema autopoiético. 7. A impossibilidade de traduções perfeitas entre os idiomas da mesma família e a conversação que entre eles se estabelece, segundo a concepção de Vilém Flusser. 8. Conclusão.

À memória de Alfredo Augusto Becker

1. Introdução

O objetivo do presente texto é pôr em evidência, ainda que a breve trecho, a autonomia do direito em relação a outras matérias que lhe são próximas, firmando premissas no caráter sintaticamente homogêneo que o direito positivo apresenta enquanto sistema empírico, formado por unidades atômicas – as normas jurídicas – expressas verbalmente por meio de proposições prescritivas. Descansa, portanto, em duas premissas: a) que o direito posto, como camada lingüística, se estrutura em forma de sistema autônomo; e b) que os elementos desse conjunto são normas jurídicas (aqui utilizadas no sentido estrito), expressas mediante proposições hipotético-implicacionais. A partir daí, coloca-se a tese segundo a qual um dos aspectos do referido sistema é, justamente, o de ser homogêneo, em termos sintáticos, constituinte de uma *realidade propriamente sua.*

Prescindível advertir que cada uma das palavras utilizadas nesta estrita comunicação serve de tema para amplos e intermináveis confrontos acadêmicos. As construções jurídico-filosóficas têm demonstrado, iterativamente, que os mais singelos vocábulos da terminologia que empregamos oferecem precioso material para discordâncias fundamentais, dentro mesmo de uma só corrente de pensamento. Entretanto, para tornar possível o isolamento temático da proposta, suspendo, momentaneamente, a atenção sobre os problemas que porventura possam ser suscitados, voltando-a para o exame tópico de certos pontos, a propósito dos quais aduzirei algumas considerações que me parecem oportunas.

2. O conteúdo prescritivo da linguagem do direito positivo

Dou por assente que o estudo do direito positivo, como estrato de linguagem, não implica uma tomada de posição redutora do fenômeno jurídico, mas que supõe admitir que o conjunto de símbolos empregados para a comunicação entre os seres humanos, no contexto social, adquira uma das formas particulares de interação simbólica, compatível com a função reguladora do direito, na alteridade substancial que lhe é imanente. E esse modo específico é o da linguagem prescritiva.

De fato, tanto o discurso informativo, próprio para as transmissões cognoscitivas; quanto o expressivo de situações subjetivas, como as emoções; e ainda aquele peculiar à formulação de perguntas, que reflete a perplexidade do sujeito, ao pé de realidades que desconhece; essas três funções da linguagem não se ajustam ao fim primordial do direito, na sua missão disciplinadora de relações intersubjetivas. Para realizar tal finalidade ordenadora, o instrumento adequado é a linguagem prescritiva de situações, ou seja, *da linguagem cuja finalidade é alterar a circunstância, e cujo destinatário é o homem e sua conduta no universo social.* "Altera-se o mundo físico mediante o trabalho e a tecnologia, que o potencia em resultados. E altera-se o mundo social mediante a linguagem das normas, uma classe da qual é a linguagem das normas do Direito", como se extrai da lição vigorosa de Lourival Vilanova.[1]

Pois bem, esse caráter prescritivo, vectorial, penetra intensamente toda a textura do sistema do direito posto que se verte sobre a facticidade social, qualificando pessoas, situações e coisas, exatamente para associar-lhes a regulação das condutas inter-humanas.

3. Observações a respeito das unidades que compõem o sistema do direito positivo

Quando menciono o direito posto, na condição de sistema, é para encará-lo não como sistema lógico, dotado de consistência, isento de contradições, tal qual o modelo do sistema das Ciências, mas como conjunto de proposições lingüísticas que se dirigem a certa e determinada região material – a região material das condutas interpessoais. O discurso de que falo, conquanto abrigue proposições contraditórias e lacunas, mesmo assim vem carregado de uma porção de racionalidade que julgo suficiente para outorgar-lhe foros de sistema, não lógico, mas empírico, precisamente pelo comprometimento que mantém com o tecido social, por ele ordenado de maneira prescritiva.

Ora, guardando a forma de sistema, as unidades que compõem o direito positivo são as normas jurídicas, juízos hipotético-condicionais, em que se enlaça ao antecedente, ou descritor, um conseqüente, ou prescritor, tudo por intermédio da cópula deôntica – o "dever-ser", na sua configuração neutra, isto é, sem modalização. Essas entidades lógicas (os juízos hipotéticos) ganham expressão verbal no jeito de proposições – proposição hipótese e proposição tese – entreligadas pelo conectivo peculiar ao domínio do normativo-social, a que já me referi.

É bom lembrar que, nos fenômenos de incidência normativa, componentes de uma nova realidade jurídica, há duas normas que devem ajustar-se, respectivamente, a norma geral e abstrata e a norma individual e concreta. No plano da formulação normativa, tudo se inicia quando da construção de uma classe ou conjunto enumerando os

1. Lourival Vilanova, *As Estruturas Lógicas e o Sistema do Direito Positivo*, São Paulo, Noeses, 2006, p. 42.

indivíduos que a compõem, ou indicando as notas ou nota que o indivíduo precisa ter para pertencer à classe ou conjunto. A primeira é a forma tabular; a segunda, forma-de-construção. A modalidade em que, quase sempre, manifesta-se a proposição normativa geral e abstrata não é a forma tabular, mas a forma-de-construção. Nela se estatuem as notas (conotação) que os sujeitos ou as ações devem ter para pertencerem ao conjunto. A relação de pertinencialidade é determinada conotacionalmente. Este o modo mais freqüente no direito positivo. Seria infindável formar classes pela enumeração dos indivíduos ou ações, já que o real é irrepetível e a experiência é infinita e inesgotável.

Cada enunciado que venha a ser formado, contendo os caracteres selecionados na composição típica da hipótese, subsumir-se-á naquele conjunto que, dessa maneira, poderá receber número infinito de ocorrências fácticas. É bom ter presente que a formação desses segmentos lingüísticos com sentido completo pressupõe um processo seletivo, com a eleição dos traços julgados mais relevantes para a identificação do objeto da experiência, refletindo, não o real, mas um ponto de vista sobre o real, como salienta Samira Chalhub.[2] Afinal de contas, um conceito demarcado é sempre seletor de propriedades, já que os infinitos aspectos do real passam pelo juízo de valor expedido pelo autor do ato de fala, no caso, o legislador.

A esta altura, já podemos dizer que o enunciado factual é protocolar, surpreendendo uma alteração devidamente individualizada do mundo fenomênico, com a clara determinação das condições de espaço e de tempo em que se deu a ocorrência. Articulação de linguagem organizada assim, com esse teor de denotatividade, chamaremos de *fato*, fato político, econômico, contábil, biológico, psicológico, histórico, jurídico etc. No direito positivo, correspondem ao antecedente das normas individuais e concretas. É aqui que se encontra a grande divergência interpretativa atual. Será que este fato que dá causa a uma relação jurídica poderá ser objeto de outras qualificações que não a jurídica? Em outras palavras, o fato antecedente da norma no direito positivo poderá ser entendido como fato econômico, fato contábil, fato político ou mesmo fato histórico? É o que iremos discutir.

Antes, porém, faço voltar a atenção à premissa de que o *status* dos fatos é diferente do *status* dos objetos a que se referem. O evento, na visão ontológica, no sentido de realidade social concreta, para vestir o caráter jurídico precisa ser transcrito em linguagem competente, ou seja, aquela linguagem juridicamente admitida como capaz para constituir o antecedente normativo e estabelecer o vínculo relacional entre agentes do direito no plano concreto e individual. Outrossim, não é qualquer função pragmática da linguagem que propicia a composição de um enunciado factual. Além da linguagem descritiva, indicativa ou declarativa, muito usada na comunicação diária e no discurso científico, torna-se possível emitir enunciados fácticos também em linguagem prescritiva e em linguagem operativa ou performativa. Obviamente que os valores lógicos de tais enunciados serão os inerentes ao uso empregado: verdadeiro e falso, para o descritivo; válido e não-válido para o prescritivo; e eficaz e ineficaz para o performativo. A despeito da função, contudo, em todos eles haverá, necessariamente, um *quantum* de referencialidade, uma vez que são formações lingüísticas vertidas para o mundo fenomênico das coisas, projetando-se no domínio dos objetos da experiência. Na composição de tais enunciados sobre as regras que orientam a boa formação sintática, hão de observar-se os usos do idioma, sem o que o sentido daquelas estruturas não será apto para fins denotativos. E esses fins reclamam a identificação da ocorrência num intervalo de tempo e num ponto do espaço, dentro da conotatividade de uma hipótese auto-

2. *Função da Linguagem*, 5ª ed., São Paulo, Ática, 1991, p. 14.

rizadora da construção do fato jurídico. Serão, portanto, necessariamente, determinativos. Por isso, o verbo há de estar no presente ou no passado, excluindo-se o futuro.

4. Disciplinariedade e autonomia do direito

A escolha do caráter disciplinar ou interdisciplinar, como estratégia para a construção do discurso científico, além de opção incontornável, continua sendo tema discutido nos círculos epistemológicos, juntamente com a própria amplitude da inter-relação das disciplinas, conteúdo de outra decisão a ser tomada pelo cientista. Tudo para perseguir aquele *quantum* de objetividade que pretende ter contraparte na carga mínima de subjetividade no agente do conhecimento.

Ele, o fato social, na sua congênita e inesgotável plurilateralidade de aspectos, reivindica, enquanto objeto, uma seqüência de incisões que lhe modelem o formato para a adequada apreensão do espírito humano. Está presente nessa atividade tanto a objetivação do sujeito como a subjetivação do objeto, em pleno relacionamento dialético. Isso impede a concepção do "fato puro", seja ele econômico, histórico, político, jurídico ou qualquer outra qualidade que se lhe pretenda atribuir. Tais fatos, como bem salientou Lourival Vilanova,[3] são elaborações conceptuais, subprodutos de técnicas de depuração de idéias seletivamente ordenadas. Não acredito ser possível, por isso mesmo, isolar-se, dentro do social, o fato jurídico, sem uma série de cortes e recortes que representem, numa ascese temporária, o despojamento daquele fato cultural maior de suas colorações políticas, econômicas, éticas, históricas etc., bem como dos resquícios de envolvimento do observador, no fluxo inquieto de sua estrutura emocional.

Sem disciplinas, é claro, não teremos as interdisciplinas, mas o próprio saber disciplinar, em função do princípio da intertextualidade, avança na direção de outros setores do conhecimento, buscando a indispensável complementariedade. O paradoxo é inevitável: o disciplinar leva ao interdisciplinar e este último faz retornar ao primeiro. A relação de implicação e polaridade, tão presente no pensamento de Miguel Reale, manifesta-se também aqui, uma vez que o perfil metódico que venha a ser adotado, sê-lo-á, certamente, para demarcar uma porção da cultura.

Dois outros obstáculos, na forma de desafios, estarão no caminho do estudioso, mesmo que se admita superada aquela situação paradoxal: (i) quais as proporções do corte e (ii) que critérios utilizar para a condução do raciocínio no trato com o objeto já constituído (digamos, recortado)?

Aquilo que podemos esperar de quem empreenda a aventura do conhecimento, no campo do social, a esta altura, é uma atitude de reflexão, de prudência, em respeito mesmo às intrínsecas limitações e à própria finitude do ser humano. Esta tomada de consciência, contudo, não pode representar a renúncia do seguir adiante, expressa nas decisões que lhe parecerem mais sustentáveis ao seu projeto descritivo.

5. Interpretação dos fatos: delimitação do conteúdo de "fato puro", "fato contábil" e "fato jurídico"

Retornemos da digressão para considerar que, no degrau da hermenêutica jurídica, o grande desafio de quem pretende desvelar o conteúdo, sentido e alcance das regras de direito radica na inafastável dicotomia entre a letra da lei e a natureza do fenômeno jurídico subjacente.

O desprestígio da chamada interpretação literal é algo que dispensa meditações mais profundas, bastando recordar que, prevalecendo como método de interpretação do direito, seríamos forçados a admitir que os meramente alfabetizados, quem sabe

3. *As Estruturas Lógicas e o Sistema do Direito Positivo*, cit., p. 104.

com o auxílio de um dicionário de tecnologia jurídica, estariam credenciados a identificar a substância das mensagens legisladas, explicitando as proporções de significado da lei. O reconhecimento de tal possibilidade roubaria à Hermenêutica Jurídica e à Ciência do Direito todo o teor de suas conquistas, relegando o ensino universitário a um esforço sem expressão e sentido prático de existência. Talvez por isso, e sem o perceber, Carlos Maximiliano haja sufragado, com suficiente ênfase, que todos os métodos interpretativos são válidos, desde que seus resultados coincidam com aqueles colhidos na interpretação sistemática.

Não sobeja repetir: para nós, as normas jurídicas são as significações que a leitura do texto desperta em nosso espírito e, nem sempre, coincidem com os artigos em que o legislador distribui a matéria no campo escrito da lei. Dito de outro modo, na realidade social em que vivemos, experimentamos sensações visuais, auditivas, tácteis, que suscitam noções. Estas, agrupadas em nosso intelecto, fazem surgir os juízos ou pensamentos que, por sua vez, se exprimem verbalmente como proposições. A proposição aparece como o enunciado de um juízo, da mesma maneira que o termo expressa uma idéia ou noção. E a norma jurídica é, exatamente, o juízo hipotético que a percepção do texto provoca no plano de nosso consciente, da mesma forma em que tantas outras noções não-jurídicas poderiam ter sido originadas daquele mesmo conjunto de percepções físicas. Diz-se, portanto, que a noção é jurídica pois se enquadrou a uma determinada hipótese jurídica.

Por analogia aos símbolos lingüísticos quaisquer é válida a construção segundo a qual o texto escrito está para a norma jurídica tal qual o vocábulo está para sua significação. E adotando-se a estrutura trilateral, de inspiração husserliana, falaremos em suporte físico, significado e significação. Transportadas as idéias para o domínio do jurídico: o suporte físico é o conjunto dos textos do direito posto; significado, a conduta humana compartida, na vida social; e significação, o vasto repertório que o jurista extrai, compondo juízos lógicos, a partir do contato sensorial com o suporte físico, e com referência ao quadro dos fatos e das condutas juridicamente relevantes. É exatamente na significação e no significado que se dá a construção hermenêutica do fato jurídico e onde centralizaremos todas as nossas atenções a fim de compor estudo semântico sobre a expressão "fato jurídico".

Quer isto exprimir, por outros torneios, que a única forma de se entender o fenômeno jurídico, conclusivamente, é analisando-o como um sistema, visualizado no entrelaçamento vertical e horizontal dos inumeráveis preceitos que se congregam e se aglutinam para disciplinar o comportamento do ser humano, no convívio com seus semelhantes. O texto escrito, na singela expressão de seus símbolos, não pode ser mais do que a porta de entrada para o processo de apreensão da vontade da lei, jamais confundida com a intenção do legislador. Sem nos darmos conta, adentramos a análise do sistema normativo sob o enfoque semioticista, recortando, como sugere uma análise mais séria, a realidade jurídica em seus diferentes campos cognoscitivos: sintático, semântico e pragmático.

Bem sabido que não se pode priorizar qualquer das dimensões semióticas, em detrimento das demais. Todavia, o momento semântico num exame mais apurado sobre o tema que ora tratamos, chama a atenção pela maneira intensa como qualifica e determina as questões submetidas ao processo dialógico que prepara a decisão ou conclusão. Daí exclamar Alfredo Augusto Becker, cheio de força retórica, que o jurista *nada mais seria que o semântico da linguagem do direito*. A ele cabe a árdua tarefa de examinar os textos, quantas vezes obscuros, contraditórios, penetrados de erros e imperfeições terminológicas, para captar a essência dos institutos, surpreendendo, com nitidez, a função da regra, no implexo quadro normativo.

No processo de cognição da linguagem prescritiva de condutas, o hermeneuta esbarra em numerosos entraves que a realidade jurídica mesma lhe impõe. O primeiro obstáculo está cravado na própria matriz do direito. A produção das normas de mais elevada hierarquia no sistema, que são gerais e abstratas, está confiada aos parlamentos, casas legislativas de natural heterogeneidade, na medida em que se pretendam democráticas e representativas. Com isso, a despeito dos esforços na elaboração de uma linguagem técnica, dotada da racionalidade suficiente para atingir padrões satisfatórios de eficácia social, a verdade é que a mensagem legislada quase sempre vem penetrada de imperfeições, com problemas de ordem sintática e semântica, tornando muitas vezes difícil sua compreensão pelos sujeitos destinatários. É neste ponto que a Dogmática (Ciência do Direito em sentido estrito) cumpre papel de extrema relevância, compondo os enunciados freqüentemente dispersos em vários corpos legislativos, ajeitando-os na estrutura lógica compatível e apontando as correções semânticas que a leitura contextual venha a sugerir. Com tais ponderações, a comunicação normativa flui mais facilmente do emissor ao receptor, realizando os propósitos da regulação jurídica com mais clareza e determinação.

Num segundo momento, depara-se o estudioso com uma realidade juridicamente complexa. Analisando no contexto de uma visão sistemática, onde as unidades normativas se entreligam formando uma estrutura sintática; onde há, inequivocamente, um referente semântico consubstanciado pela região material das condutas, ponto de confluência das iniciativas reguladoras do comportamento intersubjetivo; e onde se verificam as inesgotáveis manifestações dos fatores pragmáticos. Tudo isso, repito, traz ao estudo do fenômeno jurídico complexidades imensas. Na qualidade de exegeta, deve partir da literalidade do texto, e buscar as significações sistêmicas, aquelas que retratam os específicos parâmetros instituídos pelo sistema. Do mesmo modo, a consistência material das regras há de encontrar fundamento no sistema, sob pena de não prevalecerem, vindo a ser desconstituídas. Daí a tendência para cortar cerce o problema, ofertando soluções simplistas e descomprometidas, como ocorre, por exemplo, com a canhestra "interpretação literal" das formulações normativas, que leva consigo a doce ilusão de que as regras do direito podem ser isoladas do sistema e, analisadas na sua compostura frásica, desde logo "compreendidas".

Adotando tal postura, parece-nos perfeitamente justificada e coerente a adoção da afirmativa suso adotada de que as regras jurídicas são as significações que a leitura do texto desperta em nosso espírito e, nem sempre, coincidem com os dispositivos mediante os quais o legislador distribui a matéria no corpo escrito da lei. Advem daí que, muitas vezes, um único artigo não seja bastante para a compreensão da norma, em sua integridade existencial. Vê-se o leitor, então, na contingência de consultar outros preceitos do mesmo diploma e, até, a sair dele, fazendo incursões pelo sistema.

Por fim, não nos esqueçamos de que a camada lingüística do direito está imersa na complexidade do tecido social, cortada apenas para efeito de aproximação cognoscitiva. O real, com a multiplicidade de suas determinações, só é susceptível de uma representação intuitiva, porém aberta para receber inúmeros recortes cognoscitivos. Com tais ponderações, torna-se hialina a afirmativa de que de um mesmo evento, poderá o jurista construir o fato jurídico; como também o contabilista, o fato contábil; e o economista o fato econômico. Tudo, portanto, sob a dependência do corte que se quer promover daquele evento.

E quanto ao âmbito de compreensão deste fenômeno, retornando à linha de raciocínio inicial, citemos que todos os fatos são construções de linguagem, e, como tanto, são representações metafóricas do próprio evento. Seguem a gramaticalidade própria do universo lingüístico a que pertencem – o jurídico - quando constituinte do fato jurídico ou o contábil, por exemplo, quando construtores do fato contábil. As regras da gramática cumprem função lingüística reguladora de um idioma historicamente dado. Prescrevem a forma de combinação dos vocábulos e das expressões para produzirmos oração, isto é, construção com sentido daquele universo linguisticamente dado. O direito, portanto, é linguagem própria compositiva de uma realidade jurídica. Provém daí o nominar-se Gramática Jurídica ao subconjunto das regras que estabelecem como outras regras devem ser postas, modificadas ou extintas, dentro de certo sistema.

Posto isso, perceberemos que a construção do fato jurídico, nada mais é que a constituição de um fraseado normativo capaz de justapor-se como antecedente normativo de uma norma individual e concreta, dentro das regras sintáticas ditadas pela gramática do direito, assim como de acordo com os limites semânticos arquitetados pela hipótese da norma geral e abstrata.

Há que ter em mente, nesse caminho, uma importante informação: as palavras componentes desta frase constitutiva de realidade jurídica têm uma denotação, que é o conjunto dos significados que, posteriormente, representam o signo. Ao mesmo tempo, as mesmas palavras classificam-se dicotomicamente, na medida em que estabelecem duas categorias: a dos objetos que representam e a dos objetos que não representam.

Tal ocorre com a expressão *fato jurídico*. Têm-se como certo, nos dias de hoje, que o conhecimento científico do fenômeno social, seja ele qual for, advém da experiência, aparecendo sempre como uma síntese necessariamente *a posteriori*. Na constituição do fato jurídico, a análise relacional entre a linguagem social e a linguagem jurídica, redutora da primeira, sobrepõe-se a esse conhecimento sinzetético, obtendo como resultado um novo signo, individualizado no tempo e no espaço do direito e recebendo qualificação jurídica: eis o fato jurídico. É, portanto, uma construção de sobrelinguagem. Há duas sínteses: (i) do fenômeno social ao fenômeno abstrato jurídico e (ii) do fenômeno abstrato jurídico ao fenômeno concreto jurídico.

Adotados estes pressupostos, verificaremos que o termo ou expressão que adquirir o qualificativo "jurídico" não somente será representativo de uma unidade do universo do direito, como também denotará seu contraponto, que são todos os outros fatos lingüisticamente possíveis de serem construídos a partir daquele mesmo evento, mas que não se enquadram às regras sintáticas e semanticamente dadas pelo sistema de linguagem do direito. A demarcação do objeto implica a delimitação do corte de sua classe e, ao traçar esses limites o exegeta obtém como resultado indireto a formação do conjunto dos fatos que não se qualificam como tal. Trata-se de singela construção resultante da lógica, pois, no universo das proposições normativas, "p" (proposição) é diferente e oposto de "n-p" (não-proposição), impedindo a quem se dispõe a conhecer o sistema incluir a classe "n-p" dentro do conjunto "p". São categorias que tomam o mesmo universo mas que não se intercruzam. Ou seja, de um mesmo evento pode-se construir um fato jurídico ou um fato contábil; mas um e outro são sobremaneira diferentes, o que impede de inscrever o último como antecedente da norma individual e concreta, dado que representa unidade carente de significação jurídica. O fato capaz de implicar o conseqüente normativo haverá de ser sempre fato jurídico, mesmo que muitas vezes haja situações em que num e noutro estejam presentes os mesmos conteúdos denotativos. A partir desses dados, é que poderemos demarcar o conjunto dos fatos jurídicos, separando-o do conjunto dos fatos não-jurídicos, onde se demoram os fatos econômicos, os fatos contábeis, os fatos históricos e tantos outros quantas sejam as ciências que os constroem. O critério utilizado para a separação desses dois domínios é justamente a *homogeneidade sintática* do universo jurídico.

Com tais considerações, cabe relembrar que todo conhecimento do objeto requer cortes e mais recortes científicos, que cumprem a função de simplificar a complexa realidade existencial delimitando o campo da análise. Não nos esqueçamos de que a camada lingüística do direito está imersa na complexidade do tecido social, cortada apenas para efeito de aproximação cognoscitiva. O direito positivo é objeto do mundo da cultura e, como tal, torna árdua a tarefa do exegeta em construir a plenitude de seus conteúdos de significação, obrigando-o a reduzir a complexidade empírica, ora isolando ora selecionando caracteres do dinâmico mundo do existencial. O objeto passa a ser uma construção em linguagem do intérprete que reduz as características próprias e imanentes daquilo que se toma do universo físico social.

Eis uma barreira intransponível à concepção do "fato puro", seja ele econômico, histórico, político, jurídico ou de qualquer outra qualidade que se lhe pretenda atribuir. Tais fatos, como acrescenta Lourival Vilanova, são elaborações conceptuais, subprodutos de técnicas de depuração de idéias seletivamente ordenadas.[4]

Cumpre fazer observação importante e que atina ao momento da própria consolidação da afirmativa acima exposta. Isto porque a doutrina tradicional vem conotando certos fatos jurídicos, tal qual o fato elisivo, como construção de conteúdo econômico, com efeitos jurídicos. Assim o entende, Amílcar de Araújo Falcão, que o qualifica como *fato jurídico de conteúdo econômico* ou mesmo *fato econômico de relevância jurídica*. Distrações desse gênero, conduziram o pensamento à idéia de que seja necessário ao direito tomar emprestado o fato econômico para cumprir com suas funções prescritivas de conduta. O fato elisivo, em si, abstinha-se da natureza jurídica. Bem, passemos a examinar os critérios que compõem as mencionadas proposições afirmativas.

No desejo de construir um recorte da realidade que cerque o fato jurídico elisivo, pensamentos deslizam ao longo do eixo descritivo, impulsionados por uma eloqüência ordenada e vigorosa, bem na medida que a Ciência recomenda. Afinal de contas, que fato é esse? Como qualificá-lo? Sob qual critério? Nunca é demais insistir que as subdivisões em sistemas respondem a cortes metódicos que os objetivos da investigação analítica impõem ao espírito do pesquisador. O critério adotado no corte é o que qualificará o fato construído por ele, quantificando-o, inclusive, em seu conseqüente normativo. Se adotarmos um critério jurídico, o fato será atribuído ora como jurídico ora como não-jurídico, de acordo com as características instituídas em lei que determinam os contornos daquele *factum tributário*. Adotando tal pressuposto, a referência estará sempre contida nos critérios legalmente estipulados.

Ao indagarmos sobre a expressão *economia fiscal*, em olhar ligeiro, entenderemos estar nos limites entre o que é do domínio econômico e o que é do direito. Em qual desses domínios o critério se insere? Cumpre observar que, ao estabelecermos o paralelo entre o resultado de duas situações fiscais, estamos ingressando em uma análise aritmética entre duas quantias ou dois resultados numéricos. Seria esta uma análise jurídica ou econômica? Vejamos. Transportando-se isto para o quadro das prescrições legais tributárias, iremos verificar no próprio art. 3º do CTN que tributo é uma prestação pecuniária compulsória, em moeda ou cujo valor nela se possa exprimir. Em outras palavras, tributo é um valor pecuniário. O próprio art. 4º do CTN, ao dizer que a natureza específica do tributo é definida pelo fato gerador, está confirmando que a natureza do tributo é dada pela conjugação da hipótese da incidência e da base de cálculo, assumindo, nesta operação, perfil numérico.

4. Confira: "O fato puro não leva, com ele, a suficiente relevância significativa para ser incluído dentro do tipo. Para ingressar, sofre uma valoração comandada por um dever-ser" (Lourival Vilanova, *As Estruturas Lógicas e o Sistema de Direito Positivo*, cit., p. 104).

Pelo exposto, fica a ressalva de que não há fatos jurídicos puros ou fatos econômicos puros. O que existe são cortes de linguagem. Nós, juristas, montamos a realidade jurídica que representa o corte. Desta maneira, construímos a interpretação jurídica. Nada disso impede que economistas tomem a mesma base objetiva e produzam enunciados econômicos sobre ela. Produzem-se, por sua vez, outros cortes sobre o mesmo acontecimento, compondo novo signo. E a mesma coisa ocorre para o historiador, que constitui o fato histórico; para o sociólogo, que constrói o fato sociológico, entre tantos outros recortes que se possam produzir naquela realidade. À confusão metodológica que se estabelece no instante do corte Becker chamou de "mancebia irregular" do direito tributário com outras Ciências. Aliás, foi precisamente pela pretensão de fixar como objeto a atividade financeira do Estado, passando a examiná-la sob todos os ângulos possíveis e imaginários, sem qualquer prioridade metodológica, que a Ciência das Finanças rotundamente faliu, não mais existindo como disciplina nas grades curriculares das Faculdades de Direito do Brasil.

Discorrendo acerca do modo de pensar algumas vezes irrefletido da doutrina tradicional, também conhecida como *doutrina bem comportada do Direito Tributário*, Alfredo Augusto esclarece: "Exemplo de carência de atitude mental jurídica é a divulgadíssima tese (aceita como coisa óbvia) que afirma ser a hipótese de incidência ('fato gerador', 'fato imponível', 'suporte fáctico') sempre um fato *econômico*. Outro exemplo atual é a muito propagada doutrina da interpretação e aplicação do Direito Tributário segundo a 'realidade econômica do fenômeno social'. Como se demonstrará, ambas as teorias têm como resultado a demolição da *juridicidade* do Direito Tributário e a gestação de um ser híbrido e teratológico: o Direito Tributário invertebrado"[5] (os grifos são do autor).

5. Alfredo Augusto Becker, *Teoria Geral do Direito Tributário*, 4ª ed., Marcial Pons/Noeses.

6. Teubner e o direito como sistema autopoiético

Para Teubner, "o Direito constitui um sistema autopoiético de segundo grau, autonomizando-se em face da Sociedade, enquanto sistema autopoiético de primeiro grau, graças à constituição auto-referencial dos seus próprios componentes sistêmicos e à articulação destes num hiperciclo".[6]

E continua o autor alemão, referindo-se ao direito como subsistema social autopoiético de comunicação, que se autonomizou do sistema social geral graças à emergência de um código próprio e diferenciado, suficientemente estável para funcionar como centro de gravidade e princípio energético de um processo de autoprodução recursiva, fechada e circular de comunicações *especificamente* jurídicas. Segundo ele, se o direito se consubstancia num sistema que vive em clausura comunicativa (isto é, comunica acerca de si próprio), então deixou de ser possível conceber sua origem num Direito Natural, num Direito Divino, ou numa qualquer essência preestabelecida e exterior ao próprio sistema jurídico: *não há Direito fora do Direito*.

O sistema jurídico aparece aqui concebido como sistema auto-referencial e auto-reprodutivo de actos de comunicação particulares (os actos jurídicos), ou seja, um sistema constituído por eventos comunicativos específicos que, simultaneamente, se auto-reproduzem à luz do código binário "lícito/ilícito", se articulam recursiva e circularmente entre si, definem as fronteiras do sistema jurídico, e constroem seu meio envolvente próprio ("realidade jurídica"): numa palavra, um sistema comunicativo "normativamente fechado". Sempre que as normas jurídicas entram no cálculo de outros subsistemas, apenas o fazem porque as mesmas foram tidas como importantes pelos códigos binários correspondentes (Moral, Religião, *Economia* etc.).

Vê-se que a Teoria dos Sistemas, no modelo autopoiético, ressalta com tintas

6. Gunther Teubner.

fortes a autonomia do direito e o quanto parece estranho *interpretar economicamente o fato jurídico tributário.*

7. A impossibilidade de traduções perfeitas entre os idiomas da mesma família e a conversação que entre eles se estabelece, segundo a concepção de Vilém Flusser

No seu *Língua e Realidade*, Flusser dá uma contribuição valiosa ao estudo da tradução entre idiomas. Além de estabelecer proposições sugestivas a respeito de a língua *ser* a realidade, *formar* a realidade e *criar* a realidade,[7] mencionando a conversação que se institui entre tais ordens para formar as várias culturas, o pensador tcheco proclama, com bastante clareza, que as *Ciências são línguas*, de tal modo que as observações aplicáveis aos sistemas idiomáticos se acomodam perfeitamente ao esquema organizacional das Ciências. Ouçamo-lo. "A ciência *sensu stricto*, tal qual a conhecemos no Ocidente, desde o Renascimento, equivale, deste ponto de vista, ao aparecimento de uma nova língua".[8] E Gustavo Bernardo Krause, ao prefaciar essa obra-prima, como ele mesmo reconhece, reproduz o texto de Flusser: "a ciência, longe de ser válida para todas as línguas, é ela própria uma língua a ser traduzida para as demais".[9] Esse argumento se encontra presente também no artigo do mesmo autor, subseqüente a este nessa revista, destacando que advém daí o *dilema da tradução*. Eis a razão e a pertinência de se reunir aos estudos tributários a "filosofia da palavra" de Krause.

Vilém Flusser, de fato, não admite a possibilidade de uma tradução perfeita, mesmo em se tratando de línguas flexionais, com organizações parecidas. Torna-se possível *aproximadamente*, graças às semelhanças existentes entre as estruturas dos idiomas. Daí o adágio consagrado: *tradutore, traditore*. Entre as realidades criadas e formadas por duas línguas diferentes, ainda que semelhantes, há um abismo que tem de ser transposto, momento em que surgem as inevitáveis distorções.

Ora, se o Direito (tomado aqui como Ciência) e a Economia, são dois sistemas cognoscentes distintos, entre eles somente poderá haver uma tradução *aproximada*, com a presença de termos e expressões intraduzíveis que determinam freqüentes descompassos. Podem, contudo, manter uma *conversação* ampla, que envolva também o saber a respeito de outros segmentos do tecido social, como a Ciência Política, a Sociologia (em sentido estrito), as Ciências Contábeis, a Psicologia Social, a História etc.

8. Conclusão

No âmbito destas investigações, chegaremos à conclusão de que os fatos, assim como toda construção de linguagem, podem ser observados como jurídicos, econômicos, antropológicos, históricos, políticos, contábeis, etc.; tudo dependendo do critério adotado pelo corte metodológico empreendido. Existe interpretação econômica do fato? Sim, para os economistas. Existirá interpretação contábil do fato? Certamente, para o contabilista. No entanto, uma vez assumido o critério jurídico, o fato será, única e exclusivamente, fato jurídico; e claro, fato de natureza jurídica, não econômica ou contábil, entre outras matérias. Como já anotado, o direito não pede emprestado conceitos de fatos para outras disciplinas. Ele mesmo constrói sua realidade, seu objeto, suas categorias e unidades de significação. O paradoxo inevitável, e que causa perplexidade no trabalho hermenêutico, justifica a circunstância do disciplinar levar ao interdisciplinar e este último fazer retornar ao primeiro. Sem disciplinas, portanto, não teremos as interdis-

7. Gustavo Bernardo, "Prefácio" do livro *Língua e Realidade*, 2ª ed., 1ª reimp., São Paulo, Annablume, p. 17.

8. Vilém Flusser, *Língua e Realidade*, 2ª ed., São Paulo, Editora Annablume, p. 54.

9. Idem, p. 19.

ciplinas, mas o próprio saber disciplinar, em função do princípio da intertextualidade, avança na direção dos outros setores do conhecimento, buscando a indispensável complementariedade. Tanto o jurídico quanto o econômico fazem parte do domínio social e, por ter este referente comum, justifica-se que entre um e outro haja aspectos ou áreas que se entrecruzem, podendo ensejar uma *tradução aproximada* e, em parâmetros mais amplos, uma densa e profícua *conversação*.

CADERNOS DE DIREITO TRIBUTÁRIO

A FILOSOFIA DA PALAVRA

GUSTAVO BERNARDO KRAUSE
Professor de Teoria da Literatura na UERJ

Em seu primeiro livro, *Língua e Realidade*, o filósofo tcheco-brasileiro Vilém Flusser (1920-1991) defende a tese de que a língua cria a realidade. À pergunta sobre o que cria a língua, responde: a poesia. A poesia cria a língua que cria a realidade.

Ele define poesia como "o esforço do intelecto em conversação de criar língua" (p. 159). A palavra "poesia" vem do grego *poietés* (aquele que produz algo) e tem raiz comum com o termo latino *ponere* (pôr). A língua alemã a traduz como *Dichtung*), que contém ainda as idéias de "adensamento" e de "cerração". Desta forma, o poeta é o *positor* que fornece a matéria-prima para os *compositores*, isto é, para os intelectos em conversação. O poeta propõe e ao mesmo tempo adensa sua proposta, criando uma espécie de cerração de significados.

Os que não são poetas, por sua vez, dissipam um pouco a cerração poética de modo a estabelecer a conversação cotidiana. A conversação mantém o nexo entre as pessoas e a realidade, mas a poesia é aquela que de fato produz a língua que produz, por sua vez, a conversação. O verbo "produzir" vem de *producere*, literalmente: "levar para a superfície". A poesia produz a língua exatamente do nada: "a poesia é o lugar onde a língua suga potencialidade para produzir realidade".

Dessa maneira o filósofo aproxima a poesia da *oração*, outra expressão que deriva do latim *os*, literalmente, "boca", e que significa aproximadamente "uso consciente e autêntico da língua". Também significa *reza*, ou seja, conversação com o indizível – com Aquele de quem nada se pode saber.

Vilém Flusser busca reviver o espanto e a admiração primordiais que desde Aristóteles dão sentido e chama à filosofia. Entende que o ato criador do qual toda conversação (toda civilização) crê descender é uma palavra. No caso da conversação grega, essa palavra primordial seria a palavra *palavra*, ou seja, o *logos*:

"Cada palavra, cada forma gramatical é não somente um acumulador de todo o passado, mas também um gerador de todo o futuro. Cada palavra é uma obra de arte projetada para dentro da realidade da conversação a partir do indizível, em cujo aperfeiçoamento colaboraram as gerações incontáveis dos intelectos em conversação e a qual nos é confiada pela conversação a fim de que a aperfeiçoemos ainda mais e a transmitamos aos que virão, para servir-lhes de instrumento em busca do indizível. Qual a catedral, qual a sinfonia, qual a obra que pode comparar-se em significado, em beleza e em sabedoria com a palavra, com qualquer palavra de qualquer língua?" (p. 229).

A respeito do mesmo aspecto, o filósofo Vilém Flusser tem sido criticado por muitos e valorizado por alguns: sua filosofia aproxima-se antes da poesia do que da ciência. Flusser deliberadamente evita formalizar os seus problemas, para não esterilizá-los. Ele deliberadamente não cria sistemas consistentes, porque o preço da consistência é a infecundidade. No entanto, pretende provocar dúvidas e ampliar a conversação geral.

Sob a forma de axiomas, os capítulos do seu livro mostram a direção do seu argumento: "a língua é realidade"; "a língua forma realidade"; "a língua cria realidade"; "a língua propaga realidade". Flusser entende que esses axiomas não implicam recusa da realidade. Continuam existindo o conhecimento, a realidade e a verdade – apenas, o conhecimento deve ser visto como menos absoluto do que nossas filosofias pretendem; a realidade, como menos fundamental; a verdade, como menos imediata.

Ele faz três afirmações chocantes: conhecimento, realidade e verdade são aspectos da língua; ciência e filosofia são pesquisas da língua; religião e arte são disciplinas criadoras de língua. Essas afirmações, porém, não deveriam nos chocar, se a sabedoria dos antepassados as confirma: *logos*, a palavra, é o fundamento do mundo dos gregos pré-filosóficos; *nama-rupa*, a palavra-forma, é o fundamento do mundo dos hindus pré-vedistas; *hachem hacadoch*, o nome santo, é o deus dos judeus; e o Evangelho começa dizendo que *no começo era o Verbo*. Entretanto: "a despeito desses testemunhos, e a despeito da identificação do Cristo com o Verbo, a afirmação da identidade entre estrutura do cosmos e língua continua a chocar o ouvido moderno" (p. 15).

Sua filosofia da palavra é uma espécie de neo-nominalismo? Creio que não.

Costuma-se reconhecer a filosofia nominalista nascendo na Idade Média, quando se afirma que os universais não são entidades reais tampouco se encontram nas entidades reais: eles são tão-somente sons, isto é, *flatus vocis*. Os universais não se encontram *ante rem*, ou seja, não são nem prévios nem anteriores à coisa, como sustentam realismo e platonismo. Também não se encontram *in re*, ou seja, na coisa, como sustenta o aristotelismo. Os termos gerais designam apenas generalizações de propriedades comuns aos objetos particulares, não havendo nenhuma realidade específica que possa corresponder àquelas generalizações.

O enigma já se encontrava enunciado na pergunta de Immanuel Kant: duas gotas d'água podem ser a mesma? A resposta correta é: tanto sim quanto não.

Sim, duas gotas d'água podem ser a mesma; em ambas reconhecemos qualidades e propriedades idênticas, porque se não o reconhecêssemos teríamos de ter um nome para cada gota de água em cada torneira ou tempestade, extensivamente a cada folha de árvore em todas as florestas e parques do mundo, o que é impossível.

Não, duas gotas d'água não podem ser a mesma; dois corpos não podem ocupar o mesmo lugar no espaço assim como um corpo não pode ocupar dois lugares diferentes no espaço; as duas gotas d'água quaisquer são tão diferentes entre si quanto dois flocos de neve ou duas folhas de árvore ou duas pessoas.

As duas respostas são corretas. As duas respostas são compossíveis. O nominalismo diria apenas "não", correndo o risco de mergulhar o pensamento no abismo niilista. O realismo diria apenas "sim", correndo o risco de mergulhar o pensamento no abismo da *hybris* e da arrogância antropomórfica. Admitir a compossibilidade das respostas é o caminho de Vilém Flusser.

Logo, a sua filosofia não se pode dizer neo-nominalista, embora beba com prazer dessa fonte. Seu pensamento encara o enigma sem negá-lo ou desfazê-lo, enquanto os diferentes realismos lhe dão as costas. O nominalismo é corajoso e cultiva o espanto, enquanto o realismo é reativo e cultiva o medo. No cotidiano, dizemos "seja realista" quando queremos que o outro se conforme com um aspecto negativo da realidade; a expressão não é usada para indicar a necessidade de se alegrar com um acontecimento benfazejo.

Flusser é mais simpático ao nominalismo, mas recusa a atitude dos logicistas que enxergam somente o aspecto formal da língua e afirmam a sua tautologia. Nosso pensador paulista, também podemos chamá-lo assim, combina os aspectos mais subversivos da filosofia contemporânea com os mitos mais antigos da humanidade. Desse modo, se aproxima dos povos primitivos que conferem à língua um poder supremo.

Nesses povos, o mero conhecimento do nome de um inimigo confere poder sobre ele, o que faz com que a fama não passe de uma maldição: ser famoso implica se encontrar na boca de todos, portanto, sob o controle de todos. O filósofo considera esse conhecimento primitivo tão útil que o revive, entendendo que "todos", nos dias que correm, nos transformamos nos *aparelhos* que nos controlam, estimulando o desejo absolutamente paranóico da fama que despersonaliza e desumaniza. Se eu quero ser famoso, não quero ser o que sou, logo, não posso cumprir o primeiro imperativo da filosofia: *ser o que se é*. Se já sou famoso, entretanto, só posso ser o que querem que eu seja, por conseqüência também não posso dar conta do imperativo.

A filosofia flusseriana da palavra não supõe, todavia, que toda verdade seja uma mera ilusão lingüística, mas sim uma construção cuidadosa que se deve tratar como tal. Por essa razão, ele fala da língua com ternura:

"Ei-la, a língua, em toda sua imensa riqueza. O instrumento mais perfeito que herdamos de nossos pais e em cujo aperfeiçoamento colaboraram incontáveis gerações desde a origem da humanidade, ou, talvez, até além dessa origem. Ela encerra em si toda a sabedoria da raça humana. Ela nos liga aos nossos próximos e, através das idades, aos nossos antepassados. Ela é, a um tempo, a mais antiga e a mais recente obra de arte, obra de arte majestosamente bela, porém sempre imperfeita. E cada um de nós pode trabalhar essa obra, contribuindo, embora modestamente, para aperfeiçoar-lhe a beleza. No íntimo sentimos que somos possuídos por ela, que não somos nós que a formulamos, mas que é ela que nos formula. Somos como que pequenos portões, pelos quais ela passa para depois continuar em seu avanço rumo ao desconhecido. Mas, no momento de sua passagem pelo nosso pequeno portão, sentimos poder utilizá-la. Podemos reagrupar os elementos da língua, podemos formular e articular pensamentos. Graças a este nosso trabalho ela continuará enriquecida em seu avanço" (p. 19).

As palavras são símbolos que portam significado, elas não "têm" significado. As palavras substituem, apontam ou procuram algo. O que substituem, apontam ou procuram? A resposta ingênua é: "a realidade". A resposta sofisticada do existencialista seria: "nada". A resposta de Flusser abre a questão: "já que as palavras apontam para algo, substituem algo e procuram algo além da língua, não é possível falar-se deste algo". Para ele, as palavras são pequenos portais de acesso ao desconhecido mas pelos quais não podemos passar, quedando-nos na soleira. Se as palavras estão no lugar de outra coisa, é porque essa coisa-em-si, kantianamente falando, não nos é acessível – se o fosse, não precisaríamos das palavras. Entretanto, há essa coisa a que chamamos "realidade", e as palavras nos servem para chegarmos próximos dela.

Podemos supor com os setecentistas que o bicho-homem inventou a língua por meio de um acordo social, mas seria ingenuidade: "as origens da língua e de seu caráter simbólico perdem-se nas brumas de um passado impenetrável" (p. 25). Um acordo sobre o significado da língua pressupõe a existência da própria língua como veículo desse acordo, o que é uma impossibilidade. Logo, somos forçados a aceitar a língua e seu caráter simbólico como a própria condição do pensamento. Não temos acesso à origem da língua, como de resto a nenhuma origem. No entanto, a língua não desiste de procurar a sua origem, como se fosse uma criança abandonada na porta de um orfanato. De onde viemos, de onde vem a pergunta de onde viemos, de onde vem a ânsia de perguntar de onde viemos – perguntamo-nos, ligeiramente desesperados.

Estudamos a gramática da língua, gramática que desde sempre se confundiu com a filosofia (até se separarem dolorosamente nas aulas de análise sintática), e vemos que as palavras se classificam como substantivos (que significam substâncias), como adjetivos (que significam qualidades das substâncias), como preposições e conjunções (que significam relações entre as substâncias) e como verbos (que significam processos modificando substâncias). Só que essa divisão clássica é artificial, pressupondo a existência de uma realidade absoluta a ser espelhada pela estrutura da língua, como para Platão o mundo fenomenal espelhava a estrutura do mundo das idéias. Semelhante pressuposição é insustentável, como o prova por exemplo a língua chinesa, em que não há qualquer distinção entre substantivos e verbos. Logo, ou o chinês está "errado", e com ele todas as línguas aglutinantes e silábicas, ou a divisão clássica está errada. As línguas aglutinantes formam frases colando palavras umas nas outras, de forma que estas perdem a sua individualidade e se fundem no todo. Querer distinguir nelas sujeito e predicado implica falsificar o seu significado.

Na verdade, a divisão clássica está errada no interior da própria língua portuguesa. Na frase "isto é uma caixa grande", *caixa* significa substância e *grande*, qualidade. Mas na frase "isto é um caixão", a qualidade é engolida pela substância – tanto que falamos em "caixão grande" e "caixão pequeno", dependendo do tamanho do defunto. Outros processos, corriqueiros dentro da língua portuguesa, como substantivação de adjetivos e verbos, ou adjetivação de verbos e substantivos, são malabarismos inconcebíveis pela divisão clássica. Portanto, é necessário recusar esse platonismo mal aplicado.

A recusa de tal platonismo, todavia, não implica a recusa completa da gramática. Substantivos, adjetivos e verbos realmente existem dentro da língua portuguesa – mas daí não decorre que a realidade ela mesma tenha uma estrutura equivalente ponto a ponto. Com o filósofo, devemos desconfiar da gramática e suas categorias, sob pena de nos prendermos a uma perspectiva única do pensamento. Desconfiar da gramática e suas categorias, porém, não é fácil, porque a análise clássica das frases informou a análise lógica dos nossos enunciados. No Ocidente, gramática e lógica se misturam. Logo, é preciso negar também a validade universal da lógica, reconhecendo-a uma disciplina do espírito regido pelas línguas flexionais indo-européias. Ora, a lógica é, por sua vez, a base do Direito, da Matemática e da Ciência, para os quais também devemos negar qualquer tipo de validade universal.

Devemos então negar tudo e ficar sem nada? Não é isso que diz Flusser. Gramática, Lógica, Direito, Matemática e Ciência continuam a ser válidos, mas num sentido epistemológico restrito: nada afirmam da realidade em si, somente de realidades tais como a portuguesa, ou brasileira: "a famosa correspondência entre frases e realidade não passa da correspondência entre duas frases idênticas. A verdade absoluta, se existe, não é articulável, portanto, não é compreensível" (p. 30).

O argumento é estranho, como se eu fosse afirmar em breve que vocês não são pessoas únicas, mas quem sabe meras borboletas sonhando que são pessoas assistindo a uma palestra. Ora, sem o axioma cartesiano – *cogito ergo sum!* – não há discurso, conversa ou leitura possível. Tenho de ser uma pessoa e estar bem acordada para ouvir uma palestra, e se o faço isso significa que sou um "eu", que sou eu que escuto e discuto, enfim, e esta é uma verdade absoluta da qual decorrem todas as demais, homessa!

Talvez não. Antes de mais, lembremos que o axioma cartesiano completo, como aparece em *La Recherche de la Verité*, do mesmo René Descartes, é: "*dubito ergo sum, vel quod item est, cogito ergo sum*" – ou seja: "duvido, logo, existo, ou, o que é o mesmo, penso, logo, existo". Por culpa do próprio Descartes, via de regra conhecemos apenas a formulação incompleta. De acordo com a fórmula completa, porém, percebemos que não há pensamento sem dúvida: pensar é duvidar.

Dito isto, concedamos a seguir, com Flusser, que o "eu" existe e, em conseqüência, que vocês que me ouvem também existem. Entretanto, precisamos reconhecer que esta existência não é auto-explicativa nem despida de enigmas ou passagens. As passagens são exatamente as palavras.

Para onde quer que se estendam os tentáculos do intelecto, os dados dos sentidos se transformam em palavras e deixam de ser as coisas. Pensar é transformar alquimicamente as coisas em palavras (enquanto sonhar pode substituir de volta as palavras por coisas, isto é, por imagens). Os dados brutos dos sentidos são formados como pasta caótica – "*dói, duro, marrom, pernas, quatro*" – enquanto as palavras vêm organizadas em frases: "*esbarrei na mesa*". Ora, "o que transforma o caos em cosmo é a possibilidade de conversação, é o vem e o vai da língua". As frases que nos chegam organizadas são a única prova aceitável da existência de outros intelectos – da existência de vossas senhorias, por exemplo. Por isso, não é bem o "eu" que existe e porque existe escuta, mas sim é a conversa que existe e porque ela existe há quem fale e quem escute: assim como a língua cria a realidade, a nossa conversa nos cria aqui e agora.

O lugar da conversação, todavia, é ontologicamente problemático: situando-se não nas pessoas mas num espaço indeterminável entre elas, constitui-se em um fato difuso que só pode ser expresso por alegorias equívocas. A sociedade é real, mas como conversação; o ser humano é real, mas como intelecto participando da conversação. Nessa perspectiva, a língua se revela como sendo a essência e não o instrumento da sociedade – como queríamos demonstrar.

A língua aparece desse ângulo como um processo procurando superar a si mesmo, o que não aconteceria se houvesse uma única língua. As regras da língua única revelariam enfim o aspecto interno das leis que regem a realidade, enquanto essas leis desvelariam enfim o aspecto externo das leis que regem a língua. Se existisse uma única língua e essa língua fosse o alemão, seríamos todos, brinca Flusser, kantianos. As regras dessa língua única seriam então as categorias da razão pura, como determinara Kant. Todavia, não é o caso, e Flusser o demonstra por exemplo breve.

O filósofo Immanuel Kant distinguiu três categorias da quantidade, a saber: unidade (medida), multiplicidade (tamanho) e totalidade (tudo). Entretanto, "quando a razão pura pensa em tcheco", lembra Flusser, ela distingue outras categorias de quantidade: unidade, dualidade, multiplicidade até quatro (multiplicidade organizada), multiplicidade de mais de quatro (multiplicidade amorfa), totalidade em plural e totalidade em singular. Logo, as categorias kantianas, longe de serem categorias do conhecimento *per se*, atrelam-se às categorias limitadas da língua alemã.

Digamos então que a realidade está próxima do intelecto, mas inatingível. O dito cujo intelecto dispõe de uma "coleção de óculos" – as diversas línguas – para observar a realidade. Toda vez que troca de óculos, porém, a realidade parece diferente, o que provoca perturbações intelectuais e emocionais. Logo, uma ontologia que opere com uma infinidade de sistemas de realidade afigura-se intolerável. Como Vilém Flusser resolve o problema? Ele simplesmente prefere abandonar o conceito de realidade como conjunto de dados brutos, preferindo dizer que os dados brutos se realizam somente quando articulados em palavras: não são de fato "realidade", mas sim *potencialidade*.

A ciência não concorda com isso, se procura a realidade para descrevê-la. Mas

Flusser enxerga na ciência, tal como a conhecemos no Ocidente desde o Renascimento, uma nova língua, na qual os dados brutos se realizam como símbolos matemáticos. Por ser a ciência uma língua recente, a sua independência da *coisa em si* é mais evidente, explicando a sensação de irrealidade que nos invade quando penetramos no território das ciências exatas: "a ciência, longe de ser válida para todas as línguas, é ela própria uma língua a ser traduzida para as demais".

Essa argumentação nos leva ao dilema da tradução. Se a tradução de uma formulação científica para um idioma como o português for possível, isso significa que a *coisa em si* se tornou acessível. Da mesma forma, se a tradução de uma frase em português para o inglês, o tcheco ou o hebraico for possível, isso também significa que a *coisa em si* se tornou acessível. Entretanto, não é novamente o caso e Flusser o demonstra, tentando traduzir a curtíssima frase portuguesa "vou".

"Vou" pode ser traduzido para o inglês "*I go*"? Aparentemente, sim. Mas, se ampliarmos a frase para "vou estudar", não podemos traduzi-la para "*I go learn*". Em português, "vou" tem também um sentido de verbo auxiliar, o que não acontece em inglês. A tradução rigorosa é portanto impossível, se a "realidade" inglesa não comporta "vou"; na melhor das hipóteses, é possível tão-somente uma tradução aproximada, assim como as fórmulas matemáticas chegam a soluções tão-somente aproximadas, digamos, "até a quarta casa decimal".

A aproximação é tanto maior quanto maior a semelhança entre as línguas. Por isso, se quisermos traduzir a frase "vou" para língua pouco menos semelhante, por exemplo, o tcheco, a dificuldade de tradução aumenta. Poderiam corresponder ao português "vou" as expressões tchecas "*jdu*", "*chodím*", "*chodívám*" e "*pujdu*", mas dentro do sistema tcheco cada uma dessas expressões tem um significado distinto. A realidade tcheca distingue: (1) vou agora = *jdu*, (2) costumo ir = *chodím*, (3) vou raras vezes = *chodívám*, e (4) vou (no sentido de futuro de ir) = *pujdu*.

Se tento traduzir a frase para o hebraico, recorro à expressão "*ani holech*", que formalmente diz: "eu andante do sexo masculino". Esse exemplo já ilustra a profunda divergência entre as ontologias portuguesa e hebraica, a qual não dispõe de verbos no presente: para o hebraico, uma atividade no presente não tem significado. Não é preciso recorrer a línguas ainda menos semelhantes para demonstrar que a legitimidade da tradução é uma função de parentesco ontológico, mais do que etimológico, entre as línguas. Logo, "toda tradução é um aniquilamento" (p. 47), e quem o afirma é o pensador tcheco que escrevia regularmente em quatro línguas, o português, o alemão, o inglês e o francês, traduzindo e retraduzindo continuamente as suas idéias e os seus livros (dramaticamente, ele não escrevia na sua língua materna).

Quando traduz, o intelecto ultrapassa o horizonte da língua, aniquilando-se nesse processo; o intelecto *vive* a dissolução da realidade e do Eu. Explorando as contradições internas dos problemas que enfrenta, evitando mesmo saná-las, o poliglota Vilém Flusser entende que a recusa instintiva do monoglota de aceitar como equivalente o significado de uma outra língua é sinal de repulsa sadia contra o relativismo ontológico proporcionado pelo poliglotismo: aquele que não fala "a língua da gente" ou que fala mais de uma língua deve ser suspeito, pois perdeu o fundamento firme da realidade que outra coisa não é do que "a língua da gente". O Eu não pensa somente por meio da língua materna, mas ele a ama. Esse amor revela-se o último refúgio ante a relatividade da realidade – que, todavia, se impõe.

Quantas línguas há? Quantas "famílias" de línguas existem? O filósofo reconhece três grandes famílias de língua: as *flexionais*, as *aglutinantes* e as *isolantes*. Isso significa que existiriam apenas três grandes tipos de mundo dentro dos quais o intelecto pode viver.

O mundo das línguas flexionais consiste de elementos – as palavras – agrupados em situações – as frases, ou os pensamentos. Cada situação é constituída de tal maneira que podemos distinguir nela um centro (o sujeito), um processo que o centro irradia (o predicado), e um horizonte na direção do qual o processo é irradiado (o objeto). Sabemos que na gramática da língua portuguesa o objeto é parte integrante do predicado, mas Flusser desconsidera esse aspecto para beneficiar o seu argumento. Assim, mostra existirem situações de análise difícil, que parecem querer esconder o sujeito, o objeto ou o predicado – elas representam problemas ontológicos (mais do que sintáticos) para a constituição das regras dessas línguas. Um exemplo bem simples seria a sentença "o carro enguiçou", que nos conduz a perguntas embaraçosas: o carro enguiçou alguma coisa que não sabemos, ou o carro enguiçou a si mesmo? Oculta-se assim um processo deveras complexo, para que o aparelho apresente-se como uma "coisa" – quando não é mais do que uma conseqüência de tantos eventos físico-químicos. A despeito de situações desse tipo, as regras dessas línguas codificaram um sistema paralelo de regras para a realidade, a que se chamou "lógica". O que conhecemos como "Lógica", portanto, é um produto direto das línguas flexionais.

O mundo das línguas aglutinantes consiste de superpalavras – os pensamentos. O espírito lógico, formado por uma língua flexional, tenta, com muita dificuldade, analisar essas superpalavras. Descobre que a superpalavra significa vagamente "aquilo" que é a situação no mundo das línguas flexionais, lá traduzido pela frase. No entanto, no território inóspito das línguas aglutinantes não há situação que organize elementos, há o *hic et nunc* não analisável – ao menos por nós.

Tomemos a superpalavra esquimó "*igdlorssuatsialiorfigssaliarqugamiuk*". Analisando-a, descobrimos: *ig* = casa, *dlor* = sufixo, *ssu* = grande, *a* = sufixo, *tsia* = (intraduzível), *lio* = construir, *r* = sufixo, *qu* = mandar fazer, *gam* = quando ele para ele, *iuf* = fim da superpalavra. Se a tentamos traduzir para uma língua flexional como o português, temos algo como: "aconteceu que ele pediu que vá ao lugar da construção futura da casa relativamente grande". Essa tradução se consegue, porém, menos pela análise da superpalavra e mais pela observação do efeito sobre o interlocutor. Escolhendo exemplo um pouco mais simples, vê-se que a palavra "eu" é traduzida em esquimó por "*uvanga*". Analisando "*uvanga*", descobrimos *uva* = aqui, e *nga* = sufixo, significando vagamente "quanto a mim". Logo, nos termos da lógica flexional, o "eu" esquimó revela-se circular, contendo a si mesmo. Na verdade, o mundo das línguas aglutinantes se nos mostra impenetrável.

O mundo das línguas isolantes consiste de poucos elementos (sílabas) sem significado determinado, usados como pedras de um mosaico para formar conjuntos de significado, isto é, pensamentos. A sílaba "*chih*" em cantonês pode adquirir, por exemplo, os seguintes significados: "história, empregar, cadáver, mercado, exército, leão, confiar, servir alguém, poesia, tempo, saber, dar de presente, ser, sólido, perder, proclamar, olhar para, dez, levantar, pedra, geração, comer, casa, clã, começo, soltar, experimentar, negócio, potência, oficial, jurar, morrer, acontecer...". Ufa. Dá para perceber que o mundo das línguas isolantes mostra-se igualmente impenetrável para nós.

As línguas flexionais deram origem e forma à civilização ocidental. As línguas isolantes deram origem e forma à civilização oriental. As línguas aglutinantes formaram, no curso da história, uma espécie de pano de fundo para as duas civilizações, periodicamente ameaçando-as engolir no caos:

"O flexional é o mundo das situações organizadas logicamente. O aglutinante é o mundo dos blocos sólidos e amorfos do *hic et nunc*. O isolante é o mundo dos mosaicos, dos conjuntos estéticos. O mundo flexional deu origem à conversação chamada 'civilização ocidental', e o mundo isolante deu origem à conversação chamada 'civilização oriental'. São duas realidades distintas com valores diferentes. O mundo aglutinante é, do ponto de vista dessas civilizações, o caos do balbuciar, é bárbaro, no sentido grego dessa palavra" (p. 58).

O que podemos dizer sobre o "nosso" mundo? Que a estrutura da sua realidade é imposta pela língua flexional sobre o nosso intelecto e que os problemas do pensamento ocidental são problemas formais da língua. A ciência ocidental pode ser encarada como a tentativa recorrente de redescobrir a estrutura das línguas flexionais na própria natureza. Por isso a ciência no sentido ocidental da palavra, isto é, a cadeia de observação, indução, dedução e generalização, somente pôde surgir... no Ocidente.

O que podemos dizer sobre o outro mundo? A civilização oriental constrói-se no território das línguas isolantes. O oriental não pensa em sílabas mas em caracteres escritos, que consistem de pinceladas organizadas rigorosamente em retângulos, causando-nos todavia a impressão de um caos vigorosamente reprimido. Os caracteres chineses são a matéria-prima do intelecto oriental, o que empresta ao analfabetismo, na China, aspecto epistemológico inteiramente desconhecido no Ocidente: "a caligrafia tem, pois, no Oriente, uma importância comparável tanto com a nossa filosofia como com a nossa poesia. O calígrafo formula os pensamentos" (p. 74). O mundo tem para o oriental uma qualidade estética visual que nos escapa, se ele apreende os dados brutos em forma de caracteres. É como se pensasse em pinturas abstratas todo o tempo.

Nessa direção, Flusser critica os problemas crônicos de tradução do pensamento filosófico para outras línguas, mas não só; comenta também os paradoxos da própria realidade quando se tenta pensar em mais de uma língua, ainda que do mesmo grupo:

"Toda língua dispõe de estruturas e conceitos para significar 'realidade'. Por exemplo, a língua alemã o faz pelo verbo *sein* e a portuguesa pelos verbos *ser*, *estar* e *ficar*. A latina pode prescindir do verbo e articula a realidade pela estrutura da frase; o mesmo faz o tcheco: *hic leo* = *zde lev*. A hebraica não tem verbo nem estrutura significando realidade, mas tem a forma *iech*, que encontra paralelo em *há*, *there is* e *es gibt*. A realidade é, portanto, algo diferente de língua para língua" (p. 128).

A realidade em português se realiza por meio do conceito português do *poder*: "a potencialidade é realidade *in statu nascendi*, ou, para falarmos mais tecnicamente, a potencialidade acrescida da necessidade resulta em realidade". A tal da realidade é a ponta de lança do poder: o que é o é porque podia. Dizer "não pode" implica proibir a realização, e em sentido moral significa quase "não deve". *Poder* e *dever* são conceitos estreitamente ligados entre si, o que ajuda a esclarecer o sistema ontológico que suporta a língua portuguesa, revelando tendência da língua em direção ao fatalismo: se posso, então devo, e se devo, é porque posso, logo, sou o que devia ter sido.

A tradução da palavra "poder" para o inglês, entretanto, provoca ambigüidades insuperáveis. *Posso fazer* é traduzido por *I may do*, *I can do*, *I am able to do*, *I am allowed to do* – mas todas essas sentenças têm significado diverso: *may* implica "poder" no campo factual, *can* implica "poder" no campo das idéias e das probabilidades, *be able to* implica "poder" no campo das capacidades, e *be allowed to* implica "poder" no campo da permissão concedida. O conceito "poder", como o entendemos em português, falta na língua inglesa. O conceito da potencialidade é até empregado pela filosofia inglesa, mas em sua forma latina e erudita. O pensamento inglês gira em regiões diferentes quando tenta distinguir o *ser* do *nada*. A sua palavra ontológica central seria *get*, abrangendo tanto a região do possível quanto a do realizado, mas de maneira inconcebível ao intelecto português. Flusser condensa em uma única frase a tendência fundamental da língua inglesa:

To get at what will happen – "alcançar aquilo que se quer realizar e por isto se realizará". Em português, diríamos "querer é poder", mas sem acreditar intimamente nisto.

A tradução de *poder* para o alemão, por sua vez, carrega dificuldade diversa. Pode-se traduzir o termo para *koennen* (que significa "poder" no sentido de saber ou de saber fazer) ou *moegen* (que significa "poder" no sentido de querer ou de querer fazer). Ambos os conceitos não conseguem traduzir o *poder* português. *Moegen* é da mesma família de *machen* (fazer) e *Macht* (poder substantivo), mas significa na verdade "querer, gostar, amar". É nesse contexto do *moegen* que localizamos a ontologia nietzscheana e o conceito do subconsciente freudiano, ou seja, a idéia da libido querendo realizar-se.

Considere-se *koennen*, cujo substantivo é *Kunst*, usualmente traduzido por "arte". A realidade que se realiza a partir desse termo é a *obra* – nesse contexto podemos entender melhor a frase de Nietzsche: "arte é melhor do que verdade". *Verdade*, para Nietzsche, é sempre o fruto da afirmação platônica de uma correspondência entre o mundo das aparências e o mundo das idéias, afirmação de resto absurda: o mundo das idéias é nada, Platão um niilista, e portanto a realidade só pode surgir da e pela arte, tornando-se *obra* ou então nada. O pensamento nietzscheano pretendia substituir a potencialidade latina, que domina a filosofia ocidental desde a Idade Média, pelo *koennen* alemão.

Em suma: a cada estrutura de cada língua individual corresponde um cosmos significativo diferente: "cada língua é um mundo diferente, cada língua é o mundo inteiro, e diferente de toda outra língua" (p. 138). Aquilo a que chamamos *realidade* é língua: determinada língua. A história do pensamento humano seria, no dizer poético de Wittgenstein, a coleção das feridas que esse pensamento acumulou ao precipitar-se contra as fronteiras da língua.

A despeito dos livros didáticos, platônicos até o limite do absurdo, a ciência contemporânea já reconhece essa perspectiva. Não se fazem mais perguntas do tipo "o que é realmente um átomo", ou um gene, ou uma sublimação, ou uma sociedade. Para exemplificar a autocompreensão da ciência, Arthur Eddington responde que "*éter* é o substantivo do verbo *oscilar*" e Bertrand Russell afirma que "o *átomo* é parte da matéria, da mesma forma que o *m* é parte da maçã".

Flusser afirma que toda língua exteriorizada representa o montinho de cinzas de um processo que ardeu antes de poder ser expresso. As cinzas espelham o processo mas já não fazem mais parte dele: "a língua exteriorizada, isto é, civilização, é realidade ultrapassada" (p. 210). A língua, em seu avanço a partir da possibilidade em direção ao potencial, deixa para trás, como cinzas, a civilização, isto é, a realidade ultrapassada – o que já não é mais. Por isso, só cabe uma filosofia da palavra: "cada palavra, cada forma gramatical é uma mensagem que nos chega do fundo do poço da história, e por meio de cada palavra e de cada forma gramatical a história conversa conosco" (p. 215). A língua não só produz realidade como propaga realidade, multiplicando-a e espalhando-a ao infinito, dificultando toda a compreensão da sua origem e do seu movimento.

A realidade, em suma, é ela mesma uma palavra, e só pode ser real para nós se a soletramos primeiro: antes disso, apenas balbuciam-se terrores inominados, como na pequena parábola de Whitehead citada por Flusser:

"Um cientista náufrago numa ilha deserta descobre uma pegada na areia. Com seus métodos exatos reconstrói o ser que causou a pegada e descobre ter sido esse ser ele mesmo" (p. 219).

"De quem é a vez", pergunta o jogador na mesa de pôquer, apenas para que alguém sempre responda: "normalmente é de quem pergunta". A pergunta contém a resposta e a resposta é apenas um espelho. A língua produz, contém e propaga a realidade porque a realidade ela mesma é uma palavra, assim como "existência" e "existir" são palavras que retornam sobre as suas próprias pegadas. Reconhecê-lo não implica, todavia, solipsismo, pessimismo ou niilismo. Reconhecê-lo implica acompanhar o movimento de todas as coisas para ver com carinho em cada palavra, como queria Vilém, "uma obra de arte projetada para dentro da realidade da conversação a partir do indizível, em cujo aperfeiçoamento colaboraram as gerações incontáveis dos intelectos em conversação e a qual nos é confiada pela conversação a fim de que a aperfeiçoemos ainda mais e a transmitamos aos que virão, para servir-lhes de instrumento em busca do indizível" (p. 229).

Obras de Vilém Flusser

Língua e Realidade. São Paulo, Herder, 1963.

- *Língua e Realidade*. São Paulo, Annablume, 2004 (versão brasileira).
- *Jazyk a skutecnost*. Tradução de Karel Palek. Praga, Triáda, 2005 (versão tcheca).

A História do Diabo. São Paulo, Livraria Martins Editora, 1965.

- *A História do Diabo*. São Paulo, Annablume, 2005.
- *Die Geschichte des Teufels*. Göttingen, European Photography, 1993 (versão alemã).
- *Pribek dabla*. Praga, GemaArte. OSVU, 1997 (versão tcheca).

Da Religiosidade: a Literatura e o Senso de Realidade. São Paulo, Comissão Estadual de Cultura, 1967.

- *Warten auf Kafka: Philosophieren zwischen den Sprachen*. Köln, Bollmann, 1999 (versão alemã).
- *Da Religiosidade: a Literatura e o Senso de Realidade*. São Paulo, Escrituras, 2002.

La Force du Quotidien. Paris, Mame, 1972.

Le Monde Codifié. Paris, Institut de l'Environment, 1972.

Natural:mente: vários Acessos ao Significado da Natureza. São Paulo, Duas Cidades, 1978.

- *Vogelflüge: Essays zu Natur und Kultur*. München, Carl Hanser Verlag, 2000 (versão alemã).

Pós-História: Vinte Instantâneos e um Modo de Usar. São Paulo, Duas Cidades, 1983.

Für eine Philosophie der Fotografie. Göttingen, European Photography, 1983.

- *Towards a Philosophy of Photography*. Göttingen, European Photography, 1984 (versão inglesa-alemã).
- *Filosofia da Caixa Preta*. São Paulo, Hucitec, 1985 (versão brasileira).
- *Per una Filosofia della Fotografia*. Torino, Agorá, 1987 (versão italiana).
- *For fotografiets filosofi*. Horten, Preus Fotomuseum, 1987 (versão norueguesa).
- *En filosofi för fotografin*. Göteborg, Bokförlaget Korpen, 1988 (versão sueca).
- *Bir fotograf felsefesine dogru*. Istanbul, Agac, 1990. Ankara, Med-Campus, 1994 (versões turcas).
- *Hacia una Filosofía de la Fotografía*. Mexico City, Editorial Trillas, 1990 (versão mexicana).
- *A fotográfia filozófiája*. Budapest, Tartóshullám, 1990 (versão húngara).
- *Za filosofii fotografie*. Prague, Hynek, 1994 (versão tcheca).
- *Towards a Philosophy of Photography*. Taipei, Yuan-Liou Publishing, 1994 (versão chinesa).
- *Pour une Philosophie de la Photographie*. Saulxures, Circé, 1996 (versão francesa).
- *Ensaio sobre a Fotografia: para uma Filosofia da Técnica*. Lisboa, Relógio D'Água, 1998 (versão portuguesa).
- *Towards a Philosophy of Photography*. Thessaloniki, University Studio Press, 1998 (versão grega).
- *Towards a Philosophy of Photography*. Tokyo, Keiso Shobo, 1999 (versão japonesa).
- *Towards a Philosophy of Photography*. Seoul, Communication Books, 1999 (versão coreana).
- *Towards the Philosophy of Photography*. London, Reaktion Books, 2000 (versão inglesa).

• *Filosofia da Caixa Preta.* Rio de Janeiro, Relume Dumará, 2002 (versão brasileira).

• *Una Filosofía de la Fotografía.* Madrid, Editorial Síntesis, 2002 (versão espanhola).

• *Za edna filosofia na fotografiata.* Plovdiv, Horizonti, 2002 (versão búlgara).

• *Pentru o filosofie a fotografiei.* Cluj, Idea Design & Print, Editura, 2003 (versão romena).

Ins Universum der technischen Bilder. Göttingen, European Photography, 1985.

• *Do universa technických obrazu.* Praha, OSVU 2001 (versão tcheca).

Vampyroteuthis Infernalis: eine Abhandlung samt Befund des Institut Scientifique de Recherche Paranaturaliste. Com Louis Bec. Göttingen, Immatriz, 1987.

Angenommen: eine Szenefolge. Göttingen, Immatrix, 1989.

• *Angenommen: eine Szenefolge.* Göttingen, European Photography, 2000.

Nachgeschichten: Essays, Vortrage, Glossen. Düsseldorf, Bollmann, 1990.

Gesten: Versuch einer Phänomenologie. Düsseldorf, Bollmann, 1991.

• *Los Gestos: Fenomenología y Comunicación.* Versión de Claudio Gancho. Barcelona, Herder, 1994 (versão espanhola).

• *Les Gestes.* Texte établi par Marc Partouche. Paris, D'Arts, 1999 (versão francesa).

Bodenlos: eine philosophische Autobiographie. Düsseldorf, Bollmann, 1992.

• *Bodenlos: uma Autobiografia Filosófica.* São Paulo, Annablume, 2007 (versão brasileira).

Ende der Geschichte, Ende der Stadt? München, Gebundene Ausgabe, 1992.

Krise der Linearität. Berna, Benteli Verlag, 1992.

Die Schrift: hat Schreiben Zukunft? Frankfurt, Fischer Taschenbuch Verlag, 1992.

• *Az irás.* Budapest, Tartós Hullám-Balassi Publishing House, 1997 (versão húngara).

Dinge und Undinge: phenomenologische Skizzen. München, C. Hanser, 1993.

• *Choses et Non-Choses: Esquisses Phenomenologiques.* Nimes, J. Chambon, 1996 (versão francesa).

Lob der Oberfächlichkeit: für eine Phänomenologie der Medien. Düsseldorf, Bollmann, 1993.

Nachgeschichte: eine korrigierte Geschichtsschreibung. Düsseldorf, Bollmann, 1993.

Von Stand der Dinge: eine leine philosophie des Design. Göttingen, Steidl Verlag, 1993.

• *The Shape of Things: a Philosophy of Design.* Translated by Anthony Mathews. London, Reaktion Books, 1999 (versão inglesa).

• *Filosofía del Diseño: la Forma de las Cosas.* Traducción de Pablo Marinas. Prefacio de Gustavo Bernardo. Madrid, Editorial Síntesis, 2002 (versão espanhola).

• *Filosofia del Design.* Milano, Bruno Mondadori, 2003 (versão italiana).

Brasilien oder die Suche nach dem neuen Menschen: Für eine Phänomenologie der Unterentwicklung. Bensheim, Bolmann, 1994.

• *Fenomenologia do Brasileiro: em Busca de um Novo Homem.* Rio de Janeiro, EDUERJ, 1998 (versão brasileira).

Vom Sujekt zum Projekt: Menschwerdung. Düsseldorf, Bolmann, 1994.

• *From Subject to Project: Becoming Human.* London, Free Association Books, 2001 (versão inglesa).

Von der Freiheit des Migranten: Einsprãche gegen den Nationalismus. Bernsheim, Bollmann, 1994.

• *Von der Freiheit des Migranten: Einsprãche gegen den Nationalismus.* Berlin, Philo Verlag, 2000.

• *The Freedom of the Migrant: Objections to Nationalism.* Translated by Kenneth Kronenberg, Champain, University of Illinois Press, 2003 (versão americana).

Die Revolution der Bilder: Der Flusser-Reader. Düsseldorf, Bollmann, 1995.

Jude Sein: Essays, Briefe, Fiktionen. Mannhein, Bollmann, 1995.

• *Jude Sein: Essays, Briefe, Fiktionen*. Berlin, Philo Verlag, 2000.

Kommunikologie. Mannheim, Bollman, 1996.

Zwiegespräche: Interviews 1967-1991. European Photography, 1996.

Chaos und Ordnung: Wissenschaft, Technik, Kunst. Köln, Bollmann, 1996.

Das Zwanzigste Jahrhundert: Versuch einer subjektiven Synthese. Köln, Bollmann, 1996.

Az ágy. Budapest, Kijárat Publishing House, 1997.

Ficções Filosóficas. São Paulo, EDUSP, 1998.

Das Märchen von der Wahrheit: Glossen und Fiktionen. Köln, Bollmann, 1998.

A Dúvida. Rio de Janeiro, Relume Dumará, 1999.

Dialogische Existenz: Über andere und über sich selbst. Köln, Bollmann, 1999.

Briefe an Alex Bloch. Göttingen, European Photography, 2000.

Writings. Edited by Andreas Ströhl. Translated by Erik Eisel. Minneapolis, University of Minnesota Press, 2001.

Absolute Vilém Flusser. Hs. von Nils Röller und Silvia Wagnermaier. Freiburg, Orange Press, 2003.

Obras sobre Vilém Flusser

BAITELLO, Norval. *Flussers Völlerei: Wie der nulldimensionale Raum die anderen Dimensionen verschlingen kann. Über die Verschlingung der Natur, die Treppe der Abstraktion, die Auflösung des Willens und die Weiblichkeit*. Köln, Verlag der Buchhandlung Walther König, 2007.

BATLICKOVÁ, Eva. *Vilém Flusser Jako Filozof Jazyka*. Brno (República Tcheca), Tese de PhD, 2001.

GULDIN, Rainer (ed.). *Das Spiel mit der Übersetzung: Figuren der Mehrsprachigkeit im Werk Vilém Flussers*. Tübingen, Francke Verlag, 2004.

______. *Philosophieren zwischen den Sprachen: Vilém Flussers Werk*. München, Wilhelm Fink Verlag, 2005.

JÄGER, Gottfried (ed.). *Fotografie denken: über Vilém Flussers Philosophie der Medienmoderne*. Bielefeld, Kerber Verlag, 2001.

JAIME, Jorge. *História da Filosofia no Brasil*. v. 3. Petrópolis, Vozes, 2000.

KRAUSE, Gustavo Bernardo. *A Dúvida de Flusser*. São Paulo, Globo, 2002.

______ e MENDES, Ricardo (orgs.). *Vilém Flusser no Brasil*. Rio de Janeiro, Relume Dumará, 2000.

LADUSANS, Stanislavs. *Rumos da Filosofia Atual no Brasil: em Auto-Retratos*. São Paulo, Loyola, 1976.

MENDES, Ricardo. *Vilém Flusser: uma História do Diabo: um Projeto de Ação Cultural sobre a Obra do Filósofo Vilém Flusser*. Dissertação de Mestrado em Ciências da Informação na Escola de Comunicações e Artes da USP. São Paulo, USP, 2001.

NESWALD, Elisabeth. *Medien-Theologie: Das Werk Vilem Flussers*. Köln, Böhlau Verlag, 1998.

RAPSCH, Volker (ed.). *Überflusser: Die Fest-Schrift zum 70, von Vilém Flusser*. Düsseldorf, Bollmann Verlag, 1990.

CADERNOS DE DIREITO TRIBUTÁRIO

INCREMENTO PATRIMONIAL NO JUSTIFICADO Y LOS FONDOS DE ORIGEN ILÍCITO: ¿PRESUNCIÓN O FICCIÓN?

JORGE BRAVO CUCCI

Abogado. Profesor de Derecho Tributario de la Pontificia Universidad Católica del Perú

1. Introducción. 2. Las presunciones legales absolutas y las ficciones legales. 3. La exigencia de tributación de fondos provenientes de actos ilícitos ¿Presunción o ficción?. 4. Hacia una interpretación principalista del literal b) del artículo 52º de la Ley del IR. 5. Reflexiones finales.

1. Introducción

Según lo dispone el primer párrafo del artículo 52º de la Ley del Impuesto a la Renta del Perú, se presume que los incrementos patrimoniales cuyo origen no pueda ser justificado por el deudor tributario, constituyen renta neta no declarada por éste. Se añade en su literal b), que tales incrementos no podrán ser justificados con "utilidades" derivadas de actividades ilícitas.

En una primera aproximación al texto en mención, podría pensarse que se está frente a una presunción legal absoluta, de pleno derecho o presunción *iure et de iure*, esto es una frente a una presunción que no admite prueba en contrario. Es ese precisamente el entendimiento que ha tenido recientemente el Tribunal Fiscal Peruano, cuando a través de la RTF 01692-4-2006, sostuvo que "(...) constatada la existencia de un incremento patrimonial no justificado (hecho cierto), se presume de pleno derecho que el mismo ha sido obtenido a partir de la percepción de rentas no declaradas por el contribuyente (indicio)", circunstancia que no puede ser justificada con el resultado de actividades ilícitas, pues así lo dispone la Ley. Y siendo ello así, el Tribunal Fiscal entiende que, en aplicación de la mencionada presunción, resulta impertinente e irrelevante avocarse a discutir si el Impuesto a la Renta grava o no las rentas provenientes de actividades ilegales.

2. Las presunciones legales absolutas y las ficciones legales

Históricamente, las presunciones han estado relacionadas con la teoría de la prueba, pero no como elementos de prueba sino como dispensas prueba.[1] Así, una presunción legal absoluta consiste en que una norma jurídica atribuye a ciertos hechos jurídicos conocidos (A) también denominados como hechos inferentes o indiciarios, un

1. Marina Gascón Abellán, *Los Hechos en el Derecho. Bases Argumentales de la Prueba*, Marcial Pons, 2004, p. 137

efecto jurídico dado en correlación a otro hecho desconocido o hecho inferido (B) que, según la regla de la experiencia le acompaña. El efecto de una presunción legal consiste en que las consecuencias jurídicas que se imputan al hecho desconocido, le son aplicables aún cuando su existencia no ha sido probada, pero resulta probable al existir hechos conocidos que sirven de indicios para demostrar su existencia. Lo que caracteriza a las presunciones legales, es la existencia de un nexo lógico o grado de probabilidad que permita inferir la ocurrencia de un hecho desconocido, por la constatación de cierto hecho conocido.

Ciertamente, en una presunción legal, el hecho (B) es un hecho desconocido, pero de probable ocurrencia en el mundo fenoménico, que se deduce de la realización del hecho (A). Pero a diferencia de las presunciones relativas, en las que se permite probar que el hecho desconocido o inferido (B) no llegó a ocurrir, toda vez que en ellas el grado de intensidad del nexo lógico es más bien débil, en las presunciones absolutas no existe la posibilidad de probar en contrario, siendo suficiente la existencia de una relación natural entre los hechos (A) y (B), ello al admitirse que el grado de probabilidad es tan alto, que se elimina la posibilidad de probanza del hecho.

Por su parte, en las ficciones legales, el legislador basándose en un hecho conocido (A) cuya existencia es cierta, le impone la certeza jurídica de otro hecho (B) que no ha ocurrido. Vale decir, a sabiendas que no existe un nexo lógico entre los hechos (A) y (B), el legislador atribuye a (A) los efectos jurídicos de (B). Es por ello que tratadistas como Albaladejo califican a las ficciones jurídicas como afirmaciones concientemente inexactas,[2] cuyo propósito consiste en atribuir a ciertos hechos el mismo tratamiento jurídico previsto para otros hechos claramente distintos.

En ese sentido, las presunciones legales absolutas y las ficciones legales se diferencian en que, en las primeras, existe un nexo lógico – de mayor o menor intensidad – entre un hecho conocido (A) y uno desconocido (B), el mismo que decididamente no existe en el caso de las ficciones legales, siendo que en éstas últimas tampoco existe un hecho desconocido cuya ocurrencia se presume. Sin embargo, la principal diferencia entre ambas figuras, consiste en que en las presunciones legales el hecho conocido (A) es un indicio de la ocurrencia del hecho desconocido (B); esto es, que permite inferir su existencia siendo en el caso tributario, una técnica de reconstrucción de un hecho imponible cuya existencia no es posible constatar pero se presume. En el caso de las ficciones legales, el hecho conocido (A) es irradiado con los efectos jurídicos que en principio le correspondían a otro hecho – el hecho (B) –, con el cual no guarda identidad ni conexión lógica.

3. La exigencia de tributación de fondos provenientes de actos ilícitos ¿Presunción o ficción?

De lo que puede advertirse de la RTF 01692-4-2006, el Tribunal Fiscal parte por considerar como hecho cierto que las actividades ilícitas generan incrementos en el patrimonio del delincuente. Siendo ello así, entiende que se configura la presunción legal absoluta, consistente en que el incremento patrimonial – hecho dado por cierto – se ha producido a partir de rentas no declaradas por el "contribuyente", lo que en su entendimiento vendría a ser un indicio.

La primera observación que nos merece la resolución comentada, es que confunde el hecho desconocido o inferido – la existencia de rentas netas no declaradas por el contribuyente – con el hecho conocido o indicio, el cual, en la hipótesis de estar frente a una presunción, vendría a ser el supuesto incremento patrimonial que no se encuentra justificado y no la existencia de rentas netas no declaradas que es precisamente el hecho desconocido pero que se presume ocurrió.

2. Manuel Albaladejo, *Derecho Civil I, Introducción y Parte General*, 1996, p. 25.

No obstante ello, el tema neurálgico de la cuestión consiste en que, en la resolución materia de comentario, el Tribunal Fiscal da por sobrentendido el hecho de que las actividades ilícitas reportan un incremento en el patrimonio del delincuente, circunstancia a la que califica expresamente como un hecho cierto.

No puede estarse de acuerdo con tal aseveración. Para que el patrimonio de una persona se incremente tiene que haber un título jurídico y no una mera posesión de los bienes. En efecto, sostener que a través de un acto ilícito un sujeto puede incrementar su patrimonio, significa reconocer que el delito es un acto lícito y permitido por el ordenamiento jurídico, y que las normas tributarias prevén que el producto de un ilícito es una riqueza que fluye al patrimonio del delincuente, lo que es un evidente contrasentido. Quien delinque no es titular del producto de su ilegal actuar, razón por la cual no podría sostenerse que incrementó su patrimonio, y que por ende muestra una capacidad contributiva susceptible de tributación.[3]

En ese orden de ideas, para sostener la existencia de una presunción legal absoluta en el caso que nos ocupa, habría que relacionar el hecho cierto, que consiste en la tenencia de fondos provenientes de actividades ilícitas, con la obtención de rentas netas no declaradas. En ese escenario, a diferencia de lo que sostiene el Tribuna Fiscal, sí resulta pertinente y relevante discutir si los fondos provenientes de actividades ilícitas representan incrementos patrimoniales y si califican o no como rentas. Si se considerara que tienen tales calificaciones, esto es, se acepta que los fondos ilícitos representan incrementos en el patrimonio del delincuente y que califican dentro del concepto de renta, entonces se tendrían los elementos que configuran una presunción legal:

a) hecho conocido (incremento patrimonial producto de delito que califique dentro del concepto legal de renta),

b) nexo lógico,

c) hecho inferido (ocultamiento de una renta neta). Si por el contrario se concluyera que tales fondos no incrementan el patrimonio del delincuente ni califican como rentas, entonces de una presunción no se trataría.[4]

Desde nuestra perspectiva, consideramos que la figura que es materia de las presentes meditaciones no tipifica como una presunción legal absoluta sino como una ficción legal. Ello porque venimos sosteniendo que los fondos provenientes de actividades ilícitas no tienen la condición de renta, toda vez que no califican como manifestaciones de riqueza reveladoras de una capacidad contributiva pues ni provienen de fuentes productoras de renta (trabajo, capital o empresa) ni significan incrementos patrimoniales para el delincuente, ni encuadran en el concepto de renta acogido por el legislador peruano.[5] En ese sentido, se tiene que no existiendo un nexo lógico entre el hecho de obtener fondos de actividades ilícitas – que no califican como renta – y la existencia de rentas no declaradas, se está frente a una ficción jurídica, en mérito de la cual se considera como renta algo que comprobadamente no encuadra en el concepto material de renta.

3. En semejante línea argumentativa, sostiene Falcon y Tella "El hecho de manejar fondos ilegalmente obtenidos, pese a la apariencia de propiedad que ello puede generar, no puede identificarse con un derecho subjetivo reconocido y protegido por el ordenamiento sobre dichos fondos; lo que es tanto como afirma que (...) en estos casos ni existe capacidad contributiva ni puede entenderse realizado el hecho imponible, consistente en la obtención – pero la obtención en sentido jurídico, y no meramente material – de renta" (Ramón Falcon y Tella, "La posibilidad de gravar los hechos constitutivos de delitos: SAP Madrid 24 de enero de 1998", *Quincena Fiscal* 11/7).

4. "(...) el nexo lógico entre el hecho conocido y el hecho desconocido no puede ser excluido completamente, aunque sea débil" (Emerson Catureli, *Presunciones en el Derecho Tributario*, p. 233).

5. Jorge Bravo Cucci, *Los Actos Ilícitos y el Concepto de Renta*, VIII Jornadas Nacionales de Derecho Tributario, organizadas por el IPDT, Lima, 2004.

Desde una perspectiva general, al no afectar una renta, a la vez que vulnera el principio de capacidad contributiva, la ficción legal en comentario, se comporta como una sanción penal anómala, camuflada bajo el ropaje jurídico de un tributo, violando los principios penales de legalidad, tipicidad y *non bis in idem*.

4. Hacia una interpretación principalista del literal b) del artículo 52º de la Ley del IR

Tentando una interpretación constructiva del mencionado precepto, a la luz de los principios constitucionales que disciplinan la potestad tributaria, acorde con las actuales tendencias interpretativas del Derecho posmoderno, consideramos que el régimen de imposición a los incrementos patrimoniales no justificados, constituye un mecanismo residual para someter a gravamen a incrementos patrimoniales cuyo origen es desconocido. En nuestro entendimiento, dicho mecanismo resulta aplicable en el caso concreto de los fondos provenientes de actividades ilícitas, pero sólo respecto de los cuales no existe certeza o comprobación respecto de su ilicitud, por lo que se presume su licitud mientras a través de las vías jurisdiccionales pertinentes no se pruebe lo contrario. Pero de modo alguno el régimen del incremento patrimonial no justificado es aplicable en el caso que el origen delictivo de tales fondos haya sido debidamente comprobado, supuesto en el cual procederá el decomiso del íntegro de tales fondos y el de sus frutos respectivos, de ser el caso.

En ese sentido, consideramos que la norma que es materia de comentario, resulta aplicable al caso de fondos provenientes de actividades cuyo origen ilícito no ha sido comprobado por las autoridades jurisdiccionales competentes y que no han sido objeto de decomiso, pues en caso contrario se habría justificado sobradamente que no se trata de incrementos en el patrimonio del delincuente. Tal como lo sostiene Herrera Molina, si se comprueba que los fondos tienen su origen en actividades ilícitas no sometidos a imposición a la renta, ya no se está frente a una ganancia patrimonial no justificada, debiendo aplicarse tan sólo las normas sancionadoras o penales correspondientes, en tanto que el ilícito no haya prescrito.[6]

En semejante línea argumentativa, Galarza precisa que los fondos de origen ilícito tributarán como ganancias patrimoniales no justificadas cuando la Administración las descubra, no teniendo conocimiento certero y legal del origen ilícito de los mismos.[7] Al igual que dicho autor, consideramos que en la hipótesis que se haya aplicado el régimen del incremento patrimonial no justificado y sometido a imposición a los fondos cuyo origen ilícito no era conocido y que posteriormente se haya determinado que provenían de actividades ilícitas, debería procederse a la devolución de lo abonado como tributo, sin perjuicio del posterior decomiso de tales sumas, en aplicación de las normas penales, en el caso que corresponda.

5. Reflexiones finales

La unidad y coherencia es una característica del ordenamiento jurídico. Sobre esa base es que debe entenderse la existencia de segmentos normativos especializados que lo componen, los que, bajo el haz de principios constitucionales generales y específicos, regulan las diversas manifestaciones de las actividades humanas, regidos por principios generales como los de especialidad, competencia y jerarquía.

La reacción institucional del Estado contra los individuos que cometen delitos, debe manifestarse a través de las normas jurídicas que componen aquél segmento del

6. Pedro Herrera Molina, *Fiscalidad de los Actos Ilícitos (La Antijuridicidad en los Supuestos de Hecho de la Obligación Tributaria)*, Madrid, IEF, 2003, p. 111.

7. César Galarza, *La Tributación de los Actos Ilícitos*, Thomson Aranzadi, 2005, p. 275.

ordenamiento jurídico al que se conoce como Derecho Penal, sometiéndose la potestad punitiva de Estado a los principios jurídicos específicos que la regulan. Las normas tributarias, esto es, los tributos, tienen como función prever la ocurrencia de hechos lícitos, con relevancia económica, y regular el efecto jurídico que se desencadenará ante ella en el plano fáctico: el hecho imponible y la obligación tributaria. La norma tributaria no tiene como propósito establecer sanciones penales, sino disponer prestaciones pecuniarias a los particulares con el objeto de cumplir los fines del Estado. Si lo que se pretende es sancionar de forma más severa al delincuente, imponiéndole penalidades económicas adicionales, debería evaluarse tal posibilidad desde la perspectiva del Derecho Penal y no utilizando a las normas tributarias, como camuflaje de normas jurídicas que tienen finalidades distintas.

CADERNOS DE DIREITO TRIBUTÁRIO

ABUSOS DA FISCALIZAÇÃO – O CASO DA COBRANÇA DE ICMS SOBRE A CONSTRUÇÃO DE ABRIGOS DE ÔNIBUS

SACHA CALMON NAVARRO COÊLHO

Professor Titular de Direito Tributário da UFRJ. Doutor em Direito Público pela UFMG. Advogado

EDUARDO JUNQUEIRA COELHO

Mestre em Ciências Econômicas pela UFMG. Ex-Auditor Fiscal da Receita Federal.
Ex-Auditor Fiscal do Município de Belo Horizonte. Advogado

ANDRÉ MENDES MOREIRA

Professor dos Cursos de Graduação em Direito e Especialização em Direito Tributário da PUC/MG.
Mestre em Direito Tributário pela UFMG. Advogado

1. O caso "sub examine". 2. Considerações iniciais. 3. Inexistência de circulação jurídica de mercadorias na atividade de construção e manutenção de abrigos de ônibus: 3.1 Os contratos administrativos celebrados pela empresa de publicidade: obrigação de fazer, que refoge à incidência do imposto estadual; 3.2 Não-incidência de ICMS na construção civil; 3.3 Não-incidência de ICMS sobre a manutenção dos abrigos de ônibus. 4. Da inexistência de "mercadoria" na operação em tela. Impossibilidade de incidência do ICMS: 4.1 Da natureza jurídica dos abrigos de passageiros: bem imóvel por acessão; 4.2 A relevância para o direito tributário da distinção dos bens em móveis e imóveis; 4.3 Da impossibilidade da incidência do ICMS sobre o fornecimento de abrigos de passageiros ao poder público, em face da inexistência de autorização constitucional para se instituir o referido tributo sobre operações com bens imóveis. 5. Conclusões.

1. O caso "sub examine"

Vez por outra, os agentes fiscais, no exercício de seus misteres, cometem equívocos graves, lavrando autuações manifestamente improcedentes que, usualmente, são anuladas pelos Conselhos de Contribuintes, órgãos incumbidos da autotutela vinculada do ente tributante.

No caso em análise, que será exposto a seguir, o auto de infração lavrado pela fiscalização estadual – claramente teratológico – foi julgado improcedente em primeira instância pelo Conselho mas, surpreendentemente, mantido quando do julgamento do recurso de ofício fazendário.

A empresa autuada tem como objeto social a exploração de publicidade e propaganda em bens móveis e imóveis urbanos.

Tendo vencido licitação para esse fim, a empresa firmou com a Municipalidade contrato para exploração de mídia em abrigos de ônibus, obrigando-se a construir e efetuar manutenção nos mesmos, além de pagar um valor mensal pelo seu uso ao Poder Público (ao qual os abrigos passam a pertencer, uma vez implantados). Em troca, recebe a concessão para exploração, por 8 anos (prorrogáveis por igual período), da publicidade e propaganda nesses locais. Vale conferir o teor do contrato de concessão:

> 1.2 Do Objeto
>
> Constitui objeto do presente contrato a CONCESSÃO DE USO PARA EXPLORAÇÃO DE PUBLICIDADE EM 1.500 (um mil e quinhentos) NOVOS MÓDULOS DE ABRIGOS DE PASSAGEIROS do Sistema de Transporte Coletivo do Município de (...), a serem implantados, mantidos e conservados e, opcionalmente, dos abrigos preexistentes, conforme condições, especificações e normas definidas neste contrato e na Proposta Técnica apresentada.
>
> (...).
>
> 2.2 A CONCESSIONÁRIA assumirá integralmente (...) toda a responsabilidade pelos custos decorrentes da implantação e manutenção dos equipamentos, conservando-os em perfeitas condições de utilização durante todo o prazo da concessão.
>
> (...).
>
> 2.3 A partir do momento de sua implantação todos os equipamentos instalados reverterão para o patrimônio da Municipalidade, em propriedade exclusiva, de pleno direito.
>
> (...).
>
> 2.7 A CONCESSIONÁRIA deverá recolher, mensalmente, à Municipalidade o valor estipulado nos termos do item 8.1 do Edital, adotando o procedimento descrito na Cláusula Oitava deste Contrato.

Como se infere do instrumento contratual, apesar de estar obrigada à construção e manutenção dos abrigos, as únicas receitas que a empresa aufere em decorrência do citado contrato administrativo são aquelas provenientes da divulgação de publicidade e propaganda, sobre as quais recolhe regularmente o ISS.

Contudo, a empresa foi autuada pelo Estado em razão do não-recolhimento de ICMS sobre os abrigos de ônibus construídos, bem como sobre as peças utilizadas para efetuação dos reparos nesses locais. Eis os termos da autuação fiscal:

> Relatório
>
> Constatou-se que o contribuinte supra citado como sujeito passivo incorreu nas seguintes irregularidades:
>
> (...).
>
> 6. Promoveu a saída de mercadorias (abrigos) sem emissão de documento fiscal (...).

Dessarte, o Fisco estadual entendeu que a construção dos abrigos de ônibus e sua posterior incorporação ao patrimônio do Município correspondem a uma operação mercantil de compra e venda de mercadoria.

Em julgamento realizado na primeira instância administrativa, o Conselho de Contribuintes, como já mencionado, pugnou pela improcedência da pretensão fiscal. A decisão foi assim ementada (na parte que interessa ao presente estudo):

> Mercadoria. Saída desacobertada. Restou evidenciado nos autos que a Impugnante não pratica e nem praticou operações sujeitas ao imposto estadual, não tendo sequer promovido a saída de mercadorias. Exigências fiscais canceladas.

Do voto vencedor (a decisão foi tomada pelo voto de qualidade) extraem-se os seguintes trechos, que bem elucidam a *quaestio juris* em tela:

> A 6ª irregularidade lançada nos autos versa sobre a saída desacobertada de documentos fiscais.
>
> Neste tópico, torna-se importante cotejar a documentação que identifica a empresa Impugnante no seu ponto de vista jurídico, e, dentro desta análise, percebe-se pelos contratos, edital, laudo técnico dentre outros documentos mais que a

Autuada detém como atividade a exploração de serviços de publicidade, atividade não sujeita ao ICMS.

Resta também evidenciado nos autos que a Impugnante não pratica e nem praticou operações sujeitas ao imposto estadual, não tendo sequer promovido a saída de mercadorias.

A receita operacional auferida pela empresa Impugnante é resultado da contraprestação dos serviços prestados que nada mais são que veiculação de publicidade em abrigos construídos no Município (...).

Aliás, os autos dão conta pela análise dos contratos firmados (...) que a Impugnante não recebe qualquer remuneração pela construção de tais abrigos, muito ao contrário, é ela Impugnante que paga aos Municípios pelo uso de tais abrigos.

Data venia, a matéria ofertada foge ao alcance da tributação do ICMS.

(...).

Por estas razões, o item 6 do Auto de Infração merece ser cancelado integralmente.

A decisão de primeira instância, no entanto, foi reformada pela Câmara Especial do Conselho de Contribuintes, aos seguintes fundamentos:

Quanto ao item 6, "saídas de mercadorias (abrigos) sem emissão de documentos fiscais", a Recorrida assevera, basicamente, que sua "receita operacional decorre da contraprestação dos serviços realizados, consistentes em veiculação de publicidade em abrigos construídos"; que, "por força contratual, se obrigou à construção e posterior manutenção de tais abrigos"; e que "a construção dos abrigos encontra-se plenamente caracterizada como obra de construção civil".

(...).

O contrato celebrado com a Municipalidade destaca que recai sobre a empresa ora Autuada toda a responsabilidade pelos custos decorrentes da implantação e manutenção dos abrigos a serem instalados, conforme fls. 667/668.

E, conforme denota claramente a "Proposta Técnica", no tocante à execução dos abrigos, às fls. 748/749, os componentes destes como peças, estruturas metálicas, coberturas são fabricados em locais diversos daqueles de instalação dos abrigos.

(...).

A Recorrida reconhece que a construção dos abrigos trata-se de obra de construção civil.

E o inciso II do artigo 178, anexo IX do RICMS/96, é claro ao prever a incidência do imposto na saída, de estabelecimento de empresa de construção, de material de produção própria, produzido fora do local da prestação do serviço.

Ao promover a saída dos abrigos (...) a fim de serem instalados em locais previamente estabelecidos, a Autuada deu ensejo à ocorrência do fato gerador do ICMS.

Conforme o artigo 4º do RICMS/96 e o § 8º do artigo 6º, Lei n. 6.763/75, são irrelevantes para a caracterização do fato gerador do imposto a natureza jurídica da operação de que resulte a saída da mercadoria e a natureza jurídica da operação de que resulte a transmissão de propriedade da mercadoria.

Assim, o fato de não ter havido venda, pois o ganho viria da veiculação de publicidade nos abrigos, e o fato dos abrigos passarem a pertencer aos Municípios, pelo fenômeno da acessão, são irrelevantes na presente questão.

O fato dos abrigos não mais passarem a pertencer à Recorrida na realidade vai de encontro à sua alegação, de fls. 1.013, de que "realizou as obras para si mesmo, e não existe a hipótese de autoprestação de serviços".

Tendo em vista a prolação de decisão administrativa desfavorável, da qual não cabia mais recurso, a empresa ajuizou ação anulatória de débito fiscal, atualmente pendente de julgamento em primeira instância.

A decisão, contudo, certamente será favorável ao contribuinte, pelo que se pode dessumir da breve exposição feita do caso e das razões a seguir aduzidas.

2. *Considerações iniciais*

Inicialmente, cumpre salientar que a empresa, no contrato em tela, aufere remuneração pela veiculação de publicidade e propaganda (serviço tributável pelo ISS).

A construção e manutenção dos abrigos e sua posterior incorporação ao patrimônio da Municipalidade nada mais são que obrigações contidas no bojo do contrato administrativo celebrado, que devem ser cumpridas para que a empresa possa explorar o espaço publicitário. Assim, não há compra e venda de abrigos de ônibus entre a empresa e a Municipalidade, o que desautoriza a incidência do imposto estadual sobre essas operações.

De mais a mais, a empresa terceiriza a construção dos abrigos, que é integralmente realizada no local da obra (à exceção da estrutura de ferro, produzida em uma funilaria de terceiros para ser posteriormente soldada e sobre a qual o fabricante paga o ICMS). Outrossim, em todas as compras de insumos (que são, por óbvio, fabricados em outros locais, como cimento, vidros, *et caterva*) há incidência regular do ICMS, recolhido pelo fabricante e suportado pela construtora como contribuinte de fato. Entretanto, nem a Consulente nem a construtora por ela contratada fabricam material utilizado na construção dos abrigos, afastando de plano a regra do RICMS de acordo com a qual há incidência do imposto na "saída de material de produção própria produzido fora do local da prestação do serviço".

A norma citada, como se dessume, foi invocada com erronia pelo Egrégio Conselho de Contribuintes para reformar a decisão favorável à empresa, prolatada em primeira instância administrativa. Não sendo o mesmo aplicável à hipótese em tela, e não havendo circulação jurídica de mercadoria na construção do abrigo e sua posterior entrega à Municipalidade, não há que se falar em incidência do ICMS nessas operações.

Outrossim, a manutenção dos abrigos realizada pela empresa tampouco é tributável pelo ICMS, pois não há venda de material ao Município, mas apenas a efetuação de reparos visando a manter os locais em condições de uso (a empresa, na qualidade de contribuinte de fato, suporta o ICMS incidente sobre o material adquirido para manutenção).

Além disso, outro argumento autônomo também inviabiliza a exigência do imposto estadual no caso em tela: os abrigos não são bens móveis, mas sim imóveis por acessão, posto que são edificados no solo e não podem dele ser destacados sem que haja danos em sua estrutura. Nessa linha, não podem ser classificados como mercadorias, condição *sine qua non* para que haja tributação pelo ICMS.

Dessarte, o presente estudo estrutura-se ao longo de dois eixos centrais: um primeiro, no qual é abordada a questão relativa à inexistência de operação de compra e venda no contrato celebrado entre a empresa de publicidade e a Municipalidade, e um segundo, no qual é trabalhado o conceito de mercadoria para fins de incidência do ICMS, demonstrando sua inaplicabilidade aos abrigos de ônibus construídos pela empresa.

3. *Inexistência de circulação jurídica de mercadorias na atividade de construção e manutenção de abrigos de ônibus*

3.1 Os contratos administrativos celebrados pela empresa de publicidade: obrigação de fazer, que refoge à incidência do imposto estadual

Como visto anteriormente, os contratos administrativos firmados entre a empresa e a Municipalidade prevêem o direito de exploração do espaço publicitário nos abrigos de ônibus, condicionado:

(a) à construção do abrigo pela empresa, que passará a pertencer ao Poder

Público tão logo fique pronto, consoante dispõe a cláusula 2.3 do contrato;

(b) à manutenção do abrigo de ônibus pela empresa, durante o período em que perdurar a concessão;

(c) ao pagamento de um valor mensal à Municipalidade pela utilização do abrigo para veiculação de mídia.

Na espécie, estamos diante de contratos administrativos que reúnem, em um só instrumento, as modalidades de contratação de obra pública e de concessão de uso do domínio público. Segundo Lopes Meirelles,[1] essas são as principais espécies de contratos administrativos, ao lado dos contratos de fornecimentos em geral.

Brandão Cavalcanti[2] leciona que o contrato de obra pública "pressupõe, necessariamente, a execução de uma obra destinada a um serviço público", o que efetivamente ocorre *in casu*, posto que os abrigos construídos pelo particular são destinados à prestação do serviço de transporte público (efetivado por terceiros, mediante concessão).

Já a concessão de uso de bem público é definida como "o contrato administrativo pelo qual o Poder Público atribui a utilização exclusiva de um bem do seu domínio a particular, para que o explore segundo a sua destinação específica", como salienta Lopes Meirelles.[3] A empresa adquire o direito à exploração da mídia nos abrigos de ônibus por força dessa modalidade contratual. Trata-se, portanto, de uso especial de bem comum do povo, como averba Mendes Jr.:[4] "Na concessão para uso especial da cousa comum do povo, estabelece-se, por força de convenção com o poder público, um poder jurídico do concessionário, no sentido da utilização da cousa pública nos fins da concessão".

De fato, os abrigos de passageiros de ônibus, consoante asseverado, são bens de uso comum do povo, posto que afetados aos serviços públicos de transporte, utilizados pela coletividade indistintamente, gratuitamente e independentemente de qualquer ato administrativo (autorização, permissão ou concessão) que confira à população em geral o direito de utilizá-los. Essa a definição do Código Civil:

> Art. 98. São bens públicos os bens do domínio nacional pertencentes às pessoas jurídicas de direito público interno; todos os outros são particulares, seja qual for a pessoa a que pertencerem.
>
> Art. 99. São bens públicos:
>
> I – *os de uso comum do povo, tais como rios, mares, estradas, ruas e praças*;
>
> II – os de uso especial, tais como edifícios ou terrenos destinados a serviço ou estabelecimento da administração federal, estadual, territorial ou municipal, inclusive os de suas autarquias;
>
> III – os dominicais, que constituem o patrimônio das pessoas jurídicas de direito público, como objeto de direito pessoal, ou real, de cada uma dessas entidades.
>
> (...).
>
> Art. 100. *Os bens públicos de uso comum do povo e os de uso especial são inalienáveis, enquanto conservarem a sua qualificação, na forma que a lei determinar.*
>
> Art. 101. Os bens públicos dominicais podem ser alienados, observadas as exigências da lei.
>
> Art. 102. Os bens públicos não estão sujeitos a usucapião.
>
> Art. 103. O uso comum dos bens públicos pode ser gratuito ou retribuído, conforme for estabelecido legalmente pela entidade a cuja administração pertencerem (destaques nossos).

1. Hely Lopes Meirelles, *Licitação e Contrato Administrativo*, 11ª ed., São Paulo, Malheiros Editores, 1996, pp. 225 e ss.

2. Themístocles Brandão Cavalcanti, *Curso de Direito Administrativo*, 6ª ed., Rio de Janeiro/São Paulo, Freitas Bastos, 1961, p. 105.

3. Hely Lopes Meirelles, *Direito Administrativo Brasileiro*, 23ª ed., 2ª tir., São Paulo, Malheiros Editores, 1998, p. 421.

4. Onofre Mendes Jr., *Direito Administrativo*, v. 1, 2ª ed., Belo Horizonte, Bernardo Álvares S/A, p. 260.

Ao se incorporarem às praças ou às calçadas das ruas e avenidas, para uso indistinto de todos que deles necessitem, os abrigos de passageiros de ônibus denotam de forma cristalina a sua natureza de bem de uso comum do povo. A esse respeito, confira-se o escólio de Bandeira de Mello:[5]

"Importa fixar, desde logo, que os bens de uso comum, como o nome o indica, servem para serem utilizados indistintamente por quaisquer sujeitos, em concorrência igualitária e harmoniosa com os demais, de acordo com o destino do bem e condições que não lhe causem uma sobrecarga invulgar (...).

"Ao dizer-se que o uso é livre, está-se caracterizando que ele independe de algum ato administrativo reportando a alguma individualização especificadora de tal ou qual utente."

Os contratos em análise, portanto, por envolverem a utilização especial de bens públicos de uso comum do povo, são regidos por normas do Direito Administrativo, diferenciando-se dos denominados "contratos de direito privado da Administração". A distinção entre ambos foi bem percebida por Bandeira de Mello,[6] *in verbis*:

"2. Nem todas as relações jurídicas travadas entre Administração e terceiros resultam de atos unilaterais. Muitas delas procedem de acordos de vontade entre o Poder Público e terceiros. A estas últimas costuma-se denominar 'contratos'.

"Dentre eles distinguem-se, segundo a linguagem doutrinária corrente:

"a) contratos de Direito Privado da Administração;

"b) 'contratos administrativos'.

"Os primeiros regem-se quanto ao conteúdo e efeitos pelo Direito Privado e os segundos reger-se-iam pelo Direito Administrativo. Assim, como exemplos dos primeiros têm-se a compra e venda de um imóvel, a locação de uma casa para nela instalar uma repartição pública, etc. Exemplificam os segundos a concessão de serviço público, o contrato de obra pública, a concessão de uso de bem público.

"3. Uns e outros estão parificados pelo menos quanto às condições e formalidades para estipulação e aprovação, disciplinadas pelo Direito Administrativo, do que resultam, caso violadas as normas pertinentes, vínculos específicos a estas figuras; vale dizer: caracterizados de acordo com os princípios e normas do Direito Administrativo.

"4. Ditos contratos diferem entre si quanto à disciplina do vínculo. Isto é: enquanto os contratos de Direito Privado travados pela Administração regulam-se em seu conteúdo pelas normas desta província do Direito – ressalvados os aspectos suprareferidos –, os 'contratos administrativos' assujeitam-se às regras e princípios hauridos no Direito Público, admitida, tão-só, a aplicação supletiva de normas privadas compatíveis com a índole pública do instituto."

Como se dessume, o objetivo precípuo dos contratos administrativos em tela – que não se confundem com contratos de direito privado da Administração – é a obtenção de concessão para uso especial de coisa pública (exploração de mídia nos abrigos de ônibus). Como meio para consecução desse fim, a empresa se obriga a construir e manter os logradouros nos quais irá explorar a publicidade.

Em sendo assim, não há que se falar em operação de compra e venda de mercadorias, apta a atrair a incidência do ICMS, mesmo porque essa atividade não consta dos contratos celebrados pela empresa e tampouco de seu objeto social.

O ICMS somente incide quando há operação de circulação de mercadoria ou prestação de serviço de transporte interestadual e intermunicipal e de comunicação. Ou seja: à exceção do transporte e da co-

5. Celso Antônio Bandeira de Mello, *Curso de Direito Administrativo*, 11ª ed., São Paulo, Malheiros Editores, 1999, p. 622.

6. Celso Antônio Bandeira de Mello, *Curso de Direito Administrativo*, 10ª ed., São Paulo, Malheiros Editores, 1998, pp. 395-396.

municação (que envolvem obrigação de fazer), somente a obrigação de dar realizada por comerciante, industrial ou produtor é tributável pelo imposto estadual. Vale conferir a dicção constitucional:

Art. 155. Compete aos Estados e ao Distrito Federal instituir impostos sobre:

II – operações relativas à circulação de mercadorias e sobre prestações de serviços de transporte interestadual e intermunicipal e de comunicação, ainda que as operações e as prestações se iniciem no exterior;

Sobre o dispositivo, já averbou Misabel Derzi:[7]

"A delimitação do ICMS, extraída diretamente da Constituição Federal, assegura-nos que os seguintes pressupostos essenciais, necessários e suficientes à ocorrência da hipótese, são:

"- operação jurídica mercantil, que transfira a titularidade da mercadoria (sua propriedade ou posse-exteriorização do domínio), cumulada com a

"- circulação, representativa da tradição, como fenômeno jurídico de execução de ato ou negócio translativo da posse (exteriorização do domínio) ou da propriedade da mercadoria;

"- ou efetiva prestação de serviço de transporte e comunicação, como execução de obrigação de fazer."

A obrigação da empresa de publicidade no caso em tela é de fazer – construir e manter abrigos de ônibus. Nessa toada, não há possibilidade de conformação dos contratos em análise ao fato gerador do ICMS (a jurisprudência de nossas Cortes se consolidou há muito no sentido da inexigência do imposto estadual sobre as atividades de construção civil e manutenção de equipamentos, como se verá em seguida).

De todo modo, como a empresa de publicidade não percebe remuneração pela construção e manutenção dos abrigos de ônibus, não há como incidir tributo sobre essa atividade, posto que a mesma não é exercida a título oneroso, mas sim de forma gratuita – como meio para a consecução de atividade diversa (exploração de publicidade e propaganda) – inexistindo, nessa linha, base de cálculo para exigência de imposto.

3.2 Não-incidência de ICMS na construção civil

Consoante já afirmado anteriormente, não se aplicam ao caso as assertivas do Conselho de Contribuintes no sentido de que "o inciso II do artigo 178, anexo IX do RICMS/96, é claro ao prever a incidência do imposto na saída, de estabelecimento de empresa de construção, de material de produção própria, produzido fora do local da prestação do serviço".

A empresa de publicidade terceiriza a construção dos abrigos. A construtora contratada, a seu turno, não produz material próprio. Todos os insumos por ela utilizados – aqui incluída a estrutura de aço que é soldada ao solo – são tributados pelo ICMS quando adquiridos dos terceiros-fabricantes. Assim, o dispositivo do RICMS/MG invocado pelo Conselho de Contribuintes para manutenção da autuação não se aplica ao presente caso.[8]

7. Aliomar Baleeiro, *Curso de Direito Tributário Brasileiro*, 11ª ed., atualizado por Misabel Abreu Machado Derzi, Rio de Janeiro, Forense, 2003, p. 404.

8. De todo modo, ainda que a regra do art. 178, II do Anexo IX do RICMS/96 fosse aplicável ao presente caso – o que não é correto, repise-se – a jurisprudência do STJ já pacificou o entendimento pela não-incidência de ICMS sobre material fabricado pelo próprio construtor fora do local da obra contratada por empreitada global. Nessa toada, vale conferir as seguintes ementas de acórdãos:

"Tributário. Recurso especial. ICMS. Construção civil. Montagem e transporte de pré-moldados. Contrato de empreitada global. Não-incidência do tributo. Precedentes. 1. Recurso Especial interposto contra v. Acórdão que julgou procedentes embargos à execução fiscal opostos pela recorrida, objetivando desconstituir crédito cobrado pela recorrente proveniente da ocorrência de fato que considera gerador do ICMS. 2. Não há fornecimento (no sentido de comercializar) aos seus contratantes de peças pré-moldadas produzidas pela empresa a fim de aplicá-

Outrossim, o STJ possui entendimento sedimentado no sentido da inexigibilidade de ICMS das empresas de construção civil, por não exercerem atividade de comercialização de mercadorias, mas sim prestação de serviços (tributável pelo ISS). Confira-se:

> Recurso especial. Alíneas "a" e "c". Tributário. ISS. Construção civil. Base de cálculo. Inclusão do valor dos materiais de construção empregados e pagamentos a subempreiteiros. Precedentes. Ausência de eiva no julgado e de prequestionamento do artigo 9º, § 2º do DL n. 406/68. Divergência jurisprudencial configurada.
>
> *A Primeira Seção deste Superior Tribunal de Justiça já teve a oportunidade de apreciar caso análogo ao dos presentes autos e chegou à conclusão de que "há de se qualificar a construção civil como atividade de pertinência exclusiva a serviços", pelo que "as pessoas (naturais ou jurídicas) que promoverem a sua execução sujeitar-se-ão exclusivamente à incidência de ISS, em razão de que quaisquer bens necessários a essa atividade (como máquinas, equipamentos, ativo fixo, materiais, peças, etc.) não devem ser tipificados como mercadorias sujeitas a tributo estadual*" (José Eduardo Soares de Melo, in "Construção Civil – ISS ou ICMS?", in *RDT* 69/253, Malheiros Editores) (EREsp 149.946-MS, Rel. Ministro Ari Pargendler, Rel. p/ Acórdão Ministro José Delgado, *DJU* 20.3.2000). Na mesma esteira, dentre outros, o REsp 256.210-MG, Rel. Ministro José Delgado, *DJU* 25.9.2000.
>
> Deveras, se *as empresas de construção civil não são contribuintes do ICMS, imposto estadual incidente sobre a circulação de mercadorias, conceito que não se ajusta aos insumos utilizados para a construção de edifícios e outros*, os materiais adquiridos com essa finalidade devem compor a base de cálculo do ISS.
>
> O mesmo diga-se em relação ao pagamento efetuado a terceiros, *in casu*, as subempreitadas. Consoante explicita Bernardo Ribeiro de Moraes, "subempreitada é denominação que se oferece à empreitada menor, isto é, à empreitada secundária. Por meio de subempreitadas são executados trabalhos parcelados, contratados pelo empreiteiro construtor. (...). Em referência ao ISS, é irrelevante saber se o empreiteiro maior executa pessoalmente a obra pactuada ou se incumbe a terceiros para realizá-la. Ambas as formas de serviços (empreitada maior ou empreitada menor) são alcançadas pelo ISS" (in "Doutrina e prática do imposto sobre serviços", São Paulo, Ed. RT, 1975).
>
> No tocante à alegada ofensa ao artigo 9º, § 2º, do Decreto-lei n. 406/68, impõe-se o não conhecimento do recurso ante a ausência de prequestionamento, entendido como o necessário e indispensável exame da questão pelo v. acórdão recorrido.
>
> Recurso especial conhecido, em parte, e, na parte conhecida, provido para determinar a inclusão na base de cálculo do ISS dos materiais de construção empregados na construção civil e pagamentos efetuados a subempreiteiros (STJ, 2ª T., REsp 328.427-PR, Rel. Ministro

las especificamente nas edificações contratadas. Apenas as transporta, após confeccioná-las, a fim de montá-las no local da obra, de acordo com o projeto previamente estabelecido. (...) 4. A Egrégia 2ª Turma do Superior Tribunal de Justiça assentou que 'na construção civil pelo sistema de pré-moldados, sob regime de empreitada global, em que a empresa construtora produz as peças a serem montadas em edificação específica, sem comercializá-las individualmente, transportando-as para o local da obra, não incide o ICM cuja base de cálculo para a cobrança é inexistente' (REsp 40.356-SP, Rel. Min. Peçanha Martins, *DJ* 3.6.1996)

(...)" (STJ, 1ª T., REsp 247.595-MG, Rel. Min. José Delgado, *DJ* 15.5.2000, p. 145).

"Tributário. ICM. Construção civil. Execução em regime de empreitada global. Fornecimento de pré-moldados. Base de cálculo inexistente. Tributação indevida. Precedente: REsp 40.356-SP, *DJ* 3.6.1996. 1. Na construção civil, sob o regime de empreitada global, a utilização de peças pré-moldadas fabricadas pela empresa construtora, para serem montadas em edificação específica, sem comercializá-las individualmente, inexiste base de cálculo para incidência do ICM. 2. Recurso especial conhecido e provido" (STJ, 2ª T., REsp 124.646-RS, Rel. Min. Peçanha Martins, *DJ* 3.4.2000, p. 133).

Nesse mesmo sentido, cite-se ainda o REsp 40.356-SP (STJ, 2ª T., Rel. Min. Peçanha Martins, *DJ* 3.0.1996, p. 19.234).

Franciulli Netto, *DJ* 2.2.2004, p. 301, destaques nossos).

Não sendo o construtor civil sujeito ao recolhimento do ICMS, a atividade exercida pela empresa de publicidade se demonstra alheia ao fato gerador do imposto estadual.

Note-se, contudo, que tampouco o ISS pode ser cobrado sobre a construção dos abrigos de ônibus, visto que falta base de cálculo à exação. Afinal, de acordo com os contratos de concessão, a construção é realizada a título gratuito pela empresa, como meio para a posterior prestação do serviço-fim: veiculação de publicidade e propaganda.

As únicas receitas auferidas pela empresa de publicidade em decorrência dos contratos em análise são as decorrentes da veiculação de mídia nos abrigos de ônibus – e, sobre esses valores, o ISS é devidamente recolhido.

3.3 Não-incidência de ICMS sobre a manutenção dos abrigos de ônibus

No que tange à manutenção dos abrigos, impende notar que a empresa de publicidade, ao adquirir materiais para consecução dessa atividade, suporta o ICMS incidente sobre os mesmos na qualidade de contribuinte de fato. De fato, a empresa não comercializa esses insumos, revendendo-os para o Município. Ela tão-somente os utiliza no mister de reparar os abrigos de ônibus, que sofrem constantes depredações, além do desgaste natural com o uso. Não há, nesse particular, qualquer possibilidade de incidência do ICMS, por absoluta ausência de prática de operação de circulação jurídica de circulação de mercadoria.

Em situação que se assemelha à presente, o Egrégio Tribunal de Justiça de Minas Gerais já assentou:

> Tributário. Prestação de serviços. Recuperação de rodovias. Incidência tributária. ISSQN. Multas por falta de inscrição da prestadora de serviços na repartição fazendária e por transportar massa asfáltica desacobertada de documento fiscal. Legalidade e oportunidade de sua imposição pelo fisco estadual independentemente de incidência ou não do ICMS.
>
> - *Os trabalhos de engenharia atinentes à recuperação de rodovias classificam-se como prestação de serviços, o que, por si só, torna incabível a incidência do ICMS.* Por ser o respectivo fato gerador a prestação de serviços, cabível é o ISSQN, de competência do Município onde ocorre essa prestação. Não cabível o ICMS, também descabe, por óbvio, a multa de revalidação dele decorrente. Todavia se a empresa prestadora de serviços, ao executá-los, não se inscreveu na repartição fazendária de sua circunscrição – RICMS/91, art. 661, § 1º, sujeita-se à multa isolada, independentemente de ser ou não tributada pelo ICMS a prestação de serviços. De igual, se a empresa transporta massa asfáltica desacobertada de documento fiscal, ainda que transportada de local próximo ao das obras (TJMG, 4ª CC, AC 1.0000.00.313426-9/000, Rel. Desembargador Hyparco Immesi, MG 18.6.2003, destaques nossos).

Adquirir insumos para prestar serviço de manutenção não se equipara à obrigação de dar, ínsita à hipótese de incidência do ICMS, sendo descabida a exigência fiscal ora analisada.

O item seguinte cuidará de demonstrar a intributabilidade das operações autuadas por um outro motivo, que por si só é também suficiente para afastar a pretensão fiscal *in casu*: os abrigos de ônibus não são bens móveis, mas sim imóveis por acessão, não se amoldando ao conceito jurídico de mercadoria, essencial para a configuração do fato gerador do ICMS.

4. Da inexistência de "mercadoria" na operação em tela. Impossibilidade de incidência do ICMS

4.1 Da natureza jurídica dos abrigos de passageiros: bem imóvel por acessão

Conforme ficou assente no item anterior, o fato considerado pela fiscalização como tributável pelo ICMS não se amolda à hipótese de incidência do referido imposto, na medida em que inexistiu uma operação de circulação de mercadorias. Deveras, o fornecimento de abrigo de passageiros à Municipalidade não correspondeu a uma operação de compra e venda, mas, sim, a uma contraprestação a cargo da empresa de publicidade, estabelecida no bojo de um contrato de concessão de uso de bem público para veiculação de mídia. Ou seja, a construção do abrigo não se destinou à comercialização, configurando simplesmente uma obrigação imposta contratualmente ao particular contratado, a bem da Municipalidade, em contrapartida ao direito de fazer publicidade em local público.

Mas, ainda que o fornecimento do abrigo de passageiros de ônibus à Municipalidade configurasse uma operação de circulação para fins de incidência do ICMS, é cediço que o bem em circulação, em hipótese alguma, se confunde com uma mercadoria.

Confira-se, segundo De Plácido e Silva,[9] a etimologia e a acepção jurídica do vernáculo em comento:

"*Derivado do latim 'merx', de que se formou mercaria, exprime propriamente a coisa que serve de objeto à operação comercial. Ou seja, a coisa que constitui objeto de uma venda. É especialmente empregado para designar as coisas móveis, postas em mercado. Não se refere aos imóveis*, embora estes sejam também objeto de venda.

"*A rigor, pois, mercadoria é designação genérica dada a toda coisa móvel, apropriável, que possa ser objeto de comércio.*

"*As coisas fora do comércio não se entendem por mercadorias e não são suscetíveis de venda. A mercadoria é a que está no comércio, pode ser vendida pelo comerciante ou mercador. A coisa que não está para venda não é mercadoria.*

"Tecnicamente, portanto, somente se denomina de mercadoria o objeto ou a coisa adquirida pelo comerciante ou mercador, para servir de objeto de seu comércio, isto é, para ser revendida.

"Excepcionalmente, porém, os produtos agrícolas consideram-se mercadorias e por dinheiro entende-se a mercadoria dos bancos, que se dedicam a empréstimos ou financiamentos" (destaques nossos).

Consoante lição do vernaculista *suso* referido, o termo "mercadoria" identifica-se com o bem móvel que se encontra no comércio, distinguindo-se, assim, dos bens imóveis.

O Código Civil brasileiro classifica os bens, com base nos seguintes critérios:

(a) segundo a sua própria individualidade (bens considerados em si mesmos);

(b) uns em relação aos outros (bens reciprocamente considerados);

(c) relativamente ao titular do direito subjetivo sobre eles (bens considerados em referência à pessoa do seu proprietário);

(d) em relação à possibilidade de serem comercializados (bens no comércio ou fora dele).

A classe dos bens considerados em si mesmos, elaborada no âmbito do direito privado, apresenta uma subdivisão entre bens móveis e imóveis, essencial à compreensão do caso em comento. Nesta perspectiva, confira-se o escólio de Silva Pereira:[10]

"Imóveis são as coisas que se não podem transportar, sem destruição, de um lugar para outro: um terreno, uma casa.

"Pelo sistema do nosso Código Civil há quatro classes de imóveis, que são:

"I – Imóveis por natureza – o solo com sua superfície, os seus acessórios e adjacências naturais, compreendendo as árvores e os frutos pendentes, o espaço aéreo e o subsolo (artigo 43, I).

9. De Plácido e Silva, *Vocabulário Jurídico*, 15ª ed., Rio de Janeiro, Forense, 1998, p. 530.

10. Caio Mário da Silva Pereira, *Instituições de Direito Civil*, v. 1, 1ª ed., Rio de Janeiro, Forense, 1961, pp. 219-223.

"II – *Imóveis por acessão física artificial – tudo quanto o homem incorporar, permanentemente, ao solo, como a semente lançada à terra, os edifícios e construções, de modo que se não possa retirar, sem destruição, modificação, fratura ou dano* (artigo 43, II).

"III – Imóveis por acessão intelectual – tudo quanto, no imóvel, o proprietário mantiver, intencionalmente, empregado em sua exploração industrial, aformoseamento, ou comodidade (artigo 43, II).

"IV – Imóveis *ope legis*, isto é, por determinação da lei – os direitos reais sobre imóveis, inclusive o penhor agrícola, e as ações que os asseguram; as apólices da dívida pública oneradas com a cláusula de inalienabilidade e o direito à sucessão aberta (artigo 44). "(...).

"Na segunda classe – imóveis por acessão física artificial – estão compreendidas aquelas coisas móveis que a pessoa incorpora ao solo e que, pela aderência física, adquirem a qualidade de imóveis, assim as sementes lançadas à terra e os materiais empregados no levantamento de edifícios e construções que, fixados no solo, não poderão ser retirados sem destruição, modificação, fratura ou dano. "(...).

"Os materiais para construção, enquanto não empregados, são, por natureza, coisas móveis, como veremos no ponto seguinte. Uma vez empregados na construção, adquirem a qualidade de imóveis, e não perderão essa qualidade quando, provisoriamente, separados do prédio, se destinem a nele mesmo serem reempregados. Tal é que preceitua o artigo 46 do Código Civil:

"'Não perdem o caráter de imóveis os materiais provisoriamente separados de um prédio, para nele mesmo se reempregarem'" (destaques nossos).

O art. 43 do CC, mencionado no texto transcrito, sofreu uma simplificação na sua redação, correspondendo atualmente ao art. 79 do novo Código Civil, *verbis*:

> Art. 79. São bens imóveis o solo e tudo quanto se lhe incorporar natural ou artificialmente.

Ao seu turno, o art. 46 do antigo Código Civil, acrescido de mais um inciso, encontra-se reproduzido no art. 81 do atual Código, que ostenta a seguinte redação:

> Art. 81. Não perdem o caráter de imóveis: I – as edificações que, separadas do solo, mas conservando a sua unidade, forem removidas para outro local; II – os materiais provisoriamente separados de um prédio, para nele se reempregarem.

Quanto aos bens móveis, o novo Código Civil define-os no art. 82, segundo suas características físicas e, no art. 83, por força de lei. É ver:

> Art. 82. São móveis os bens suscetíveis de movimento próprio, ou de remoção por força alheia, sem alteração da substância ou da destinação econômico-social.

> Art. 83. Consideram-se móveis para os efeitos legais: I – as energias que tenham valor econômico; II – os direitos reais sobre objetos móveis e as ações correspondentes; III – os direitos pessoais de caráter patrimonial e respectivas ações.

É forçoso concluir, consoante os textos precitados, que os abrigos de passageiros de ônibus, em relação aos quais pretende o Fisco exigir o ICMS, amoldam-se perfeitamente à definição de bem imóvel por acessão, não podendo ser removidos do solo, sem que lhes seja infligido algum tipo de dano físico. De modo algum, seja em decorrência de suas características físicas, seja por definição legal, o bem em apreço identifica-se com um bem móvel.

4.2 A relevância para o direito tributário da distinção dos bens em móveis e imóveis

A divisão dos bens em móveis e imóveis é fundamental a todas as legislações. No campo penal, *v.g.*, inexiste furto de bem imóvel. Segundo a legislação civil, a transferência da propriedade de bens imóveis se dá de forma pública, em cartório. No âmbito fiscal, essa divisão (entre bens móveis e imóveis) também traz profundas implicações, especialmente no que diz respeito à competência para instituir tributos e à matéria fática sobre a qual pode recair a tributação.

Assim é que, no Brasil, os impostos que gravam a propriedade, o domínio útil ou a transferência de bens imóveis são de competência dos Municípios (ITBI e IPTU) ou da União (ITR). A tributação estadual sobre bem imóvel dá-se somente no caso do ITCD (imposto sobre transmissão *causa mortis* e doações) quando o bem transmitido for imóvel.

É que a Constituição de 1988 repartiu o antigo ITBI (imposto sobre transmissão de bens imóveis), que era de competência dos Estados, em *causa mortis e inter vivos*, fixando a transmissão de bens imóveis por ato oneroso entre vivos na competência do Município e a transmissão por doação na competência dos Estados-membros. Assim, atualmente, segundo o disposto no art. 155, I, da Constituição Federal, o ITCD estadual alcança a transmissão, por doação *inter vivos* ou *causa mortis*, de todos os bens e direitos.

Já no que tange ao ICMS, imposto igualmente de competência estadual, a tributação incide sobre operações de circulação de *mercadorias*. Portanto, o campo de incidência do imposto, ao contrário do ITCD, alcança exclusivamente aquelas coisas que se identifiquem com "mercadoria", ou seja, uma das espécies que integram o gênero bens móveis, em relação à qual haja um negócio jurídico translativo da sua titularidade.

4.3 Da impossibilidade da incidência do ICMS sobre o fornecimento de abrigos de passageiros ao poder público, em face da inexistência de autorização constitucional para se instituir o referido tributo sobre operações com bens imóveis

A competência para instituir o ICMS, bem como o seu fato gerador, estão previstos no art. 155, II, da Constituição, *litteratim*:

> Art. 155. Compete aos Estados e ao Distrito Federal instituir impostos sobre:
>
> (...);
>
> II – operações relativas à circulação de mercadorias e sobre prestações de serviços de transporte interestadual e intermunicipal e de comunicação, ainda que as operações e as prestações se iniciem no exterior;
>
> (...).

Como se vê, o ICMS incide sobre "operações relativas à circulação de mercadorias", de modo que os Estados não detêm competência para instituir o imposto sobre operações que digam respeito a bem imóvel.

Carrazza,[11] ao dissecar a disciplina do ICMS, averbou:

"*É o caso de rememorarmos que mercadoria, nos patamares do Direito, é o bem móvel, sujeito à mercancia.* É, se preferirmos, o objeto da atividade mercantil, que obedece, por isso mesmo, ao regime jurídico comercial.

"*Não é qualquer bem móvel que é mercadoria, mas só aquele que se submete à mercancia. Podemos, pois, dizer que toda mercadoria é bem móvel, mas nem todo bem móvel é mercadoria. Só o bem móvel que se destina à prática de operações mercantis é que assume a qualidade de mercadoria.*

"(...).

"Observe-se que quando a Constituição se referiu a mercadorias, encampou um conceito que já estava perfeitamente desenhado pela lei comercial (que é uma lei de caráter nacional).

"(...).

"Logo, mercadoria, para fins de tributação por via do ICMS, é o que a lei comercial considera mercadoria. Segue-se, daí, que não pode a lei dos Estados ou do Distrito Federal alterar este conceito para fins tributários.

11. Roque Antonio Carrazza, *ICMS*, 6ª ed., São Paulo, Malheiros Editores, 2000, pp. 38-42.

"(...) *Mercadoria, enfim, é a coisa fungível (que se pode substituir por outra que tenha as mesmas características e sirva para satisfazer as mesmas necessidades) que se destina ao comércio.*"

A cita transcrita expressa de forma irretorquível a natureza de bem móvel, ínsita ao conceito de mercadoria, e repisa o caráter extrínseco representado pela destinação do bem, como requisito à definição de mercadoria.

No mesmo sentido, pontifica Barros Carvalho:[12] "A natureza mercantil do produto não está, absolutamente, entre os requisitos que lhe são intrínsecos, mas na destinação que se lhe dê. É mercadoria a caneta exposta à venda entre outras adquiridas para esse fim. Não o será aquela que mantenho em meu bolso e se destina a meu uso pessoal. Não se operou a menor modificação na índole do objeto referido. Apenas sua destinação veio conferir-lhe atributos de mercadorias".

Ademais, o ICMS não incide sobre a mercadoria em si mesma, mas sobre operações que levem à sua circulação. A esse respeito, Souto Maior Borges[13] é enfático: "'Operações' em Direito são 'operações' jurídicas. Conseqüentemente, atos jurídicos mercantis pelos quais se processe circulação, mediante os quais o processo econômico circulatório é dinamizado na vida do comércio. (...) Significa apenas que em qualquer forma jurídica que venha a ser adotada para a operação de circulação, desde que de uma operação de circulação de mercadorias e, desde que a operação de circulação seja realizada por produtor, industrial, comercial ou pessoa equiparada por lei complementar, a tributação será legítima (...)".

Ao revés, no caso em apreço, não se trata de um negócio jurídico de compra e venda e tampouco confundem-se os abrigos de passageiros de ônibus com mercadorias, pois constituem bens imóveis por acessão, já que fixados às vias públicas depois de assentada a sua estrutura em uma base de concreto.

A construção dos abrigos constitui uma obra de engenharia e os materiais, peças e insumos utilizados, bem como a estrutura de ferro produzida em funilaria de terceiros, são adquiridos com a incidência do imposto pela empresa de publicidade, que arca com este ônus na condição de contribuinte de fato. Estas mercadorias – areia, cimento, ferro, vidros, acrílico, fiação, lâmpadas, tintas, etc. – são fornecidas pela empresa de publicidade à Construtora, a qual, ao efetuar a obra, submete-se à exigência do ISSQN pelos serviços de engenharia prestados. O abrigo acabado integra-se ao patrimônio público, constituindo, assim, um bem de uso comum do povo. As mercadorias utilizadas na construção do bem, ao cabo dessa, perdem seu caráter de bem móvel, pois resultam em um bem distinto, de natureza imóvel, incorporado ao solo artificialmente pela engenhosidade humana, para usufruto da população em geral.

Assevere-se, com fulcro no citado art. 81 do Código Civil, que, mesmo se fosse possível remover o abrigo para outro local ou ainda que os materiais que o integram fossem provisoriamente separados para nele se reempregarem, ele não perderia o seu caráter de bem imóvel.

Verifica-se, assim, que em nenhum momento houve uma operação de compra e venda de mercadorias ou alienação de alguma outra forma, que implicasse circulação de mercadorias. Em hipótese alguma há aquisição de mercadorias para serem alienadas, seja na relação entre a empresa de publicidade e a Construtora, seja na relação entre a empresa de publicidade e o Poder Público.

In casu, houve apenas prestação de serviço de engenharia pela Construtora,

12. *Regra Matriz do ICM*, Faculdade de Direito da PUC/SP, 1981, p. 207.

13. "Aspectos constitucionais do ICMS", in *Revista da Procuradoria-Geral do Estado de São Paulo*, jun. 1977, pp. 21 *et seq*.

sujeitado ao ISSQN e, por parte do poder público, concessão de uso de um bem comum para veiculação de publicidade. A empresa de publicidade, à sua vez, não é contribuinte do ICMS, pois, para se apresentar como tal, deveria praticar com habitualidade a compra e venda de mercadorias, o que não ocorre no caso vertente.

Nos casos em que se apresenta como concessionária de serviço público, ao fornecer e manter os abrigos de passageiros, a empresa de publicidade realiza uma atividade de utilidade pública no âmbito dos serviços de transporte, mas sem o auferimento de receita, de modo que não ostenta capacidade contributiva para se submeter à exigência do ISSQN. Por outro lado, a concessão de uso dos referidos abrigos não implica a tributação dos mesmos, pois constituem bens do domínio público que se encontram fora do comércio, sendo tributáveis, somente pelo ISSQN, as receitas da empresa decorrente das propagandas veiculadas naqueles abrigos.

5. *Conclusões*

Assim e então, pode-se concluir que:

(a) no bojo dos contratos de concessão firmados com a empresa de publicidade não há margem para operações de circulação jurídica de mercadorias. A construção do abrigo e sua manutenção são efetuadas de forma gratuita, como *munus* para obter direito à exploração da mídia nesses espaços. Não bastasse isso, no contrato firmado com o Município a empresa ainda tem o dever de pagar pelo uso mensal dos abrigos de ônibus (posto que os mesmos passam a pertencer ao Poder Público tão logo fiquem prontos);

(b) a gratuidade da construção e manutenção dos abrigos impede a cobrança de qualquer tributo na hipótese, em especial o ICMS, visto que não há incidência do imposto nessas atividades, consoante já assentado pelo STJ;

(c) a natureza de bem imóvel por acessão dos abrigos de ônibus – que os diferencia essencialmente das mercadorias (bens móveis destinados à comercialização), que se sujeitam ao ICMS – denota, por mais uma razão, a impossibilidade de exigência do imposto estadual da empresa de publicidade na hipótese em análise.

CADERNOS DE DIREITO TRIBUTÁRIO

APURAÇÃO DA BASE DE CÁLCULO DO IRPJ E DA CSLL

A desconsideração de 100% dos custos e despesas Obrigatoriedade do arbitramento do lucro

MARY ELBE QUEIROZ

Doutora em Direito Tributário (PUC/SP) e Mestre em Direito Público (UFPE). Professora do Programa do Doutorado e do Mestrado da Universidade Federal de Pernambuco – UFPE. Professora dos Cursos de Pós-Graduação da: PUC/SP/Cogeae, UNIFACS/BA, FGV/DF, Faculdades Curitiba/PR, IBET/SP, IDP/DF. Presidente do Instituto Pernambucano de Estudos Tributários – IPET

I. O objetivo do estudo. II. Considerações gerais: II.1 O sistema constitucional tributário; II.2 O Imposto sobre a Renda e Proventos de Qualquer Natureza (IR). O conceito de renda; II.3 A Contribuição Social sobre o Lucro Líquido (CSLL); II.4 O princípio da legalidade na incidência dos tributos – IRPJ e CSLL. III. O lucro como base de cálculo do IRPJ e da CSLL. IV. As formas de apuração da base de cálculo do IRPJ (e da CSLL) de acordo com a lei ordinária. V. Formas de lançamento do IRPJ pela autoridade fiscal – Lançamento "ex-officio". VI. A jurisprudência (administrativa e judicial) sobre a matéria. VII. Conclusões.

I. O objetivo do estudo

O presente estudo tem por objetivo analisar a apuração da base de cálculo do Imposto sobre a Renda e Proventos de Qualquer Natureza das pessoas Jurídicas – IRPJ e da Contribuição Social sobre o Lucro Líquido – CSLL, sob a ótica das formas previstas na lei, em confronto com aquelas possíveis de serem utilizadas pelas autoridades fiscais em lançamentos de ofício.

O exame, como não poderia deixar de ser, tem seu ponto de partida nos magnos princípios que dão o arcabouço das regras-matrizes dos tributos estabelecidas constitucionalmente, e passa, também, pelas disposições da lei complementar – Código Tributário Nacional – CTN – e leis ordinárias que regem as exações. Especialmente, será visualizada a incidência do IRPJ e da CSLL sobre o aspecto da total impossibilidade de ser contabilizado e apurado o resultado de um exercício sem que sejam computados os custos e despesas efetuadas para a obtenção das respectivas receitas pela pessoa jurídica.

Ao final, conclui-se que somente poderá se quantificar o verdadeiro lucro como o resultado efetivo e "real" da pessoa jurídica, a ser tomado como base de cálculo para o IRPJ e para a CSLL, se a respectiva apuração considerar a dedução das receitas/ingressos dos valores despendidos, incorridos ou pagos, a título de custos e despesas necessárias à manutenção da fonte produtora e à produção/obtenção dos respectivos rendimentos.

Portanto, na hipótese de a autoridade fiscal rejeitar a comprovação, mesmo quando demonstrado por meio de laudo pericial, e proceder à desconsideração (glosa) de 100% dos custos e despesas efetivamente tidos/incorridos pela pessoa jurídica, não se poderá mais falar em lucro e só restará à autoridade fiscal apurar o resultado do exercício da pessoa jurídica com base no arbitramento do lucro.

II. Considerações preliminares

II.1 O sistema constitucional tributário

A relação jurídico-tributária entre o Fisco e o contribuinte está em constante conflito haja vista que a incidência tributária é uma forma legal de expropriação de bens dos particulares. Por isso mesmo o exercício da atividade de lançar, cobrar, executar e julgar as lides tributárias requer do agente público, aplicador da lei em nome da Administração Tributária, o cumprimento da estrita legalidade, como nos ensinam os mestres Paulo de Barros Carvalho e Alberto Xavier, nos seus aspectos material e formal. Essa legalidade ou tipicidade cerrada constitui uma das cláusulas pétreas em que se assenta o nosso Estado Democrático de Direito.

No ordenamento jurídico brasileiro é a Constituição Federal a norma que estabelece as espécies tributárias e fixa as competências para instituir e cobrar tributos, bem assim define as regras-matrizes de incidência dos tributos, como uma opção do legislador constitucional de criar regras o mais rígidas possível no intuito de assegurar direitos e impor deveres aos cidadãos e evitar abusos de poder.

É a Magna Carta, que, também, expressamente estabelece que a lei complementar é o veículo introdutor de normas gerais tributárias com relação à determinação do conceito constitucional de cada espécie de tributo. O Código Tributário Nacional é a lei que explicita os elementos que caracterizam cada tributo, sendo que as respectivas disposições, recepcionadas como lei complementar, deverão ser integralmente obedecidas pelas leis ordinárias de cada ente federativo que disciplinam as espécies tributárias de competência de cada uma dessas pessoas políticas da Federação.

Por conseguinte, somente nasce a obrigação de pagar qualquer tributo quando o evento do mundo factual se enquadrar em tudo e estiverem atendidos todos os aspectos que compõe a regra-matriz prevista legalmente, a partir do arquétipo constitucional explicitado no CTN, quais sejam, os elementos: material, temporal, espacial, pessoal e quantitativo (base de cálculo e alíquota).

II.2 O Imposto sobre a Renda e Proventos de Qualquer Natureza (IR). O conceito de renda

Investigando o Imposto sobre a Renda e Proventos de Qualquer Natureza (IR), sob a ótica constitucional e do CTN, a fim de identificar o conceito de renda, para fins da incidência tributária e as formas de apuração da respectiva base de cálculo, já tivemos oportunidade de manifestarmos o seguinte entendimento:[1]

"O Imposto sobre a Renda e Proventos de Qualquer Natureza encontra seu suporte legal no art. 153, III da Constituição Federal, o qual expressamente dá competência à União para instituí-lo, fixa os princípios que o norteiam e delineia a sua regra-matriz de incidência, bem assim, no art. 43 do Código Tributário Nacional, que procura normatizar os aspectos gerais do citado imposto e definir os elementos que o compõem.

"(...). Do confronto do significado acolhido para as palavras '*renda*' e '*proventos*', que se situam no núcleo da exação como preceituada no texto constitucional, com o exame sistemático e em conjunto dos princípios que norteiam a incidência do Imposto

1. Mary Elbe Queiroz, *Imposto sobre a Renda e Proventos de Qualquer Natureza*, São Paulo, Manole, 2003, p. 64.

sobre a Renda, constata-se que o sentido que melhor convém aos citados vocábulos é, exatamente, que eles se referem a '*renda*' ou '*provento*' *que revelem acréscimos patrimoniais*.

"Essa idéia encontra-se subjacente em todo o sistema tributário constitucional, tendo em vista que, admitir o contrário, *seria abrir a possibilidade de tributação sobre: ou um mínimo existencial; ou os valores que não são ganhos por se destinarem a cobrir despesas e gastos necessários à produção dos rendimentos e à manutenção da fonte produtora, o que resultaria na exigência de tributo sobre valores despendidos e que não são receita ou renda*; ou, ainda, o próprio patrimônio, incidência essa que configuraria outra exação, prevista em hipótese de incidência diversa do Imposto sobre a Renda.

"(...). *A incidência do Imposto sobre a Renda nunca poderá dar-se sobre simples ingressos. Sempre deverão ser respeitados o acréscimo patrimonial, a progressividade e a revelação da capacidade contributiva.* Admite-se relativa ressalva, contudo, em relação às rendas e proventos oriundos ou havidos no exterior, pela impossibilidade fática de, em relação aos mesmos, serem efetivados os princípios constitucionais, como p. ex. a generalidade e a capacidade contributiva.

"(...). A confirmação de tal entendimento é encontrada na leitura do próprio art. 43 do CTN, do qual se infere que, se no inciso segundo desse mesmo artigo foi colocado que seriam proventos de qualquer natureza os acréscimos patrimoniais não compreendidos no inciso primeiro, *logo, a renda, igualmente, só poderá ser entendida como um acréscimo patrimonial, riqueza nova, nesse caso proveniente do produto do capital, do trabalho ou da combinação de ambos*.

"(...). Conclui-se, portanto, que o significado dos vocábulos '*renda*' e '*proventos de qualquer natureza*' e a definição que melhor se enquadra nos desígnios constitucionais, para o Imposto sobre a Renda e Proventos de Qualquer Natureza é de que a exação:

"i) Incide sobre as rendas e proventos de qualquer natureza que constituam *acréscimos patrimoniais, riquezas novas, para o beneficiário (os excedentes às despesas e custos necessários para auferir os rendimentos e à manutenção da fonte produtora e da sua família)*, sobre os quais ele haja adquirido e detenha a respectiva posse ou propriedade e estejam à sua livre disposição, econômica ou juridicamente;

"ii) Deve ser dimensionada levando em consideração a periodicidade necessária à sua quantificação, por meio da *progressividade*, a fim de atender à *pessoalidade*, de modo a aferir a real *capacidade contributiva* de quem a lei incumbe o ônus do imposto, no sentido de que aqueles que tenham mais contribuam mais; cuja incidência deverá ser de forma *igual, universal e genérica* para todos; e que a obrigação tributária respeite o mínimo vital necessário à sobrevivência e à dignidade humana e *não produza o efeito de exaurir ou resultar no esgotamento da respectiva fonte em prestígio ao não-confisco, à legalidade, à isonomia e à segurança jurídica*."

II.3 A Contribuição Social sobre o Lucro Líquido (CSLL)

A Contribuição Social sobre o Lucro Líquido (CSLL) foi instituída pela Lei n. 7.689/1988. Nessa norma a exação foi delimitada de maneira singela, apenas com os critérios mínimos para que pudesse ser considerada instituída, como o fato gerador e a base de cálculo. Assim prescrito:

Lei n. 7.689/1988

Art. 1º. Fica instituída contribuição social sobre o lucro das pessoas jurídicas, destinada ao financiamento da seguridade social.

Art. 2º. *A base de cálculo da contribuição é o valor do resultado do exercício, antes da provisão para o imposto de renda.*

Art. 3º. A alíquota da contribuição é de oito por cento.

Lei n. 10.635/2002

Art. 37. Relativamente aos fatos geradores ocorridos a partir de 1º de janeiro de 2003, a alíquota da Contribuição Social sobre o Lucro Líquido (CSLL), instituída pela Lei n. 7.689, de 15 de dezembro de 1988, será de 9% (nove por cento).

E, até por racionalidade e coerência do sistema, que poderiam restar abalados caso houvesse um exaustivo tratamento específico para a apuração e pagamento de cada tributo, a normatização técnica de contabilização da CSLL foi estabelecida pela lei como sendo idêntica à legislação do Imposto sobre a Renda Pessoa Jurídica:

Lei n. 7.689/1988

Art. 6º. A administração e fiscalização da contribuição social de que trata esta lei compete à Secretaria da Receita Federal.

Parágrafo único. *Aplicam-se à contribuição social, no que couber, as disposições da legislação do imposto de renda referente à administração, ao lançamento, à consulta, à cobrança, às penalidades, às garantias e ao processo administrativo.*

Lei n. 8.981/1995

Art. 57. *Aplicam-se à Contribuição Social sobre o Lucro (Lei n. 7.689, de 1988) as mesmas normas de apuração e de pagamento estabelecidas para o imposto de renda das pessoas jurídicas*, inclusive no que se refere ao disposto no art. 38, mantidas a base de cálculo e as alíquotas previstas na legislação em vigor, com as alterações introduzidas por esta Lei.

Instrução Normativa – Secretário da Receita Federal – SRF n. 390, de 30.1.2004

Art. 3º. *Aplicam-se à CSLL as mesmas normas de apuração e de pagamento estabelecidas para o Imposto sobre a Renda das Pessoas Jurídicas (IRPJ) e, no que couberem, as referentes à administração, ao lançamento, à consulta, à cobrança, às penalidades, às garantias e ao processo administrativo, mantidas a base de cálculo e as alíquotas previstas na legislação da CSLL.*

Isso significa ser o cálculo da CSLL idêntico e uma derivação direta do cálculo do IRPJ, em um vínculo legal e inafastável, pois ambas as apurações das bases de cálculo tomam como partida os registros contábeis da pessoa jurídica, especialmente a Demonstração do Resultado do Exercício, e a partir daí são procedidos os ajustes de adições e exclusões expressamente previstos na lei para cada espécie tributária.

Disso decorre, por exemplo, que a pessoa jurídica ao optar pela apuração da base de cálculo do IRPJ pelo Lucro Real, Presumido ou Arbitrado deverá adotar a mesma opção para a CSLL. Com a opção, a tributação, tanto do IRPJ quanto da CSLL, passa a ter o mesmo quadro normativo e a mesma fórmula matemático-contábil.

Daí porque qualquer estudo acerca da base de cálculo da CSLL deve necessariamente ater-se aos mesmos termos postos pela legislação do IRPJ, notadamente seu conceito de renda, tópico nuclear para ambos os tributos.

II.4 O princípio da legalidade na incidência dos tributos – IRPJ e CSLL

Para que se entenda toda a sistemática de apuração dos tributos, especialmente no caso do IRPJ e da CSLL, é importante que antes da aplicação de qualquer norma que regule as exações, a respectiva incidência deve ser visualizada sob a luz do princípio da legalidade como um sobreprincípio que paira sobre todo o ordenamento jurídico no nosso Estado Democrático de Direito. Igualmente, acerca do assunto, já expressamos opinião no sentido de que:

"Em matéria tributária, a legalidade apresenta-se como um princípio basilar de que não poderá ser imposto qualquer sacrifício que afete o patrimônio dos particulares sem que haja previamente uma lei. Nesse âmbito, a legalidade requer mais, exige um *plus* que caracteriza a tipicidade, que 'é a adequação, o ajustamento que o fato imponível deve ter com a hipótese de incidência, em todos os seus aspectos, para que o efeito jurídico se produza'.[2]

"Sem que haja o perfeito enquadramento do fato do mundo real à hipótese de incidência prevista em abstrato na lei não ocorrerá a subsunção do fato à norma e, por conseqüência, não nascerá qualquer obrigação tributária, seja ela principal (pagar tributo ou penalidade) ou acessória (a realização dos deveres formais ou instrumentais). No Direito Tributário brasileiro, o significado que melhor representa a legalidade, com vista à garantia da certeza e da segurança jurídica nas relações do particular com o Estado (Fisco), é o entendimento de que o princípio tem por substrato e aplica-se, na sua máxima extensão, a partir do texto da lei constitucional. Ele manifesta-se sob os aspectos material e formal, para rechaçar qualquer exigência de tributo, imposição de penalidade ou procedimento administrativo, fundado em qualquer outro veículo que não a lei editada pelo poder competente, em total consonância com os preceitos constitucionais.

"Quanto ao aspecto material, a legalidade exsurge tanto para exigir que nenhum tributo seja instituído ou aumentado, a não ser por meio de lei, bem assim que o evento da realidade factual se subsuma inteira e integralmente à hipótese de incidência abstrata da lei, como relativamente à aplicação de penalidades e o estabelecimento de obrigações acessórias ou deveres instrumentais. Para que se cumpra o princípio, mister se faz que no mundo real sejam realizados integralmente todos os elementos da regra-matriz de incidência estabelecida constitucionalmente, pois, enquanto faltar um dos elementos (material, espacial, temporal, pessoal e quantitativo), não se poderá dar por ocorrido o fato jurídico-tributário nem nascerá qualquer obrigação tributária.

"No tocante ao aspecto formal, a lei reclama a conformação da atividade administrativa quanto à competência e requisitos essenciais da formalização e exteriorização dos atos administrativos para a apuração da ocorrência do fato gerador tributário ou de infração ou irregularidade fiscal (p. ex. procedimento fiscal, lançamento, julgamento, cobrança, execução etc.). As autoridades que vão interpretar e aplicar as normas tributárias deverão agir e submeterem-se, obrigatoriamente, aos ditames exclusivos da lei, no tocante às exigências a serem feitas aos sujeitos passivos da obrigação tributária, sob pena de afronta à legalidade."[3]

III. O lucro como base de cálculo do IRPJ e da CSLL

O próprio CTN define que a quantificação da materialidade do fato gerador do IRPJ dar-se-á por meio da apuração do lucro que será a base de cálculo do imposto.

É o lucro que revela o acréscimo patrimonial e a riqueza nova, apurada mediante a realização do respectivo fato gerador. Iguais premissas são aplicáveis também à CSLL. O art. 44 do CTN, expressamente dispõe que o elemento que dimensiona e dá o elemento valorativo do fato gerador ocorrido é a base de cálculo assim definida: "A base de cálculo do imposto é o montante, real, arbitrado ou presumido, da renda ou dos proventos tributáveis".

O "*lucro*" é o resultado positivo apurado pela pessoa jurídica na exploração de suas atividades econômicas após a dedução das receitas percebidas pelas empresas dos custos e despesas por ela efetuadas para obter tais valores, abrangendo a pluralidade

2. Alberto Xavier, "Legalidade e tributação", in *Conferências e Debates – Revista de Direito Público*, São Paulo, 1973, p. 334.

3. Mary Elbe Queiroz, *Imposto sobre a Renda e Proventos de Qualquer Natureza*, cit., p. 11.

dos rendimentos da unidade econômica explorada.

O significado que melhor se enquadra à espécie é o de "*lucro*" considerado como o resultado positivo da pessoa jurídica, obtido após serem deduzidos das receitas todos os custos, gastos e despesas necessários à manutenção da fonte produtora e à produção dos rendimentos, bem assim depois de compensados os prejuízos havidos na exploração da atividade.

Para Bulhões Pedreira, o "*lucro*", em sentido econômico, "é espécie de renda repartida ou distribuída. (...) Lucro é a parcela da renda repartida que excede da remuneração do trabalho, dos recursos naturais e do capital". Para ele, "na legislação do imposto, lucro é a renda financeira das pessoas jurídicas. O conceito de lucro, como espécie de renda financeira é mais abrangente do que o conceito econômico de renda repartida: além da remuneração dos fatores de produção do empresário, compreende ganhos de capital, que não são renda no conceito econômico, mas apenas no financeiro". Ainda, de acordo com as lições desse autor, o lucro da pessoa jurídica pode ser definido como: i) fluxo que acresce ao patrimônio; ii) efeito desse fluxo sobre o patrimônio; e iii) aumento do valor do patrimônio líquido considerado como fonte financeira.[4]

O chamado lucro real (total das receitas/ingressos menos os custos e despesas despendidos para obter a receita) é a única forma de se apurar o concreto e verdadeiro resultado da pessoa jurídica que revele o acréscimo patrimonial e dê a exata mensuração da base de cálculo do IRPJ efetivamente ocorrida no mundo fático – a efetiva materialidade da regra-matriz.

Contudo, nem sempre é possível chegar ao resultado real e efetivo, o lucro real. Para suprir tal impossibilidade fática e permitir que seja apurado o valor da base de cálculo sobre a qual incidirá o IRPJ, a lei cria modos alternativos para valoração do fato gerador que são: o lucro presumido e o lucro arbitrado.

IV. As formas de apuração da base de cálculo do IRPJ (e da CSLL) de acordo com a lei ordinária

Em estrito cumprimento aos comandos do CTN a lei ordinária ao disciplinar a apuração da base de cálculo do IRPJ prescreve restrita e taxativamente as três únicas formas possíveis de apuração dos resultados da pessoa jurídica como sendo: o lucro real, o lucro presumido e o lucro arbitrado.

Cumpre salientar que, em decorrência do princípio da tipicidade cerrada e tendo em vista que a atividade administrativo-tributária é plenamente vinculada, não pode a autoridade fiscal deixar de cumprir os comandos da lei para optar por outro critério a seu exclusivo juízo subjetivo, sob pena de responsabilidade funcional e de afronta à legalidade consoante o art. 142 do CTN.

No momento do lançamento tributário a autoridade fiscal ao adotar quaisquer das formas de apuração da base de cálculo *deverá seguir* as disposições expressas da lei que fixam as regras para verificação de cada espécie de lucro.

As leis que regem o IR estão incluídas no bojo do Regulamento do Imposto sobre a Renda (RIR) que é aprovado por decreto presidencial. Cumpre salientar que por o decreto ser ato infralegal ele, apenas, deve se restringir a regulamentar por meio da transcrição, compilação e agrupamento de todos os textos das leis ordinárias, não podendo criar, estender ou ampliar obrigação principal ou acessória sob pena de violação da legalidade. Nesse sentido é o Acórdão do Supremo Tribunal Federal proferido no Recurso Extraordinário n. 37.293-SP: "As leis fiscais têm que ser interpretadas restritivamente. Onde a lei beneficia, aí

4. Bulhões Pedreira, *Imposto sobre a Renda – Pessoas Jurídicas*, Rio de Janeiro, Justec, 1979, pp. 110-111.

chega o benefício, onde a lei fiscal restringe a ninguém é dado ampliar".

O RIR atualmente em vigor foi aprovado pelo Decreto n. 3.000/1999, porém, as normas relativas às formas de apuração do IRPJ encontram-se fundamentalmente na sua respectiva matriz-legal que é o Decreto-lei n. 1.598/1977. Os citados dispositivos permanecem na sua essência inalterados e constam de todos os Decretos que regulamentaram o IRPJ desde então até hoje, definindo os conceitos e formas de apuração da base de cálculo do IRPJ como sendo: o lucro real, o lucro presumido e o lucro arbitrado.

Lucro real

O RIR define que o lucro real, base de cálculo do IRPJ, é o lucro fiscal apurado no LALUR (livro de apuração do lucro real) a partir do lucro líquido contábil após os ajustes (adições, exclusões e compensações de prejuízos) previstos na lei fiscal.

Essa é a única forma de apuração da base de cálculo do IRPJ que atende às prescrições legais no sentido de aferir a verdadeira, a "real", quantificação da materialidade da ocorrência do fato gerador. Somente sob essa forma é que se chega ao verdadeiro e "real" acréscimo patrimonial havido pela pessoa jurídica que se caracteriza como base de cálculo e justifica a incidência do IR.

O lucro presumido e o lucro arbitrado, como os próprios nomes indicam, são formas alternativas para verificação da base de cálculo do IR a fim de quantificar o acréscimo patrimonial. Porém, sob tais formas de apuração não se tem o "real" lucro, mas, tão-somente uma presunção ou arbitramento de lucro. Porém, em todas as duas formas, em respeito ao fato de que a tributação do IRPJ somente poderá se dar sobre acréscimos patrimoniais e para não haver qualquer afronta à legalidade e aos Magnos princípios constitucionais, são asseguradas deduções de custos e despesas igualmente presumidos ou arbitrados.

É a partir do lucro líquido contábil que se chega ao lucro real. O lucro líquido é obtido mediante a dedução das receitas/ingressos da pessoa jurídica dos custos e despesas por ela incorridos ou pagos. O lucro líquido é apurado com base nas leis comerciais e nos princípios contábeis, a partir de registros em livros contábeis (Diário, Razão, Livro de Inventário etc.), transcritos em demonstrações financeiras (balanço e demonstração do resultado do exercício etc.) e deverá estar lastreado em documentos (notas fiscais, recibo, extratos bancários etc.), sob pena de a autoridade fiscal ser obrigada a desprezar os registros contábeis e fiscais da empresa e aplicar a forma alternativa para apuração da base de cálculo do IR pelo lucro arbitrado. O lucro presumido é opção da empresa não podendo ser adotado de ofício pela autoridade tributária.

O RIR/1999, prescreve que:

> Art. 247. *Lucro real* é o lucro líquido do período de apuração ajustado pelas adições, exclusões ou compensações prescritas ou autorizadas por esse regulamento. (Decreto-lei n. 1.598/1977)
>
> § 1º. A determinação do lucro real será *precedida da apuração do lucro líquido* de cada período de apuração com observância das leis comerciais.
>
> Art. 248. *Lucro líquido* do período de apuração é a soma algébrica do lucro operacional, dos resultados não operacionais, e das participações, e deverá ser determinado com observância dos preceitos da lei comercial. (Decreto-lei n. 1.598/1977, art. 6º)
>
> Art. 277. Será classificado como *lucro operacional* o resultado das atividades, principais ou acessórias, que constituam objeto da pessoa jurídica. (Decreto-lei n. 1.598/1977, art. 11)
>
> Parágrafo único. A escrituração do contribuinte, cujas atividades compreendam a venda de bens ou serviços, *deve discriminar o lucro bruto, as despesas operacionais e os demais resultados operacionais.* (Decreto-lei n. 1.598, de 1977, art. 11, § 1º)

Art. 278. Será classificado como *lucro bruto* o resultado da atividade de venda de bens ou serviços que constitua objeto da pessoa jurídica. (Decreto-lei n. 1.598, de 1977, art. 11, § 2º)

Parágrafo único. *O lucro bruto corresponde à diferença entre a receita líquida das vendas e serviços (art. 280) e o custo dos bens e serviços vendidos* – Subseção III (Lei n. 6.404, de 1976, art. 187, inciso II)

Para se obter o lucro bruto, necessária e imperiosamente, terão que ser computados todos os custos e despesas incorridos ou pagos pela pessoa jurídica para obtenção das receitas, sob pena de serem tributados como lucro todos os ingressos da pessoa jurídica.

Se não forem deduzidas todas as despesas e todos os custos despendidos/pagos pela pessoa jurídica para auferir os ganhos, a incidência do IRPJ dar-se-á sob parte do próprio patrimônio da pessoa jurídica configurando-se a tributação como nitidamente confiscatória em flagrante violação do princípio da legalidade, da isonomia, da capacidade contributiva, da verdade material e do devido processo legal.

A desconsideração de todos os custos e despesas tidos pela pessoa jurídica implicará em apuração da base de cálculo do IRPJ por outra forma não prevista em lei, pois mesmo na adoção do lucro arbitrado ou do lucro presumido, ainda assim em tais modalidades são computados custos e despesas proporcionais por valor presumido ou arbitrado. Do contrário nunca se terá lucro, pois esse sempre pressupõe dedução de custos ou despesas, mesmo que, igualmente, presumidos ou arbitrados.

O próprio RIR/1999, ao estabelecer as regras para a apuração do lucro real define expressamente os *custos e as despesas que deverão ser necessária e obrigatoriamente considerados na verificação da base de cálculo do IRPJ* para que seja apurado e quantificado o correto lucro real:[5]

Art. 289. O custo das mercadorias revendidas e das matérias-primas utilizadas *será determinado com base em registro permanente de estoques* ou no valor dos estoques existentes, de acordo com o Livro de Inventário, no fim do período de apuração. (Decreto-lei n. 1.598, de 1977, art. 14)

Art. 290. *O custo de produção dos bens ou serviços vendidos compreenderá, obrigatoriamente*: (Decreto-lei n. 1.598, de 1977, art. 13, § 1º)

I – *o custo de aquisição de matérias-primas e quaisquer outros bens ou serviços aplicados ou consumidos na produção, observado o disposto no artigo anterior*;

II – *o custo do pessoal aplicado na produção, inclusive de supervisão direta, manutenção e guarda das instalações de produção*;

III – *os custos de locação, manutenção e reparo e os encargos de depreciação dos bens aplicados na produção*;

IV – os encargos de amortização diretamente relacionados com a produção;

V – os encargos de exaustão dos recursos naturais utilizados na produção.

Art. 291. Integrará também o custo o valor: (Lei n. 4.506, de 1964, art. 46, incisos V e VI)

I – das quebras e perdas razoáveis, de acordo com a natureza do bem e da atividade, ocorridas na fabricação, no transporte e manuseio;

II – das quebras ou perdas de estoque por deterioração, obsolescência ou pela ocorrência de riscos não cobertos por seguros, desde que comprovadas:

Art. 299. *São operacionais as despesas não computadas nos custos, necessárias à atividade da empresa e à manutenção da respectiva fonte produtora*. (Lei n. 4.506, de 1964, art. 47)

§ 1º. *São necessárias* as despesas pagas ou incorridas para a realização das

5. No presente estudo não será examinada a inconstitucionalidade da restrição à vedação de algumas despesas ou custos, por não ser esse o foco principal do trabalho, aceitando-se de forma acrítica as disposições legais vigentes.

transações ou operações exigidas pela atividade da empresa. (Lei n. 4.506, de 1964, art. 47, § 1º)

§ 2º. As despesas operacionais admitidas são as *usuais ou normais* no tipo de transações, operações ou atividades da empresa. (Lei n. 4.506, de 1964, art. 47, § 2º)

§ 3º. O disposto neste artigo aplica-se também às gratificações pagas aos empregados, seja qual for a designação que tiverem.

Para que seja apurado o efetivo lucro real a lei fiscal reconhece a possibilidade de a pessoa jurídica ao invés de lucro apurar resultado negativo denominado como prejuízo, hipótese em que não se apura base de cálculo passível de sofrer a incidência do IRPJ. E mais, o prejuízo apurado em um período poderá ser compensado nos períodos subseqüentes até a sua total absorção com os lucros futuros. Tal previsão demonstra, de forma irrefutável que no tocante à apuração do lucro real só é possível chegar a resultado positivo (lucro) se forem computados todos os custos e despesas e compensados os prejuízos.

A possibilidade de compensação de prejuízo demonstra que a lei que rege o IRPJ tem por objetivo proteger o patrimônio dos particulares evitando que a exação incida sobre algo que não seja acréscimo patrimonial, criando óbice à tributação confiscatória, bem assim atender à legalidade no sentido de que somente deverá ser tributada a riqueza nova.[6]

A pessoa jurídica que não possuir documentos hábeis e idôneos para comprovar os custos e despesas efetivamente tidos/incorridos ou a respectiva documentação estiver irregular poderá apresentar laudo pericial para comprovação dos efetivos gastos/dispêndios, desde que provada a correspondente realização da obra, a aquisição/produção do bem/produto ou a prestação do serviço.

6. A inconstitucional limitação à compensação dos prejuízos (limitação a 30% do lucro) não será objeto de exame neste estudo.

A lei que rege o Processo Administrativo Tributário expressamente acolhe o laudo pericial como elemento probatório, inclusive impondo o dever à autoridade administrativo-julgadora de se manifestar sobre o laudo ou pedido de perícia do contribuinte sob pena de nulidade da respectiva decisão, bem assim dando-lhe competência para determinar a realização de perícia de ofício, consoante o Decreto n. 72.235/1972, quando os elementos probatórios não forem suficientes à forma do livre convencimento do julgador administrativo-tributário:

Art. 18. A autoridade julgadora de primeira instância *determinará, de ofício ou a requerimento do impugnante, a realização de diligências ou perícias*, quando entendê-las necessárias, indeferindo as que considerar prescindíveis ou impraticáveis, observando o disposto no art. 28, *in fine*. (Redação dada pela Lei n. 8.748, de 1993)

§ 1º. Deferido o pedido de perícia, ou determinada de ofício, sua realização, a autoridade designará servidor para, como perito da União, a ela proceder e intimará o perito do sujeito passivo a realizar o exame requerido, cabendo a ambos apresentar os respectivos laudos em prazo que será fixado segundo o grau de complexidade dos trabalhos a serem executados. (Redação dada pela Lei n. 8.748, de 1993)

Art. 28. Na decisão em que for julgada questão preliminar será também julgado o mérito, salvo quando incompatíveis, e *dela constará o indeferimento fundamentado do pedido de diligência ou perícia, se for o caso*. (Redação dada pela Lei n. 8.748, de 1993)

Cumpre salientar que até mesmo no caso do arbitramento do lucro ou fraude documental a lei fiscal resguarda o patrimônio da pessoa jurídica quando considera como lucro, base de cálculo do IRPJ, apenas, uma parte do resultado, considerando como custo e despesas dedutíveis o restante dos valores utilizados para cálculo da incidência.

Portanto, em respeito aos preceitos constitucionais, para se quantificar o "real" acréscimo patrimonial é necessário que sejam deduzidos os custos e as despesas e compensados os prejuízos verificados pela pessoa jurídica em períodos anteriores.

Se a pessoa jurídica ao invés de lucro tem prejuízo, inclusive remanescentes de períodos anteriores, não há riqueza nova ou acréscimo patrimonial a ser tributado, somente surgirá lucro como base de cálculo do IRPJ, após a compensação dos prejuízos anteriores, consoante as disposições do RIR/1999:

> Art. 509. *O prejuízo compensável é o apurado na demonstração do lucro real* e registrado no LALUR. (Decreto-lei n. 1.598, de 1977, art. 64, § 1º, e Lei n. 9.249, de 1995, art. 6º, e parágrafo único)
>
> § 1º. A compensação poderá ser total ou parcial, em um ou mais períodos de apuração, à opção do contribuinte, observado o limite previsto no art. 510.
>
> (...)
>
> Art. 510. (...)
>
> § 1º. O disposto neste artigo somente se aplica às pessoas jurídicas que mantiverem os livros e documentos, exigidos pela legislação fiscal, comprobatórios do montante do prejuízo fiscal utilizado para compensação. (Lei n. 9.065, de 1995, art. 15, parágrafo único)

Lucro presumido e lucro arbitrado

Com vista a facilitar, simplificar e agilizar a apuração da base de cálculo do IRPJ, tanto para o contribuinte como para o Fisco, garantindo sempre a arrecadação de tributos uma vez que sob tais formas sempre haverá tributo a ser recolhido, pois inexiste a possibilidade de ser apurado prejuízo (ao contrário do lucro real), a lei fiscal criou formas alternativas para a apuração da base de cálculo do IRPJ, admitidas, por conseguinte, também para a CSLL.

A verificação da base de cálculo do IRPJ sob essas modalidades dar-se-á por meio da simples aplicação de percentuais fixados na lei sobre o valor bruto das receitas/ingressos que resultará em um lucro "presumido" ou "arbitrado". Saliente-se que não são considerados os custos ou despesas efetivamente realizadas, todavia, embutidos no resultado da base de cálculo já estão computados custos ou despesas igualmente "presumidas" ou "arbitradas".

Sobre esse resultado é que será aplicada a alíquota do IRPJ e chega-se ao valor do imposto devido. Como o próprio nome já diz a base de cálculo em ambos os casos não corresponde à concreta realização efetiva da materialidade do fato gerador ocorrido no muno real, mas é "presumida" ou arbitrada".

Até mesmo na hipótese de arbitramento do lucro, que é a forma mais gravosa de quantificação da base de cálculo do IRPJ, por total desobediência do contribuinte aos preceitos da lei fiscal ou em decorrência de fraude, ainda assim, nesse caso, a lei assegura e admite que existem custos e despesas que precisam ser computados, sob pena de total subversão da apuração da base de cálculo com vista à incidência do IRPJ.

Do contrário, o IRPJ recairá sobre algo que não se configure como acréscimo patrimonial, em total afronta aos preceitos constitucionais e às leis fiscais ao tributar o patrimônio e não, apenas, a riqueza nova.

A lei fiscal sempre reconhece a existência de dispêndios da pessoa jurídica necessários à obtenção das receitas sob a forma de custos e despesas sob pena de afronta à legalidade, à isonomia, à progressividade, à capacidade contributiva, á verdade material e ao devido processo legal.

Do contrário a incidência será nitidamente confiscatória ao recair sobre valores que não se configuram como renda e sim o próprio patrimônio da pessoa jurídica.

Lucro presumido

A apuração da base de cálculo do IRPJ por meio da presunção do lucro somente poderá acontecer por opção do sujeito passivo, haja vista que por essa forma não revelar a efetiva materialidade da ocorrência do fato gerador ela não poderá ser imposta ou adotada de ofício pela autoridade fiscal.

A adoção do lucro presumido pode até mesmo ser considerada como uma fórmula legal de planejamento tributário quando o total dos custos e despesas for menor do aquele embutido na presunção do lucro e a opção pelo lucro real se torne mais gravosa. Caso o contribuinte não tenha optado ou não atenda às exigências legais para adotar essa forma de apuração ou, ainda, tenha optado pelo lucro real e, igualmente, não haja observado as respectivas prescrições legais, só restará à fiscalização a adoção do lucro arbitrado.

Para o sujeito passivo o lucro presumido é a forma mais simples de apuração dos seus resultados, pois dispensa a exigência de complexos procedimentos quando não exige contabilidade completa para demonstrar e apurar o resultado da pessoa jurídica. Basta uma contabilidade simplificada em Livro Caixa no qual esteja escriturada a movimentação financeira, inclusive bancária, respaldada em documentos hábeis e idôneos para que o Fisco acolha a verificação dos resultados da pessoa jurídica com base no lucro presumido, desde que não seja expressamente vedada a opção.

Sob essa forma a base de cálculo do IRPJ é apurada de modo simplificado por meio da aplicação de um percentual de "presunção" de lucro sobre o total das receitas/ingressos da pessoa jurídica. Sobre esse lucro é que irá incidir a alíquota do imposto. Nessa modalidade sempre haverá a apuração de IRPJ devido, porém, na verificação do lucro já estão computados "presumidos" os custos e despesas passíveis de serem considerados.

Por exemplo, uma pessoa jurídica que explore a atividade de comércio, indústria, construção por empreitada etc. aplicará o percentual de 8% sobre o total das receitas para obter o lucro presumido, os 92% restantes são considerados como custos ou despesas necessários à percepção dos ingressos que são excluídos de tributação.[7] Sobre o resultado é que irá incidir a alíquota do IRPJ.

De acordo com o vigente Regulamento do Imposto sobre a Renda, as regras aplicáveis ao lucro presumido são:[8]

> Art. 516. A pessoa jurídica cuja receita bruta total, no ano-calendário anterior, tenha sido igual ou inferior a vinte e quatro milhões de reais, ou a dois milhões de reais multiplicado pelo número de meses de atividade no ano-calendário anterior, quando inferior a doze meses, poderá optar pelo regime de tributação com base no lucro presumido. (Lei n. 9.718, de 1998, art. 13)
>
> Art. 518. A base de cálculo do imposto e do adicional (541 e 542), em cada trimestre, será determinada mediante a aplicação do percentual de *oito por cento sobre a receita bruta auferida no período de apuração*, observado o que dispõe o § 7º do art. 240 e demais disposições deste Subtítulo. (Lei n. 9.249, de 1995, art. 15, e Lei n. 9.430, de 1996, arts. 1º e 25, e inciso I)

Lucro arbitrado

A verificação dos resultados da pessoa jurídica por meio da aplicação do lucro arbitrado é uma forma legal, legítima e alternativa, porém mais gravosa, para a apuração e quantificação da materialidade da ocorrência do fato gerador quando não seja possível a valoração da efetiva ocorrência por outro modo (lucro real ou lucro presumido).

Enquanto pode ser uma opção para o contribuinte o arbitramento do lucro *é obri-*

7. Em outras atividades os percentuais legais para presunção do lucro são (art. 518 do RIR/1999): 1,6% para revendedora de combustíveis; 32% para prestadoras de serviços; 32% para construção por empreitada sem emprego de material etc.

8. O lucro presumido na lei ordinária tem matriz legal na Lei n. 6.468/1977 e Decreto-lei n. 1.706/1979, toda a legislação posterior tratou, apenas, de ampliar os limites de valores para opção.

gatório para a autoridade fiscal, devendo ser adotado de ofício nos casos expressos na lei fiscal, em decorrência do exercício de atividade obrigatória e plenamente vinculada à lei.

Isto é, constatado quaisquer dos casos previstos na lei em que deve ser arbitrado o lucro da pessoa jurídica por ser impossível apurar o verdadeiro lucro real a autoridade fiscal é obrigada a proceder ao arbitramento do lucro da pessoa jurídica. Claro que antes de proceder a tal atitude extrema a pessoa jurídica deverá ser intimada a recompor seu resultado e a apresentar os respectivos livros e documentos em que estiverem lastreados os respectivos registros contábeis e fiscais.

Além do art. 44, específico para o Imposto sobre a Renda, o CTN, no seu art. 148, também admite expressamente o arbitramento do lucro como forma geral de mensuração do fato gerador dos tributos:

Art. 44. *A base de cálculo do imposto é o montante, real, arbitrado ou presumido*, da renda ou dos proventos tributáveis.

Art. 148. Quando o cálculo do tributo tenha por base, ou tome em consideração, o valor ou o preço de bens, direitos, serviços ou atos jurídicos, a autoridade lançadora, mediante processo regular, *arbitrará* aquele valor ou preço, *sempre que sejam omissos ou não mereçam fé as declarações ou os esclarecimentos prestados, ou os documentos expedidos pelo sujeito passivo* ou pelo terceiro legalmente obrigado, ressalvada, em caso de contestação, avaliação contraditória, administrativa ou judicial.

O lucro arbitrado é uma forma alternativa para a apuração da base de cálculo do IRPJ quando a pessoa jurídica for obrigada à adoção do lucro real e não atender às respectivas prescrições legais ou quando a sua escrituração contábil/fiscal não se preste à correta demonstração dos seus resultados ou, ainda, quando a pessoa jurídica optar pelo lucro presumido e desatender as exigências legais para a adoção dessa forma de tributação.

A pessoa jurídica poderá optar pelo lucro arbitrado desde que conheça a sua receita bruta. Caso essa não seja conhecida ou quando conhecida o contribuinte tenha deixado de obedecer aos comandos para apuração do lucro real ou presumido e não se tenha como quantificar corretamente o fato gerador do IRPJ, a apuração da base de cálculo do IRPJ pelo lucro arbitrado é prerrogativa exclusiva e somente poderá ser adotada de ofício pela autoridade fiscal.

Ao contrário do que se poderia pensar a priori, a quantificação do fato gerador do IRPJ com base no lucro arbitrado, apesar de mais gravosa, não é uma sanção ou punição, é, apenas, uma alternativa da lei para que seja valorada a materialidade da ocorrência do fato gerador do IRPJ quando inexistir outra possibilidade de quantificação de acordo com os expressos termos da lei fiscal.[9]

Sobre o lucro arbitrado, já tivemos oportunidade de apresentar opinião no seguinte sentido:

"*31.1 Conceito*

"O arbitramento do lucro da pessoa jurídica constitui uma forma de apuração da base de cálculo do imposto de renda, quando não se possa, por meio de outro critério, determinar corretamente o valor do lucro a ser tributado.

"Tal forma de apuração, por se caracterizar como uma medida extrema, não pode ser considerada como regra, mas, tão-somente, como uma exceção a ser aplicada quando ocorrer desobediência insanável para a apuração do lucro real ou quanto às demais formas de apuração, bem como se a pessoa jurídica descumprir obrigações acessórias, tais como não possuir escrituração devidamente regularizada."[10]

9. Aqui não se adentrará na discussão se é possível, ou não, ter-se maior ônus na incidência do IRPJ em decorrência da forma de apuração.

10. Mary Elbe Queiroz Maia, *Tributação das Pessoas Jurídicas. Comentários ao Regulamento do Imposto de Renda/1994*, Brasília, UnB, 1997, pp. 329-331.

Sobre o arbitramento, Bulhões Pedreira leciona que: "Critérios de arbitramento – A determinação do lucro mediante arbitramento não é penalidade imposta pelo descumprimento das obrigações acessórias: é instrumento que a lei assegura à autoridade tributária para que, na falta das informações indispensáveis à determinação do lucro real ou presumido, possa fixar a base de cálculo do imposto".[11]

Essa modalidade de tributação pode ser adotada, também, como um planejamento tributário economicamente vantajoso para aquelas pessoas jurídicas que, impossibilitadas de optar pelo lucro presumido, seja em função do limite de receita bruta ou da atividade exercida, não mantenham escrituração na forma das leis comerciais e fiscais ou tenha custos e despesas inferiores àquelas consideradas no arbitramento do lucro. Tal decisão deverá levar em conta o coeficiente de lucratividade da pessoa jurídica em função da sua receita bruta.

Ainda que mantenha escrituração comercial, qualquer pessoa jurídica poderá optar por não apresentá-la ao fisco, restando-lhe a modalidade do auto-arbitramento do seu lucro, exceto, é claro, se puder optar pela modalidade do lucro presumido, hipótese em que lhe será exigido o livro caixa onde deverá estar escriturada sua movimentação financeira, inclusive a bancária.

Ao contrário da opção dada pela lei ao contribuinte *a autoridade fiscal é obrigada a adotar o arbitramento do lucro*, sob pena de responsabilidade funcional, *quando constatada quaisquer das hipóteses expressamente previstas em lei*.

Como no dizer de Hely Lopes Meirelles, no agir em estrito cumprimento ao seu dever de ofício o administrador é obrigado e vinculado ao que está na lei, a ele tudo é vedado exceto o que está expressamente permitido em lei, já para o administrado tudo é permitido salvo o que estiver expressamente proibido ou vedado em lei.

Sendo o exercício da atividade de lançar, cobrar e arrecadar tributos, vinculado à lei (art. 142 do CTN), as formas de lançamento para apuração da base de cálculo dos tributos somente poderão ser aquelas expressamente previstas na lei e de acordo com modo igualmente determinado legalmente *sob pena de afronta e violação do magno princípio da legalidade*.

De acordo com o RIR/1999, as disposições da lei são cogentes e aparecem sob o comando do verbo ser ("*será*") como *conduta obrigatória*, não deixando margem a qualquer discricionariedade ou opção para o agente público. Eles são taxativos quando impõem a conduta e os procedimentos a serem adotados de ofício *obrigando a autoridade fiscal a arbitrar o lucro* da pessoa jurídica quando presentes os seguintes pressupostos legais:[12]

> Art. 530. O imposto, devido trimestralmente, no decorrer do ano-calendário, *será determinado com base nos critérios do lucro arbitrado*, quando: (Lei n. 8.981, de 1995, art. 47, e Lei n. 9.430, de 1996, art. 1º)
>
> I – o contribuinte, obrigado à tributação com base no lucro real, *não mantiver escrituração na forma das leis comerciais e fiscais, ou deixar de elaborar as demonstrações financeiras* exigidas pela legislação fiscal;
>
> II – *a escrituração a que estiver obrigado o contribuinte revelar evidentes indícios de fraudes ou contiver vícios, erros ou deficiências que a tornem imprestável para*:
>
> a) *identificar a efetiva movimentação financeira, inclusive bancária*; ou
>
> b) *determinar o lucro real*;
>
> III – o contribuinte deixar de apresentar à autoridade tributária os livros e documentos da escrituração comercial e

11. Bulhões Pedreira, *Imposto sobre a Renda*, cit., v. I, p. 482.

12. A matriz legal do arbitramento do lucro é o Decreto-lei n. 1.648/1978 (ao longo do tempo têm variado, apenas, os percentuais de arbitramento).

fiscal, ou Livro Caixa, na hipótese do parágrafo único do art. 527;

IV – o contribuinte optar indevidamente pela tributação com base no lucro presumido;

V – o comissário ou representante da pessoa jurídica estrangeira deixar de escriturar e apurar o lucro de sua atividade separadamente do lucro do comitente residente ou domiciliado no exterior;

VI – o contribuinte não mantiver, em boa ordem e segundo normas contábeis recomendadas, Livro Razão ou fichas utilizados para resumir e totalizar, por conta ou subconta, os lançamentos efetuados no Diário.

Art. 532. O lucro arbitrado das pessoas jurídicas, observado o disposto no art. 394, § 11, quando conhecida a receita bruta, *será determinado mediante a aplicação dos percentuais fixados no art. 519 e seus parágrafos, acrescidos de vinte por cento.* (Lei n. 9.249, de 1995, art. 16, e Lei n. 9.430, de 1996, art. 27, inciso I)

Por exemplo, uma pessoa jurídica que explore a atividade de comércio, indústria, construção por empreitada etc. aplicará o percentual de 9,6% sobre o total das receitas para obter o lucro presumido, os 90,4% restantes são considerados como custos ou despesas necessários à percepção dos ingressos que são excluídos de tributação.[13]

A Administração Tributária manifestando-se acerca das leis aplicáveis aos fatos geradores do IRPJ opina que,

Parecer Normativo CST n. 68/1979:

5.1 O fato gerador do imposto de renda das pessoas jurídicas compreende os resultados determinados no período-base, os quais deverão ser oferecidos à tributação no exercício financeiro competente, mediante apresentação de declaração de rendimentos, observada a legislação a essa época aplicável.

5.2 A determinação dos resultados, pelas pessoas jurídicas, fundamenta-se no lucro real conforme dispõe o Regulamento do Imposto de Renda aprovado pelo Decreto n. 76.186/1975: as pessoas serão tributadas de acordo com os lucros reais, devendo para isso, comprová-lo por meio de escrituração em idioma e moeda nacionais e pela forma estabelecida nas leis comerciais e fiscais (arts. 127 e 135).

5.3 Como se observa, o arbitramento do lucro não é a regra, mais sim a exceção. Deste modo, quando o contribuinte não mantiver escrituração na forma das leis comerciais e fiscais e não for autorizado a optar pela tributação com base no lucro presumido ou, se autorizado, não cumprir as obrigações acessórias à sua determinação, *caberá o arbitramento do lucro* pela autoridade tributária na forma prevista na lei.

5.4 Segundo dispõe o Parecer Normativo CST n. 23/78 (*DOU* de 6.4.1978) embora possa importar, às vezes, num agravamento do ônus tributário, o arbitramento não representa, em si, penalidade, e sim a valoração, dentro dos estritos limites fixados em lei, do lucro tributável pelo imposto de renda.

Portanto, na hipótese de ser constatado de ofício que os documentos apresentados pelo contribuinte para comprovar receitas, custos ou despesas são imprestáveis para a apuração do lucro real, por não permitirem a correta mensuração da base de cálculo do tributo de acordo com a efetiva realização do fato gerador, bem assim se o contribuinte não tiver optado pelo lucro presumido ou o fez de modo contrário á lei, exsurge a *hipótese de a autoridade fiscal ser obrigada a arbitrar o lucro da pessoa jurídica e desprezar a forma de apuração utilizada pelo contribuinte.*

Tal obrigatoriedade, porém, poderá ser afastada no caso de a pessoa jurídica apresentar os livros, registros e documentos que comprovem, sem quaisquer dúvidas, as suas receitas, os gastos, custos, despesas, dispêndios etc.

Quando a autoridade fiscal comprovar e constatar que a pessoa jurídica auferiu

13. Em outras atividades os percentuais legais para arbitramento do lucro são (art. 518 do RIR/1999): 1,92% para revendedora de combustíveis; 38,4% para prestadoras de serviços; 38,4% para construção por empreitada sem emprego de material etc.

receitas e teve ingressos provenientes de vendas de bens ou serviços, da industrialização de produtos ou da execução de obras *efetivamente executadas*, que devam ser submetidas à incidência do IRPJ e da CSLL e não sejam apresentados documentos hábeis e idôneos a fim de provar, de modo cabal e irrefutável, os custos e despesas efetuados pela pessoa jurídica para obter tais receitas ou, ainda, quando a autoridade fiscal recusar e desconsiderar inteiramente todos os custos e despesas, inclusive quando apresentados sob a forma de laudo ou perícia, *só restara à autoridade fiscal adotar, de modo obrigatório, o arbitramento do lucro* com o fim de ser mensurada a base de cálculo do IRPJ e da CSLL.

V. Formas de lançamento do IRPJ pela autoridade fiscal – Lançamento "ex-officio"

De acordo com o art. 145, § 1º, da Constituição Federal c/c os arts. 142, 145 e 149 do CTN, a autoridade fiscal tem o dever de aferir a real capacidade contributiva dos sujeitos passivos da relação jurídico-tributária. Para tanto, a lei lhe dá poderes, daí falar-se em dever-poder do agente da Administração Tributária para proceder ao lançamento de ofício com o fim de constituir o crédito tributário devido pelo contribuinte que foi por ele recolhido a menor ou não recolhido, bem assim impor penalidade quando constatada a ocorrência do fato gerador ou irregularidade ou infração à lei tributária.

Vários princípios (legalidade, capacidade contributiva, contraditório, ampla defesa, devido processo legal, verdade material, moralidade, eficiência etc.) regem a atividade de lançar que se encontram expressos no art. 37 da Magna Carta bem assim nas leis que regulam o procedimento e o processo administrativo-tributário (Lei n. 9.784/1999 e Decreto n. 70.235/1972).

Especificamente com relação ao IRPJ o RIR/1999 (matriz legal: Decreto-lei n. 1.598/1977 vigente até hoje) expressamente dispõe que:

> Art. 276. A determinação do *lucro real* pelo contribuinte está sujeita à verificação pela autoridade tributária, com base no *exame de livros e documentos de sua escrituração*, na escrituração de outros contribuintes, em informação ou esclarecimentos do contribuinte ou de terceiros, ou em qualquer outro elemento de prova, observado o disposto no art. 922. (Decreto-lei n. 1.598, de 1977, art. 9º)
>
> Art. 923. A escrituração mantida com observância das disposições legais faz prova a favor do contribuinte, dos fatos nela registrados *e comprovados por documentos hábeis*.
>
> Art. 845. Far-se-á o lançamento de ofício, inclusive: (Decreto-lei n. 5.844/1943, art. 79)
>
> I – *arbitrando-se os rendimentos* mediante os elementos de que se dispuser, nos casos de falta de declaração;
>
> (...);
>
> III – computando-se as importâncias não declaradas, ou *arbitrando o rendimento* tributável de acordo com os elementos de que se dispuser, nos casos de declaração inexata.

Configura-se declaração inexata aquela apresentada em desacordo com os elementos fáticos ou em que inexistam documentos probatórios hábeis e idôneos a comprovarem os dados nela informados (Lei n. 9.430/1996, art. 44).

Quando a lei fiscal determina que a base de cálculo do IRPJ é o lucro (real, presumido ou arbitrado), ela, de modo taxativo, impõe ao contribuinte o dever de apurar os seus resultados, isto é, o lucro tributável. Caso ele não o faça ou o faça de modo incorreto ou contrário à lei, a própria lei fiscal confere o dever-poder para que a autoridade fiscal proceda de ofício à quantificação da base de cálculo do IRPJ.

Caso seja possível comprovar receitas, custos e despesas e o contribuinte tenha contabilidade regular, nos moldes das leis comercias e fiscais, a autoridade deverá sempre procurar recompor e apurar o lucro real. Neste caso, o fato gerador real se sobrepõe à qualquer outra forma de apuração, salvo a opção do contribuinte pelo lucro presumido.

Caso não seja possível apurar a materialidade ou quantificar a ocorrência do fato gerador tributário, por não existir registros contábeis confiáveis ou documentos comprobatórios, *a autoridade fiscal estará obrigada a proceder ao arbitramento do lucro da pessoa jurídica*.

A lei fiscal não admite que a apuração da base de cálculo do IRPJ e da CSLL se dê de modo diverso, sobre simples ingressos ou sobre algo que não seja lucro. Somente haverá incidência do IRPJ e da CSLL na presença de lucro. Com esse objetivo, deverão ser deduzidos das receitas os custos e despesas reais, presumidas ou arbitradas, realizados para obtenção dos ingressos.

Do contrário, a tributação do total de ingressos ou da receita bruta integral implicará em tributação confiscatória e contrária à lei, pois tais valores não representam a materialidade prevista para essas exações que incidem sobre o lucro.

Mesmo na hipótese de ser constatada fraude ou sonegação, que vicie a apuração dos resultados da pessoa jurídica, ainda assim a lei considera que *não se pode obter qualquer receita sem que sejam despendidos valores mínimos a título de custos ou despesas*, isto é sem que seja apurado o lucro (real ou arbitrado).

Portanto, caso a autoridade fiscal desconsidere integralmente os custos ou despesas computados pela pessoa jurídica ela não poderá proceder ao lançamento de ofício do IRPJ com base no lucro real, sem computar dispêndios mínimos necessários à produção dos rendimentos ou à manutenção da fonte produtora, sob pena de confisco patrimonial. Nessa hipótese, *obrigatoriamente terá que se proceder ao arbitramento do lucro da pessoa jurídica*.

VI. A jurisprudência (administrativa e judicial) sobre a matéria

A própria Administração Tributária, por meio dos julgamentos do Egrégio Conselho de Contribuintes é pacífica em adotar o entendimento adotado no presente estudo, manifestando interpretação no sentido da impossibilidade da apuração do lucro real sem que existam custos e despesas a serem considerados, bem assim que a forma de apuração correta da base de cálculo do IRPJ e da CSLL no caso da glosa de 100% dos custos é o arbitramento, inclusive em caso de execução ou construção de obra.

Portanto, em respeito ao princípio da isonomia mister se faz que a lei fiscal seja aplicada de modo idêntico quando idênticos forem os casos sob pena de subversão da ordem jurídica e afronta a segurança jurídica, consoante os inúmeros acórdãos a seguir:

Primeiro Conselho de Contribuintes do Ministério da Fazenda

Sétima Câmara – *Acórdão* 107-06895 – *Relator*: Francisco de Sales Ribeiro de Queiroz – *Recorrente*: Consebe Construtora Ltda. – *Sessão* 4.12.2002

Decisão: Por unanimidade de votos, DAR provimento ao recurso para tornar insubsistente o auto de infração, nos termos do relatório e votos que acompanham o presente julgado.

Ementa: IRPJ. *Arbitramento do lucro*. Omissão de receitas sem acesso à escrita contábil/fiscal. Inviabilidade. A autoridade tributária arbitrará o lucro da pessoa jurídica, que servirá de base de cálculo do imposto, quando o *contribuinte recusar-se a apresentar os livros e documentos da escrituração comercial e fiscal*. Afirmar que existe receita à margem da escrituração, sem que a mesma ao menos tenha sido confirmada quanto à sua existência e regularidade, constitui-se em impropriedade que inviabiliza a manutenção do crédito tributário, pois tal constatação somente pode ser efetuada mediante exame da escrita que servira de base à Declaração do IRPJ.

IRPJ. Arbitramento do lucro. Inviabilidade da glosa integral dos custos e despesas. O arbitramento do lucro é o recurso que a autoridade tributária deve utilizar quando se mostra inviável a apuração dos resultados da pessoa jurídica da forma originariamente utilizada pela contribuinte. A simples glosa de todos os custos e despesas, aí incluídos gastos essenciais à produção dos bens e serviços vendidos e à manutenção e funcionamento da fonte produtora, constitui-se em procedimento que foge à realidade dos fatos, devendo ser rejeitado. Recurso provido.

Sétima Câmara – *Acórdão* 107-06940 – *Relator*: Natanael Martins – *Recorrente*: Dumont Imóveis e Incorporações Ltda. – *Sessão* 29.1.2003

Decisão: Por unanimidade de votos, DECLARAR a insubsistência do lançamento.

Ementa: IRPJ. *Glosa da totalidade das despesas relativas a financiamento e consideração da totalidade das contas com fornecedores e de financiamentos como omissão de receitas.* Ofensa aos princípios norteadores do tributo. Improcedência do lançamento. O imposto sobre a renda tem como *pressuposto a tributação do efetivo acréscimo patrimonial e, nesse contexto, não obstante a possibilidade de glosa de custos ou de despesas, não pode a fiscalização, pura e simplesmente, desconsiderar, pela sua totalidade, despesas inerentes à atividade do contribuinte*, muito menos considerar, como omissão de receitas, também pela sua totalidade, as contas de fornecedores e de financiamentos. Na realidade, pelo contexto dos fatos verificados ao longo da fiscalização, se persistisse a recusa do contribuinte na demonstração da veracidade das contas impugnadas, o arbitramento era a única medida que se impunha.

Terceira Câmara – *Acórdão* 103-21494 – *Relator*: Victor Luís de Salles Freire – *Sessão* 29.1.2004

Decisão: Por unanimidade de votos, NEGAR provimento ao recurso "ex officio".

Ementa: *Despesas/Custos. Glosa.* A glosa praticamente integral dos custos e despesas haverá de ensejar quando muito a *aplicação da tributação sob a forma do chamado arbitramento* em face da então imprestabilidade da escrita. *Nunca porém a sua glosa sob pena da subversão do fato gerador dentro do chamado "lucro real"* onde as despesas/custos devem ser abatidas da receita, assim apurando-se a base de cálculo imponível.

Primeira Câmara – *Acórdão* 101-92949 – *Relator*: Edison Pereira Rodrigues – *Sessão* 25.1.2000

Decisão: Por unanimidade de votos, ACOLHER os embargos para retificar o Acórdão n. 101-91.973 de 14.4.1998, confirmando o provimento integral do recurso.

Ementa: IRPJ. *Glosa da totalidade dos custos e despesas operacionais.* Não-aceitação pelo fisco de cópia microfilmada dos documentos. *Arbitramento do lucro obrigatório.* A glosa da totalidade dos custos e despesas operacionais, em face da não-aceitação pelo Fisco de cópia microfilmada dos documentos que os comprovem, *implica a desconsideração da escrituração contábil e impõe o arbitramento do lucro.* Na falta do arbitramento, não subsiste o lançamento. Recurso provido.

Terceira Câmara – *Acórdão* 103-20815 – *Relator*: Neicyr de Almeida – *Sessão* 22.1.2002

Resultado: DPPM. DAR PROVIMENTO PARCIAL por maioria.

IRPJ. Custos. Elementos probantes. Intimação fiscal. Recusa. *Glosa plena. Hipótese de arbitramento dos lucros não-concretizada. Impertinência acusatória.* A glosa integral dos custos nega a própria existência da receita operacional ofertada à tributação e que deles decorre. A recusa proposital e sistemática dos elementos probantes dos atos negociais à autoridade tributária *implica arbitramento – não-condicional – dos lucros.*

Oitava Câmara – *Acórdão* 108-07996 – *Relator*: Luiz Alberto Cava Maceira – *Recorrente*: ETEC – Empresa de Terraplenagem e Construção Ltda. – *Sessão* 20.10.2004

Resultado: NPU. NEGADO PROVIMENTO por unanimidade.

Ementa: IRPJ. Glosa de custos e despesas. Não comprovando a autuada a efetiva realização de serviços, torna-se inviável a aceitação da dedutibilidade, devendo ser mantida a glosa de custos e despesas.

IRPJ. Arbitramento do lucro. A falta de apresentação de documentação hábil e idônea que comprove custos e despesas realizados, constitui justificativa para o arbitramento do lucro efetivado.

Primeira Câmara – *Acórdão* 101-94681 – *Relator*: Caio Marcos Cândido – *Recorrida/Interessado*: Viação Alvorada Ltda - *Sessão* 15.9.2004

Resultado: NPU. NEGADO PROVIMENTO por unanimidade.

Ementa: IRPJ. *Glosa de despesas.* Falta de apresentação de documentação comprobatória. *Arbitramento do lucro.* Tributação agravada. Impossibilidade. a ausência deliberada de apresentação dos livros contábeis e fiscal, bem como da documentação comprobatória de custos dos bens e ou serviços vendidos e ou despesas declaradas na DIRPJ *enseja a apuração do lucro por seu arbitramento.* A manutenção da apuração pelo lucro real com a glosa total dos custos e despesas declarados impõe ao contribuinte tributação mais onerosa daquela prevista na legislação do imposto de renda (arbitramento do lucro), motivo pelo qual não é possível tal prática. Recurso de ofício não provido.

Sétima Câmara – *Acórdão* 107-07948 – *Relator*: Luiz Martins Valero – *Sessão* 23.2.2005

Resultado: NPU. NEGADO PROVIMENTO por unanimidade.

Ementa: IRPJ/CSLL. Arbitramento dos lucros. Anos-calendário de 1997, 1998, 1999, 2000 e 2001. A não apresentação ao fisco, após reiteradas intimações, dos comprovantes das despesas operacionais constantes da Declaração e levando-se em conta que a glosa total das despesas não é procedimento recomendável *face a improbabilidade da existência de empresa sem despesas, não deixou ao fisco outra alternativa que não fosse o arbitramento dos lucros.*

Sobre a necessidade de a autoridade fiscal quantificar corretamente o fato gerador do IRPJ e da CSLL, é pacífico, igualmente, o entendimento da jurisprudência administrativa, como a seguir se constata:

Sétima Câmara – *Acórdão* 107-06268/2001

Lançamento duvidoso – Para a exigência do tributo é necessário que se comprove de forma segura a ocorrência do fato gerador do imposto. Tratando-se de atividade plenamente vinculada (Código Tributário Nacional, arts. 3º e 142), cumpre à fiscalização realizar as inspeções necessárias à obtenção dos elementos de convicção e certeza indispensáveis à constituição do crédito tributário. *Havendo dúvida sobre a exatidão dos elementos em que se baseou o lançamento, a exigência não pode prosperar, por força do disposto no art. 112 do CTN.* O imposto, por definição (CTN, art. 3º), não pode ser usado como sanção.

Oitava Câmara – *Acórdão* 108-06643/2001

Glosa de custos. Notas inidôneas. Se o fisco acusa majoração fraudulenta de custos, não aceitando o valor constante de notas fiscais que reputa inidôneas, *há que demonstrar cabalmente o valor de mercado do produto,* uma vez que não discute sua efetiva aquisição e entrada no estabelecimento da empresa. Na falta dessa demonstração, prevalecem as provas aportadas pelo contribuinte, que apontam valores diversos superiores àquele arbitrado pelo fisco. À autoridade lançadora incumbe produzir a prova inequívoca da infração da base de cálculo do tributo lançado, sob pena de fragilidade do lançamento e ofensa aos princípios da legalidade e da tipicidade, que hão de prevalecer na constituição do crédito tributário. Preliminar rejeitada. Recurso provido.

Acerca da admissibilidade de prova pericial para comprovação de custos e despesas da pessoa jurídica, mesmo quando forem imprestáveis para a apuração do lucro real os documentos apresentados, é pacífico, também, o entendimento da jurisprudência judicial:

***TFR, 6ª T.** – MAS 104.144-BA*, 2.9.1987

Prova pericial. Inexistentes elementos concretos capazes de demonstrar o lucro real sobre o qual incidirá o imposto, *é possível a desclassificação da escrita e o subseqüente lançamento por arbitramento*. Cabe, então, ao contribuinte, mediante testemunho técnico, vale dizer, *mediante prova pericial, comprovar que a sua escrita continha elementos concretos que determinariam o lucro real.*

***TFR, 4ª T.** – Ap. Cível 52.734*

Saber se o arbitramento dos lucros é imperioso, em fase do estado da escrita contábil da empresa, constitui *matéria cujo deslinde só é possível com base no testemunho técnico.*

VII. Conclusões

Do confronto dos conceitos teóricos com a realidade factual podem ser retiradas as seguintes conclusões sintéticas, aplicáveis ao IRPJ e à CSLL haja vista a identidade legalmente estabelecida entre tais exações:

1. De acordo com a Constituição Federal e o Código Tributário Nacional (CTN), qual o conceito de renda para fins da incidência do IRPJ e, por decorrência, da CSLL?

No tocante à incidência do IRPJ o tipo legal define o elemento material como sendo a aquisição de renda, caracterizando-se como renda a riqueza nova que revele o acréscimo patrimonial da pessoa jurídica. Esse acréscimo patrimonial só poderá ser aferido e quantificado por meio da apuração do lucro sob uma das formas expressamente previstas na lei tributária (real, presumido ou arbitrado).

Somente poderá haver lucro, independentemente da forma de apuração da pessoa jurídica, se forem deduzidos dos ingressos os valores dos custos e das despesas efetivamente despendidos para se obter as receitas da atividade da pessoa jurídica e para produzir tais valores. Até mesmo na apuração com base no lucro arbitrado ou presumido a lei admite que sejam considerados valores de custos e despesas que se encontram computados nos percentuais de arbitramento e presunção.

Sem que haja lucro não existirá base de cálculo sobre a qual incidirá o IRPJ, por absoluta ausência da materialidade prevista para essa espécie de tributo.

Considera-se como exação confiscatória a cobrança de tributo que alcance valores que não se configurem como acréscimo patrimonial, isto é a renda caracterizada como lucro.

A cobrança de tributo sobre o total de 100% dos ingressos/receitas, sem que sejam considerados valores a título de custos ou despesas incorridas/havidas/pagas pela pessoa jurídica para obter as receitas ou ingressos, mesmo que sejam presumidos ou arbitrados, constitui a hipótese de incidência confiscatória, pois se retira parte do patrimônio do particular que não se caracteriza como renda acréscimo patrimonial.

Para que seja apurada a renda que configure verdadeiro lucro, como acréscimo patrimonial, devem ser computados (deduzidos dos valores dos ingressos ou receitas) todos os custos e despesas necessárias à percepção da renda, à manutenção da fonte produtora e à produção da renda.

Igualmente ao IRPJ, a CSLL é uma Contribuição Social que incide sobre o Lucro Líquido. Portanto, é imperioso que se verifique se houve lucro líquido (apurado por qualquer das formas: real, arbitrado ou presumido) para que a exação possa incidir e efetivar a regra-matriz constitucional da CSLL.

2. O conceito de resultado do exercício, para efeito de base de cálculo da Contribuição Social sobre o Lucro Líquido (CSLL), equivale ao de renda, base de cálculo para fins da incidência do Imposto sobre a Renda da Pessoa Jurídica (IRPJ)?

Como a legislação da CSLL taxativamente considera a base de cálculo como sendo o valor do resultado do exercício de uma pessoa jurídica, antes da provisão para o IRPJ, fica patente que se enquadra na mesma descrição da base de cálculo do IRPJ, portanto é a própria renda auferida que se caracteriza como lucro líquido (efetivo/real, presumido ou arbitrado).

Isto obriga que se aplique toda a normatização do IR até o momento de calcular o IRPJ, a partir do resultado do exercício, base de cálculo do IRPJ mas, também, da CSLL, como expressamente previsto em lei.

A partir do resultado (lucro/prejuízo) líquido apurado contabilmente são procedidos ajustes (adições, exclusões e compensações), tanto para a apuração do IRPJ como para a CSLL. No caso da CSLL, não se fala em compensação de prejuízos, porém os resultados negativos obtidos em um período poderão ser compensados com resultados positivos obtidos posteriormente para a CSLL.

Especificamente no tocante à base de cálculo da CSLL, a Administração Tributária regulamentou a respectiva apuração por meio da Instrução Normativa Secretário da Receita Federal – SRF n. 198, de 29.12.1988, norma aplicável aos fatos geradores ocorridos até o ano de 2004, quando entrou em vigor a IN SRF n. 390/2004. Porém, na essência, ambas instruções trazem idênticos preceitos:

Instrução Normativa n. 198/1988:

1. A contribuição social, de que trata a Lei n. 7.889/1988, terá como base de cálculo o valor positivo do resultado do exercício, já computado o valor da contribuição social devida, antes da provisão para o imposto de renda, apurado na forma do inciso V, do art. 187, da Lei n. 6.404, de 15 de dezembro de 1976, dele deduzidas as participações previstas no inciso VI do mesmo artigo, sendo que para fins da apuração da referida base de cálculo será considerado o resultado do período-base encerrado em 31 de dezembro de cada ano, ajustado pela:

a) exclusão do resultado positivo da avaliação de investimentos pelo valor de patrimônio líquido;

b) exclusão dos lucros e dividendos derivados de investimentos avaliados pelo custo de aquisição, que tenham sido computados como receita;

c) exclusão do lucro decorrente de exportações incentivadas, de que trata o art. 1º, § 1º, do Decreto-lei n. 2.413, de 10 de fevereiro de 1988, apurado segundo o disposto no art. 19 do Decreto-lei n. 1.598, de 28 de dezembro de 1977, e alterações posteriores;

d) edição do resultado negativo da avaliação de investimentos pelo valor de patrimônio líquido.

2. No caso de incorporação, fusão, cisão ou encerramento de atividades, a base de cálculo é o resultado apurado no respectivo balanço.

3. No caso de pessoa jurídica desobrigada de escrituração contábil, a base de cálculo da contribuição corresponderá a 10% (dez por cento) da receita bruta auferida no período de 1º de janeiro a 31 de dezembro de cada ano, ressalvado o disposto no item 2.

4. O resultado negativo, apurado em um período-base, não poderá ser compensado na determinação da base de cálculo da contribuição social de período-base posterior.

Como se pode observar, tal qual o IRPJ, a apuração da base de cálculo da CSLL é apurada a partir da receita auferida que se transformará em renda após serem deduzidos custos e despesas, chegando-se ao resultado contábil (positivo ou negativo) do período, a partir do qual são procedidos ajustes de adição, exclusão e compensação da base de cálculo negativa de período anterior se houver.

3. Quais as formas de apuração da base de cálculo do IRPJ e da CSLL?

O CTN expressamente estabelece que a quantificação da materialidade do fato gerador ocorrido para fins de apuração do IRPJ será a verificação da ocorrência, ou não, de lucro (art. 44 do CTN: lucro real, lucro presumido ou lucro arbitrado). É importante lembrar que se não existe lucro não haverá base de cálculo para a apuração do imposto.

Sem que estejam realizados no mundo factual todos os elementos que compõe o tipo legal (a regra-matriz) do IRPJ e da CSLL, no caso, a base de cálculo, não poderá incidir ou ser cobrado qualquer valor a título de tributo.

A base de cálculo do IRPJ poderá ser apurada das seguintes formas (aplicáveis, também, à CSLL):

(i) *Lucro real* – é o lucro líquido contábil ajustado pelas adições, exclusões e compensações expressamente previstas nas leis fiscais do IRPJ e da CSLL. Somente poderá ser apurado o lucro real por meio da dedução das receitas/ingressos dos custos e despesas efetivamente realizados pela pessoa jurídica que forem considerados necessários à produção dos rendimentos e à manutenção da fonte produtora, bem assim compensados os prejuízos (resultados negativos) anteriormente havidos. Quando comprovada pela autoridade fiscal a efetiva execução da atividade objeto da pessoa jurídica, no caso, a venda de bens ou serviços, a realização de obras etc. é impossível falar em apuração de lucro real sem que sejam computados os custos ou despesas efetivamente despendidas. Na hipótese de serem desconsiderados integralmente todos os custos e despesas não há como se chegar ao efetivo lucro real, como o próprio nome já diz esse é o resultado "real/efetivo" auferido pela pessoa jurídica, só restando, portanto à autoridade fiscal a possibilidade de proceder ao arbitramento do lucro da pessoa jurídica.

(ii) *Lucro presumido* é forma de opção alternativa exclusiva do contribuinte para a apuração da base de cálculo do IRPJ e da CSLL quando a lei permitir. O lucro presumido é apurado a partir da aplicação de um percentual sobre o total das receitas, o restante se presume ser custo ou despesa.

(iii) *Lucro arbitrado* é forma alternativa de apuração da base de cálculo do IRPJ quando exista qualquer irregularidade no tocante às outras formas de quantificação do respectivo fato gerador do tributo. Se conhecida a receita bruta o contribuinte poderá auto-arbitrar o seu resultado. Do contrário, ele é de competência exclusiva da autoridade fiscal quando essa comprove que o contribuinte optou indevidamente pelo lucro presumido ou não possui escrituração regular ou essa seja imprestável para a apuração do lucro real. Necessária e obrigatoriamente a autoridade fiscal deverá adotar o arbitramento do lucro da pessoa jurídica no caso de ela não apresentar documentos hábeis e idôneos para comprovar o total dos seus custos e despesas quando adotado o lucro real.

Tal qual o IRPJ, a base de cálculo da CSLL é apurada por idênticas formas, pois a lei prevê que as normas aplicáveis para o IRPJ são igualmente aplicáveis à CSLL.

4. Como poderão ser comprovados os custos e as despesas efetuados pela pessoa jurídica necessários à obtenção das respectivas receitas?

Para que sejam deduzidos na apuração do lucro real os custos e despesas despendidas pela pessoa jurídica para obter as suas receitas, obrigatoriamente ela deverá possuir documentos hábeis e idôneos suficientes para comprovarem os referidos gastos.

Na hipótese de ser impossível a comprovação, os custos e despesas poderão ser provados por laudo pericial emitido por empresa ou profissional legalmente habilitado e idôneo, que ateste e comprove a correlação entre os gastos e a realização de obras, a aquisição de matérias-primas, insumos, produção de bens para revenda etc.

Caso não sejam aceitos os comprovantes ou documentos apresentados pelo contribuinte, bem assim seja recusado o laudo pericial apresentado, em respeito aos princípios do devido processo legal, do contraditório, da ampla defesa e da verdade material, a autoridade fiscal, obrigatoriamente, deverá mandar proceder à nova perícia para que possa ser corretamente quantificada a base de cálculo do IRPJ pelo lucro real.

Se a autoridade fiscal recusar integralmente os documentos, os registros contábeis e o laudo pericial apresentado, *obrigatoriamente a ela só restará proceder ao arbitramento do lucro da pessoa jurídica.*

A rejeição do laudo pericial apresentado pelo contribuinte somente poderá se dar com base em outro laudo pericial elaborado por profissional técnico habilitado, no caso de obras, por exemplo, somente uma empresa de engenharia teria a capacidade e a habilitação técnica necessária para opinar sobre a execução e o custo de obras de construção ou engenharia. A necessidade de que haja um laudo técnico para apurar e quantificar os custos e despesas, na ausência de documentos, se faz necessário tendo em vista que a autoridade administrativa fiscalizadora ou julgadora não detém tal conhecimento especializado ou habilitação técnica específica, notória e reconhecida, para efetuar tal apuração.

A não adoção do arbitramento, no caso da rejeição da totalidade dos custos e despesas da pessoa jurídica e do laudo pericial, implicará em flagrante afronta *à legalidade, à isonomia, à capacidade contributiva, ao devido processo legal, à verdade material, ao contraditório e à ampla defesa.*

A violação da isonomia pode ser constatada da simples leitura da lei, pois mesmo no caso de arbitramento de lucro, ainda que na presença de fraude, são aceitos valores (reais ou arbitrados) a título de custos e despesas. Portanto, a tributação sobre 100% dos ingressos em decorrência da desconsideração de 100% dos custos e despesas, configura uma grave afronta ao princípio da igualdade e da própria legalidade.

5. Segundo as leis que regem o IRPJ e a CSLL é possível chegar ao resultado tributável da pessoa jurídica com base no resultado efetivo (lucro real) sem que sejam computados os custos ou as despesas necessárias à manutenção da atividade produtora e à produção dos rendimentos?

Não. De acordo com as leis que regem a apuração do IRPJ e, por decorrência, da CSLL, o lucro real é o resultado efetivo da pessoa jurídica daí o nome "real", pois essa é a única forma de apuração que atende à configuração da regra matriz de incidência do imposto. Somente na hipótese de lucro real é que se revela o "real" acréscimo patrimonial, a riqueza nova e o verdadeiro lucro que atendem à materialidade da ocorrência do fato gerador dessas exações.

As outras formas alternativas são meras presunções da existência de lucro. Portanto, para que se apure o lucro real é imperioso que sejam considerados os custos e as despesas efetivadas/incorridas pela pessoa jurídica. Entendimento em contrário implicará na tributação confiscatória de 100% dos ingressos o que, igualmente violaria a legalidade. Portanto, caso não sejam adotadas as regras legais para apuração do lucro real só restará a aplicação do lucro arbitrado.

6. Poderá ser apurada a base de cálculo do IRPJ ou da CSLL pelo lucro real na hipótese de serem desconsiderados ou rejeitados/glosados, pela autoridade fiscal, todos os custos computados pela pessoa jurídica na verificação dos seus resultados?

Em respeito aos magnos princípios da legalidade, da isonomia, da capacidade contributiva e da verdade material que regem a incidência do IRPJ e da CSLL a lei expressamente impõe o dever de a autoridade administrativa recompor o resultado da pessoa jurídica a fim de apurar a verdadeira materialidade da ocorrência do fato gerador concretamente realizado, para que seja lançado e cobrado tanto o IRPJ como a CSLL.

Desse modo, a apuração da base de cálculo do IRPJ e da CSLL deverá obedecer aos estritos termos da lei fiscal que prescreve o modo de quantificação do lucro, base de cálculo do IRPJ e da CSLL: (i) *lucro real* – receitas menos custos e despesas; (ii) *lucro presumido e lucro arbitrado* – a aplicação de um percentual para presunção ou arbitramento do lucro, considerando-se como custo ou despesa o restante dos valores dos ingressos da pessoa jurídica não computados como lucro presumido ou arbitrado.

Na impossibilidade de recomposição do lucro real, por os livros, registros ou documentos apresentados pela pessoa jurídica para comprovar as suas despesas e os seus custos, serem imprestáveis, somente restará à autoridade fiscal aplicar o arbitramento do lucro da pessoa jurídica, para quantificar os respectivos valores dos custos, despesas e lucro.

7. A glosa integral dos custos da pessoa jurídica caracteriza-se como incidência confiscatória do IRPJ e, por conseguinte, da CSLL?

Sim. Independentemente da forma de apuração dos resultados da pessoa jurídica a lei fiscal sempre considera que existem custos ou despesas necessariamente despedidas para a obtenção das correspondentes receitas que precisam ser computadas para a correta quantificação do fato gerador do tanto do IRPJ como da CSLL.

Sejam os custos ou despesas "reais" e efetivos, sejam presumidos ou arbitrados, não existe a obtenção de receitas/ingressos sem custos ou despesas. A glosa ou desprezo de 100% dos custos ou despesas resultará na tributação do IRPJ e da CSLL sobre base de cálculo de 100% das receitas/ingressos, o que tornará a incidência claramente confiscatória e abusiva em total afronta à legalidade, ao devido processo legal, à capacidade contributiva e à verdade material, pois a cobrança do IRPJ e da CSLL dar-se-á sobre o próprio patrimônio e não sobre o acréscimo patrimonial.

8. Constitui afronta aos princípios da legalidade, da verdade material, do contraditório e da ampla defesa a recusa das autoridades administrativo-tributárias em aceitar custos quantificados por meio de laudo pericial apresentado pela pessoa jurídica para comprovação dos seus custos e despesas, especialmente quando a própria fiscalização constatou e comprovou a efetiva realização das obras pela pessoa jurídica?

Sim. Na hipótese de a pessoa jurídica não apresentar documentos hábeis e idôneos suficientes para comprovarem os custos e despesas computadas na apuração dos seus resultados os respectivos valores poderão ser recusados pela autoridade fiscal. Contudo, caberá a autoridade fiscal adotar providências no sentido de procurar elementos suficientes para quantificar esses custos, seja acolhendo laudo pericial apresentado pela pessoa jurídica ou mandando ser efetuada perícia para obtenção dos mesmos por meio de laudo técnico, caso ela entenda ser possível a apuração do lucro real mesmo não existindo documentos idôneos.

Porém, se a autoridade fiscal *reconhece e ratifica* a existência da obra, a venda do bem ou serviço etc. e mesmo assim, recusa os documentos apresentados ou não considera os custos e despesas constantes do laudo pericial, *ela obrigatoriamente deverá proceder ao arbitramento do lucro da pessoa jurídica e, por conseqüência considerar os custos e despesas igualmente arbitradas.*

Nesse sentido é a jurisprudência administrativa e judicial:

Sobre a necessidade de a autoridade fiscal quantificar corretamente o fato gerador do IRPJ e, por conseguinte da CSLL, é pacífico, igualmente, o entendimento da jurisprudência administrativa, como a seguir se constata:

Sétima Câmara – *Acórdão* 107-06268/2001

Lançamento duvidoso – "Para a exigência do tributo *é necessário que se com-*

prove de forma segura a ocorrência do fato gerador do imposto. Tratando-se de *atividade plenamente vinculada* (Código Tributário Nacional, arts. 3º e 142), cumpre à *fiscalização realizar as inspeções necessárias à obtenção dos elementos de convicção e certeza indispensáveis à constituição do crédito tributário.* Havendo dúvida sobre a exatidão dos elementos em que se baseou o lançamento, a exigência não pode prosperar, por força do disposto no art. 112 do CTN. O imposto, por definição (CTN, art. 3º), não pode ser usado como sanção.

Oitava Câmara *- Acórdão* 108-06643/2001

Glosa de custos – notas inidôneas – Se o fisco acusa majoração fraudulenta de custos, não aceitando o valor constante de notas fiscais que reputa inidôneas, *há que demonstrar cabalmente o valor de mercado do produto, uma vez que não discute sua efetiva aquisição e entrada no estabelecimento da empresa.* Na falta dessa demonstração, prevalecem as provas aportadas pelo contribuinte, que apontam valores diversos superiores àquele arbitrado pelo fisco. À autoridade lançadora incumbe produzir a prova inequívoca da infração da base de cálculo do tributo lançado, sob pena de fragilidade do lançamento e ofensa aos princípios da legalidade e da tipicidade, que hão de prevalecer na constituição do crédito tributário. Preliminar rejeitada. Recurso provido.

Acerca da admissibilidade de prova pericial para comprovação de custos e despesas da pessoa jurídica, mesmo quando forem imprestáveis para a apuração do lucro real os documentos apresentados, é pacífico, também, o entendimento da jurisprudência judicial:

TFR, 6ª T. *- MAS 104.144-BA, 2.9.1987*

Prova pericial – Inexistentes elementos concretos capazes de demonstrar o lucro real sobre o qual incidirá o imposto, *é possível a desclassificação da escrita e o subseqüente lançamento por arbitramento.* Cabe, então, ao contribuinte, mediante *testemunho técnico*, vale dizer, *mediante prova pericial, comprovar que a sua escrita continha elementos concretos que determinariam o lucro real.*

TFR, 4ª T. *- Ap. Cível 52.734*

Saber se o arbitramento dos lucros é imperioso, em fase do estado da escrita contábil da empresa, constitui matéria cujo *deslinde só é possível com base no testemunho técnico.*

9. Qual o procedimento cabível no caso da recusa do laudo pericial comprobatório dos custos da pessoa jurídica?

Em respeito aos princípios da legalidade, do devido processo legal, do contraditório, da ampla defesa e da verdade material, como as autoridades administrativas não têm conhecimento e habilitação técnica específica, pública e notória haja vista a função administrativo-tributário-fiscal que ocupam, para quantificarem e valorarem corretamente o custo de matérias-primas, das execuções de obras, da elaboração de produtos etc. *deverá ser determinada a realização de perícia* a fim de ser mensurada a efetiva ocorrência do fato gerador do IRPJ e da CSLL.

Caso a autoridade administrativo-fiscal entenda não ser necessária a realização de perícia e resolver desconsiderar todos os custos e despesas da pessoa jurídica, o único procedimento que atende à legalidade é, em decorrência, a adoção do arbitramento do lucro.

No caso de a autoridade administrativo-julgadora decidir por recusar o laudo pericial apresentado pela pessoa jurídica para comprovar os seus custos e despesas *deverá determinar a realização de nova perícia* para que possa se opor contra esse laudo pericial.

Constituem flagrante afronta à legalidade a tributação de 100% das receitas e a glosa integral de 100% dos custos e despesas da pessoa jurídica. É importante considerar que o julgador administrativo, igualmente, não detém competência e habilitação técnica para recusar laudo pericial elaborado por empresa idônea e especializada, sem que haja a opinião de outro técnico em contrário ou sem que seja mandado elaborar outro laudo técnico.

Portanto, configura violação do contraditório, da ampla defesa e flagrante afronta à verdade material a simples recusa do laudo pericial apresentado pela pessoa jurídica sem que sejam apontados pela autoridade administrativo-julgadora outros elementos probatórios suficientes para demonstrar a quantificação dos custos e das despesas da pessoa jurídica, especialmente quando em *nenhum momento for questionada a realização de obras, a venda de produtos ou a aquisição de matérias-primas*.

10. Quando deve ser utilizado o arbitramento como forma de apuração da base de cálculo do Imposto sobre a Renda da pessoa jurídica (IRPJ) e da Contribuição Social sobre o Lucro Líquido (CSLL)?

Sempre que o contribuinte não apresentar, recusar-se a apresentar ou apresentar documentos imprestáveis, não hábeis e idôneos para comprovação de receitas, custos ou despesas, a autoridade fiscal *é obrigada a proceder o arbitramento do lucro* da pessoa jurídica, por tornar-se impossível quantificar a correta materialidade da ocorrência do fato gerador do tributo.

11. É obrigatória a aplicação do lucro arbitrado pela autoridade fiscal quando o contribuinte deixa de apresentar ou apresenta documentos imprestáveis para comprovação dos seus custos e despesas com vista à correta apuração da base de cálculo do IRPJ e da CSLL?

Sim. Afronta à legalidade a apuração do resultado da pessoa jurídica sem que existam documentos hábeis e idôneos a comprovar seus custos e despesas. Nessa hipótese não poderá a autoridade fiscal recusar a comprovação apresentada mesmo sob a forma de laudo pericial e glosar 100% dos custos da pessoa jurídica para considerar 100% das receitas como a base de cálculo do lucro real.

Portanto, em prestígio à legalidade, ao devido processo legal, ao contraditório, à ampla defesa e à verdade material, se o contribuinte deixa de apresentar ou apresenta documentos imprestáveis para comprovação dos seus custos e despesas, bem assim as autoridades administrativas não aceitam o laudo pericial apresentado, *deve obrigatoriamente a autoridade fiscal proceder ao arbitramento do lucro da pessoa jurídica*, sob pena de *erro na apuração e quantificação do fato gerador do IRPJ e da CSLL*, suficiente o bastante para afetar a liquidez e certeza do crédito tributário que passará a ter sua constituição maculada por vício insanável na sua essência. Tal erro implica em grave dano tanto para o Fisco como para o contribuinte, bem assim para a própria segurança jurídica por *tornar nulo o lançamento do crédito tributário.*

12. A não aplicação do arbitramento constitui afronta aos princípios da legalidade, isonomia, capacidade contributiva, devido processo legal e verdade material com força suficiente para macular a liquidez e certeza da Certidão da Dívida Ativa como título executivo fiscal?

Sim. O lançamento procedido com total violação de texto expresso de lei estará contaminado por vícios insanáveis, impossíveis de serem convalidados, até mesmo em fase judicial, o que torna *nulo o crédito tributário nele constituído* com total *afronta aos seguintes Magnos princípios*:

(i) *Legalidade*: a) a apuração do resultado efetivo/real (lucro real) sem que sejam considerados custos e despesas, mesmo que comprovados por laudo pericial; b) o reconhecimento da existência da execução de obras sem custos ou despesas e a incidência do IRPJ e da CSLL sobre 100% das receitas da pessoa jurídica; c) a glosa integral de 100% dos custos ou despesas; d) a recusa de custos e despesas por os respectivos documentos comprobatórios terem sido considerados imprestáveis para apuração do lucro real sem que fosse procedido o arbitramento do lucro de acordo o expresso texto da lei fiscal; e) a recusa de laudo pericial sem que seja produzida nova prova pericial;

(ii) *Isonomia*: inexiste a possibilidade de apuração de lucro, base de cálculo do IRPJ ou da CSLL, sem que sejam considerados custos e despesas. Até mesmo no caso de fraude e sonegação em que todos os documentos comprobatórios são rejeitados por conterem vício, ainda assim, ao adotar o arbitramento são considerados custos e despesas igualmente arbitradas. Viola a isonomia glosar 100% dos custos e despesas e não adotar o arbitramento nesse caso;

(iii) *Capacidade contributiva*: a tributação do IRPJ e da CSLL recai sobre o acréscimo patrimonial, a riqueza nova, o lucro (real, presumido ou arbitrado), que revela a capacidade da pessoa jurídica para contribuir para o tributo. Afronta o princípio a tributação sobre 100% das receitas sem considerar quaisquer custos ou despesas por a incidência recair sobre o total do patrimônio e se configurar como confiscatória;

(iv) *Devido processo legal*: em um Estado Democrático de Direito ninguém pode ser expropriado de seus bens sem o devido processo legal, por conseguinte, a glosa de 100% dos custos e despesas e a simples recusa no acolhimento do laudo pericial, sem que seja produzida outra prova técnica, fere de morte o princípio do devido processo legal, pois as autoridades administrativo-julgadoras irão proferir decisão com vício, se ratificarem lançamento em que a apuração da base de cálculo do IRPJ e da CSLL se deu em desacordo com os textos expressos da lei;

(v) *Verdade material*: quando o próprio Fisco reconhece a realização e execução de obras, a venda ou produção de bens ou serviços, não pode ele deixar de reconhecer que para obter as respectivas receitas foram efetuados gastos/dispêndios a título de custos ou despesas. No caso de o contribuinte não apresentar comprovantes hábeis e idôneos dos gastos, porém apresentar laudo pericial só resta à autoridade fiscal ou acolher o laudo pericial ou mandar proceder a nova perícia ou recusar tudo e proceder ao arbitramento do lucro. A incidência do IRPJ se dá sobre o lucro então a respectiva apuração deverá ser buscada por uma das formas fixadas na lei sob pena de afronta ao princípio. Não há possibilidade de ser aplicada uma terceira opção: apurar lucro real sem custo ou despesas e tributar 100% das receitas ou ingressos. Se o Fisco optar por reconstituir a base de cálculo pelo lucro real paralelamente deve buscar quantificar os reais custos e despesas a fim de mensurar a efetiva materialidade da ocorrência do fato gerador do IRPJ.

(vi) *Não-confisco*: configura-se como confiscatória a incidência do IRPJ e da CSLL sobre 100% dos ingressos sem que sejam considerados custos ou despesas mesmo que presumidas ou arbitradas, pois a incidência atingirá o próprio patrimônio da pessoa jurídica o que não pode ser admitido pela ordem jurídica no caso de tributo que tenha por base de cálculo o lucro.

CADERNOS DE DIREITO TRIBUTÁRIO

COMPETÊNCIA REGULAMENTAR DA ANATEL E TRIBUTAÇÃO

O caso da Súmula n. 7/2005[1]

TÁCIO LACERDA GAMA
Mestre e Doutorando pela PUC/SP. Professor dos Cursos de Mestrado e Doutorado da PUC/SP

Introdução. 1. Alguns elementos para a compreensão do tema. 2. Os atos normativos que antecederam a edição da Súmula n. 7/2005. 3. Natureza e regime jurídico da contribuição ao FUST. 4. Incompetência da ANATEL para revogar disposição contida em lei tributária. 5. Ilegalidade da Súmula n. 7/2005 no confronto com a finalidade do art. 6º, parágrafo único, da Lei n. 9.998/2000. 6. Inexistência de norma interpretativa e irretroatividade dos efeitos da Súmula n. 7/2005. 7. Conclusões.

Introdução

Os argumentos jurídicos sistematizados neste estudo evidenciam um caso de antinomia entre a Súmula n. 7/2005, editada pela Agência Nacional de Telecomunicações – ANATEL, e o sistema de direito positivo, em especial, com a Lei n. 9.998/2000 e o Código Tributário Nacional. O tema, como já se pode intuir, é específico. Assim como são específicas as implicações jurídicas que dele se pode inferir. Agrava essa característica a presença de conceitos próprios do serviço de telecomunicação, tais como interconexão, Exploração Industrial de Linha Dedicada – EILD, compartilhamento de estruturas, receita operacional bruta, usuários, entre outros. Uma série de outros elementos poderiam ser relacionadas como óbice à clara compreensão da matéria.

O caminho a ser percorrido aqui, porém, é justamente o contrário. A complexa gama de fatores será reduzida a premissas gerais, cujo cálculo dará ensejo à construção de conclusões simples e objetivas. Isso é possível, pois antes de ser direito tributário das telecomunicações, o tema é de direito tributário e, antes de versar sobre tributos, a matéria envolve articulação de conceitos jurídicos fundamentais e comuns às várias instâncias do direito positivo. Dessa forma, após breve elucidação conceitual, pode-se traduzir a citada antinomia em termos de teoria geral do direito, mostrando que, superados os problemas terminológicos, toda e qualquer regulação jurídica de conduta, por mais complexa que aparente ser num primeiro contato, atende aos mesmos padrões de racionalidade.

1. Trabalho originalmente publicado no livro *III Congresso Nacional de Estudos Tributários – Interpretação e Estado de Direito*, Aldo de Paula Junior e outros, São Paulo, Ed. Noeses, p. 833.

1. Alguns elementos para a compreensão do tema

A realização dos serviços de telecomunicação[2] pressupõe estrutura adequada, com pontos de emissão e recepção de informações, meios físicos (postes, fios, antenas de transmissão e recepção de sinais eletromagnéticos), além de centrais de gerenciamento de dados. Nem sempre as operadoras autorizadas a prestar esses serviços por autorização, permissão ou concessão dispõem de todo o aparato necessário. Buscando superar esse inconveniente e racionalizar os investimentos necessários à prestação desses serviços, a Lei Geral de Telecomunicações prevê formas de uso compartilhado de infra-estrutura, mediante remuneração.

A interconexão é exemplo típico de uso compartilhado de estruturas. Nesse tipo de negócio jurídico, observa-se a ligação entre redes funcionalmente compatíveis, de modo que os usuários de uma delas possam comunicar-se com usuários de outra ou acessar serviços nela disponíveis.[3] É, justamente, esse procedimento que torna possível a realização de chamadas telefônicas e troca de dados entre pessoas situadas nas mais diferentes regiões do País e até em países distintos.

Por conta da existência de uso compartilhado de estrutura, é possível que uma mesma chamada – serviço de telecomunicação – envolva duas ou mais operadoras, cada qual com a respectiva remuneração pelo serviço prestado. Os recursos percebidos como contrapartida pela prestação desses serviços integram aquilo que se chama receita de serviço de telecomunicação.

Assim, pode-se afirmar que, entre os valores percebidos pelas prestadoras, parte se destina àquela que contratou os serviços de interconexão e parte se destina às outras, que forneceram estrutura para que o serviço de telecomunicação fosse concluído.

A importância de segregar pela origem os tipos de recursos percebidos em decorrência do serviço de telecomunicações é decisiva para proceder a incidência da Contribuição ao FUST. Esse tributo foi pela Lei n. 9.998/2000, com a finalidade especial de custear as obrigações de universalização dos serviços de telecomunicações que não possam ser recuperadas com a sua exploração eficiente.

Na composição da regra-matriz de incidência tributária, identifica-se na hipótese de incidência a prestação, no território nacional, dos serviços típicos de telecomunicação. São exemplos desses serviços as chamadas telefônicas, compartilhamento de redes de telecomunicação (interconexão), Exploração Industrial de Linha Dedicada – EILD, além de outras formas de transporte de dados por via eletromagnética, na forma definida pela Lei Geral de Telecomunicações. Como base de cálculo, foi apontada a "receita operacional bruta", com as deduções previstas em lei, sobre a qual deve ser aplicada a alíquota de 1% (hum por cento), para se apurar o montante que deve ser recolhido mensalmente à Agência Nacional de Telecomunicações – ANATEL.

Eis a forma utilizada pela Lei n. 9.998/2000 para instituição da Contribuição ao FUST:

> Art. 6. Constituem receitas do Fundo:
>
> IV – contribuição de um por cento sobre a receita operacional bruta, decorrente de prestação de serviços de telecomunicações nos regimes público e privado, excluindo-se o Imposto sobre Operações relativas à Circulação de Mercadorias e sobre a Prestação de Serviços de Transporte Interestadual e Intermunicipal

2. A Lei n. 9.472/1997 (Lei Geral de Telecomunicação) define "serviço de telecomunicação" e "telecomunicação" nos seguintes termos: "Art. 60. *Serviço de telecomunicações é o conjunto de atividades que possibilita a oferta de telecomunicação.* § 1º. *Telecomunicação é a transmissão, emissão ou recepção, por fio, radioeletricidade, meios ópticos ou qualquer outro processo eletromagnético, de símbolos, caracteres, sinais, escritos, imagens, sons ou informações de qualquer natureza*".

3. Definição prescrita pelo art. 146, parágrafo único, da Lei n. 9.472/1997 (LGT).

e de Comunicações – ICMS, o Programa de Integração Social – PIS e a Contribuição para o Financiamento da Seguridade Social – Cofins;

(...).

Parágrafo único. *Não haverá incidência do FUST sobre transferências feitas de uma prestadora de serviços de telecomunicações para outra e sobre as quais já tenha havido recolhimento por parte da prestadora que emitiu a conta ao usuário, na forma do disposto no art. 10 desta Lei.*

Observa-se, nesse parágrafo único, a prescrição de duas regras de não-incidência para a Contribuição ao FUST, voltadas a impedir que o mesmo fato jurídico seja duplamente tributado:

i. Os valores recebidos a título de transferência de outra prestadora de serviços de telecomunicação, *e* que já tenham sido tributados pelo FUST, não devem integrar a base de cálculo dessa contribuição;

ii. Não se sujeitam à incidência do FUST as transferências feitas de uma prestadora de serviço à outra para remunerar acordos de interconexão, **e** que já tenham sido tributadas pelo FUST.

As duas regras construídas a partir do citado parágrafo único incidem de maneira autônoma e se excluem reciprocamente. Incidindo uma, não há espaço para incidir a outra. Vale dizer, ou bem a pessoa jurídica – Operadora 1 – paga o FUST e transfere – à Operadora 2 – os valores de interconexão livres de tributos, hipótese em que incide a regra descrita no item *i.* ou bem a pessoa – Operadora 1 – exclui da base de cálculo da Contribuição as transferências efetuadas a título de interconexão, porque já tributadas pela empresa que recebe a transferência, hipótese em que incide a regra do item *ii.* O que não se admite, em hipótese alguma, é a incidência desse tributo de maneira cumulativa, gravando tanto quem efetua a transferência a título de interconexão quanto quem a recebe.

Deve-se ressaltar que a operadora que presta o serviço de interconexão – Operadora 2 – obtém receita tributada pelo FUST no momento de seu registro, em regime de competência, de sorte que quando efetivamente recebe a transferência da operadora que contrata a interconexão – regime de caixa –, tal valor já foi por ela tributado.

A "transferência" referida no parágrafo único do art. 6º da Lei n. 9.998/2000 é sempre posterior à prestação do serviço de interconexão e à percepção da respectiva receita, que por sua vez é tributada pelo regime de competência. Conseqüentemente, quando a prestadora que contrata o serviço de interconexão e transfere o respectivo pagamento, a operadora que prestou tais serviços já emitiu a respectiva nota e pagou a Contribuição ao FUST sobre esses valores. Esse é o dado que torna relevante a aplicação da regra *ii.*, descrita acima, com a conseqüente exclusão dos valores que devem ser repassados a título de remuneração pelo compartilhamento de estrutura para outras operadoras.

Não restam dúvidas, portanto, de que a regra descrita no item *ii.* é a única que atende, em sua plenitude, a regra de não-cumulatividade, devendo ser aplicada a sistemática do item *i.* tão-somente em casos excepcionais. Entendimento diverso faz com que apenas as operadoras que emitem fatura aos usuários arquem com o pagamento da Contribuição ao FUST, em franca divergência com o que prescreve ao art. 8º do Decreto n. 3.624/2000 e à própria LGT, *segundo os quais todas as prestadoras de serviço devem contribuir com o FUST.*

Outro problema originado pela aplicação da regra inscrita no item *i.* é o desequilíbrio competitivo gerado pela impossibilidade de revisar as tarifas em função da cobrança do FUST. Isso porque, a seguir essa orientação, as operadoras que emitem fatura ao usuário final arcam com o pagamento desse tributo, desonerando aquelas que emitem fatura pelo serviço de interconexão. Fica evidente, portanto, que adotar como regra a sistemática identificada no item *i.* acima faz surgir uma situação anti-isonômica que impede a livre concorrência, na medida em que as empresas que emitem a fatura ao usuário final são mais oneradas que aquelas que apenas emitem fatura de interconexão. Essa desigualdade é especialmente danosa quando se trata de uma contribuição de intervenção no domínio econômico, voltada a custear a universalização dos serviços de telecomunicação, que deveria, com efeito, ser paga de forma equânime pela totalidade das prestadoras de serviço de telecomunicação.

Levando em conta esses aspectos e aquilo que prevê a expressa disposição legal, resta induvidosa a necessidade de abater as transferências a serem feitas para outras prestadoras, a título de despesas de interconexão, da base de cálculo da Contribuição ao FUST, entendimento esse chancelado pela própria ANATEL em diversas oportunidades.

2. Os atos normativos que antecederam a edição da Súmula n. 7/2005

Os critérios utilizados para definição da base de cálculo da Contribuição ao FUST, muito embora estejam postos de maneira clara na Lei, têm sofrido interpretações cambiantes e, por vezes, contraditórias por parte da ANATEL. Vejamos, numa brevíssima retrospectiva, alguns desses atos e os respectivos efeitos na apuração da base de cálculo desta Contribuição.

Em 5 de outubro de 2000, foi editado o Decreto n. 3.624 para regulamentar a Lei n. 9.998/2000 que instituiu a Contribuição ao FUST. Esse Decreto se limitou a regular a competência da ANATEL para fiscalizar, arrecadar e, quando fosse o caso, aplicar multas por irregularidades na apuração e recolhimento do tributo. No parágrafo único do art. 3º, foi acrescentada competência para que, entre outras matérias, a ANATEL pudesse regulamentar a operacionalização deste tributo. Por fim, cuidou de transcrever os demais pontos já contidos na Lei, sem acrescentar nada que pudesse melhor esclarecer o conceito de "receita operacional bruta" ou a regra de não-incidência contida no parágrafo único do art. 6º da Lei n. 9.998/2000.

O silêncio da Lei e do Decreto ensejou fortes dúvidas sobre a definição do conceito de "receita operacional bruta". Essa omissão ficou refletida na Resolução ANATEL n. 247/2000 que instituiu o Regulamento para Arrecadação da Contribuição das Prestadoras de Serviços de Telecomunicações para o FUST. A interpretação dada por essa Resolução não contribuiu para elucidar o tema.

As dúvidas geradas pela Resolução n. 247/2000 deram ensejo à proposição de recursos administrativos questionando os equívocos e distorções econômico-financeiras da interpretação que vinha sendo praticada.

Em resposta ao processo n. 53500. 001822/2001, e empreendendo um claro e louvável esforço de elucidar a forma de apuração da base de cálculo do FUST, em especial o sentido e alcance do art. 6º, IV, e parágrafo único da Lei n. 9.998/2000, a ANATEL, por meio da sua Superintendência de Universalização, editou o Despacho n. 29/2003 que, entre outros temas, prescreveu:

> O SUPERINTENDENTE DE UNIVERSALIZAÇÃO da Anatel, no exercício das atribuições conferidas pelo art. 161 e art. 209 do Regimento Interno da Anatel, aprovada pela Resolução n. 270, de 19 de julho de 2001, nos autos do Procedimento Administrativo autuado sob o n. 53500001822/2001, relativo ao recurso administrativo interposto pela Intelig Telecomunicações Ltda., que trata do recolhimento de Contribuição ao Fundo de Universalização dos Serviços de Telecomunicações – FUST, instituído pela Lei n. 9.998, de 17 de agosto de 2000, e dos requerimentos da Empresa Brasileira de Telecomunicações S/A – EMBRATEL e da Empresa AT&T do Brasil Ltda, que versam sobre referido recolhimento, delibera de acordo com os termos a seguir expostos: (...)
>
> d) esclarecer que a base de cálculo das contribuições sobre a receita operacional bruta de serviços de telecomunicações, em regime público ou privado, de

cada prestadora, *deve considerar as transferências recebidas* (grifou-se).

Fundamentada em diversas considerações, o Despacho n. 29, transcrito parcialmente acima, determinou fossem consideradas na apuração da "receita operacional bruta" as transferências recebidas. Essa determinação serviu para afastar a idéia, praticada até então, segundo a qual apenas aquelas operadoras que emitissem faturas aos usuários deveriam contribuir com o FUST. Para implementar, definitivamente, o novo procedimento, ratificando a nova forma de apurar a base de cálculo deste tributo, a ANATEL publicou, em 16 de fevereiro de 2004, o Ofício Circular n. 58/2004/UNACE/UNAC/SUN-ANATEL.

Com a edição deste Ofício, todas as empresas contribuintes passaram a ter o dever de apresentar novo formulário de "Acompanhamento e Controle do Cálculo da Contribuição de Prestadoras de Serviços de Telecomunicações ao FUST". Neste documento, passou a constar, sem sombra de dúvidas, que a empresa deveria apurar a base de cálculo do FUST mediante a identificação da receita operacional bruta, excluindo as transferências feitas a outras prestadoras, além dos valores referentes ao ICMS, Contribuição ao PIS e COFINS. Vejamos a determinação contida no item 2 do "Formulário de Acompanhamento e Controle do Cálculo da Contribuição ao FUST", já referido.

PLANILHA PARA APURAÇÃO DA CONTRIBUIÇÃO AO FUST

2.1 Receita Operacional Bruta - ROB (1)	R$
2.2 ICMS (2)	R$
2.3 PIS (3)	R$
2.4 COFINS (4)	R$
2.5 Transferências pagas a outras prestadoras (5)	R$
2.6 Valor sujeito à contribuição (6) = (1) – [(2) + (3) + (4) + (5)]	R$
2.7 Valor a recolher (7) = (6) x 1%	R$

Essa forma de recolhimento ajustava-se, com perfeição, ao quanto prescrito pela Lei n. 9.998/2000, tendo sido praticada e referendada em diversos casos concretos, sem maiores questionamentos, seja por parte da Agência, seja por parte das Concessionárias, por mais de 15 meses. Em nenhum momento, porém, a sistemática identificada acima foi considerada pela ANATEL como sendo equivocada. Mesmo no ato que revogou o Despacho n. 29, o fundamento utilizado foi a suposta incompetência do Superintendente de Universalização da ANATEL para tratar da matéria. Nunca houve, por parte da ANATEL, qualquer juízo de ilegalidade relativo à forma de cálculo indicada acima.

Não obstante a legalidade da interpretação praticada, em 15 de dezembro de 2005, a pretexto de regulamentar a operacionalização da Contribuição ao FUST, a ANATEL editou a Súmula n. 1/2005, posteriormente retificada para Súmula n. 7/2005, com a seguinte prescrição:

> Não podem ser excluídas da base de cálculo das contribuições ao FUST, dentre outras, as receitas a serem repassadas às prestadoras de serviços de telecomunicações a título de remuneração de inter-

conexão e pelo uso de recursos integrantes de suas redes.

Não podem ser excluídas da base de cálculo das contribuições ao FUST, dentre outras, as receitas recebidas de prestadoras de serviços de telecomunicações a título de remuneração de interconexão e pelo uso de recursos integrantes de suas redes.

A Súmula entra em vigor na data da sua publicação, *produzindo efeitos a partir da vigência da Lei n. 9.998/2000*, de 17 de agosto de 2000, que instituiu o FUST (destacou-se).

Ao prescrever essa nova orientação, com o alegado propósito de "operacionalizar a arrecadação do tributo", a Súmula n. 7/2005 modificou as regras de apuração da "receita operacional bruta", previstas pela Lei e ratificadas pelos procedimentos descritos nos parágrafos anteriores, determinando, equivocadamente, fossem incluídas na base de cálculo do tributo receitas já tributadas pelo FUST. Com efeito, cria-se, ilegalmente, incidência cumulativa, majorando, significativamente, a obrigação tributária, em flagrante divergência com o que dispõe a Lei n. 9.998/2000, em seu art. 6º, § 1º, transcritos acima, e com os atos normativos expedidos pela própria ANATEL, nos últimos cinco anos.

Para agravar a situação, buscou-se aplicar a nova determinação de forma retroativa, imputando aos contribuintes o dever de recolher vultosas quantias, supostamente em atraso, como se percebe na parte final do fragmento normativo reproduzido acima.

3. Natureza e regime jurídico da contribuição ao FUST

A Contribuição ao FUST, criada pela Lei n. 9.998/2000, é, a toda vista, contribuição de intervenção no domínio econômico, tendo como fundamento de validade o art. 149 da Constituição da República. Trata-se de tributo[4] com hipótese de incidência não-vinculada à atuação estatal, sem previsão de restituição para o contribuinte e com destinação específica voltada a custear a ação da União num setor específico da economia.[5]

No caso concreto, a definição da natureza jurídica projeta reflexos na identificação do regime jurídico aplicável à espécie.[6] As referências do art. 149 aos arts. 150, I e III, da Constituição de 1988 são especialmente relevantes, pois prescrevem que qualquer instituição e majoração de tributo deve ser feita por meio de lei (art. 150, I, da CF), respeitadas a irretroatividade (art. 150, III, *a*, da CF), a anterioridade (art. 150, III, *b*, da CF) e a anterioridade nonagesimal (art. 150, III, *c*). Além desses princípios,[7]

4. O art. 3º do CTN prescreve: "Tributo é toda prestação pecuniária compulsória, em moeda ou cujo valor nela se possa exprimir, que não constitua sanção de ato ilícito, instituída em lei e cobrada mediante atividade administrativa plenamente vinculada".

5. A espécie contribuição pode ser subclassificada segundo o critério da destinação prescrita para aquilo que se arrecada com o tributo. Isso é o que sustenta Misabel Derzi que, partindo do texto constitucional, assevera: "as chamadas contribuições parafiscais são divididas pelo art. 149 em três espécies: sociais, de intervenção no domínio econômico e corporativas". Assim, o conjunto dos tributos incluídos na espécie "contribuições especiais", poderia ser subdividido nessas três subespécies (*Limitações Constitucionais ao Poder de Tributar*, p. 594).

6. Geraldo Ataliba formula resposta segundo a qual "regime jurídico tributário é o conjunto de princípios, normas e categorias, que informam o funcionamento do instituto jurídico do tributo". O conjunto de regras que integram o sistema de direito positivo e prescrevem como deve ser instituído o tributo, forma o seu regime jurídico (*Hermenêutica e Sistema Constitucional Tributário*, p. 19). Nesta linha de pensamento, Souto Maior Borges, analisando o regime das contribuições interventivas, afirma: "caracterizar como tributário esse regime, é reconhecer que todas as multiformes normas tributárias que lhes são aplicáveis estão aglutinadas e centradas em torno do conceito de tributo". Logo em seguida completa: "no seu todo, essas normas esparsas constituem o regime jurídico constitucional da tributação" (*Contribuição para o IAA*, pp. 130-131).

7. Os princípios podem ser classificados segundo o grau de objetividade das suas prescrições. Isto é o que faz Paulo de Barros Carvalho, após investigar as acepções que a expressão princípios pode receber: "(...) a) como norma jurídica de posição privilegiada e portadora de valor expressivo; b) como norma jurídica de posição privilegiada que estipula

o art. 149 faz referência ao art. 146, III, do texto constitucional, determinando a submissão das contribuições interventivas aos dispositivos do Código Tributário Nacional – CTN,[8] especialmente em relação aos enunciados que prescrevem a forma de constituição, suspensão e extinção do crédito tributário.[9]

A Súmula n. 7/2005 é incompatível com essas disposições constitucionais e complementares que informam o regime jurídico das contribuições interventivas. Malgrado seja ato administrativo e como tal deva pautar-se pela observância à lei, objetivou revogar os preceitos de não-incidência da Lei n. 9.998/2000, gerando dessa forma majoração indevida da carga tributária, além de prescrever efeitos retroativos à prescrição, ainda em manifesto contraste com o Texto Constitucional e com o CTN.

4. Incompetência da ANATEL para revogar disposição contida em lei tributária

Como já foi dito acima, a Lei n. 9.998/2003 outorgou à ANATEL, na qualidade de Agência Reguladora dos Serviços de Telecomunicação, três competências fundamentais: *i.* implementar, acompanhar e fiscalizar os programas, projetos e atividades que aplicarem recursos do FUST; *ii.* elaborar e submeter, anualmente, ao Ministério das Comunicações a respectiva proposta orçamentária desse tributo, nos termos da Lei Geral de Telecomunicações; *iii.* prestar contas da execução orçamentária e financeira do tributo.

O Decreto n. 3.624/2000, por sua vez, a pretexto de regulamentar a referida Lei, acrescentou novo inciso e parágrafo único ao dispositivo legal que trata das competências (art. 3º), incluindo, entre as possibilidades de ação da ANATEL, a seguinte:

> Art. 3º. (...).
>
> IV – arrecadar a contribuição para o FUST de que trata o inciso IV do art. 7º deste Decreto, na forma indicada pelo art. 8º, bem como aplicar multa e as sanções previstas nos §§ 1º e 2º do art. 8º.
>
> Parágrafo único. *Cabe à Agência Nacional de Telecomunicações expedir as regulamentações de operacionalização para os incisos I, II, III e IV deste artigo.* (destacou-se).

As tais "*regulamentações de operacionalização*" referem-se exclusivamente ao estabelecimento de critérios jurídicos que devem ser levados em conta no exercício do lançamento e da cobrança do tributo. Em reforço a esse entendimento, o próprio Decreto especifica o que se pode entender por operacionalização do recolhimento do FUST, em Capítulo denominado

limites objetivos; c) como valores insertos em regras jurídicas de posição privilegiada, mas considerada independente das estruturas normativas; e d) como limite objetivo estipulado em regra de forte hierarquia, tomado, porém, sem levar em conta a estrutura da norma". Haveria, assim, dois usos possíveis para o termo "princípio": limites objetivos e valores. Cada um desses usos pode ser subdividido, conforme haja ou não referência à estrutura normativa. O critério de distinção entre os tipos de princípios é o grau de objetividade das proposições que veicula (*Curso de Direito Tributário*, p. 141).

8. O STF, em decisão plenária relatada pelo Ministro Carlos Veloso, que julgou a constitucionalidade das Contribuições Sociais sobre o Lucro, decidiu: "A norma matriz das contribuições sociais, bem assim das contribuições de intervenção e das contribuições corporativas, é o art. 149 da Constituição Federal. O artigo sujeita tais contribuições, todas elas, à lei complementar de normas gerais (art. 146, III). Isto, entretanto, não quer dizer, também já falamos, que somente a lei complementar pode instituir tais contribuições. Elas se sujeitam, é certo, à lei complementar de normas gerais (art. 146, III). Todavia, porque não são impostos, não há necessidade que a lei complementar defina os seus fatos geradores, bases de cálculo e contribuintes (art. 146, III, *a*)" (RE n. 138.284-8-CE, *DJ* 28.8.1992).

9. Sacha Calmon Navarro Coêlho enfrenta esta questão e afirma: "Certo, por isso que a regra do art. 146, III, *a*, da CF, endereçada está a impostos e, o que é mais, impostos discriminados na mesma. Conseqüentemente, os que entendem possuir as contribuições sociais natureza específica diversa da dos impostos, seja por critério de validação finalística, seja por outros critérios, estão *ipso facto* impedidos de pleitear lei complementar regrando o fato gerador, a base de cálculo e os contribuintes dessa exação" (*Comentários à Constituição de 1988 – Sistema Tributário*, p. 93).

"Da Operacionalização", no qual, além de estarem inseridas disposições genéricas sobre o Fundo de Universalização dos Serviços de Telecomunicação, pretende-se regular o momento e a forma pela qual o tributo deve ser recolhido.

Nesta linha, fica claro que o legislador, ao outorgar as referidas competências à ANATEL, fixou os exatos limites do seu campo de atuação. Sendo assim, a realização de qualquer atividade que não se inclua no rol das suas competências consubstanciará, necessariamente, ato ilegal, por inexistir fundamento jurídico.

Com essas razões jurídicas, pondo em relevo o fato de que a ANATEL não tem autorização para interpretar as normas tributárias em sentido estrito, infere-se que a Súmula n. 7/2005 não encontra fundamento de validade na Lei n. 9.998/2000, tampouco em qualquer outro dispositivo do ordenamento jurídico.

5. *Ilegalidade da Súmula n. 7/2005 no confronto com a finalidade do art. 6º, parágrafo único, da Lei n. 9.998/2000*

Não bastassem essas razões jurídicas, observa-se que esse ato administrativo não só carece de fundamento legal, mas tem a pretensão de revogar dispositivo expresso de lei. Com isso, sua ilegalidade torna-se ainda mais evidente. Excertos dos próprios atos normativos mencionados revelam a flagrante incompatibilidade entre o texto da Lei que instituiu o FUST e o da Súmula n. 7/2005 da ANATEL:

FRAGMENTO DA LEI N. 9.998/2000	FRAGMENTO DA SÚMULA N. 7/2005
Art. 6º. Constituem receitas do Fundo: (...). IV – contribuição de um por cento sobre a receita operacional bruta, decorrente de prestação de serviços de telecomunicações nos regimes público e privado, excluindo-se o Imposto sobre Operações relativas à Circulação de Mercadorias e sobre Prestação de Serviços de Transportes Interestadual e Intermunicipal e de Comunicações – ICMS, o Programa de Integração Social – PIS e a Contribuição para o Financiamento da Seguridade Social – COFINS; Parágrafo único. *Não haverá a incidência do Fust sobre as transferências feitas de uma prestadora de serviços de telecomunicações para outra e sobre as quais já tenha havido o recolhimento por parte da prestadora que emitiu a conta ao usuário, na forma do disposto no art. 10 desta Lei.*	*Não podem ser excluídas da base de cálculo das contribuições ao FUST, dentre outras, as receitas a serem repassadas a prestadoras de serviços de telecomunicações a título de remuneração de interconexão e pelo uso de recursos integrantes de suas redes.* *Não podem ser excluídas da base de cálculo das contribuições ao FUST, dentre outras, as receitas recebidas de prestadoras de serviços de telecomunicações a título de remuneração de interconexão e pelo uso de recursos integrantes de suas redes.* A Súmula entra em vigor na data da sua publicação, produzindo efeitos a partir da vigência da Lei n. 9.998/2000, de 17 de agosto de 2000, que instituiu o FUST.

Como afirma Paulo de Barros Carvalho,[10] em trabalho específico sobre a matéria, a simples leitura dos dois textos permite identificar o claro propósito da ANATEL de revogar o dispositivo legal expresso por meio de ato administrativo, veículo introdutor secundário, como tal inidôneo para inovar o ordenamento jurídico. Com efeito, a Súmula n. 7/2005 prescreve, expressamente, a dupla incidência da Contribuição ao FUST sobre o recebimento e a transferência das despesas de interconexão, em flagrante contradição com o conteúdo da norma objetivada no art. 6º, parágrafo único, da Lei n. 9.998/2000, a qual veda a bitributação sobre os valores recebidos e transferidos a esse título.

10. Parecer inédito sobre o tema.

Cabe acrescentar, ainda, que, no caso, não há simples prescrição das chamadas regras de operacionalização, na forma que era feita pelo Despacho n. 29/2003. Há, isso sim, verdadeira disposição *contra legem* que torna ilegal o conteúdo prescritivo da Súmula n. 7/2005, razão pela qual a tributação das despesas e receitas decorrentes de interconexão devem continuar sendo reguladas pela Lei n. 9.998/00, e de acordo com as disposições emitidas pela ANATEL até a edição da Súmula n. 7/2005.

6. *Inexistência de norma interpretativa e irretroatividade dos efeitos da Súmula n. 7/2005*

O princípio da segurança jurídica impõe, como regra, que as normas jurídicas incidam sobre fatos futuros. Em raras ocasiões, entretanto, se concede ao legislador a possibilidade de atribuir-lhes efeito retroativo. O CTN, no Capítulo sobre a "Vigência da Legislação Tributária", delimitou com precisão as hipóteses em que a lei poderá regular fato pretérito, aludindo, no art. 106, inciso I, às chamadas *leis interpretativas*. Segundo tal dispositivo, se a lei for dessa espécie, pode ser aplicada a fatos passados, desde que se exclua a aplicação de penalidades à infração dos dispositivos interpretados.

Nesse contexto, e mais uma vez com fundamento nas lições de Paulo de Barros Carvalho,[11] importa esclarecer que as leis interpretativas exibem traço bem peculiar, na medida em que objetivam, exclusivamente, fixar a significação de norma jurídica que suscite dúvidas no seu sentido e alcance. É requisito da lei interpretativa, por conseguinte, a existência de grave vaguidade ou ambigüidade do preceito interpretado. Não basta, pois, que a lei seja denominada interpretativa: é preciso que esta se caracterize *materialmente* – seu objetivo deve se circunscrever ao esclarecimento de obscuridades existentes – e *formalmente* – ou seja, exige-se instrumento introdutor primário, lei ou ato legislativo a ela equiparado – para que se possa falar de "*lei interpretativa*". Sem a presença simultânea desses requisitos não há de se falar em lei interpretativa, não existindo possibilidade de se projetar efeitos retroativos.

No presente caso, a Súmula n. 7, além de veicular enunciado prescritivo que inova em relação ao conteúdo da norma que lhe cabia apenas aclarar, não foi inserida por lei ou ato legislativo análogo, e configura nítida tentativa de revogar comando legal. Efetivamente, prescreve uma regra de formação da base de cálculo da contribuição ao FUST, incompatível com a Lei, que acaba por implicar a dupla tributação do mesmo fato econômico.

No caso concreto, ficou demonstrado que a ANATEL, ao editar a já referida Súmula n. 7/2005, modificou os critérios jurídicos que vinha utilizando na aplicação da Contribuição ao FUST. Num primeiro momento, com base na prescrição exarada pelo Despacho n. 29/2003 e por meio "Formulários de Acompanhamento e Controle do Cálculo da Contribuição ao FUST", bem como por outros atos administrativos individuais e concretos, praticava-se plenamente as regras de dedução das despesas de interconexão.

Posteriormente, após o dia 15 de dezembro de 2005, data de publicação da citada Súmula, esse Órgão regulador passou a vedar essa dedução, implicando, assim, desrespeito à regra de abatimento contida no art. 6º, parágrafo único, da Lei n. 9.998/2000. Não há dúvida, pois, quanto à alteração dos critérios jurídicos aceitos e divulgados pela própria ANATEL para aplicação da regra-matriz do FUST. Trata-se, por conseguinte, de ato ilegal, por implicar modificação de critérios que o Órgão regulador vinha indicando para os contribuintes sem fundamento em lei.

Esse ato, que representa frontal violação à segurança jurídica, é expressamente vedado pelo ordenamento. Justamente para proibir que modificações de entendimento

11. Parecer inédito sobre o tema.

da Administração Pública possam criar instabilidades na regulação de condutas, é que o art. 146 do CTN determina o seguinte: "A modificação introduzida, de ofício ou em conseqüência de decisão administrativa ou judicial, nos critérios jurídicos adotados pela autoridade administrativa no exercício do *lançamento somente pode ser efetivada, em relação a um mesmo sujeito passivo, quanto a fato gerador ocorrido posteriormente à sua introdução*".

Observa-se, nesse dispositivo, a transposição para o plano infraconstitucional de verdadeiro limite-objetivo, corolário do princípio da irretroatividade. Não é por outra razão, cabe insistir, que o legislador complementar determinou que eventuais modificações de critérios jurídicos utilizados na aplicação do lançamento só produzam efeitos, em relação ao mesmo sujeito passivo, para os fatos tributários que vierem a ocorrer depois da modificação.

Vale dizer, não se permite que, por ato administrativo, como a citada Súmula editada pela ANATEL, se alterem os critérios praticados pela Administração Tributária no recolhimento de um tributo e tampouco que esses efeitos de dêem para o passado, alterando situações jurídicas plenamente constituídas. É inadmissível que a ANATEL oriente as operadoras dos serviços de telecomunicação a realizar lançamentos, por mais de um ano, e depois modifique a sua própria interpretação jurídica, para exigir dos contribuintes parcelas supostamente em atraso.

Quando instados a se manifestar sobre a irretroatividade, da mudança de critérios jurídicos praticados pela Administração Pública em casos de lançamento tributário, os tribunais superiores decidem de forma uníssona pela sua impossibilidade.[12] É o que se percebe com a análise das ementas transcritas abaixo:

12. A título de exemplo podemos citar, ainda, os seguintes acórdãos: AG no RE n. 29.603-RS; RE n. 68.253-PR; RE n. 131.741-8, dentre outros.

Lançamento. Fiscal. Revisão.

Não é lícito ao Fisco rever o seu lançamento com base em simples mudança de critério administrativo; só pode fazê-lo em virtude de erro de fato (RE 34.342).

Tributário. IPI. Mandado de segurança. Importação de mercadorias. Desembaraço aduaneiro. Classificação tarifária. Autuação posterior revisão de lançamento. Por erro de direito. Súmula 227/TRF. Precedentes.

I – Aceitando o Fisco a classificação feita pelo importador no momento do desembaraço alfandegário ao produto importado, a alteração posterior constitui-se em mudança de critério jurídico vedado pelo CTN.

II – *Ratio essendi* da Súmula 227/TRF no sentido de que a mudança de critério jurídico adotado pelo Fisco não autoriza a revisão do lançamento – Incabível lançamento suplementar motivado por erro de direito (STJ, 1ª T., REsp 412.904-SC, Rel. Ministro Luiz Fux, mai. 2002).

Se já não bastassem todos os argumentos que decorrem da simples análise da legislação que regula a matéria, a jurisprudência dos tribunais superiores é taxativa ao decidir pela impossibilidade de imprimir efeitos retroativos a novo entendimento da administração pública.

7. Conclusões

A nova orientação da ANATEL, veiculada pela Súmula n. 7/2005, é incompatível com o sistema de direito positivo pelas seguintes razões:

i. a ANATEL não tem competência para modificar disposição expressa de lei tributária;

ii. a Súmula n. 7/2005 modifica enunciado prescritivo expresso no art. 6º, inciso IV e parágrafo único da Lei n. 9.998/2000, revogando norma de incidência não-cumulativa;

iii. não se ajusta aos requisitos de lei interpretativa, pois insere nova regra de apuração de base de cálculo, devendo, por isso, respeitar os princípios constitucionais da anterioridade e da irretroatividade;

iv. além disso, a Súmula n. 7/2005, por modificar entendimento da Administração Pública (ANATEL), consolidado pela emissão de inúmeros atos administrativos e pelo próprio formulário de informações do tributo, só poderia incidir sobre fatos futuros, conforme prescreve o art. 146 do Código Tributário Nacional.

CADERNOS DE DIREITO TRIBUTÁRIO

O USO HABITUAL DOS VOCÁBULOS COMO LIMITE À INTERPRETAÇÃO: ANÁLISE SOB O PONTO DE VISTA DOS JULGADOS DO SUPREMO TRIBUNAL FEDERAL

TATHIANE DOS SANTOS PISCITELLI

Mestra em Direito pela Faculdade de Direito da USP. Professora do Instituto Brasileiro de Estudos Tributários (IBET) e Professora de Direito Tributário em São Paulo. Advogada

I. Introdução. II. Construção do sentido das normas constitucionais: as regras de uso. III. Os limites do julgador na interpretação das normas constitucionais: art. 110 do CTN. IV. Considerações finais.

I. Introdução

Em meados de agosto de 2006, foi publicado o primeiro acórdão do Supremo Tribunal Federal (STF) relativo à inconstitucionalidade da ampliação do conceito de faturamento, efetivada pelo § 1º do art. 3º da Lei n. 9.718/1998.[1] Conforme se percebe dos votos, com especial destaque às posições firmadas pelos Ministros Marco Aurélio e Cezar Peluso, o Tribunal não parece aceitar alargamentos indevidos nos conceitos de direito privado, utilizados pela Constituição para definir a competência tributária.

Nesse sentido, afirma que o constituinte, ao distribuir as competências tributárias e eleger como tributáveis fatos econômicos, assume a existência de um conteúdo mínimo de sentido nos vocábulos, independentemente de definição legal específica. Ou seja, ainda que não houvesse delimitação do sentido de "renda" no Código Tributário Nacional, seria possível afirmar que "renda" jamais poderá significar "perda" ou "prejuízo". Isso porque, segundo o pensamento do STF, o legislador infraconstitucional estaria limitado a um *minimum* semântico, implícito ao texto constitucional. Confira-se trecho do voto do Ministro Cezar Peluso, no julgamento do recurso mencionado, cujo objeto é a análise da constitucionalidade da definição de "faturamento" prevista na Lei n. 9.718/1998:

> (...) Como já exposto, não há, na Constituição Federal, prescrição de significado do termo *faturamento*. Se se escusou a Constituição de o definir, tem o intérprete de verificar, primeiro, se, no próprio ordenamento, havia então algum valor semântico a que pudesse filiar-se o uso constitucional do vocábulo, sem explicitação de sentido particular, nem necessidade de futura regulamentação por lei inferior. É que, se há correspondente semântico na ordem jurídica, a presunção é de que a ele se refere o uso constitucional. Quando u'a mesma palavra, usada

1. RE n. 390.840-5, Rel. Ministro Marco Aurélio, Tribunal Pleno, j. 9.11.2005.

pela Constituição sem definição expressa nem contextual, guarde dois ou mais sentidos, um dos quais já incorporado ao ordenamento jurídico, será esse, não outro, seu conteúdo semântico, porque seria despropositado supor que o texto normativo esteja aludindo a objeto extrajurídico.

E, ainda: "ao aludir a *faturamento*, (...), empregou essa palavra em sentido predeterminado, pois de outro modo a previsão daquela competência residual perderia todo senso, ao admitir-se fossem vagos e imprecisos os conceitos de *faturamento*, de folha se salário e de lucro!".

Na esteira desse entendimento, o STF afastou o alargamento da expressão "faturamento" efetivada pelo art. 3º, § 1º, da Lei n. 9.718/1998. Mais recentemente, foi retomado o julgamento quando de outra questão, dessa vez atinente à validade da inclusão do ICMS na base de cálculo da COFINS. O Ministro Marco Aurélio, relator do recurso ainda sob julgamento, salienta em seu voto:

> Há de se atentar para o princípio da razoabilidade, pressupondo-se que o texto constitucional mostre-se fiel, no emprego de institutos, de expressões e de vocábulos, ao sentido próprio que eles possuem, tendo em vista o assentado pela doutrina e pela jurisprudência. Por isso mesmo, o art. 110 do Código Tributário Nacional conta com regra que, para mim, surge simplesmente pedagógica, com sentido didático (...).
>
> Se alguém fatura ICMS, esse alguém é o Estado e não o vendedor da mercadoria. Admitir o contrário é querer (...) que a lei ordinária redefina conceitos utilizados por norma constitucional, alterando, assim, a Lei Maior e com isso, afastando a supremacia que lhe é própria.

Portanto, pelo teor dos votos mencionados, é possível afirmar que o STF, retomando tese que não é nova, manifesta a existência de *limites ao legislador* que, nos dizeres sempre oportunos do Ministro Aliomar Baleeiro,[2] "não pode transformar o quadrado no redondo, sempre que o redondo e o quadrado tenham sido designados como tais na Constituição, expressa ou implicitamente".

Disso decorre que todos os casos cuja discussão centre-se na definição de um conceito de direito privado utilizado pela Constituição para definir competência tributária serão passíveis de discussão no STF[3] que, aparentemente, não está disposto a aceitar indevidos alargamentos realizados pelo legislador. A justificativa da posição adotada pelo STF está no fato de que o julgador não poderá desprezar o uso corrente do vocábulo utilizado para delimitar a competência tributária e, assim, afirmar, por exemplo, que qualquer expressão pode significar *qualquer coisa*.

Com base nessa premissa, assume o STF que norma infraconstitucional que extrapole os possíveis significados do vocábulo eleito pela Constituição da República para delimitar a competência tributária e, assim, realize associações não aceitas pela comunidade jurídica, será rechaçada, sob pena de se negar o conteúdo da norma constitucional. Questão relevante que se coloca é saber qual o *fundamento teórico que justifica a prevalência dos hábitos de linguagem em detrimento de eventual redefinição do termo pelo Poder Judiciário*. Responder a essa questão é o objetivo específico deste trabalho.

2. RE n. 62.731, Rel. Ministro Aliomar Baleeiro, Tribunal Pleno, j. 23.8.1967.

3. Nesse sentido, há diversos julgados do STJ. Apenas a título exemplificativo: "*Processual civil e tributário. Art. 110 do CTN. Princípio da supremacia constitucional. Reprodução. Impossibilidade de exame por esta Corte. Art. 535, II, do CPC. Argüição genérica. Súmula 284/STF. Art. 538, parágrafo único, do CPC. Multa. Afastamento Súmula 98/STJ. ISS. Locação de bem móvel. Não incidência.* 1. A apontada violação ao art. 110 do CTN não pode ser analisada em sede de recurso especial, uma vez que tal dispositivo, sendo mera explicitação do princípio da supremacia da Carta Magna, possui nítida carga constitucional. Precedente da Turma. (...)" (2ª T., REsp n. 829.596, Rel. Ministro Castro Meira, j. 17.8.2006).

II. Construção do sentido das normas constitucionais: as regras de uso

O direito positivo se manifesta como texto[4] e, assim, é formado por signos, cujo sentido será atribuído pelos intérpretes. A função das normas jurídicas que compõem o direito positivo é a de ordenar a conduta humana, por meio da prescrição de condutas proibidas, permitidas ou obrigatórias. Se o objetivo precípuo do direito positivo é limitar o campo de atuação do particular e, assim, realizar condutas desejáveis à comunidade, é evidente que *as normas jurídicas deverão ser expressas em linguagem clara e acessível a esta mesma comunidade que se pretende regular*. Este ponto é abordado por Herbet Hart, quando trata da textura aberta do texto de direito positivo: "Se não fosse possível comunicar padrões gerais de condutas que milhões de indivíduos pudessem perceber, sem ulteriores directivas, padrões esses exigindo deles certa conduta conforme as ocasiões, nada daquilo que agora reconhecemos como direito poderia existir".[5]

Nesse mesmo sentido, Genaro Carrió,[6] salienta que as normas jurídicas são compostas por palavras que têm características próprias da linguagem natural (em oposição à linguagem formalizada) e que são definidas nos termos desta. E, ainda: "Esa no es una circunstancia meramente accidental; tampoco debe ser vista como un defecto grave ni como una insuficiencia remediable de la técnica de control social que llamamos derecho. El uso eficaz de esta técnica reclama que las reglas jurídicas sean comprendidas por el mayor número posible de hombres. La función social del derecho se vería hoy seriamente comprometida si aquéllas estuvieran formuladas de manera tal que sólo un grupo muy pequeño de iniciados pudiese comprenderlas. *Por ello es legítimo decir que las normas jurídicas no sólo se valen del lenguaje natural sino que, en cierto sentido, tienen que hacerlo*" (destaques não contidos no original).

Diante disso, fica evidente a razão pela qual há desacordos e dúvidas relativas ao sentido das normas jurídicas: a língua natural é ambígua (diferente da linguagem formal) e não comporta definições absolutas e precisas. Daí a importância da atividade de interpretação. Todavia, trata-se aqui de linguagem natural especializada, constituída, em parte, por aquilo que se chama de "termos técnico-jurídicos".[7] Há, na comunidade jurídica, certo consenso acerca da significação de base dessa linguagem e referido acordo informa os limites da atividade de construção de sentido das normas. Identifica-se com as "regras de uso" da linguagem do direito positivo, para utilizar expressão wittgensteinana.

Dessa forma, as condições sob as quais se tornam legítimas assertivas de sentido são aquelas em que se verifica *acordo* entre o falante e a comunidade lingüística que aplica a regra de uso da palavra.[8] Portanto, as regras de uso que delimitam os possíveis significados das sentenças serão aque-

4. Gregorio Robles, *El Derecho como Texto (Cuatro Estudios de Teoría Comunicacional del Derecho)*, Madri, Civitas, 1998, p. 43.

5. Hebert L. A. Hart, *O Conceito de Direito*, Lisboa, Fundação Calouste Gulbenkian, 2001, p. 137.

6. Genaro Rubén Carrió, *Notas sobre Derecho y Lenguaje*, Buenos Aires, Abeledo Perrot, 1994, p. 49.

7. Segundo Warat, "Los términos del lenguaje natural forman la argamasa de la ley e son cuantitativamente los mas importantes. Cuando la ley los precisa, los acota o define, ya comienzan a ser parte del vocabulario técnico legal. Un ejemplo de esto puede ser el término 'día' que es usado en el lenguaje natural como significando el tiempo que demora nuestro planeta en dar una vuelta completa sobre su eje, o en el lapso que va entre la salida del sol y su ocaso. Cuando el artículo 24 del Código Civil se ocupa de él es para elegir entre uno de esos significados posibles a los efectos legales" (Luis Alberto Warat, *Lenguaje y Definición Jurídica*, Buenos Aires, Cooperadora de Derecho y Ciencias Sociales, 1973, pp. 63-64).

8. No mesmo sentido, Stanley Fish: "(...) in practice 'we all in fact' do reject unacceptable readings and that more often than not we agree on the readings that are to be rejected" (Stanley Fish, *Is There a Text in This Class? The Authority of Interpretive Communities*, Cambridge, Massachusetts, Harvard University Press, 1980, p. 342).

las reconhecidas pela comunidade como tal. Trata-se de um *background* lingüístico.[9]

Ludwig Wittgenstein[10] ressalva que somente poderemos afirmar que a seqüência "a b c d" corresponde à frase "o tempo está bom" caso estejamos acostumados associar imediatamente a palavra "a" à palavra "o", "b" à palavra "tempo" e assim sucessivamente (*IF*, 508).[11] Em vista da ausência desse costume, a seqüência "a b c d" não fica vinculada ao sentido mencionado, *ainda que o emissor da mensagem tenha a intenção de fazê-lo*.

Portanto, não seria correto afirmar que os aplicadores do direito (mais notadamente os juízes), ao interpretarem as normas, possuem total liberdade na determinação do sentido do texto jurídico. A discricionariedade judicial está limitada, de início, pelo significado usual dos termos. Os signos são arbitrários, mas o significado que lhes é conferido depende das situações de uso da língua.[12]

Umberto Eco, interpretando Charles Sanders Peirce, salienta que "estabelecer sobre o que fala um texto significa tomar uma decisão coerente em função das sucessivas leituras que dele faremos. Uma decisão deste tipo é um 'hábito condicionado' (...). A partir do momento em que a comunidade é induzida a concordar sobre uma dada interpretação, cria-se um significado que, se não objetivo, é pelo menos *intersubjetivo*, prevalecendo sobre qualquer outra interpretação obtida sem o consenso da comunidade".[13]

Interpretação judicial que estabeleça significados que destoem dos parâmetros estabelecidos pela comunidade jurídica para a significação daquele dado vocábulo será arbitrária e, assim, *errada*. O fato de os juízes possuírem a prerrogativa de "dizer o direito" não lhes confere total liberdade para atribuir qualquer significado que queiram às normas jurídicas. Nesse sentido, José Reinaldo de Lima Lopes:[14] "Se as decisões não podem ser simples derivado lógico de enunciados primeiros contidos na lei, *também não são absolutamente livres*. Tomemos a interpretação de uma partitura musical, um exemplo simples, em que a transcrição musical é 'normativa' para o intérprete. (...) A peça musical não existe na

9. A esse respeito, Saul Kripke assevera: "our entire lives depend on countless such interactions, and on the 'game' of attributing to others the mastery of certain concepts or rules, thereby showing that we expect them to behave as we do. (...) A deviant individual whose responses do not accord with those of community in enough cases will not be judged, by the community, to be following its rules; he may even be judged to be a madman, following no coherent rule at all" (Saul Kripke, *Wittgenstein on Rules and Private Language*, Cambridge, Massachusetts, Harvard University Press, 2002, p. 93).

10. Todas as menções a Wittgenstein neste texto referem-se à segunda fase do pensamento do filósofo, desenvolvido no *Investigações Filosóficas* (Ludwig Wittgenstein, *Investigações Filosóficas*, trad. M. S. Lourenço, Lisboa, Fundação Calouste Gulbenkian, 1995). Inclusive, as alusões a esta obra serão feitas mediante a identificação do parágrafo respectivo, antecedido da abreviação do nome da obra, a fim de facilitar a posterior conexão das observações aqui despendidas e o pensamento de Wittgenstein nessa obra específica (*IF*, 2 equivaleria ao § 2 da obra mencionada).

11. "Eu digo a frase: 'O tempo está óptimo' – mas as palavras nela são símbolos arbitrários; substituam-se, então, estes pelos símbolos: 'a b c d'. Mas, quando os leio, não posso, sem mais, vinculá-los ao sentido acima. Não estou acostumado a dizer 'a' em lugar de 'o', 'b' em lugar de 'tempo', etc. Mas com isso não quero dizer que não estou acostumado a associar imediatamente 'a' à palavra 'o', mas sim que não estou acostumado a usar 'a' em lugar de 'o' – portanto, na significação de 'o'. (Não domino a linguagem). (Não estou acostumado a medir a temperatura em graus Fahrenheit. Por isso, esta indicação de temperatura não me 'diz' nada)".

12. Existe a possibilidade de a atribuição de sentido realizada por tais órgãos ser distante das regras de uso mencionadas. Tal fato não torna a decisão inválida, seja do ponto de vista lógico ou jurídico, torna-a errada. O fato de uma norma jurídica ser emanada por autoridade competente e segundo o procedimento previsto ou, ainda, o fato de a decisão judicial estar logicamente estruturada (da premissa maior decorre a premissa menor), não a imuniza de críticas relativas à correção de seu conteúdo.

13. Umberto Eco, *Os Limites da Interpretação*, São Paulo, Perspectiva, 2000, p. 289.

14. José Reinaldo de Lima Lopes, "Hermenêutica e completude do ordenamento", *Revista de Informação Legislativa Brasília*, v. 26, n. 104, Brasília, 1989, p. 244.

partitura; existe na sua realização/execução (*performance*), segundo a partitura. É todavia o público capaz de dizer se um maestro e sua orquestra executaram uma determinada peça ou se criaram uma variação sobre um tema alheio. *Por mais liberdade que haja – e de fato há – na execução, alguma coisa é responsável pela identidade entre a composição vinda do autor (inicialmente normativa) e a execução*" (destaques não contidos no original).

Por essa razão específica, deve-se aplaudir as decisões do STF acima mencionadas. Ao se deparar com associação absolutamente desvirtuada dos usos lingüísticos, o Tribunal afastou sua aplicação, declarando sua inconstitucionalidade. A esse respeito, o voto do Ministro Peluso é bastante ilustrativo. Ao tratar do fato de que as palavras formadoras do discurso do direito positivo são potencialmente vagas e imprecisas, salienta: "(...) mas isso também significa que, por maiores que sejam tais imprecisões, há sempre um limite de resistência, um conteúdo semântico mínimo recognoscível a cada vocábulo, para além do qual, parafraseando Eco, o intérprete não está 'autorizado a dizer que a mensagem pode significar *qualquer coisa.* Pode significar muitas coisas, mas há sentidos que seria despropositado sugerir'".

Afirmar que a interpretação das normas jurídicas (e de todas as expressões lingüísticas) está limitada aos possíveis usos reais e efetivos das palavras que as compõem não resulta defender a existência de significados fixos, definitivos ou, ainda, a busca pela essência do signo lingüístico. Segundo doutrina Wittgenstein, a significação das palavras não está estabelecida de modo definitivo, independente de toda experiência. "Ela permanece necessariamente onde está hoje; é possível haver novos casos de sua aplicação que manifestem novas diferenças".[15] Contudo, somente poderá o julgador criar nova relação signo-significado desde que justifique internamente sua decisão, conforme ensina Tércio Sampaio Ferraz Jr.[16] a esse respeito: "Quanto ao vocábulo *definir*, o senso comum jurídico tende a aceitar a distinção entre as chamadas definições reais e nominais. A definição real é a que parte da premissa segundo a qual a língua é um instrumento que designa a realidade donde definir é delimitar conceitos a partir da realidade designada (...). Dada, às vezes, a dificuldade de se captar a realidade, admite-se a definição nominal, que delimita o conceito pelo seu uso (natural ou técnico) dentro de uma comunidade lingüística. Nos dois casos, a realidade ou o uso comum estabelecem os parâmetros para uma definição. *Fora desses parâmetros, o que se tem não é uma definição, mas uma estipulação, isto é, abandonam-se aqueles critérios e propõe-se um novo uso para o vocábulo, fixando-lhe* ***arbitrariamente*** *o conceito*" (destaques não contidos no original).

O mesmo se dá com a atribuição de sentidos estranhos na interpretação das normas jurídicas. Relacionar a palavra "mercadoria", por exemplo, com o sentido de um bem adquirido de forma definitiva, não destinado ao comércio, é um exemplo de imputação arbitrária de sentido que extrapola o quadro de possíveis significações estabelecidas intersubjetivamente e, assim, excede o limite imposto ao intérprete para a construção do sentido:[17] "(...) não posso

15. Manfredo Araújo de Oliveira, *Reviravolta Lingüístico-Pragmática na Filosofia Contemporânea*, São Paulo, Loyola, 2001, p. 130.

16. Tércio Sampaio Ferraz Jr., "A definição de produtos semi-elaborados e os limites da ficção jurídica", *Revista Direito Mackenzie*, n. 2, ano 1, São Paulo, jul.-dez. 2000, pp. 17-27.

17. A esse respeito, Andrei Pitten Velloso: "Não podem as convenções lingüísticas ser ignoradas ou descuradas, pois aqueles que não as dominasse careceria de acesso à própria língua em que os preceitos constitucionais são vertidos, não podendo atribuir a seus signos qualquer sentido, ao menos de forma correta. Se os signos apresentam uma relação convencional com os significados correlatos, então é mister enfocar diretamente essa relação convencional, mesmo que a convenção lingüística tenha se firmado originalmente fora dos domínios do ordenamento jurídico" (Andrei Pitten Velloso, *Conceitos e Competências Tributárias*, São Paulo, Dialética, 2005, pp. 41-42).

arbitrariamente decidir significar com uma palavra algo, sem que jamais essa palavra tenha sido utilizada para isso. O que decide realmente sobre o sentido de uma palavra é seu uso real. Mesmo que as pessoas anotassem a palavra escolhida por mim para significar algo, isso não bastaria se elas, de fato não a usassem".[18]

É importante reiterar que não possui relevo o fato de o legislador, ao elaborar o texto constitucional que comporta o signo "mercadoria", por exemplo, ter pretendido atribuir a ele o sentido mencionado. A intenção do legislador em nada contribui para a formação do sentido. Trata-se de ato mental não transposto ao texto. O fator que limita – e determina – a significação é o uso efetivo (real) da palavra em conexão àquela significação. Wittgenstein, ao tratar da intenção do emissor da mensagem (*IF*, 665), salienta que caso um sujeito dissesse "abracadabra" com a intenção de dizer que "possui dores", a referida intenção em nada interferiria na compreensão do receptor da mensagem, que certamente a interpretaria como uma palavra mágica.[19]

Diante do texto legal, possui o intérprete sentidos possíveis de serem atribuídos ao texto normativo, consoante os usos habituais das expressões normativas na comunidade lingüística e jurídica. A imputação de significados díspares desses usos habituais desqualifica a interpretação, uma vez que teremos extrapolação do sentido aceito pela comunidade.[20] Karl Larenz[21] salienta que todos os vocábulos possuem um "sentido literal possível", que seria "tudo aquilo que nos termos do uso lingüístico que seja de considerar como determinante em concreto". Ressalva que seria possível estabelecer "caso a caso se uma determinada interpretação ultrapassa ou não o limite do significado possível do termo". No mesmo sentido, Lourival Vilanova, para quem "o universo-do-discurso realiza-se dentro da *comunidade do discurso*. As relações lógicas e gnosiológicas ocorrem dentro de relações sociais ou relações intersubjetivas. (...) Certas relações de sentido só se verificam dentro de certos contextos sociais (plexos de interações): os contextos sociais limitam, impedem ou favorecem a percepção de determinados símbolos e significações".[22]

18. Manfredo Araújo de Oliveira, *Reviravolta...*, cit., p. 135.

19. Salvo, evidentemente, a hipótese de haver um código preestabelecido entre os sujeitos falantes, o qual determine que a expressão "abracadabra" deva significar "estou com dores". Nesse caso, o que determinou a conexão do signo com aquele significado não foi a intenção do emissor, mas, sim, um uso da expressão previamente fixado e aceito pelos falantes.

20. Exatamente nesse sentido, confira-se trecho do voto do Ministro Aliomar Baleeiro, ao julgar o RE n. 62.731-GB (*RTJ* 45/57), no qual analisa o conceito de "segurança nacional": "Por exclusão, podemos dizer o que é 'segurança nacional'. Vejamos o que não é 'segurança nacional': bola de futebol não é segurança nacional. Baton de môça não é segurança nacional, cigarro de maconha não é segurança nacional".

21. Karl Larenz, *Metodologia da Ciência do Direito*, trad. José Lamego, Lisboa, Fundação Calouste Gulbenkian, 1997, p. 454.

22. E, ainda, continua: "o fato é que o surgimento e o desaparecimento das significações são processos socioculturais: o 'campo semântico' de uma significação, unida a um símbolo, depende de uma objetivação social. É certo, a sintaxe é pertinente às significações; em sua validade, independentemente das situações sociais. (...) Os participantes da comunidade do discurso entendem-se porque usam símbolos que se repetem, como entidades verificáveis, aos quais vão uniformemente unidas as mesmas significações, que apontam como flechas identificadoras para os mesmos objetos ou situações objetivas. (...) Sem esse mínimo de estabilidade e uniformidade, os sujeitos não encontrariam esse ponto de confluência que é a compreensão mútua. Se fossem os mesmos símbolos, mas expressivos tão-só de sentidos subjetivos, o mundo (interior e exterior) não seria recortado em objetos idênticos, susceptíveis de comprovação segundo medidas comuns. Não haveria uma experiência comum ou intersubjetiva do mundo. A possibilidade de os sujeitos empíricos se encontrarem, de co-incidirem, como sujeitos lógicos (transcendentais) reside no uso de um mesmo repertório de símbolos, portadores de significações idênticas, que recortam o contínuo-heterogêneo (Rickert) em porções discretas – os objetos – identificáveis no processo interminável da experiência (intuição sensível)" (Lourival Vilanova, *Teoria das Formas Sintáticas. Escritos Jurídicos e Filosóficos*, v. 2, São Paulo, Axis Mundi, 2003, pp. 152-153).

Paulo de Barros Carvalho[23] ilustra bem a referida situação ao tratar da significação atribuída aos vocábulos "relevância" e "urgência" constantes do art. 62 da Constituição da República e relativos às medidas provisórias: "Aquilo que devemos evitar, como singela homenagem à integridade de nossas instituições, é que tais requisitos sejam empregados acriteriosamente, sem vetor de coerência, de modo abusivo e extravagante, como acontecera com o decreto-lei. *São símbolos jurídicos que padecem de anemia semântica, com sentidos difusos, mas não deixam por isso de ter uma significação de base, um 'minimum' que nos habilita a desenhar o quadro possível de suas acepções*" (destaques não contidos no original).

Na mesma direção, Humberto Ávila,[24] ao mencionar que o signo "provisório" (igualmente se referindo às medidas provisórias), ainda que sujeito às mais diversas interpretações, jamais poderá comportar o sentido de "definitivo": "o intérprete não só constrói, mas reconstrói o sentido, tendo em vista a existência de significados incorporados ao uso lingüístico e construídos na comunidade do discurso. Expressões como 'provisória' ou 'ampla', ainda que possuam significações indeterminadas, possuem núcleos de sentidos que permitem, ao menos, indicar quais as situações em que certamente não se aplicam: *provisória* não será aquela medida que produz efeitos ininterruptos no tempo; *ampla* não será aquela defesa que não dispõe de todos os instrumentos indispensáveis à sua mínima realização".

Portanto, a interpretação não é infinita, mas sim limitada pelos hábitos lingüísticos da sociedade, razão pela qual se afirma que um dos dados que determina a significação das normas jurídicas tributárias são *seus usos nos contextos lingüísticos*. Tais usos delimitam a fronteira dentro da qual poderá o intérprete atribuir sentidos possíveis ao texto. Conforme salientou o Ministro Oswaldo Trigueiro, no julgamento do Recurso Extraordinário n. 71.758-GB,[25] que apreciou a possibilidade de incidência do imposto de renda sobre o pagamento de juros, a lei "não deve ir além dos limites semânticos, que são intransponíveis".[26]

No que diz respeito especificamente à interpretação de normas tributárias, há ainda outro argumento que corrobora as decisões do STF acima citadas e o posicionamento adotado no presente artigo: o Código Tributário Nacional insere em seu art. 110 uma regra que não pode ser esquecida: "a lei tributária não poderá alterar a definição, o conteúdo e o alcance de institutos, conceitos e formas de direito privado, utilizados, expressa ou implicitamente, pela Constituição Federal, pelas Constituições dos Estados ou pelas Leis Orgânicas do Distrito Federal ou dos Municípios, para definir ou limitar competência tributária".

Trata-se de limitação imposta ao legislador, que não poderá ampliar demasiadamente as definições de direito privado, a fim de determinar a incidência tributária. Em que pese ser uma regra dirigida ao legislador, indiretamente também se presta o art. 110 do Código Tributário Nacional para limitar a atividade do julgador. Não poderão os juízes consentir com o alargamento indevido de uma dada definição, instituto ou conceito de direito privado, sob pena de ofensa ao art. 110 do Código Tributário Nacional e, igualmente, ao sentido usual das expressões na comunidade lingüística à qual a norma se dirige.

23. Paulo de Barros Carvalho, *Curso de Direito Tributário*, São Paulo, Saraiva, 2004, p. 64.

24. Humberto Ávila, *Teoria dos Princípios – Da Definição à Aplicação dos Princípios Jurídicos*, São Paulo, Malheiros Editores, 2003, p. 25.

25. *Revista Trimestral de Jurisprudência* (*RTJ*) 66/165.

26. Nesse mesmo sentido, confira o julgamento do RE n. 92.253-SP (*RTJ* 95/1.356), no qual o Ministro Cunha Peixoto salienta: "(...) Além disso, o Poder Judiciário, para bem aplicar os dispositivos constitucionais, tem de fazer uso de noções precisas e claras, não sendo de admitir como legítimo que o imposto de renda recaia sobre o que, evidentemente, não é renda e cuja interpretação fere outro dispositivo da própria Constituição: o preço justo".

Portanto, de forma geral, afirma-se que o julgador, ao realizar a interpretação das normas jurídicas, está limitado ao uso habitual das expressões normativas utilizadas naquela comunidade lingüística específica. Particularmente, no que se refere ao direito tributário, os julgadores estarão limitados na atividade de interpretação também pelo uso comum dos vocábulos *e no que se refere à interpretação de normas constitucionais, que delimitam a competência tributária dos entes da Federação, bem como de normas infraconstitucionais que exercem tal competência, os limites também serão a definição, o conceito, os institutos e as formas de direito privado, que não poderão ser afastados na construção do sentido da hipótese de incidência tributária.*

III. Os limites do julgador na interpretação das normas constitucionais: art. 110 do CTN

Consoante firmado no item precedente, a interpretação judicial não é livre de limitações; não se trata de atividade discricionária. Assim também a interpretação do direito tributário. Está o intérprete limitado à significação usual do vocábulo utilizado para compor a hipótese da norma jurídica. Determinar o que seja a "significação usual do vocábulo" se torna tarefa menos ardorosa caso se eleja como objeto da interpretação as normas que definem a competência impositiva dos entes da Federação.

O julgador, no momento de construção de sentido da norma jurídica não poderá extrapolar os limites impostos pela comunidade lingüística à qual a norma se refere, sob pena de não haver comunicação alguma ou mesmo evidente e descabida arbitrariedade no julgamento. No entanto, no que se refere especificamente às normas jurídicas tributárias que delimitam a competência tributária, é possível encontrar dado objetivo que limita a interpretação: as definições, conceitos e formas adotadas no direito privado para aquele vocábulo utilizado na construção na norma constitucional.

Dispõe o art. 110 do Código Tributário Nacional que não poderá o legislador alterar conceitos, definições e formas empregadas no direito privado se tais definições estiverem contidas no texto constitucional delimitando a competência tributária dos entes da Federação. E o mesmo se diga quanto à atividade de intérprete-julgador: não poderá ignorar tal preceito ao construir o sentido das normas de direito tributário. Qualquer abuso por parte do legislador deve ser repelido no ato de julgamento. Caso o juiz assim não aja, estará este também consentindo com o abuso praticado pelo legislador e, assim, indiretamente atingindo o teor do art. 110 do Código Tributário Nacional.[27]

É importante ressaltar que a eleição do disposto no art. 110 do Código Tributário Nacional como limite objetivo à interpretação das normas que fixam competência tributária não significa submissão da Constituição da República a textos infraconstitucionais ou, ainda, a assunção do "primado do direito privado" em relação ao direito tributário, conforme desenvolvido

27. Não se pretende afirmar que a única ou principal função do art. 110 do CTN seja aquela de limitar a atividade do intérprete. A esse respeito, Heleno Tôrres: "Contudo, no mais profundo equívoco, muitos autores imaginaram que este artigo serviria a uma interferência na interpretação e aplicação das leis tributárias. Inversamente, presta-se, sim, aos limites da intervenção legislativa no exercício de competências tributárias" (Heleno Taveira Tôrres, *Direito Tributário e Direito Privado: Autonomia Privada, Simulação, Elusão Tributária*, São Paulo, Ed. RT, 2003, p. 81). Concorda-se com o autor, no sentido de que o art. 110 trata-se de comando dirigido ao legislador. Todavia, caso o legislador o afronte, o julgador tem o dever de repelir tal conduta e, assim, garantir a prevalência do dispositivo mencionado, que significa o mesmo que assegurar a prevalência da Constituição da República. Por essa razão, entende-se que as definições, conceitos e institutos de direito privado utilizados para traçar a competência tributária são limites à atividade do intérprete, que se confunde com o sentido usual dos vocábulos que integram a norma jurídica.

por Enno Becker e fortemente criticado por Tôrres.[28] Trata-se, sim, conforme entendimento esposado por Baleeiro,[29] de garantir o *reconhecimento de conceitos e formas de direito privado utilizados para definir as competências tributárias, nas ocasiões em que as normas (constitucionais) de direito tributário não dispusessem de forma diversa*: "O legislador reconhece o império das normas de Direito Civil e Comercial quanto à definição, conteúdo e alcance dos institutos, conceitos e formas consagradas no campo desses dois ramos jurídicos, opulentados por 20 séculos de lenta estratificação. A prescrição, a quitação etc. conservam, no Direito Financeiro, quando neste não houver norma expressa em contrário, a mesma conceituação clássica do Direito Comum".

Os conceitos e institutos de direito privado utilizados pela Constituição da República para determinar a competência tributária dos entes da Federação (ex.: renda, propriedade, importação, mercadoria, operação financeira, comunicação etc.) terão, portanto, o mesmo significado que possuem no direito privado, salvo expressa determinação constitucional em sentido contrário.[30] Caso o texto constitucional não diga, inequivocamente, que o conceito de "renda" compreende "patrimônio", ou, ainda, que por "circulação" deve-se entender a simples saída física de bens, sem negócio jurídico que a albergue, não poderá a legislação infraconstitucional ou, pior ainda, o aplicador do direito, entender de forma diversa e, assim, negar o uso habitual da expressão na seara do direito privado. Nesse sentido, Luigi Berliri,[31] ao comentar o conceito de "empregado" em face do direito tributário: "(...) per il regolare funzionamento di qualsiasi organismo e per la certezza del diritto, che dall'ordinamento giuridico deve derivare, è da presumere in massima che quando una norma di diritto tributario giá riferimento ad un rapporto di diritto privado, abbia adottato anche la definizione che di tale rapporto ha dato la legge di diritto comune, salvo il caso che da espressa disposizione della legge tributaria stessa o dal sistema della medesima, chiaro risulti che si sia voluta adottare al riguardo una diversa definizione".

O art. 110 inviabiliza a adoção de conceitos diversos daqueles consagrados no direito privado na hipótese de serem utilizados pelo texto da Constituição para delimitar competência tributária.[32] Portanto, não se trata da primazia do direito privado sobre o direito tributário, mas sim, como bem salienta Heleno Tôrres, do "primado do direito constitucional":[33] "(...) a interferência sobre conceitos de direito privado deve vir acompanhada de uma clara justificativa constitucional, porque se há algum

28. "(...) este é um problema de mera aparência, porquanto o direito tributário não se constitui em espécie normativa distinta dos outros ramos, em vista do princípio de unidade do direito; e não se pode deixar de admitir que existem certos princípios gerais do direito tributário aos quais se deve recorrer no processo de interpretação, quer admitindo ou negando tal 'autonomia' do direito tributário" (Heleno Taveira Tôrres, *Direito Tributário...*, cit., p. 50).

29. Aliomar Baleeiro, *Direito Tributário Brasileiro*, atualizado por Misabel Abreu Machado Derzi, Rio de Janeiro, Forense, 2000, p. 685.

30. Fernando Sainz de Bujanda menciona a existência de um "fondo jurídico común", informado por conceitos de direito privado e que deve ser respeitado pelo direito tributário, salvo expressa determinação em contrário: "Es indudable que el Código civil, el Código de comercio y, en general, todos los cuerpos legales básicos del ordenamiento positivo, se nutren de unos principios jurídicos generales - de un fondo jurídico común –, que debe ser respetado por las leyes tributarias" (Sainz de Bujanda, Fernando, *Hacienda y Derecho – Introducción al Derecho Financiero de Nuestro Tiempo*, v. I. Madri, Instituto de Estudios Políticos, 1962, p. 41).

31. Luigi Berliri, *L'Imposta di Ricchezza Móbile*, Milão, Giuffrè, 1949, pp. 317-318.

32. "Se a Constituição se refere a uma figura de direito privado, sem ela própria a alterar para efeitos fiscais, incorpora ao direito tributário aquela figura de direito privado que, por conseguinte, se torna imutável para o legislador fiscal ordinário, porque se converteu em figura constitucional" (Rubens Gomes de Souza, "Normas de interpretação no Código Tributário Nacional", *Interpretação no Direito Tributário*, São Paulo, Saraiva, EDUC, 1975, p. 379).

33. Heleno Taveira Tôrres, *Direito Tributário...*, cit., pp. 82-83.

primado a ser respeitado, este há de ser, sempre, o do direito constitucional". Nessa mesma linha, Paulo de Barros Carvalho:[34] "O imperativo não vem, diretamente, do preceito exarado no art. 110. É uma imposição lógica da hierarquia de nosso sistema jurídico. O empenho do constituinte cairia em solo estéril se a lei infraconstitucional pudesse ampliar, modificar ou restringir os conceitos utilizados naqueles diplomas para desenhar as faixas de competência oferecidas às pessoas políticas".

Decisão judicial que negue vigência ao art. 110 do Código Tributário Nacional e, assim, consinta com a modificação de institutos consagrados no direito privado, estará estabelecendo nova definição que extrapola o sentido usual das expressões normativas.[35] Nesse exato sentido, já decidiu o Ministro Celso de Mello, ao julgar o Recurso Extraordinário n. 166.772-RS, no qual se discutiu a carga semântica da expressão "folha de salários": "(...) As expressões empregador, salário e empregado, Sr. Presidente, refletem noções conceituais largamente consolidadas no plano de nossa experiência jurídica. Desse modo, e não obstante o sentido comum que se lhes possa atribuir, esses conceitos encerram carga semiológica que encontra, no discurso normativo utilizado pelo legislador constituinte, plena correspondência com seu exato, técnico e jurídico significado, do qual não pode o legislador ordinário divorciar-se ao veicular a disciplina de qualquer espécie tributária, sob pena de transgredir o comando inscrito no art. 110 do Código Tributário Nacional (...)".

Por fim, é importante esclarecer que, ao eleger como limite objetivo da interpretação das normas que estabelecem a competência tributária os conceitos consagrados no direito privado, discorda-se de forma expressa da teoria propagada por Ezio Vanoni,[36] que defende a existência de conceitos autônomos de direito tributário: "O direito tributário, que já se afirmou como independente dos outros ramos do direito, e especialmente do direito civil (afirmação que, na Alemanha, surgiu no após-guerra), tende também a formular de maneira independente seus próprios institutos. (...) Assim, a expressão não tem, no direito tributário, o mesmo significado que tinha no direito privado, mas adquire um valor particular, ligado à função econômica normal do instituto a que se refere".

Referida teoria enaltece a "interpretação econômica do direito tributário" e suscita, atualmente, fortes críticas da doutrina.[37] Assume-se, portanto, na linha traçada por Paulo de Barros Carvalho, que a interpretação do direito necessariamente será jurídica, não comportando qualquer refe-

34. Paulo de Barros Carvalho, *Curso...*, cit., p. 105.

35. Outra conseqüência que poderia ser apontada, mas que ainda carece de aprofundamento e, assim, não será desenvolvida neste artigo, é a possibilidade de afirmar que, o STF, ao extrapolar o sentido possível da norma, legisla positivamente, pois nega a existência de um sentido mínimo dos vocábulos no momento em que a interpretação é realizada. Nesta afirmação não se pretende dizer que o texto *em si* possui alguma significação, mas sim que o intérprete, ao se deparar com o texto de direito positivo, já possui pré-conceitos que informam aquela carga semântica mínima (no sentido em que desenvolvido por Hans Georg Gadamer, *Verdade e Método*, vs. I e II, São Paulo, Vozes, 2003/2004), e, ao se distanciar desse sentido, cria nova norma, diversa da anterior.

36. Ezio Vanoni, *Natureza e Interpretação das Leis Tributárias*, trad. Rubens Gomes de Souza, Rio de Janeiro, Financeiras, 1932.

37. "Em certo momento histórico, e eram tempos vestibulares da formação do Direito Tributário, abriram-se as portas para a chamada 'autonomia do Direito Tributário', reclamada como forma de justificar a prevalência deste sobre os demais ramos do direito, para evitar que a morosidade de procedimentos, dificuldades burocráticas e complexidades legislativas servissem aos contribuintes como instrumento de escapatória à incidência fiscal. E foi nesse ambiente que o método da interpretação econômica, da autonomia qualificadora da Administração, tomou forças e veio habitar no solo fértil das arbitrariedades e desmandos de toda ordem. (...). Este ideário foi, como continua sendo, pois alguns incautos ainda insistem em atribuir-lhe algum crédito, por ignorância ou ideologia, um dos maiores erros teóricos da nossa doutrina, o maior equívoco historicamente identificado no Direito Tributário (...)" (Heleno Taveira Tôrres, *Direito Tributário...*, cit., p. 314).

rência econômica.[38] A utilização de conceitos e institutos de direito privado como limite à interpretação das normas que estabelecem competência tributária decorre, pois, da primazia do texto constitucional, que recepcionou tais formas e, ainda, da prevalência do uso habitual das expressões utilizadas pelos textos de direito positivo.

IV. Considerações finais

A partir do pressuposto metodológico de que o direito é linguagem e, assim, a interpretação das normas jurídicas é o resultado da construção de sentido realizada pelo intérprete, conclui-se que linguagem é uma *forma de vida* e sua compreensão não é possível sem a observância do contexto de ação no qual ela está inserida – que abrange a situação ou momento histórico no qual a interpretação é realizada, bem como as possibilidades de sentidos existentes por ocasião da interpretação.

A construção de sentido das normas que fixam a competência tributária está limitada pelas regras de emprego da linguagem ordinária, de forma que se torna inviável interpretação que não coincida com o uso corrente e reconhecido daquela expressão pela comunidade lingüística. A interpretação judicial, destarte, não é atividade discricionária; está limitada à significação usual do vocábulo utilizado para compor a hipótese da norma jurídica.

A "significação usual do vocábulo" no que diz respeito às normas que delimitam a competência tributária, pode ser identificada com as definições, conceitos e formas adotadas no direito privado para aquele vocábulo utilizado na construção na norma constitucional, por aplicação direta do art. 110 do Código Tributário Nacional. Portanto, não poderão as normas infraconstitucionais exacerbar os possíveis significados eleitos pela Constituição da República para delimitar a competência tributária e, assim, promover associações não aceitas pela comunidade jurídica. Caso tal ocorra, deverá haver imediato rechaço pelos Tribunais, sob pena de se negar o conteúdo da norma constitucional.

Disso decorre o absoluto acerto das decisões do STF nos casos da Lei n. 9.718/1998 e da inclusão do ICMS na base de cálculo da COFINS. Em ambas as ocasiões, o Tribunal conferiu relevo às regras de uso dos vocábulos. No primeiro caso, afasta a equiparação dos conceitos de faturamento e receita bruta, enquanto no segundo, ainda sob julgamento, há votos que defendem a impossibilidade de alargar o conceito de faturamento para dele constar valores relativos ao ICMS, distanciando-se da definição de direito privado. Afirma-se, pois, que nem o legislador, e nem sequer o Poder Judiciário, podem atribuir sentido às normas jurídicas de forma arbitrária e desvinculada do consenso inerente à comunicação. Aplaude-se, reiteradamente, a postura do Tribunal, registrando-se votos de que decisões como essas se tornem recorrentes, conferindo maior segurança jurídica às relações tributárias.

38. "Para el Derecho sólo existe el corte jurídico, sólo existe el relato jurídico. No tendría cabida, y nosotros no estaríamos en condiciones de entender la opinión de un economista, de un científico económico, de un antropólogo, de un sociólogo. En principio, no estaríamos siquiera en condiciones de entender. (...) Entonces, para el jurista, el jurista sólo puede interpretar. Sólo está acreditado, autorizado a interpretar el hecho jurídico. (...) Es una ilusión esta interpretación económica" (Paulo de Barros Carvalho, "Interpretación y calificación en materia tributaria", *Interpretación de las Normas, Calificación de los Actos y Legislación Antielusiva*, Montevidéu, Uruguai, 2003, p. 59).

CADERNOS DE DIREITO TRIBUTÁRIO

BOA-FÉ, REEXAME, VALORAÇÃO DAS PROVAS E OS "RECURSOS DE DIVERGÊNCIA" NO PROCESSO ADMINISTRATIVO-TRIBUTÁRIO

DURVAL FERRO BARROS

Mestre em Direito pela PUC/SP. Advogado e Membro do Tribunal de Impostos e Taxas da Secretaria da Fazenda do Estado de São Paulo

1. A questão proposta. 2. Fixação das premissas: 2.1 A questão da linguagem; 2.2 A sentença é linguagem: 2.2.1 O acórdão é (deve ser ou "pode ser") sobrelinguagem. 3. A boa-fé numa abordagem filosófica. 4. Breve escorço dos conteúdos e objetivos recursais: 4.1 A sentença condenatória é norma individual e concreta que diz de vencedores e vencidos, no tocante às condutas intersubjetivas apresentadas para formatação pelo Estado-juiz; 4.2 O que denominamos "recursos de divergência". 5. O exame das provas, o reexame, a dita valoração e eventual revalorização das provas nos recursos de divergência: os limites do reexame (matéria devolvida à apreciação). 6. Tentativa de conceituar o que seja "boa-fé". 7. Que são "fatos no processo"? 8. Que são os "fatos do processo"? 9. As provas, em matéria processual. 10. A matéria que "pode" (e deve) ser conhecida nos "recursos de divergência" no âmbito do processo administrativo-fiscal. 11. Conclusões.

1. A questão proposta

O que se propõe examinar é o tema boa-fé, como conseqüência (produto) do processo cognoscente que se efetiva no âmbito litigioso, a fim de cogitar se tal ocorre porque desenvolvido com base no conjunto probatório carreado aos autos, *sempre*, ou se, *eventualmente pode configurar matéria exclusivamente de direito*.

Não é raro deparar o tema alojado no patamar de "tese", de questão de índole de direito. Isto serve bem ao tentame de exame (mais apropriadamente de *reexame*) da questão no âmbito dos denominados *recursos de divergência*, *i.é.*, aqueles recursos vocacionados a apaziguar dissídios jurisprudenciais e que, por isso mesmo, não se compaginam com o revolver de matéria factual, tema estranho por natureza a tais remédios adjetivos.

No que concerne aos *recursos constitucionais* – especial e extraordinário – a jurisprudência do Superior Tribunal de Justiça e do Supremo Tribunal Federal tem enfrentado o tema inúmeras vezes. Há acórdãos lapidares sobre o assunto em ambas as Cortes. O entendimento não se pacificou na primeira hora e ainda hoje enfrenta dissonâncias.

2. Fixação das premissas

Como convém a todo esforço intelectual com pretensões cognoscentes, especialmente aqueles cujo objeto de estudo pertença à classe dos *ideais*, como são as realidades construídas pelo Sistema Jurídico, a fixação das premissas sob as quais se fundarão as conclusões é essencial.

Este estudo tomará em conta a teoria kelseniana, é dizer, terá em conta o Sistema do Direito Posto e, de conseguinte, não se ocupará de questões *extra-sistêmicas*, nem de temas *de lege ferenda*. Tampouco considerará o *direito natural* ou outra fonte alternativa de coleta de regras, mas ficará adstrito ao *sistema posto*, como é próprio da teoria escolhida.

2.1 A questão da linguagem

Lembrando a advertência de Paulo de Barros Carvalho,[1] não há um único fato não constituído em linguagem, ou seja, *relatado* em forma comunicacional que seja comum aos membros de determinada comunidade.

Esta lembrança serve para reforçar a necessidade de recordar que *nos autos* estão enunciados descritivos de eventos *do real-social*, *i.é.*, das realidades sociais como conhecemos e logramos apreender pelos sentidos comuns (olfato, tato, visão, audição e paladar).

Pode-se dizer, portanto, que o acervo probatório que se encontra nos autos de um processo é um "acervo de enunciados", e enunciados lingüísticos descritivos, alguns em linguagem técnica (assim, por exemplo, os laudos periciais), uns em linguagem científica (como os pareceres dos juristas) e ainda outros em linguagem comum (como os depoimentos das partes, das testemunhas, etc.). Há, ainda, aqueles estipulados em imagens, como fotografias, plantas construtivas e outros tantos.

O "*fato*" como tomado pela linguagem comum, é passível de apreciação e eventual "captura" pelo Sistema Jurídico e, aí, merecendo apreciação (como regra esta apreciação é haurida a partir da teoria geral dos valores que já se encontram impregnados na ordem jurídica), encontram tipificação conceitual e ascendem ao *status* de "*fato jurídico*" e, assim, apreciável pelo ordenamento.

Para que essa transformação ocorra – a saída do mundo das realidades concretas para o nível das realidades proposicionais e ideais – deve suceder que o intérprete construa o *conceito do fato* e o submeta *ao conceito jurídico* que lhe pareça conveniente e aplicável, justapondo-os e, verificando que coincidem em seus contornos e ajustam-se em suas conformações, proclamará que há subsunção entre o *conceito do fato e o conceito normativo*: aí está *o fato jurídico*, aquele *apreciável pelo Direito e capaz de provocar os efeitos normativos, em razão do fenômeno implicacional deôntico*.

2.2 A sentença é linguagem

Como regra integrante do sistema do direito *hoje posto*, a sentença é vertida em linguagem, e linguagem técnica com forte poder normativo porque vocacionada, na essência, ao regramento das condutas intersubjetivas.

Lembrando o pensamento do saudoso Ministro Franciulli Neto,[2] a decisão judicial não é peça doutrinária ou acadêmica e nem se presta a responder a argumentos, devendo ater-se ao atendimento de seu objetivo traçado pelo sistema, qual seja solucionar a controvérsia.

Vertida em linguagem, a sentença *integra-se ao sistema do direito* a partir de sua publicação. Como regra vertida em linguagem, padece das mazelas comuns ao fenômeno comunicacional, dentre as quais a polissemia e o embate constante com as sobrelinguagens, inevitáveis, por certo.

Assim, considerando a *sentença* como linguagem em sentido lato, tomaremos esse

1. *Curso de Direito Tributário*, 12ª ed., São Paulo, Saraiva, 1999, *passim*.

2. AgRg no Recurso Especial n. 290.227-MG (2000/0126035-9), obtido no sítio do STJ, doc. 1626527, com acesso em 13.10.2006.

fenômeno comunicacional com esses predicados e assim o veremos no contexto em que se vai examinar o tema boa-fé.

2.2.1 O acórdão é (deve ser ou "*pode ser*") sobrelinguagem

Por *dizer sobre a sentença* (que é linguagem-objeto), o acórdão é *sobrelinguagem* no que toca ao relatório, sempre; quase sempre é sobrelinguagem (no concernente aos efeitos adjetivos que produz) no tocante à fundamentação e ao dispositivo e quando assume tal feição, não é uma sobrelinguagem qualquer, mas advinda de um dever institucional de *dizer sobre* a linguagem objeto, nascido de mecanismo jurídico próprio inserido no Sistema do Direito Posto, vocacionado e preordenado para, "quebrando a inércia essencial" do Poder Judiciário, fazer com que a jurisdição, provocada, *rediga* sobre o tema decidido e é nesse *redizer* que se encontram aspectos discutíveis em termos de alcance do ato cognoscente do tribunal em face da decisão prolatada: a extensão do *poder de conhecer* – até onde pode ir o exame do processo – e em última análise, *a extensão da devolutividade recursal*, segundo os parâmetros instituídos pelo Sistema do Direito.

Assim, quando o acórdão reforma no todo ou em parte a sentença, apresenta-se a *sobrelinguagem* de caráter prescritivo, poderosamente inserida no contexto comunicacional e capaz de produzir como efeito *novo comando de conduta* às partes em litígio, diverso, assim, daquele que reformou (a linguagem-objeto): esta é a repercussão adjetiva da sobrelinguagem, no sentido de comandar o *que deve ser* em termos de conduta.

Não sobeja lembrar que a reforma *parcial* de *decisum* implica, nesse particular, *outra linguagem* de caráter prescritivo; a linguagem do acórdão que *confirma no todo ou em parte a sentença recorrida*, produz um *redizer* órfão de *nova força deôntica*: mantém, conserva, preserva e confirma *aquele primeiro dizer* (o recorrido), nada alterando: é, pois, deônticamente neutro quanto a seus efeitos *substantivos*.

Outra, porém, é a ótica que se deve emprestar à linguagem do acórdão como *norma individual e concreta*, no tocante aos efeitos adjetivos que produz quer confirme, quer reforme a sentença objurgada.

É que, sob a ótica estritamente processual, ainda que meramente confirmatório, o acórdão *é nova decisão*, reabrindo possibilidades recursais diversas daquelas que existiam quando se tinha em mãos tão-só a sentença monocrática e pode ensejar à vista dos prescritivos adjetivos próprios, outros tantos recursos; sentença, porém, não mais advirá.[3]

Nos recursos de reexame – o recurso de apelação, como exemplo – o que se vê é a *devolução* de *toda a matéria* controvertida para reapreciação por parte do tribunal; já nos recursos de *divergência*, esse fenômeno não ocorre, *i.é.*, o que se devolve a "exame" é a alegada desconformidade, o dissídio decisório entre arestos prolatados sobre o mesmo tema. Os recursos de divergência são vocacionados à pacificação de *critérios jurídicos* adotados para as *decisões*, pretendendo por em paz o *acervo de jurisprudência daquela Corte em específico*, tudo de modo a evitar as antinomias não raras *no sistema jurídico* normativo, estas, por razões de geral sabença.

3. É constante o ouvir críticas ao sistema processual brasileiro, acusando-o de prever e possibilitar um sem-número de recursos, conferindo ao processo perenidade que agride o objetivo finalístico das demandas – a solução do litígio. Não se faz aqui juízo de valor a esse respeito: basta saber e ter presente que mesmo o acórdão advindo do órgão colegial competente *pode* não ser a última palavra, dependendo das circunstâncias e características do tema decidendo. Assim, focando-nos exclusivamente no tema da linguagem, podemos ter a sentença como linguagem de nível 1 (L1), o acórdão como linguagem de nível 2 (L2) e assim sucessivamente, tantas quantas forem as possibilidades de provocação da jurisdição em níveis diversos de conhecimento e de matéria recursal.

A pacificação e uniformização jurisprudencial prestigiam a segurança jurídica; pacificada, a jurisprudência se compagina com o anseio regrador de todo sistema regulador de condutas, especialmente no tópico relativo ao acatamento (ou eficácia social) que os destinatários lhe emprestarão.

De certo modo, os recursos de divergência servem às próprias Cortes como remédio e corretivo de antinomias e, também, como unção para expungir suas desconformidades prescritivas circunstanciais, motivadas por variados e incontáveis fatores.

3. A boa-fé numa abordagem filosófica

André Comte-Sponville, em seu *Pequeno Tratado das Grandes Virtudes,*[4] respondendo à questão "o que é boa-fé?", diz que "É um fato, que é psicológico, e uma virtude, que é moral. Como fato, é a conformidade dos atos e das palavras com a vida interior, ou desta consigo mesma. Como virtude, é o amor ou o respeito à verdade, e a única fé que vale (...)" e essa conclusão serve bem para fixar que, em sua essência conceitual (filosófica), boa-fé é *fato humano* por guardar conformidade com *atos* (humanos, por certo).

A boa-fé, sob esse prisma, guarda pertinência com o mundo do real-social, embora pese sobre ela a peculiaridade de ser alicerçada no âmbito da alma humana, como virtude do ser que aprecia e devota-se à verdade em sua relação com o *mundo*.

Poder-se-ia animar o debate filosófico, provocando o Autor em foco com o questionamento seguinte: o que é a verdade?

Eis a resposta de Comte-Sponville: "Não, claro, que a boa-fé valha como certeza, nem mesmo como verdade (ela exclui a mentira, não o erro), mas que o homem de boa-fé tanto diz o que acredita, mesmo que esteja enganado, como acredita no que diz. É por isso que a boa-fé é uma fé, no duplo sentido do termo, isto é, uma crença ao mesmo tempo em que uma fidelidade" (ob. cit, *passim*).

Eis um aspecto interessante: se o Sujeito de boa-fé funda sua convicção em pressuposto *falso* que assume *como verdadeiro*, não deixa de ser e estar de boa-fé; porém, *não está agindo de acordo com a verdade* e isto porque, pura e simplesmente, *não sabe que seu referencial é falso*.

Logo, a boa-fé é *circunstancial* no sentido de ser medida e constatada *ante determinadas circunstâncias*, no espaço e no tempo; factual.

Um exemplo: duas pessoas, que não se conhecem e nunca se viram ou se falaram, presenciam um acidente em que uma vítima é removida desacordada; o sujeito S1, convencido pelas *circunstâncias* visuais que aferiu do estado da vítima, narra para seus conhecidos, após, *que presenciou um acidente seguido de morte de uma das vítimas*; o sujeito S2, presenciando a mesma cena, no mesmo contexto, termina por se convencer, *pelas circunstâncias que aferiu do estado da vítima*, que ocorreu um acidente, houve vítimas, uma delas foi socorrida desfalecida em estado grave, *mas felizmente ninguém morreu*.

Qual deles estará de boa-fé, escudado na "verdade"? Ambos, porque sua convicção, haurida *a partir das circunstâncias e de suas impressões pessoais* possibilitam concluir *de forma diversa* – diametralmente oposta – *porém absolutamente de boa-fé e com o íntimo sentimento de estar, cada qual, prestigiando a "verdade"*.

Serve ao tema, assim, a conclusão filosófica: boa-fé tem a ver com a verdade e a verdade liga-se irremediavelmente *às circunstâncias* e estas, irremediavelmente se vinculam *aos fatos*.

4. Traduzido por Eduardo Brandão, São Paulo, Martins Fontes, 1999, cap. 16.

4. *Breve escorço dos conteúdos e objetivos recursais*

4.1 A sentença condenatória é norma individual e concreta que diz de vencedores e vencidos, no tocante às condutas intersubjetivas apresentadas para formatação pelo Estado-juiz

No embate processual, a lide, a controvérsia posta a exame contrapõe autor e réu; é ínsito à lide que as partes se coloquem em posições diversas, porque na desconformidade de entendimentos, na disparidade das pretensões e no antagonismo dos objetivos reside *a razão mesma* de irem a juízo em busca da *certeza do direito*, isto é, da solução do litígio. Cada uma das partes, assim, *predica a sua verdade* e a sustenta no enredo do processo.

Isto implica conceder que o ato decisório *fixa* vencedor e vencido, como regra geral[5] e, desse modo, recorre *quem é vencido*. Claro, existe a hipótese de sucumbência recíproca – parcial, assim, para cada uma das partes em contenda – situação que legitima *ambos os contendores* a recorrer, mas isto se dá, por óbvio, porque estamos diante de situação singular em que ambos são vencedores e vencidos, *no mesmo tempo histórico*, mas no concernente a *matérias factuais que tiveram repercussões diversas*.

Essa coexistência circunstancial de vencidos e vencedores simultaneamente, em nada altera o cenário: continuamos diante de norma individual e concreta que diz de vencedores e vencidos.

5. Existem atos judiciais *decisórios* (sentença, em sentido formal e material) que *nada decidem* sobre a questão de fato posta a exame. Assim se dirá da sentença que, extinguindo o processo, o faz *sem julgamento de mérito* a teor do art. 267 do CPC. São, é claro, exceções à regra geral que orienta as normas individuais e concretas, voltadas à solução dos litígios e, portanto, vocacionadas a *dizer sobre os fatos* e *sobre as conseqüências* advindas desses mesmos fatos – as condutas que *devem ser* observadas – às partes em litígio.

O *restar vencido* é, na origem, o que autoriza a prática do ato recursal e constitui o motivo mesmo (em si, a razão de) do impulso que faz com que o vencido busque reformar o decidido, por entender que não lhe foi prestada a jurisdição devida, porque não lhe foi feita justiça (o que embute forte carga de subjetividade), ou porque lhe pareça que *as provas não foram convenientemente examinadas* ou seus argumentos não mereceram o exame adequado ou exaustivo, que conduziriam ao seu acatamento, modificando a sorte da decisão.

Essas questões, que nem de longe são abordadas aqui com o devido trato técnico que os processualistas empregam, servem bem para revelar as razões *de fato*, que podem conduzir à busca recursal, que é em última análise *a busca por uma nova decisão*, uma nova *norma individual e concreta*.

Quem recorre, *quer outra decisão*: não se conforma com aquela ditada pelo juízo singular e, em tese, *age de boa-fé* em termos processuais, ao litigar confiante de que busca *o bom e o justo*, a "verdade" (sua verdade) que compreende desprestigiados diante daquela sentença.

Em termos meramente adjetivos, não praticando quaisquer atos atentatórios ou de agressão aos preceitos processuais (configuradores da litigação de má-fé, a teor do disposto no art. 17 do CPC), o recurso funciona como *meio* para provocar a jurisdição a pronunciar *outra decisão*. Em termos substantivos, *as circunstâncias e a convicção de estar com a verdade* faz com que o vencido *tenha o impulso de recorrer*, animado por sua fé (boa) de que busca o bom e o justo ao intentar a reforma da decisão.

4.2 O que denominamos "recursos de divergência"

Elucidaremos o que convencionamos denominar *recursos de divergência*.

A nomenclatura atende tão-só à conveniência do texto e não encontra eco no sistema do processo administrativo federal e nem no processo administrativo do Estado de São Paulo (cujo recurso especial tomamos como exemplo para fins deste estudo).

Denominados *de divergência* os recursos vocacionados à pacificação jurisprudencial, *i.é.*, àqueles que objetivam extirpar dissonâncias de entendimento *quanto aos critérios jurídicos de decidir* uma mesma questão.

É diverso, assim, o conteúdo objetal dos denominados recursos de divergência, comparado ao que visam os recursos de mérito.

Nem de longe se aproximam, ao menos em tese, dos fatos *no processo*. Devem se ocupar, eventualmente, dos fatos *do processo*.

Por sua via de acesso estreita (a existência e *demonstração* de divergência nos critérios decisórios), os recursos de divergência são concebidos para *não rever fatos* hauridos das provas; estima-se fiquem eles no patamar do exame *do tema decidido* no tocante *aos critérios* que o juízo (ou a Câmara ou o colégio judicante) adotou para prolatar a decisão.

Logo: *não examina (reexamina) os fatos no processo*, *i.é.*, aqueles alegados e eventualmente *provados* pelas partes, ocupando-se, pois, dos *fatos do processo*, no tocante ao decidido (sentença ou acórdão, como seja o órgão produtor da norma individual e concreta) este entendido como *produto do processo*, estritamente considerados ambos os termos no âmbito das contendas judiciais.

5. *O exame das provas, o reexame, a dita valoração e eventual revalorização das provas nos recursos de divergência: os limites do reexame (matéria devolvida à apreciação)*

Dissemos alhures: os recursos de divergência *não se prestam a revisitar as provas*, os fatos *no processo*.

O cenário todo em que as partes contenderam, as "armas" com as quais buscaram demonstrar (*provar*) *sua verdade*, são questões do passado que não devem ser revolvidas, porque o sistema assim decidiu.[6]

A opção legislativa no concernente aos recursos de divergência, centrou-se no zelo com a compostura interna do acervo decisório das Cortes de Justiça, evitando (procurando ao menos evitar) que uma mesma fonte produtora de normas individuais e concretas *diga o direito sobre fatos análogos de maneiras diferentes, em virtude de critérios dissonantes, mas critérios jurídicos.*

Mesmos os recursos de índole constitucional (extraordinário e especial), não podem ultrapassar a barreira limitante da matéria a ser conhecida, qualificada em termos de *conteúdo devolvido a exame.*

Os tribunais têm *a exclusividade*, na instância ordinária, da apreciação da matéria factual; não há, como se sabe, uma "terceira instância" para se rever provas.

Anote-se que a vedação do exame (ou reexame) das provas no nível dos recursos constitucionais é objeto de Súmulas "de vedação", inibitórias do tentame.[7] A jurisprudência de ambas as Cortes Superiores é copiosa no sentido da inviabilidade do reexame factual.

O Pretório Excelso, em ocasião anterior e já muito antiga, pelo voto do Ministro Barros Monteiro, fixou conceito interessante ao tema aqui enfocado entendendo que se o objeto recursal cuidar de "(...) examinar o critério legal da valorização da prova, *o caso não é de simples apreciação desta*, de acordo com a Súmula 279. (...)", e desse modo fica claro que o acervo pro-

6. Segue-se o modelo kelseniano, no sentido de que ao intérprete não é dado *sair* do sistema posto; abandono por completo qualquer tentativa (ou tentação, que seja) de elaborar cogitações sobre *como deveria ser* e tomá-las como elementos a fundamentar conclusões a partir de referências cognoscentes que *partem do sistema*, buscando manter a coerência interna do estudo à custa da manutenção das premissas.

7. No STF a Súmula 279 e no STJ a Súmula 7.

batório *não volta ao exame*, mas, sim, *o critério legal* utilizado na instância inferior para valorar ou valorizar a prova. São, por certo, questões diversas: examinar a prova é uma coisa, *revisar o critério jurídico* (critério legal, portanto) *utilizado naquele ato pela instância a quo* é completamente diferente, revelando, este último, claro exame de questão *de direito*, tão-só.[8]

No mesmo sentido do ancestral e venerando aresto do STF, é o decidido pelo Superior Tribunal de Justiça no AgRg no Recurso Especial n. 661.449-RS, de relatoria do Ministro José Delgado, assentando que "Na via Especial, não há campo para se revisar entendimento de 2º Grau assentado em matéria fático-probatória. A função de tal recurso é, apenas, unificar a aplicação do direito federal, nos termos da Súmula n. 7/STJ: 'A pretensão de simples reexame de prova não enseja recurso especial', e nesse sentido, o agravo restou improvido".[9]

Assim, a devolução do acervo probatório é repudiada no âmbito dos recursos constitucionais e, demonstraremos adiante, também o é nos recursos que denominados *de divergência*, no processo administrativo-fiscal.

6. Tentativa de conceituar o que seja "boa-fé"

A boa-fé assume contornos de importância capital no cenário das regras jurídicas, porque o próprio sistema a utiliza como *elemento* para construção e fixação de conseqüências jurídicas; igual vulto tem no concernente às normas individuais e concretas ditadas pelo Poder Judiciário. Repercute em matéria substantiva e adjetiva, fortemente em ambas, apontando *sempre*, para a conduta do destinatário das regras.

Se examinarmos o novel Código Civil, verificaremos a presença da boa-fé erigida à categoria de *princípio interpretativo* dos negócios jurídicos (art. 113) e, no Código de Processo Civil, sobressai como *dever do litigante*, a teor do inciso II, do art. 14, alinhada à lealdade processual, como vetor da *forma de proceder* da parte, no processo.

Como se pode notar, sempre que se cogita da boa-fé vincula-se essa idéia *a atos, a comportamentos* e, assim, *a fatos*.

Não é a boa-fé, por assim dizer, ente ideal (proposicional), programático ou principiológico.

Poder-se-ia dizer que a boa-fé é algo que emerge dos fatos, e estes constituem o cenário onde a parte revela ter agido de forma boa, no íntimo e no concreto de seu proceder.

Não há boa-fé em quem mente, oculta, deturpa, simula, frauda, ilude, porque, segundo os conceitos extrajurídicos socialmente aceitos, age de má-fé quem é desleal (aos princípios, talvez).

Stefano Costa[10] versando a questão do dolo processual em sede penal, assevera, fazendo referência à "noção de dolo processual" que tal deve ser entendida como *atividade ilícita considerada idônea para viciar a vontade do juiz, e ao dever de boa-fé, que é a base da relação jurídica processual, no seu particular aspecto de relação recíproca entre as partes e o juiz, e que tem por objeto a utilização dos meios processuais.*

A assertiva serve bem ao tema: mesmo em sede processual, erigida a boa-fé à categoria de "dever", vemos estampada a marca de sua correlação direta *com os fatos*, na medida em que o Autor liga esse dever "à relação recíproca entre as partes e o juiz", construindo o cenário factual como sede em que se aferirá, no caso, a falta de cumprimento desse mesmo dever.

Assim, a boa-fé de um indivíduo se mede *pela forma* segundo a qual procede,

8. RE 70.568-GB, rel. Ministro Barros Monteiro, *DJU* 13.11.1970.

9. Cf. acesso ao sítio do STJ, *www.stj.gov.br*, em 13.10.2006.

10. *O Dolo Processual em Matéria Civil e Penal*, trad. Des. Laercio Laurelli, 2ª ed., São Paulo, Paulistanajur, 2005.

configurando ela verdadeiro "vetor" de conduta e esta, como *prática humana*, somente se dá *no terreno da concretude factual*. Do contrário, sequer se teria como aferir *se* e *quando* alguém procedeu *conforme* a boa-fé (esta, como ato-conduta).

A esse propósito o citado e acatado De Plácido e Silva[11] ensina que sempre se teve boa-fé "no sentido de expressar a *intenção pura*, isenta de dolo ou engano, com que a pessoa realiza o negócio ou executa o ato, certa de que está agindo na conformidade do direito, conseqüentemente, protegida pelos preceitos legais. Dessa forma, quem age de boa-fé, está capacitado ***de que o ato de que é agente ou do qual participa, está sendo executado dentro do justo*** e do legal. É, assim, evidentemente, a *justa opinião*, leal e sincera, que se tem a respeito do fato ou do ato, que se vai praticar, opinião esta tida sem malícia e sem fraude, porque, se se diz *justa*, é que está escoimada de qualquer vício, que lhe empane a *pureza da intenção*" (grifamos e destacamos).

Mais adiante, o mesmo De Plácido e Silva conclui: "É assim que a boa-fé *provada ou deduzida de fatos que mostram sua existência*, justifica a ação pessoal, pela qual se leva à consideração do juiz o pedido para que se anule o ato praticado, ou se integra aquele que agiu de boa-fé no direito, que se assegurou, quando de sua execução" (grifamos).

Diante de tudo quanto visto, parece inexorável concluir que a boa-fé *não se afere exceto à custa do exame dos fatos*.

É razoável indagar: a boa-fé é constituída *dos fatos*, *do exame dos fatos* (deduzida, portanto) *ou presumida*?

Pensamos que todas as propostas são possíveis e podem ser verdadeiras.

A boa-fé é constituída *dos fatos*, na medida em que fora do ambiente factual dela nada se pode dizer no concernente às valências (se verdadeira ou falsa, se *existiu ou não existiu*). Isto ocorre porque, como visto, é do contexto factual que *pode emergir* a existência da boa-fé: os fatos afirmam, confirmam ou infirmam sua efetividade e, porque neles viceja a conduta e dela se afere "como" procedeu a parte.

É igualmente correto afirmar que a boa-fé é *produto* da dedução que se extraí *do exame dos fatos* (mas, sempre, os fatos em sua concretude existencial, no real-social). É do exame do conjunto factual (os atos e as omissões da parte) que se pode *deduzir* da ocorrência da boa-fé; fora desse contexto factual, não.

De outro giro, por certo se afirmará que hipóteses há em que a boa-fé alça a condição de presunção legal (*juris tantum*, naturalmente), como sucede nos casos de posse, como tratados pelo Código Civil (art. 1.201). Mas nesse mesmo dispositivo se lê, ainda, que havendo justo título, a boa-fé é presumida em favor do possuidor, *salvo prova em contrário*, ou quando a lei expressamente não admite esta presunção; novamente, eis a boa-fé emergindo do contexto factual, como questão de prova.

Fica, pois, proposição no sentido afirmativo: a boa-fé *é questão de fato*, haurida tão-só do conjunto probatício encartado *nos autos* e relativo *aos fatos no processo*; *excluem-se*, portanto, *os fatos do processo*, para fins de sua configuração substantiva, já que quanto a estes últimos, pode a parte se haver de má-fé.

É de se notar que mesmo tendo agido de boa-fé quanto ao tema de mérito, a parte *pode* proceder de má-fé em termos processuais.

São questões de índole diversa: uma coisa é a boa-fé no tocante ao tema de mérito da demanda (assim os fatos que levaram a parte a juízo); outra é a *forma de proceder* da parte *no curso do processo*, em que é possível constatar *conduta muito diferente*, reveladora de má-fé.

7. Que são "fatos no processo"?

A questão se coloca essencial: para comodidade do discurso e distinção entre

11. *Vocabulário Jurídico*, v. I, A-C, 11ª ed., Rio de Janeiro, Forense, 1991, p. 327.

aquilo que denominados *fatos no processo* e *fatos do processo*, consideraremos cada um com a significação que pretendemos imprimir, de modo que o contexto e *no contexto*, se possa distinguir um e outro fenômeno.

Inicialmente diremos que discernir a categoria dos *fatos no processo* implica mergulhar no terreno do embate probatório, avaliando a composição interna do processo na sua constituição "física", pode-se dizer, vistoriando o material dos autos a fim de aquilatar o que lá se encontra a respeito da lide.

É interessante a experiência de supor que alguém, sem qualquer vínculo com os autos e seu tema (ou com a lide, enfim) – alguém que não seja parte, advogado, juiz ou outra personagem do contexto do litígio – tenha em mãos os autos e passe a examinar-lhe o conteúdo.

Exemplificando, tomemos em conta cuidar-se de autos de ação reparatória promovida pelo proprietário de um veículo abalroado, tendo como réu o suposto causador do dano. O "estranho" Vistor dos autos, compulsando-lhe as páginas terá contato com determinado acervo documental – linguagem, pois – que para ele constituirá verdadeira novidade, já que do caso (e da causa) nada sabe. Que se poderia passar, então?

Primeira hipótese: o Vistor, examinando os autos constataria demonstrado pelos documentos *alguns fatos alegados* pelas partes em seus petitórios; outros, poderia considerar indemonstrados, *i.é.*, *não provados*.

De posse dessas informações, se fosse indagado do desfecho que consideraria *justo* para a lide, poderia dizer que a razão está com o autor, que de fato fora vitimado pela imprudência, negligência ou imperícia do réu; este seria, então, culpado por causar dano a outrem por *sua ação*.

Segunda hipótese: com o mesmo proceder, o Vistor poderia concluir que o autor não tem nenhuma razão porque, em face dos documentos (provas dos fatos), o réu não teria dado causa ao acidente e não poderia ser responsabilizado pelos danos, causados pela imprudência do autor, que, por exemplo, efetuara uma manobra de trânsito não sinalizada e não permitida.

Este enredo serve ao propósito: o abalroamento, sua extensão, seus danos, sua causa e a reparação pelo culpado e a determinação deste culpado *constituem o acervo de fatos no processo*, é dizer, a lide em si mesma, na sua compostura factual.

8. Que são os "fatos do processo"?

Sumariamente, diremos que os *fatos do processo* constituem o acervo do ocorrido durante o trâmite (procedimento) do feito no fôro, envolvendo os acontecimentos cartorários, diligências periciais e dos oficiais de justiça e os incidentes *materiais* ocorridos eventualmente com os autos (como a abertura de volumes, sua numeração, etc.). Também se incluem nessa categoria *os atos decisórios* e demais medidas processuais praticadas pelas partes – como os recursos de modo geral – e tudo aquilo que consulta à materialidade *factual do trâmite* do processo.

Esta, pois, a distinção necessária.

9. As provas, em matéria processual

Para a questão posta, convencemo-nos ser essencial discorrer, ainda que brevemente, sobre o tema relativo às provas em sua consideração na técnica *processual*.

Como tema jurídico que é, não se mostra pacífica a doutrina.

A doutrina, cuidando das provas sob a ótica *normativa*, pode ser dividida em três grupos: os *materialistas*, os *processualistas* e aqueles adeptos da teoria *mista*.

Ensina Maricí Giannico,[12] que o mais expressivo argumento utilizado pelos au-

12. *A Prova no Código Civil – Natureza Jurídica*, Coleção Theotonio Negrão, São Paulo, Saraiva, 2005, pp. 122-157.

tores que qualificam as normas sobre prova como normas de direito material é o de que o direito não subsiste sem a prova, ou seja, a *indissociabilidade de ambos*, aduzindo que "se a parte tem o direito mas não pode prová-lo, terá na prática uma situação jurídica análoga à daquele que não tem o direito".

Sobre a teoria processualista o mesmo Autor afirma ser *majoritária a teoria segundo a qual as normas sobre prova pertencem ao campo do direito processual*, lembrando que os adeptos dessa teoria sustentam-na na conclusão que o *objetivo da prova é elucidar o espírito do julgador* e, por essa mesma razão, nela se veria nítida função instrumental que contribui para a investigação dos fatos.

A teoria *mista* toma em consideração serem *materiais* as normas que regulam as fontes de prova e *processuais* as que regulam os *meios* de prova.[13]

10. A matéria que "pode" (e deve) ser conhecida nos "recursos de divergência" no âmbito do processo administrativo-fiscal

Qual conteúdo *pode* ser examinado nos *recursos de divergência* previstos nas regras do processo administrativo federal? E, no Estado de São Paulo, no âmbito do Tribunal de Impostos e Taxas?

No âmbito do processo administrativo-fiscal federal,[14] encontramos o *Recurso Especial*, cuja conformação, no tocante ao objeto, podemos denominar híbrida; apenas parte de seu possível raio de alcance configura o que denominamos *recurso de divergência*.

Tem cabida o mencionado recurso, em caso de decisão *não unânime* de Câmara de Conselho de Contribuintes *que seja contrária à lei ou à evidência da prova e, também, de decisão que der à lei tributária interpretação divergente da que lhe tenha dado outra Câmara ou a própria Câmara Superior*.

Vejamos a primeira hipótese: decisão *contrária à lei* é questão que não demanda indagação; o mesmo não se pode dizer no tocante ao tema "evidência da prova".

A verificação da ocorrência de contradição decisória ante a "evidência da prova" por certo *implica reexame* do acervo probatório, porque só se poderá constatar que a decisão recorrida *contraria a prova em suas evidências se se reexaminar* essas provas, o que nada tem a ver com a aplicação de regras processuais de apreciação da prova (v. n. 5, *supra*).

Nesse caso e no tocante às provas, o recurso tem efeito *devolutivo* em sua forma plena: há reexame.

É importante esclarecer que esse objeto recursal mais *amplo*, pode-se dizer, é reservado à Fazenda, por intermédio de seu Procurador e a teor do disposto no art. 5º, § 1º, da Portaria MF 55/1998.

No tocante à segunda hipótese: decisão *divergente* quanto a *interpretação* da lei tributária, aí sim teremos hipótese de

13. É interessante a conclusão de Giannico (ob. cit, pp. 182 e ss.), no sentido de considerar os critérios de diferenciação usualmente tomados como insuficientes para a definição das normas sobre provas. Adverte o mesmo Autor, quanto a natureza jurídica das normas probatórias: "Então, se o autor estiver diante de uma autêntica norma probatória, quais os parâmetros que deve utilizar para definir sua natureza jurídica? Simples: *seu objeto*. As normas são processuais ou materiais de acordo com seu conteúdo (sua essência processual ou não processual) e é isso que será analisado no caso das normas sobre provas. (...). As normas sobre provas fazem parte de um conjunto de regras que visam a estabelecer a forma pela qual eventual desrespeito a um comando legal de direito material poderá ser reparado. Sendo o direito processual uma ciência complexa e instrumental destinada a produzir a certeza do conteúdo dos direitos subjetivos em conflito, é a prova a sua *ratio essendi*. (...)".

14. V. Portaria MF 55/1998, com alterações da Portaria MF 103/2002 e Portaria MF 1.132/2002, que aprova os Regimentos Internos da Câmara Superior de Recursos Fiscais e dos Conselhos de Contribuintes do Ministério da Fazenda, que podem ser obtidas no sítio da Receita Federal, *www.fazenda.gov.br*.

recurso de divergência e, aqui, divergência de interpretação (critério jurídico) do texto normativo aplicável.[15] Essa segunda hipótese é prevista para manejo tanto pela Fazenda quanto pelo Contribuinte.

No âmbito do processo administrativo-fiscal no Estado de São Paulo, que tomamos como exemplo de *recurso de divergência*, temos o Recurso Especial previsto no art. 37 da Lei 10.941, de 25.10.2001, ao qual estão legitimados tanto a Fazenda quanto o Contribuinte e tem por razão *dissídio entre a interpretação da legislação adotada pelo acórdão recorrido e a adotada em outro acórdão não reformado*, proferido por qualquer das Câmaras do Tribunal.

Em ambos os casos (Recurso Especial no âmbito do processo administrativo-fiscal federal e no estadual), o motivo ensejador da irresignação é *o dissídio*, exceto para o caso de reexame de provas no âmbito federal, já excepcionado.

Aí está: dissídio *na interpretação da lei*, como hipótese legitimadora/motivadora da interposição do recurso.

É importante reiterar que a finalidade dos recursos de divergência é *pacificar* e *eliminar* dissonância jurisprudencial decorrente de divergência *interpretativa* da *lei* tributária, tanto que aplicada a situações jurídicas idênticas em acórdãos que resultam, assim, destoantes.

Carece de reiteração: não afronta o escopo único do recurso de divergência a análise do *critério legal* de valorização da prova utilizado pelo aresto recorrido. Outra coisa, muito diferente e esta sim, ofensiva ao escopo dessa modalidade recursal, é pretensão de *rever as provas* sejam estas em si mesmas, seja quanto aos critérios utilizados pelo órgão julgador de origem, na valorização do acervo factual,[16] caso não haja regra jurídica que normatize o procedimento e fixe critérios para o ato.

11. Conclusões

É tempo de retomar a idéia central: afinal, boa-fé é matéria de *fato* ou de *tese jurídica*, assim, matéria de direito?

Já antecipamos o pensamento conclusivo, afirmando ser a boa-fé tema que consulta exclusivamente ao conteúdo da dilação probatória e esta, como por certo temos, diz tão-só com os *fatos no processo*.

Forçosamente, assim, não vemos como incluir na estreiteza do espectro recursal em tema de divergência a questão da boa-fé.

Quando o órgão julgador *a quo* afirma que restou "demonstrada a boa-fé", estará significando que *tendo examinado e valorado o acervo probatório*, concluiu que a *conduta* de determinada parte esteve de conforme com a boa-fé, naquele sentido de revelar haver agido sem mácula de dolo ou engano, na certeza de proceder conforme o direito posto.

Convencemo-nos, por completo, de que a certeza da *boa-fé* nasce do exame dos

15. Em qualquer caso, por força do disposto no § 5º do art. 5º citado, *a matéria deve resultar prequestionada*.

16. Vale transcrever o pensamento de Fernando Moraes Sallaberry, em ímpar dissertação sobre o tema: "A disciplina do Recurso Especial não fala de *divergência no critério de julgamento, mas em dissídio entre a interpretação da legislação adotada pelo acórdão recorrido e a adotada em outro acórdão não reformado. Dissídio* significa controvérsia, divergência, dissensão. Interpretação da legislação é uma expressão de âmbito bem mais restrito do que o âmbito da expressão *critério de julgar*. Quando se fala em *critério de julgar*, fala-se, indiretamente, em interpretação da legislação e também em valoração da prova. Quando se fala em interpretação da legislação, apenas, fala-se tão-só da determinação do conteúdo e do alcance de uma norma, *excluída qualquer análise de caráter valorativo da prova*. Relativamente à questão das provas, *só se poderia falar em interpretação da legislação nos casos em que o intérprete estivesse buscando determinar o conteúdo e alcance de uma norma que verse sobre prova*. A análise da prova dos autos ou a sua valoração, porém, estão completamente vedadas no Recurso Especial" (in *Anotações sobre o Processo Administrativo Tributário Paulista*, São Paulo, SINAFRESP, 2005, p. 207, com grifos e destaques do original e nossos).

fatos no processo e, portanto, da valorização das provas.

Quando o órgão julgador decide, na origem, que alguém procedeu de boa-fé, tal afirmação liga-se irremediavelmente ao exame das provas levado a efeito; poderia, igualmente, concluir o aresto pela conduta maliciosa e, assim, declarar de má-fé o proceder da parte. Em qualquer dos casos, porém, terá decidido com base nas provas.

Sob a ótica processual, diremos que a boa-fé é tema de direito *substantivo*: resulta, no caso, de dedução como produto do *exame dos fatos*; sempre, contudo, *os fatos* como suporte à configuração.

Se houver na lei processual regra estipuladora do *critério* para valorização de determinada prova e desta prova tiver resultado a conclusão de boa-fé, *é possível, em tese, rever em recurso de divergência o critério jurídico adotado na interpretação dessa norma* (relativamente ao critério jurídico adotado para sua valorização), caso se vislumbre dissonância na Corte sobre o *conteúdo e o alcance* da regra interpretada.

Examinar a boa-fé em si mesma, no concernente à sua ocorrência ou não em face das circunstâncias, *não configura hipótese de apaziguamento de dissenso decisório*; o tema é, como visto, de direito substantivo e, assim, longe do perfil alcançado pelos recursos de divergência.

Se o órgão julgador de origem *decidiu que a boa-fé presidiu a conduta de determinada parte*, isto não se liga ao *critério de interpretação de regra que verse sobre a prova em si, quanto ao modo ou forma*, mas configura, isto sim, *ato de valorização da prova* e, o produto desse processo, *confirma, afirma ou infirma* sob a ótica exclusiva do direito substantivo, a ocorrência ou inocorrência de boa-fé.

Não é possível, portanto, revolver o tema boa-fé em sede de recurso de divergência porque, abarcando tão-só hipótese de dissonância jurisprudencial, não abre espaço ao reexame do conjunto probatício, local em que viceja – ou não – a boa-fé da parte.

É de forçosa conclusão que decidindo o aresto recorrido pela ocorrência ou não de procedimento de boa-fé, terá decidido, ao menos nesse particular o *mérito* da demanda e, sendo a questão de fato, não pode ser revolvida a pretexto de pacificação jurisprudencial.

Boa-fé, portanto, é tema que se decide nas instâncias ordinárias, impassível de reexame nos denominados *recursos de divergência.*

CADERNOS DE DIREITO TRIBUTÁRIO

AS PRESUNÇÕES E A LINGUAGEM PRESCRITIVA DO DIREITO

FLORENCE CRONEMBERGER HARET
Pesquisadora do IBET. Mestranda da Faculdade de Direito da USP

1. Introdução. 2. Acepções da palavra "presunção" no direito. 3. Ontologia da presunção no direito. 4. As funções de linguagem exercidas pela presunção no direito. 5. Conclusão.

1. Introdução

De uns anos para cá, vê-se uma revolução no meio jurídico científico. Tal mudança se fortaleceu nesses últimos tempos, porém, reveste-se do caráter metodológico preconizado pelo movimento do Círculo de Viena, em meados do século XX. A busca de uma Ciência com bases racionais, chama a atenção de todas as Ciências para a linguagem e, principalmente, para o papel do homem perante essa linguagem.

Hoje, não há como escapar. As Ciências Jurídicas estão submersas nos conceitos lingüísticos e por meio deles é que se aclaram os diferentes institutos que o direito positivo nos apresenta.

O ordenamento jurídico, como sistema inter-relacional, clama por uma estrutura de linguagem que lhe dá substrato para sua comunicação juridicizada. A linguagem natural torna-se expressão simbólica por excelência do ordenamento positivado. Sem ela, o direito deixa de alcançar seus objetivos – a regulação de condutas – uma vez que é desprovido de seu instrumental de base. Sem linguagem, não há comunicação; e sem comunicação, não há relações intersubjetivas, inerentes a todas as unidades jurídicas de significação.

Em outras palavras, o direito é uma estrutura de linguagem derivada daquel'outra linguagem natural. É, portanto, um sistema lingüístico, de segundo nível, artificialmente elaborado para comunicar aos seus destinatários ou usuários padrões de conduta social. Poderá até mesmo ser observado como uma língua, da mesma forma que a língua portuguesa, dado que em uma ou em outra teremos invariavelmente uma estrutura de linguagem articulada para construir determinada realidade. Já diria Gustavo Bernardo[1] prefaciando o livro *Língua e Realidade* que "a língua *é*, *forma*, *cria* e *propaga* realidade".

Outrossim, observado como um código de linguagem artificial, e sistematicamente fechado, ele mesmo será produto e produtor de sua própria realidade. Não que isso implique em uma ignorância dos acon-

1. Gustavo Bernardo Krause, "Prefácio" de *Língua e Realidade*, 2ª ed., São Paulo, Annablume, 2004, p. 17.

tecimentos sociais e das mudanças dos padrões sócio-culturais. Na concepção luhmanniana, o direito pode ser identificado como um sistema normativamente fechado, porém aberto em termos cognoscitivos. Isto quer dizer, em análise lingüística, que ele é sintaticamente homogêneo, dado que não admite outra forma de prescritividade que não seja a norma jurídica; porém é semanticamente heterogêneo, tendo em vista que o preenchimento dos conteúdos normativos está submetido à variação cognoscitiva do agente identificado pelo direito como competente para a construção daquela unidade normativa.

Como estrutura de linguagem, o direito é composto por signos lingüísticos, suas unidades de significação. Em verdade, todo sistema de linguagem prescinde de unidades de sentido; porém, enquanto que na linguagem comum, este pode ser uma palavra, uma frase, uma oração, na linguagem do direito, deverá portar invariavelmente uma estrutura peculiar de significação segundo os padrões lógico-inferenciais que o sistema prescritivo de conduta lhe exige. Por assim dizer, toda e qualquer norma do direito deverá trazer em si, de um lado, um antecedente "p" que descreve ora uma hipótese, quando em termos abstratos, ora um fato, quando postulado em termos concretos; e de outro, um conseqüente "q" que variará de acordo com o conjunto de seus destinatários. Este último será geral quando voltado a um conjunto de sujeitos indeterminados e individual, quando certo o indivíduo ou o grupo identificado de pessoas a que se destina a mensagem normativa. Antecedente e conseqüente deverão associar-se impreterivelmente por um modal deôntico, "dever-ser", representado em termos simbólicos por "→". Em breve resumo e com esses substratos, temos a norma jurídica com sua significação de base, formalizada em termos lógicos pela seguinte fórmula: (p→q).

Nos planos semióticos, a norma jurídica, signo lingüístico do direito positivo, poderá ser reduzida a: um suporte físico, o próprio texto (da lei, da sentença, do lançamento, etc.); uma significação, aquela dada pelo ordenamento, que associa um fato a uma conduta intersubjetiva de direito e de dever (dado o fato; então deve-ser a conduta); e um significado, acontecimento factual, ou melhor, conteúdo que aponta a determinada significação no momento em que se dá a construção em linguagem competente daquele fato. É neste conjunto lógico-relacional que se tem o signo do direito em sua plenitude sígnica, objeto de construção e compreensão pelos exegetas do ordenamento e o fundamento da prescritividade da conduta humana.

Importante notar, neste sentido, que a norma jurídica não só é a parte do todo, como unidade de significação do direito, mas também o próprio todo, uma vez que só terá o atributo da prescritividade quando submetida aos nexos de hierarquia e correlação/coordenação que o sistema jurídico pede para cada um de seus signos. É, portanto, na norma jurídica que encontraremos a mensagem legislada, de um lado, e o sistema normativo, de outro, posto que norma nenhuma é criada sem a sua submissão aos ditames lógicos, formais e semânticos do direito positivado.

Há que se tomar nota que o vocábulo "signo" nos remete sempre a um *status* lógico de relação, qualquer que seja sua linguagem ou seu sistema lingüístico de referência. Em outras palavras, todo signo será uma representação dele mesmo e de outro dado. A semiótica afirma esta distinção quando coloca em paralelo o que entende por objeto dinâmico e por objeto imediato. Enquanto que no primeiro temos o real, no segundo, temos uma construção de linguagem, o signo propriamente dito, ou também conhecido como fato semiótico. Entre um e outro se dá uma correlação lógica que pode ser tida como um ícone, quando presente relação de similitude entre um e outro; como um índice, observada relação de contigüidade entre eles; ou mesmo como um símbolo, resultado de uma associação arbitrariamente construída; qualificação, portanto, que depende do tipo de relação que se dá entre esses signos.

Em termos jurídicos, iremos nos deparar com tal distinção na separação entre evento e fato. Evento é todo acontecimento factual que dentre as suas diversas e infinitas características, encontram-se presentes aquelas que preenchem os critérios abstratos da hipótese. Fato jurídico, por sua vez, é a síntese do evento. Ou seja, é a descrição da hipótese legal em termos individuais e concretos, em linguagem competente, em direito admitida. Na estrutura lógica da norma jurídica, estará no antecedente normativo como o signo escolhido pelo direito para desencadear o modal deôntico modalizado da norma, apontando para o conseqüente que poderá prescrever uma obrigatoriedade, uma permissão ou uma proibição.

Postulado esse panorama normativo, indaga-se onde se situam as presunções? A concepção do direito como linguagem nos dará a chave desta resposta que, embora ampla, em um primeiro momento, traz o verdadeiro entendimento do instituto: em todo o lugar do universo jurídico. Vamos à explicação.

2. Acepções da palavra "presunção" no direito

Para os processualistas, "o objetivo comum e imediato de todas as presunções relevantes para o direito é a facilitação da prova. Há situação em que sendo particularmente difícil a prova, a lei ou o juiz facilita a demonstração do fato relevante, satisfazendo-se com a prova daquele que é o mais fácil provar e assim dispensando a prova direta do fato que realmente interessa para o julgamento da causa".[2] Havemos de convir que é sedutora a classificação desse jurista. Traz instrumentos seguros para explicar os mecanismos das presunções em planos concretos, processuais. No entanto, será que a presunção estaria só neste contexto jurídico? Como explicar esse instituto que se encontra tão permeado no sistema normativo?

Parecer-nos perfeitamente justificada e coerente a adoção de duas acepções para as presunções: (i) como a própria letra da lei; (ii) assim como produto de um raciocínio dedutivo.

O legislador, ao elaborar o texto de toda e qualquer lei, faz uma série de escolhas para alcançar determinado fim, identificando o meio para se atingir este fim. Constrói, portanto, um raciocínio que será incorporado na norma jurídica, atribuindo a ela um valor de aproximação sígnica dos fatos que pretende construir. Com esse aparato intelectual, o legislador presume uma ocorrência "in abstrato" e, autorizado pelo ordenamento por sua competência legislativa, positiva a regra de direito. A partir de então, com o nascimento no direito de uma nova norma, constrói realidade jurídica. Em outras palavras, dá-se a transformação do presumido "in abstrato" em norma válida, descaracterizando a presunção na própria letra da lei.

A decisão do legislador em presumir tal ou qual fato é verdadeira opção valorativa permeada, quase impreterivelmente, na própria lei. Uma vez inserta no sistema positivado, adquire caráter obrigatório. Temos que o legislador se inspira na idéia de probabilidade, inerente a toda presunção, para positivar o texto normativo. Para ele, enquanto enunciador da norma, aquele suporte textual é algo fruto de uma presunção; no entanto, a partir do momento que é posto em lei, a presunção deixa de ser para abrir espaço à positividade da regra jurídica.

Introduzida a norma no sistema, pouco importa se a presunção é mais ou menos convincente, se a substituição é válida ou inválida, se a probabilidade do fato desconhecido acontecer é mais ou menos forte. A simples positivação da norma retira o raciocínio presuntivo do legislador como fundamento da norma, transformando tudo em prescritividade, em norma válida, ou, além do rigor, em norma que deve ser observada pelo simples fato de ser jurídica.

2. Cândido Rangel Dinamarco, *Instituições de Direito Processual Civil*, v. I, 1ª ed., São Paulo, Malheiros Editores, 2004, p. 114.

Tal processo gera, da mesma forma, conseqüências nos planos processuais, e aí retornamos à afirmação de Cândido Rangel Dinamarco: inviabiliza-se às partes fazer prova em contrário do raciocínio do legislador. Em síntese, a presunção – e o raciocínio que lhe é inerente –, quando postulada em norma válida no sistema, passa a ser imposição do sistema, deixando para traz seu caráter dedutivo.

Por outro lado, nem toda presunção porta esta normatividade, tal como ocorre com o legislador. Há também aquelas que as partes, o jurista ou, mesmo, o juiz podem utilizar como método dedutivo de raciocínio com o fim de convencer ou justificar a norma. Neste caso, exigem, para ter relevância jurídica, justificação. Há que se tomar nota que, enquanto o direito confere "cartas brancas" ao legislador para presumir e criar norma, para todos os outros utentes da linguagem prescritiva o raciocínio presuntivo deve ser justificado, limitado pelo domínio do comum.

Neste sentido, as presunções podem ser vistas tanto como a própria letra da lei (em seu sentido físico de texto e em seu sentido semântico de conteúdo prescribente de conduta) quanto como o processo de raciocínio dedutivo usado por todos os agentes do direito: Legislador/Político, Juiz de Direito, juristas e partes litigantes. No entanto, desaparece como presunção quando introduzida no sistema normativo pelo legislador como norma válida: de presunção passa a ser letra de lei. Em contraposição, permanece como raciocínio dedutivo no momento que é articulado pelo Juiz, pelo jurista ou pelas partes.

3. *Ontologia da presunção no direito*

Oferecidas essas considerações propedêuticas, já podemos dizer que toda construção de linguagem, em verdade, é uma substituição de um dado por outro, de uma coisa por outra. No ordenamento positivo, tudo se dará da mesma forma. Como já observado, o direito é um sistema de linguagem e, por esta razão, o objeto na sua concretude existencial se torna intangível para ele. O que se entende por *objeto* no direito é justamente fruto do discurso jurídico, ou, em outras palavras, são os próprios enunciados normativos. Não ingressa no sistema jurídico *fato puro* (o evento), mas sempre fato lingüisticamente construído pelo exegeta. Os objetos jurídicos (o fato), portanto, nascem somente e no mesmo momento em que se há o relato em linguagem competente (linguagem das provas). O discurso, neste sentido, é o que dá significação ao objeto no direito positivo. E sem linguagem, não há direito, não há fato jurídico.

Por outro lado, deparar-nos-emos com as presunções que, em seu significado de base, são formas de derivação deste enunciado. A palavra "derivar",[3] por sua vez, significa tanto (i) mudar de direção, dirigir para outro ponto; quanto (ii) formar-se, dar como origem, resultar ou descender. Tal conceituação é bastante frutífera para o presente estudo uma vez que ambas identificam momentos da operação lógica que existem nas presunções.

Ao presumir, em um primeiro momento, admite-se um fato conhecido por outro desconhecido. Cria-se um vínculo entre duas unidades de significação sem que elas o tenham naturalmente. A partir desta correlação, que se dá em planos lógicos, admite-se um fato pelo outro, num processo que se traduz por uma verdadeira substituição sígnica. Em verdade, essa relação que se cria entre ambos na maioria das vezes é originariamente simbólica, uma vez que se estabelece entre o fato de base e o fato presumido semelhança ou similaridade. Tal associação, outrossim, é apenas mentalizada, e não real. Em outras palavras, arbitra-se, por intermédio de um processo metafórico, um vínculo entre dois signos, permitindo-se a substituição ou representação de um pelo outro como se ambos fossem sinônimos. Atribui-se ao fato desco-

3. Antonio Houaiss, *Dicionário Houaiss da Língua Portuguesa*, 1ª ed., Rio de Janeiro, Objetiva, 2001, p. 944.

nhecido (fato presumido) sentido abstrato próprio do fato de base, trazendo consigo a segurança da exatidão da mensagem.

Em comentários ligeiros, perceberemos que essa notação de uma relação, constante numa determinada cultura, entre dois elementos se dará em dois planos: com o signo lingüístico e com o símbolo. O primeiro invariavelmente arbitrário; ao passo que o segundo é convencional, mas nunca totalmente arbitrário, dado que o símbolo não é vazio, nele haverá sempre um rudimento de liame natural entre o significante e o significado.

Por lado oposto, outro efeito da derivação, próprio das presunções, encontra-se em planos semânticos normativos. Com elas, o antecedente estende seu conceito hipotético legal ou mesmo, em plano concreto, a noção do fato jurídico, para além do que ele é como fato base, alargando-o semanticamente a fim de abarcar a idéia contida no fato presumido. Observado este fenômeno sob outro ângulo, entende-se que se dá verdadeira origem de um novo fato jurídico, permitindo e confirmando, em termos prescritivos, criação de novo signo jurídico, regulador de conduta.

4. As funções de linguagem exercidas pela presunção no direito

Desde logo cumpre fazer observação importante e que atina ao momento da própria determinação das funções de linguagem exercidas pelas presunções no sistema normativo. Para entender o papel das presunções no direito, faz-se necessário observar exatamente em que momento e quem elabora o raciocínio presuntivo. A função da linguagem que postula a presunção no direito será determinada justamente por estes dois fatores, entendendo ora como exercício de função fabuladora, quando exercida pelo legislador, ora como função metalingüística, quando praticada pelo Juiz de Direito, pelos juristas ou pelas partes no processo. Bem, passemos a examinar os critérios e cada uma dessas situações.

O discurso que se atina apenas ao significado, sem que lhe seja demandada a verdade ou a falsidade, compreendida aqui como correspondência fática, para ter validade no sistema a que se refere, diz-se que estará em função fabuladora. São enunciados constitutivos de realidade, podendo se apresentar como *ficção*, como *presunção* ou como *hipótese normativa*. Há que se ter em mente que a linguagem utilizada em sua função fabuladora não se preocupa em descrever algo, mas em constituir signo apto a cumprir com funções comunicativas específicas daquele determinado sistema.

Na comunicação humana comum, a função fabuladora está muito presente, capaz de criar objeto jamais passíveis de serem observados no meio social, porém, amplamente compreendido pelos utentes daquela língua. Esses enunciados são determináveis no tempo e no espaço; por outro lado, e é aqui que se diferenciam gravemente dos objetos naturais, não podem ser verificados na experiência, pois só são *reais* justamente porque sustentados por uma crença. Não se cogita, portanto, de suas verdades empíricas, mas sim de seus juízos axiológicos que é o próprio contexto que lhe confere substrato.

Vale salientar, a propósito, que isso não significa que os discursos em função fabuladora não estão aptos a serem apreciados segundo os critérios de verdade/falsidade. A linguagem científica, por exemplo, que assume a verdade e a falsidade como seus critérios de avaliação discursiva, poderá perfeitamente descrever o enunciado fabulador como verdadeiro, sem que com isso contamine o seu objeto; mas o fará como linguagem descritiva de segundo plano, como metalinguagem de linguagem objeto. A ressalva alerta justamente que esse juízo de valor – verdadeiro ou falso – de linguagem científica nada altera a crença que dá alicerce à mensagem, pois é fruto de uma opção de quem acredita naquela linguagem objeto em função fabuladora, tal qual se dá com os objetos metafísicos.

O direito, freqüentemente utilizará sua linguagem em função fabuladora, obtendo por fundamento justamente a *crença* que os utentes do direito suportam pelo próprio sistema normativo, alicerce de toda sua prescritividade. O legislador é o agente competente para criar esses *objetos metafísicos* permeados entre os enunciados do direito em planos abstratos. Com o objetivo de prescrever condutas, cria realidade jurídica e o faz por meio dos instrumentos jurisdicizados: ficção legal, presunção legal e hipótese normativa.

Em comentário ligeiro, já nos alertou Alfredo Augusto Becker que "existe uma diferença radical entre a presunção legal e a ficção legal: 'A presunção tem por ponto de partida a verdade de um fato: de um fato conhecido se infere outro desconhecido. A ficção, todavia, nasce de uma falsidade. Na ficção, a lei estabelece como verdadeiro um fato que é provavelmente (ou com toda a certeza) falso. Na presunção, a lei estabelece como verdadeiro um fato que é provavelmente verdadeiro. A verdade jurídica imposta pela lei, quando se baseia numa provável (ou certa) falsidade é ficção legal, quando se fundamenta numa provável veracidade é presunção legal".[4] Por outro lado, a hipótese normativa, componente das normas gerais e abstratas, acompanha essa linguagem constitutiva de signos jurídicos, quando empregada em função fabuladora, toda vez que sua hipótese seja constituída em desacordo com a índole em que normalmente são tomados os fatos naturais.

Levemos em conta esse contexto para afirmar, em síntese, que o direito positivo se utiliza da linguagem em função fabuladora, toda vez que o legislador, no momento em que elabora a lei, opera com signo apto a significar algo, sem que lhe seja demandado a sua verdade ou a falsidade empírica, para ser signo válido no sistema e constitutivo de realidade jurídica. As presunções, assim entendidas e com a condição de serem enunciadas antes da positivação da norma pelo legislador, exercem a linguagem do direito em função fabuladora.

Outro, porém, é o momento em que os utentes da linguagem do direito, que não se confunde com o legislador, articulam esses enunciados normativos presumindo. A presunção aqui está submersa em outro contexto jurídico, no qual aparece como um mecanismo criado pelo próprio direito para preencher os conteúdos das normas jurídicas, substituindo e alargando os termos do conceito do fato jurídico.

Firmemos que, na dificuldade de se encontrar determinado fato para desencadear a regulação de conduta, o direito cria mecanismo de sobrenível que viabiliza a substituição de um fato por outro sem que se perca a prescritividade da norma. Associam-se dois signos que, em tese, não estariam em paralelismo semântico, justamente para poder veicular a norma e regular conduta. E isso se dá por intermédio do homem, articulador da linguagem e fonte da significação dos enunciados jurídicos.

A linguagem que opera na função metalingüística não é metalinguagem, no sentido de uma linguagem que fala de outra linguagem; mas sim metalingüística, uma vez que é o código falando de si mesmo, em um verdadeiro diálogo interior no sistema. Esse discurso quer justamente elucidar aquele que articula a significação de determinado sistema lingüístico segundo as direções semânticas que deve tomar na determinação do sentido. Em outras palavras, a linguagem focaliza o código em que se situa, apresentando em um mesmo discurso dois níveis de diálogo.

Um mesmo sujeito articula esses dois planos, antecipando as dúvidas do destinatário da mensagem e, ao mesmo tempo, elucidando a comunicação que se trava entre eles. É neste sentido que nos alerta Paulo de Barros Carvalho: "Nela, antecipa-se o emissor as interrogações do destinatário, explicitando fragmentos do discurso que lhe pareceriam desconhecidos ou absurdos aos ouvidos ou aos olhos do interlocutor. Antes que o receptor interrompa a locução para

4. Alfredo Augusto Becker, *Teoria Geral do Direito Tributário*, 4ª ed., São Paulo, Noeses/Marcial Pons, 2007, p. 539.

formular perguntas, aquele que fala ou escreve esclarece o trecho, oferecendo informações adicionais a respeito".[5]

Pressupondo que a função metalingüística acontece sempre no interior de um único código, promovida por um só emissor, atua numa gramaticabilidade própria do sistema. Em toda língua, é por intermédio da gramática que se confere inteligibilidade à mensagem, homogeneizando os padrões discursivos de dado sistema. Ela visa unicamente a formular regras para distinguir as formas corretas das incorretas; é uma disciplina normativa de sobrenível que, muito afastada da pura observação e descrição, atua como pressuposto cognoscitivo da realidade jurídica a que se atina.

Breves investigações sobre as presunções no direito revelarão que, em determinados momentos, elas serão o retrato da linguagem jurídica dirigida aos seus comunicadores como numa verdadeira atividade de certificação do código. São regras que fundamentam a estrutura do sistema normativo, prescrevendo as diferentes formas de combinação dos vocábulos para construir unidade plena de sentido jurídico. São proposições de sobrenível, porém, não são regras sintáticas fora do sistema. Pelo contrário, traduz-se por ser uma regra jurídica que fala de seu interior, como em um verdadeiro exercício da função metalingüística. À semelhança das regras gramaticais, as presunções se apresentam como regras de estrutura do ordenamento jurídico, determinam os órgãos do sistema aptos a presumir e os expedientes formais necessários para que editem, alterem ou desconstituem normas jurídicas válidas no ordenamento, autorizativa da substituição de um fato conhecido por outro desconhecido.

As presunções, portanto, fazem parte da *Gramática Jurídica*, ou seja, daquele subconjunto de regras que estabelecem como outras regras devem ser postas, modificadas ou extintas, dentro de certo sistema, conferindo competência a determinados agentes para substituir ou alargar os conceitos normativos. Em outras palavras, fazem parte daquelas regras (proposições) de formação e de transformação das proposições, uma vez que estatuem como criar outras normas, tendo em vista que toda vez que se presume cria-se novo signo jurídico tanto pela operação lógica de substituição quanto pela aproximação, e alargamento, de conceitos. São regras de sobrenível, hierarquicamente superior às outras normas, isto é, são normas-de-normas.

Citemos, concisamente, alguns exemplos para ilustrar a presença da função metalingüística. Em linguagem comum, iremos encontrar frases introduzidas por expressões como "isto é", "ou melhor", "ou seja", entre outros. Em linguagem jurídico normativa, não veremos tais expressões, mas algo similar. O direito prescreve na hipótese legal (norma 1) uma alternativa factual, autorizando (norma 2) que se possa produzir uma substituição ou alargamento do conceito prescrito. A norma 2 fala sobre o próprio processo de construção normativa, dirigida aos seus destinatários como uma verdadeira atividade de certificação do código. Traduziríamos este processo, pois, da seguinte forma: Dado o fato de base ("Fb"), isto é, o fato base ("Fb") ou o fato presumido ("Fp"); deve-ser a conduta R. Em linguagem formal, estaríamos com a seguinte fórmula (Fb v Fp). Um ("Fb") e outro (Fp) ligados por um conjuntor disjuntivo includente ("v") tendo em vista que se exige apenas que um deles seja enunciado lógico (e não empírico), verdadeiro, porém ambos aptos a desencadear a relação jurídico prescritiva.

5. *Conclusão*

Com estes torneios, pretendo deixar claro que há duas acepções possíveis para o vocábulo "presunção" no direito. Poderá ser vista tanto como a própria letra de lei inserida no sistema pelo legislador, quanto como o processo de raciocínio dedutivo

5. Paulo Barros Carvalho, *Apostila de Filosofia do Direito I (Lógica Jurídica)*, Programa de Pós-Graduação em Direito na PUC, p. 27.

usado por todos os outros agentes do direito para articular a significação dos enunciados normativos.

Adotando pressuposto de que para se caracterizar em qual dessas acepções a presunção se exerce no direito, podemos dizer que se faz necessário observar exatamente em que momento enunciativo o raciocínio presuntivo (dedutivo) se encontra e quem o elabora. Este é o critério que orientará o intérprete na definição desse instituto. Há que se tomar nota que a presunção desaparece como tal no sistema quando veiculada como norma válida pelo legislador: de raciocínio presuntivo torna-se letra de lei. Por outro lado, permanece na qualidade lógico-dedutiva no momento que é articulada pelo Juiz, pelo jurista ou pelas partes. Reveste-se, neste caso, de caráter de vínculo implicacional, forma de juízo de derivação em que se toma um fato conhecido, de existência certa, por outro desconhecido, de existência provável.

Não sobeja lembrar que ao presumir admite-se um fato pelo outro, num processo que se traduz por uma verdadeira substituição sígnica. A figura vem a aparecer, efetivamente, naquele processo metafórico, em que se arbitra um vínculo entre dois signos que naturalmente não o tem. Confere-se, com isso, uma permissão ora de se substituir ou representar um pelo outro, ora de se estender ou alargar, em planos semânticos, o conceito hipotético legal ou mesmo, em plano concreto, a noção do fato jurídico, para além da significação que porta o fato base. São, portanto, dois processos lógico-inferenciais presuntivos: de um lado, uma troca ou substituição sígnica, em que se pressupõe uma aproximação entre dois signos; de outro, um alargamento semântico, dando origem a um novo signo jurídico apto a traduzir a idéia contida no fato presumido.

No intuito de explicar essas noções, temos insistido, reiteradamente, que a teoria da linguagem é campo fértil para instrumentalizar uma análise científica mais atilada. Resumindo, cremos que a linguagem prescritiva, ao se utilizar do método presuntivo para regular condutas, utiliza sua linguagem em duas funções: (i) função fabuladora, quando exercida pelo legislador em momento enunciativo de criação normativa; e (ii) função metalingüística, quando praticada pelo Juiz de Direito, pelos juristas ou mesmo pelas partes no processo em momento de articulação dos enunciados prescritivos.

A linguagem do direito utilizada em função fabuladora cria realidade jurídica e o faz por meio da ficção legal, da presunção legal e da hipótese normativa. A função fabuladora aparece no momento em que se elabora a lei. Seu signo tem a característica de significar algo, sem que lhe seja demandado a sua verdade ou a falsidade empírica. Em outras palavras, para o direito, pouco importa a realidade empírica, basta que haja norma válida no sistema para se ter signo com significado jurídico e constitutivo de realidade jurídica.

Uma vez prescrita norma válida no sistema, entram em campo os articuladores dos enunciados normativos, prontos para criar significação jurídica. Neste momento, a presunção se revestirá de caráter de sobrenível no sistema, tal qual um mecanismo criado pelo próprio direito para preencher os conteúdos das normas jurídicas, permitindo-se substituir e alargar os termos do conceito do fato jurídico. São articulações que acontecem sempre no interior de um único código, promovida por um só emissor, em que atua no nível da gramaticabilidade própria do sistema, pressuposto cognoscitivo da própria realidade jurídica. As presunções, assim entendidas, serão o retrato da linguagem jurídica dirigida aos seus comunicadores como numa verdadeira atividade de certificação do código. São regras que fundamentam a estrutura do sistema normativo, prescrevendo as diferentes formas de combinação dos vocábulos para construir unidade plena de sentido jurídico. Isto quer dizer que se apresentam como regras de estrutura do ordenamento jurídico, determinam os órgãos do sistema aptos a presumir e os expedientes formais necessários para que editem, alterem ou desconstituem normas jurídicas válidas no ordenamento, autorizativa da substituição de um fato conhecido por outro desconhecido.

Eis uma breve síntese do cenário das presunções no direito positivo. A análise em planos abstratos deste instituto quer pôr em evidência a forte presença da linguagem como algo constitutivo da realidade jurídica, asserto que choca, à primeira vista, mas que vai mansamente convencendo, à medida que se percebe que o direito nada mais é que um grande processo lingüístico comunicacional, pedindo ao exegeta, a todo momento, uma interpretação que mantenha as proporções inteiras desse sistema prescritivo de conduta.

ESTUDOS & COMENTÁRIOS

O SIMPLES NACIONAL E ASPECTOS CONSTITUCIONAIS DA TRIBUTAÇÃO DAS MICRO E PEQUENAS EMPRESAS (LEI COMPLEMENTAR N. 123, DE 14 DE DEZEMBRO DE 2006)

POLLYANA VILAR MAYER

Doutora em Direito Tributário pela Universidade de Salamanca.
Mestre pela Universidade Presbiteriana Mackenzie. Advogada

OLÍVIA TONELLO MENDES FERREIRA

Mestranda em Direito Tributário da PUC/SP. Especialista em Direito Tributário pelo IBET. Advogada

1. O SIMPLES Federal e o SIMPLES Nacional. 2. As bases do SIMPLES Nacional. 3. O Comitê Gestor. 4. Características da nova Lei Complementar n. 123/2006. 5. Unificação do pagamento dos tributos. 6. O cálculo unificado dos tributos. 7. O fundamento de validade da Lei Complementar n. 123/2006. 8. O Supersimples diante dos princípios federativo e da autonomia dos Municípios – Indelegabilidade da competência tributária. 9. Conclusões.

O Brasil, longe de ser um país com um sistema tributário simplificado, luta e sofre a cada dia para se adequar e cumprir as normas tributárias que fazem parte do seu sistema. São, em média, 62 tributos e mais de 3.000 normas tributárias que tornam o país, senão o mais, um dos mais complicados em matéria tributária do mundo.

A procura pela justa e adequada tributação e sua correta aplicação não tem porque demandar um sistema amplo e complexo. Muito pelo contrário, quanto mais prolixa seja uma legislação, maiores serão as dificuldades para aplicá-la e maior o risco de ineficácia. Como bem expôs Ferreiro Lapatza nas últimas Jornadas Latino-Americanas de Direito Tributário "es infundado considerar que la regulación y aplicación de un tributo ha de ser necesariamente prolija y complicada, si se quiere que tal regulación sea justa y eficaz".[1]

Umas das medidas mais recentes no Brasil, que em parte corrobora com a idéia de que é necessária uma simplificação tributária no país, é a Lei Complementar n. 123, de 14 de dezembro de 2006, que instituiu o Estatuto Nacional da Microempresa (ME)

1. ILADT, outubro de 2006, em Córdoba (Argentina).

e da Empresa de Pequeno Porte (EPP), também conhecida como a Lei do Supersimples.

O aludido diploma legal tem como fundamento de validade o art. 146, inciso III, *d*, e parágrafo único,[2] da Constituição da República, acrescentado pela Emenda Constitucional n. 42/2003, que possibilitou, outrossim, a instituição de um regime único de arrecadação de impostos e contribuições da União, dos Estados, do Distrito Federal e dos Municípios.

O Sistema Integrado de Pagamento de Impostos e Contribuições, o SIMPLES Nacional, é o quinto Estatuto brasileiro em 22 anos que regula temas dessa classe de empresas, mas é apenas o segundo em que são abordados seus aspectos tributários.[3] A nova lei, assim como a anterior, busca dar o tratamento mais benéfico e diferenciado que o setor demanda, facilitando a abertura, existência e, principalmente, a permanência da micro e pequena empresa na concorrência do mercado atual. Entretanto, ao nosso modo de ver, esta lei segue cometendo, e desta vez com agravantes, o erro de acreditar ser necessário complicar para lograr simplificar.

Antes do advento das normas simplificadoras, as empresas desse setor tinham que suportar uma alta e complexa carga tributária, dispersa em várias legislações, e enfrentava uma burocracia tal que muitas delas não conseguiam sobreviver ao próprio "parto" e, quando o conseguiam, a maioria não chegava a cumprir seu primeiro ano de vida. Era quase que um incentivo à não abertura de novas empresas para o pequeno empreendedor ou, o que é pior, um incentivo à informalidade das micro e pequenas empresas, já que elas dificilmente conseguiriam cumprir todas as obrigações e deveres impostos pela lei, além de assumir uma carga tributária exorbitante e não condizente com suas proporções.

Segundo dados do Banco Mundial, se um empreendedor quisesse abrir uma empresa antes no Brasil, tinha que se inscrever em mais de dez órgãos, apresentar mais de noventa documentos e preencher um sem fim de declarações.[4] O trâmite durava em média cinco meses e poderia custar até R$ 2.000,00. Uma vez superados esses obstáculos chegava o grande desafio de se manterem vivas, e o mais provável era que não o conseguissem.

O novo sistema introduziu inovações na legislação já existente, permitindo que as empresas realizem um processo de inscrição simplificado para sua composição, em uma única base de dados compartida pelos três entes do Poder Público (federal, estadual e municipal), o que sem dúvida conduzirá a uma considerável desburocratização dos trâmites administrativos para abertura de novos negócios.

Nesse sentido, é louvável a intenção do legislador ao criar a Lei Complementar n. 123/2006. No entanto, alguns dos aspectos tratados por ela foram abordados de forma, no mínimo, questionável, o que vem

2. "Art. 146. Cabe à lei complementar: (...) III – estabelecer normas gerais em matéria de legislação tributária, especialmente sobre: (...) d) definição de tratamento diferenciado e favorecido para as microempresas e para as empresas de pequeno porte, inclusive regimes especiais ou simplificados no caso do imposto previsto no art. 155, II, das contribuições previstas no art. 195, I e §§ 12 e 13, e da contribuição a que se refere o art. 239. Parágrafo único. A lei complementar de que trata o inciso III, *d*, também poderá instituir um regime único de arrecadação dos impostos e contribuições da União, dos Estados, do Distrito Federal e dos Municípios, observado que: I – será opcional para o contribuinte; II – poderão ser estabelecidas condições de enquadramento diferenciadas por Estado; III – o recolhimento será unificado e centralizado e a distribuição da parcela de recursos pertencentes aos respectivos entes federados será imediata, vedada qualquer retenção ou condicionamento; IV – a arrecadação, a fiscalização e a cobrança poderão ser compartilhadas pelos entes federados, adotado cadastro nacional único de contribuintes."

3. A primeira foi a Lei n. 9.317/1996 (SIMPLES Federal) que foi revogada em julho de 2007 pela nova Lei Complementar n. 123/2006.

4. Ver também: Halley Henares Neto (coord.), *Comentários à Lei do Supersimples*, Ed. Quartier Latin, 2007, p. 58.

gerando muitas dúvidas e discussões entre os especialistas, com o ajuizamento de ações discutindo a legalidade e constitucionalidade do citado diploma legal.

Bem sabemos que quanto maior a burocracia, maiores são os custos de assessoria e menor o tempo que o empresário pode dedicar ao seu próprio negócio.

1. O SIMPLES Federal e o SIMPLES Nacional

A revogada Lei n. 9.317/1996, mais conhecida como SIMPLES Federal, estava voltada apenas para os tributos federais, enquanto a Lei Complementar n. 123/2006, titulada SIMPLES Nacional, trata não apenas dos tributos federais, mas também de impostos das duas outras esferas do poder público, quais sejam, o ICMS e o ISS. Em princípio, essa iniciativa deveria supor mais benefícios e uma maior simplificação do pagamento de alguns tributos. A intenção do legislador foi a de proporcionar um sistema uniforme, que facilite a administração, gerenciamento e o cumprimento dos deveres e obrigações legais dos micro e pequenos empresários. Se este objetivo será alcançado ou não é algo que veremos ao longo dos meses.

Uma das principias propostas da Lei Complementar n. 123/2006, que continua sendo de adesão voluntária para as empresas que cumpram os requisitos impostos por ela, além da redução das obrigações formais, é a arrecadação de oito tributos por meio de um único DARF. Esta medida, incrementando a Lei n. 9.317, que tratava de apenas seis impostos, termina por incentivar ainda mais os quase 40 milhões de brasileiros que se negam a entrar no mercado formal, em decorrência das dificuldades burocráticas na formalização e da alta carga tributária imposta pelo Governo. A intenção é que, com essa maior abrangência simplificadora, as MEs e as EPPs consigam chegar a novos níveis de concorrência devido à economia de tributos obtida e ao aproveitamento do tempo antes gasto com "papeladas". Isto permitirá que elas possam dispor destes recursos para investir em serviços, emprego e tantos outros benefícios revertidos para a própria empresa.

2. As bases do SIMPLES Nacional

O art. 170 da Constituição brasileira ressalta que a ordem econômica, fundada na valorização do trabalho humano e na livre iniciativa, tem por finalidade assegurar a todos uma existência digna, conforme os ditames da justiça social, observados princípios existentes, entre eles, o de tratamentos favorável para as empresas de pequeno porte constituídas ao amparo das leis brasileiras, cujo domicílio social e administração se encontrem no país.

Nossa Constituição prevê de maneira expressa a necessidade de proporcionar tratamento diferenciado e favorável às micro e pequenas empresas,[5] confirmando, com isso, que o princípio da igualdade se encontra em dar tratamento desigual aos desiguais, na proporção de suas desigualdades.[6] No entanto, em nossa opinião, a Lei Complementar n. 123/2006, com o fim de alcançar tal tratamento, acabou por extrapolar, em determinadas situações, suas atribuições, afetando uma série de conceitos já consolidados na própria Carta Magna, especialmente aqueles referentes à competência tributária.

A lei criadora do SIMPLES Nacional, mais conhecida como Supersimples, ainda que busque facilitar a vida do micro e pequeno empresário, cria polêmicas e de "simples" tem muito pouco. A denominação de "supersimples" mais parece uma estratégia de *marketing* para nos fazer acreditar na simplicidade do que é obviamente complicado. A lei, em seus 89 artigos e 5 anexos, toca, sem pretensão de esgotar, aspectos de

5. Arts. 170, IX, 179, 37, XXII (todos os entes atuar de forma integrada) e 146, alínea *d*, parágrafo único (regime único de arrecadação), todos da CF.

6. Celso Antônio Bandeira Mello, *Curso de Direito Administrativo*, 10ª ed., São Paulo, Malheiros Editores, 2005.

ordem tributária, de natureza civil, de caráter trabalhista, administrativo e, inclusive, processual. A idéia foi de permitir simplificar o cumprimento das obrigações do micro e pequeno empresário em todos esses campos, não apenas no tributário.

Não se pode negar que houve um avanço para a sociedade com relação à desburocratização, principalmente nos casos de abertura e fechamento de empresas, de pagamento das dívidas, bem como nas questões trabalhistas e administrativas. No entanto, a efetiva carga tributária, o eixo central da simplificação real, ainda segue sendo uma incógnita. Desde este ponto de vista, a nova lei mais parece um emaranhado de normas incompletas, ditadas à espera que o Comitê Gestor as complete em tempo hábil, desenvolvendo a dura tarefa que lhe foi atribuída de explicar e delimitar o que até agora não pode ser explicado ou solucionado.

3. *O Comitê Gestor*

A lei do SIMPLES Nacional não deixa claro como se desenvolverá a aplicação e a regulamentação de suas próprias normas. Aliás, deixa grande parte dos temas para ser regulado pelo Comitê Gestor.[7] Este órgão, vinculado ao Ministério da Fazenda, é composto por dez expertos sobre o tema, sendo dois representantes da Secretaria da Receita Federal, dois representantes da Secretaria da Receita Previdenciária, dois representantes da União, dois dos Estados e Distrito Federal e dois dos Municípios, e, estranhamente, não integra a comissão nenhum representante das MEs e EPPs, isto é, das micro e pequenas empresas. Já iniciada a vigência da lei, o Comitê apenas emitiu algumas das tantas resoluções que necessariamente terão que enunciar e, até agora, não conseguiu esclarecer muitas das dúvidas sobre a aplicação da lei.

Além do mais, ao Comitê Gestor foi atribuída a missão de gerenciar parte da lei por meio de resolução (art. 3º), tarefa de competência duvidosa, já que o próprio sistema constitucional brasileiro prescreve que apenas mediante "lei" poderão ser estabelecidos deveres e direitos para os cidadãos, principalmente quando se trate de temas relacionados ao direito tributário.

4. *Características da nova Lei Complementar n. 123/2006*

O conceito de ME e de EPP se apóia no faturamento anual bruto de cada empresa e em seus aspectos qualitativos. A Lei Complementar n. 123/2006 repetiu a redação dada pela Lei n. 11.196, de 2005, e unificou esse conceito, que antes da antiga lei do SIMPLES Federal se encontrava disperso. Nos termos da lei complementar, em regra, são consideradas microempresas as empresas que tenham um faturamento anual (12 meses) de até R$ 240.000,00 e empresas de pequeno porte as que possuam faturamento de até R$ 2.400.000,00.

No entanto a própria lei, para respeitar o princípio da igualdade, se viu obrigada a estabelecer diferenças no valor-base de faturamento para determinação das EPPs entre os Estados e seus respectivos Municípios com relação ao recolhimento especial de ICMS e ISS. Os Estados (e seus respectivos Municípios) com participação de até 1% do PIB poderão adotar limites de até R$ 1.200.000,00 (atualmente são onze Estados nessa situação – RO, AC, RR, AP, TO, MA, PI, RN, PB, AL, SE); os Estados com participação de até 5% do PIB, o limite de R$ 1.800.000,00 (onze Estados – AM, PA, CE, PE, BA, ES, SC, MT, MS, GO e DF); e, por último, os Estados com participações de mais de 5% do PIB necessariamente adotarão o limite previsto de R$ 2.400.000,00 (cinco Estados – MG, RJ, SP, PR e RS).

A Lei Complementar n. 123 se encarrega de diferenciar os tipos de atividades desenvolvidas pelas MEs e EPPs que permitem a adesão ao Sistema Simplificado de arrecadação. A lei traz exceções às permis-

7. Instituição do Comitê Gestor publicada no *DOU* no dia 8.2.2007.

sões no § 4º do art. 3º, todas em função do capital social da empresa, das atividades, dos débitos com o Fisco, de sócios domiciliados no exterior, entre outras. A nova lei procurou dirimir conflitos surgidos na vigência da antiga Lei n. 9.317, no entanto pecou outra vez ao delimitar o acesso de algumas pessoas jurídicas ao SIMPLES. Como se fosse resguardar um direito de poucos, deixa de fora empresas sem uma forte base legal, como é o caso das empresas cujos sócios tenham participação em outras empresas já beneficiadas pelo SIMPLES nacional. Esse caso mais parece uma limitação a um direito do que uma norma para evitar uma possível fraude tributária, como certamente pensou em fazer o legislador.

Em relação às proibições de adesão ao SIMPLES Nacional a lei, mesmo tendo introduzido inovações, continua sendo ambígua e, em alguns casos, até de difícil compreensão, como o caso do inciso XI do art. 17, que proíbe o ingresso de empresas que tenham por finalidade a apresentação de serviços derivados do exercício de atividade intelectual, sem explicar o conceito e os limites deste tipo de atividade.

Não poderão recolher os tributos na forma do SIMPLES Nacional as empresas que possuam débitos com o INSS, ou com a Fazenda Pública. Para fins de ingresso será concedido parcelamento em até 120 meses relativos aos fatos geradores ocorridos até 31 de janeiro de 2006. Com isso a Receita não só conseguirá que muitas empresas confessem suas dívidas, ou desistam de contestá-las, como obrigará que dívidas contraídas a partir de fevereiro de 2006 sejam pagas sem parcelamento. Pode-se dizer que essa foi uma estratégia de arrecadação do legislador para que o contribuinte não tenha escolha na hora de optar por beneficiar-se do Sistema Simplificado.

A Lei Complementar n. 123/2006 também prevê uma base de calculo única, determinada pelos ingressos brutos de cada empresa. Esta base não coincide com a dos tributos que fazem parte do SIMPLES Nacional, o que de certa forma suscita dúvidas. Cada tributo que engloba o Sistema Integrado de arrecadação possui sua própria Regra-Matriz de Incidência,[8] cada um com sua hipótese de incidência e base de cálculo própria. O que a Lei Simplificadora faz é atribuir fato gerador único para todos os tributos (hipótese de incidência), no caso "auferir receita". Quer dizer, há uma modificação do núcleo dos tributos, que antes incidiam sobre renda, industrialização, lucro, circulação de mercadorias, prestação de serviços, etc. Essa modificação não só poderá suscitar questionamentos, mas também poderá ser o fundamento das alegações de inconstitucionalidade em relação ao cálculo diferenciado dos tributos estaduais e municipais, pois, sob certa perspectiva, isso poderia violar o princípio federativo e a autonomia dos Estados e Municípios, consoante se discorrerá adiante.

5. Unificação do pagamento dos tributos

Diferentemente da revogada Lei n. 9.317/1996, que unificou o pagamento de seis tributos federais e possibilitou, mediante convênio, a inclusão nesta unificação do ICMS e do ISS – de competência estadual e municipal, respectivamente – o SIMPLES Nacional já inclui na própria lei esses oito tributos, afetando as três esferas da Federação. É importante ressaltar que o objetivo da legislação era a unificação no cálculo e no pagamento dos impostos e contribuições e não, propriamente, na materialidade dos tributos, o que é discutível.

Quem aderir ao SIMPLES Nacional poderá pagar, em um único formulário, oito tributos de uma só vez. São eles: IRPJ (Imposto de Renda de Pessoa Jurídica), CSLL (Contribuição Social para o Lucro Liquido), PIS (Programa de Integração Social), IPI (Imposto sobre Produtos Industrializados), COFINS (Contribuição para o Financiamento da Seguridade Social), Contribuições

8. Ver Paulo de Barros Carvalho, *Fundamentos Jurídicos da Incidência*, 4ª ed., São Paulo, Saraiva, 2006.

para a Previdência Social e, de forma inovadora, e diríamos polêmica, o pagamento de ICMS (Imposto sobre Circulação de Mercadorias e Serviços) e ISS (Imposto sobre Serviços), que anteriormente integravam o SIMPLES Federal graças a convênios assinados pelos Estados e Municípios.

A lei diferencia cinco tipos base de tabelas, que introduzem cálculos unificados de alíquotas de acordo com o tipo de atividade de cada empresa (cinco anexos).[9] A cada atividade se aplica um tipo de unificação de alíquota, que muda de acordo com a faixa de faturamento de cada empresa. Os cálculos podem variar de acordo com as particularidades de cada figura e de cada Estado ou Município.

Existe uma série de regras que devem ser observadas na hora de calcular as alíquotas em cada situação. O Comitê Gestor, encarregado de identificar estas situações especiais, emitiu resolução com outras 55 tabelas[10] regulamentando a forma de cálculo e recolhimento dos impostos e contribuições devidos pelas MEs e EPPs optantes pelo novo regime, bem como suas alíquotas.

A arrecadação unificada não exclui o pagamento dos demais impostos que incidem sobre cada atividade. Além disso, os Estados, Distrito Federal e Municípios podem conceder isenções ou reduções de tributos de sua competência dentro do SIMPLES. Na hipótese em que um desses três entes conceda isenção ou redução do ICMS ou do ISS devido por microempresa ou empresa de pequeno porte, ou ainda determine recolhimento de valor fixo para esses tributos, será realizada redução proporcional ou ajuste do valor a ser recolhido, na forma a ser definida em resolução do Comitê Gestor.

Existe uma infinidade de exceções às regras do SIMPLES Nacional, indicadas na própria lei, e espaços que devem ser completados por regulamentação expedida pelo Comitê Gestor, que terminam por produzir certa insegurança no que, *a priori*, deveria apenas ser um instrumento facilitador do pagamento de tributos.

A bem ilustrar o excesso de atribuição conferida ao Comitê Gestor, basta ver que a Lei Complementar n. 123/2006 incumbiu este órgão de definir o sistema de repasses dos tributos arrecadados, inclusive encargos legais, por meio de resolução. Tal matéria é de tamanha importância, que a própria Constituição determina que ele deve ser imediato, vedada qualquer retenção ou condicionamento. Afinal, os tributos constituem significativa parcela da receita dos Estados e Municípios para ter seu repasse determinado por um ato normativo complementar.

6. O cálculo unificado dos tributos

Para determinar o importe mensal devido pela empresa que optar pelo SIMPLES Nacional, o contribuinte deverá comprovar o valor do faturamento bruto recebido nos últimos 12 meses anteriores ao mês em que quiser calcular o pagamento (contados proporcionalmente a partir de janeiro de 2007). A partir do valor do faturamento bruto acumulado, o contribuinte, com base na sua atividade, encontrará a faixa em que se encaixará e o valor das alíquotas unificadas que devem ser aplicadas naquele mês, considerando isenções e a não incidência em casos específicos (segundo resoluções do Comitê Gestor), para o pagamento do tributo. A utilização do barema "faturamento

9. Tabela geral:

ANEXO	ATIVIDADES	TRIBUTOS
I	comércio	IRPJ, CSLL, COFINS, PIS/PASEP, INSS e ICMS
II	indústria	IRPJ, CSLL, COFINS, PIS/PASEP, INSS, ICMS e IPI
III	serviços e aluguel de bens móveis	IRPJ, CSLL, COF INS, PIS/PASEP, INSS e (ISS)
IV	serviços	IRPJ, CSLL, COFINS, PIS/PASEP e ISS
V	outros (inclui outros serviços)	IRPJ, CSLL, COFINS e PIS/PASEP

10. Resolução GCSN n. 5, de 30.5.2007.

bruto" permite distintas soluções para o cálculo do valor que deve ser pago. No entanto, o legislador, ao escolher este tipo de cálculo, caiu uma vez mais no erro de complicar com a intenção de simplificar.

Os cálculos propostos pela nova lei exigem que as empresas tenham, a cada ano, seu planejamento tributário comprovado. As complexas conjecturas para optar pelo Supersimples devem ter uma atenção especial, dado que outras formas de tributação possíveis, como o lucro real ou presumido, possam supor comparativamente uma carga tributária inferior, perante as características específicas de cada empreendimento. É o caso de algumas empresas encaixadas na tabela do anexo V.

O anexo V traz um sistema de cálculo específico, representado pela utilização de uma equação matemática que consiste na relação ®, que é a proporção entre o valor da Folha de salários, incluídos encargos, dividido pela receita bruta, ambos calculados em uma base de 12 meses. Na hipótese em que ® seja maior ou igual a 0,40 (quarenta centésimos), as alíquotas do SIMPLES Nacional relativas ao IRPJ, PIS/PASEP, CSLL e COFINS corresponderão a tabela V; quando menor, a alíquota será proporcionalmente maior. Como exemplo, citamos uma empresa com um faturamento de R$ 10.000,00 mensais cuja relação ® é de 0,40 (que é o mesmo dizer de 40%). Isso significa que, nesta modalidade simplificada, a empresa pagaria em torno a R$ 16.800,00 e se optasse pelo lucro presumido pagaria algo em torno a R$ 13.596,00.

7. O fundamento de validade da Lei Complementar n. 123/2006

Ao iniciarmos a leitura da Lei Complementar n. 123/2006, verificamos que ela realmente objetiva o estabelecimento de normas gerais relativas ao tratamento diferenciado e favorecido a ser dispensado às MEs e EPPs, instituindo, outrossim, um regime único de arrecadação dos impostos e contribuições de tais entidades políticas, conforme já demonstrado ao longo do presente trabalho.

No entanto, ela não se atém apenas aos fins propostos. Isto porque, a pretexto de estabelecer um regime único de arrecadação, a Lei Complementar n. 123/2006 extrapolou seus limites, instituindo verdadeiro regime de tributação, o que fez em total desconformidade com o que preceitua o art. 146, da Carta Constitucional, e de diversos outros dispositivos e princípios constitucionais.

Este regime de tributação, ao qual nos referimos, tem sua caracterização patente ao alterar significativamente, como já mencionamos, a Regra-Matriz de Incidência Tributária dos tributos e contribuições por ele abarcados, dentre os quais se incluem o ICMS e o ISS, impostos de competência estadual e municipal, respectivamente.

Se fôssemos rigorosos no estudo, poderíamos chegar à conclusão de que a Lei Complementar n. 123/2006 criou um novo tributo, em substituição aos já existentes, cuja arrecadação seria partilhada entre os entes da Federação, em percentuais previamente definidos pelas tabelas constantes dos anexos I a V da citada lei e pelo Comitê Gestor.

O que é fato inconteste é que a Regra-Matriz de Incidência Tributária do ICMS e do ISS foi alterada, suscitando discussões acerca de sua constitucionalidade. Basta ver que a lei complementar em questão fixou alíquotas de ICMS e ISS para cada situação nela prevista.

A Lei Complementar n. 123/2006 determina, ainda, em seu art. 41, que os processos relativos a tributos e contribuições abrangidos pelo SIMPLES Nacional serão ajuizados em face da União, que será representada em juízo pela Procuradoria-Geral da Fazenda Nacional, podendo, excepcionalmente, a critério desta e mediante convênio, ser delegada aos Estados e Municípios a inscrição em dívida ativa estadual e municipal e a cobrança judicial dos tributos estaduais e municipais a que se refere a lei em questão.

Não há dúvidas, pois, de que a Lei Complementar n. 123/2006 não só estabelece um regime de arrecadação, mas, adentrando na própria esfera de competência dos Estados e Municípios, altera a Regra-Matriz de Incidência Tributária do ICMS e do ISS, usurpando também a competência destes para cobrar seus créditos tributários.

No que tange a estas disposições, a lei complementar carece de fundamento de validade, eis que o que a Constituição permite, em seu art. 146, é tão-somente o estabelecimento de normas gerais sobre o tratamento diferenciado e favorecido para as MEs e EPPs, bem como a instituição de um regime único de arrecadação, mas não de tributação.

Aliás, impende notar que a Constituição da República, em seu art. 146, parágrafo único, inciso IV, prevê que "a arrecadação, a fiscalização e a cobrança *poderão* ser compartilhadas pelos entes federados". E o uso do verbo "poder" expressa justamente uma faculdade, mas nunca uma obrigação, de tal sorte que para que o referido compartilhamento se mostre possível, faz-se imprescindível a concordância dos demais entes federativos, sendo vedada sua imposição arbitrária pela União, consoante estudaremos a seguir.

8. O Supersimples diante dos princípios federativo e da autonomia dos Municípios – Indelegabilidade da competência tributária

O *principio federativo*, verdadeira viga-mestra de nosso sistema jurídico, é uma decorrência necessária, no sistema brasileiro, do próprio regime republicano, sendo pétreo e indissolúvel. Assim é que o art. 60, § 4º, inciso I, da Constituição Federal proíbe, incisivamente, qualquer proposta de emenda tendente a abolir a forma federativa do Estado.

Como bem observado por Geraldo Ataliba,[11] "tanto o princípio republicano quanto o federal são postos como regras supraconstitucionais, princípios super-rígidos, pedras basilares de todo o sistema (...), obrigam todos os intérpretes, desde o primeiro – lógica e cronologicamente (Biscaretti), o legislador – até o último – o judicial –, a submeterem às suas exigências todos os demais princípios e regras constitucionais e, com maior razão, infraconstitucionais".

Sendo a característica fundamental do federalismo brasileiro, a autonomia política e administrativa dos Estados-membros e dos Municípios, impõe-se, como bem leciona Sacha Calmon Navarro Coêlho,[12] a preservação da autonomia financeira dos entes locais, sem a qual as outras não existirão: "sendo a federação um pacto de igualdade entre as pessoas políticas, e sendo a autonomia financeira o penhor da autonomia dos entes federados, têm-se que qualquer agressão, ainda que velada, a estes dogmas, constitui inconstitucionalidade".

Nesse sentido, levando-se em consideração que a discriminação da competência tributária é manifestação do próprio federalismo brasileiro, a Constituição traçou, rigidamente, as competências da União, dos Estados, do Distrito Federal e dos Municípios, cuidando para que não houvesse conflito entre as subordens jurídicas estabelecidas no Estado Federal.

A rigidez é tão grande que as únicas hipóteses em que a União poderá intervir nos Estados e no Distrito Federal estão traçadas exaustivamente no art. 34 da Constituição Federal, não se encontrando aí qualquer previsão de intervenção na esfera de competência daqueles entes.

Aliás, a demonstrar a importância atribuída à rígida distribuição de competências, cumpre notar que uma das hipóteses previstas no citado art. 34 refere-se ao caso de a União necessitar assegurar a observância do princípio da autonomia municipal, tamanha é a importância de tal primado.

11. *República e Constituição*, 2ª ed., 4ª tir., atualizada por Rosolea Miranda Folgosi, São Paulo, Malheiros Editores, 2007, p. 45.

12. *Curso de Direito Tributário Brasileiro (Comentários à Constituição e ao Código Tributário Nacional, Artigo por Artigo)*, Rio de Janeiro, Forense, 2001, pp. 62-63.

Seguindo esse entendimento, faz-se imperiosa uma incursão nas normas constitucionais que cuidam do ICMS e do ISS, a fim de averiguar a competência da União para alterar a Regra-Matriz de Incidência de tais impostos.

Em se tratando de ICMS, determina o art. 155 da CF/1988 ser a instituição de tal imposto de competência única e exclusiva dos Estados e do Distrito Federal. A mesma norma, em seu § 2º, inciso VI, determina que "salvo deliberação em contrário dos Estados e do Distrito Federal, nos termos do disposto no inciso XII, *g*,[13] as alíquotas internas, nas operações relativas à circulação de mercadorias e nas prestações de serviços, não poderão ser inferiores às previstas para as operações interestaduais".

Da leitura do art. 155, chega-se, portanto, a duas conclusões: (i) a competência para instituição do ICMS é exclusiva dos Estados e do Distrito Federal, não podendo a União usurpá-la; (ii) as alíquotas, via de regra, não poderão ser inferiores às previstas para as operações interestaduais, a menos que haja deliberação quanto a isto.

Em que pese a Constituição ser clara neste tocante, a Lei Complementar n. 123/2006 não só invadiu a competência dos Estados e Distrito Federal, ao redefinir a RMIT do ICMS, como ainda tratou de estabelecer alíquotas inferiores àquelas previstas para as operações interestaduais, o que afronta nitidamente não só a forma federativa, como ainda o próprio art. 155 da Carta Constitucional.

A bem da verdade, a redução das alíquotas pela Lei Complementar n. 123/2006 pode ser compreendida como uma isenção parcial, o que invoca a aplicação de outro dispositivo constitucional, qual seja, o art. 151, III, da CF, por meio do qual é vedado à União instituir isenções de tributos da competência dos Estados, Distrito Federal ou dos Municípios.

Vê-se, claramente, que a Lei Complementar afigura-se inconstitucional no que diz respeito à fixação de alíquotas de ICMS, não só por violar o princípio federativo, como ainda, por usurpar competência que não lhe pertence.

Admitir o contrário faz com que a Constituição perca sua força impositiva, como há muito já lecionava Geraldo Ataliba:[14] "As competências recebidas pelos órgãos legislativos do país hão de ser desenvolvidas não só na conformidade das balizas expressas contidas no texto constitucional, como, ainda, hão de ser todos os preceitos assim emanados realizadores e respeitadores dos princípios constitucionais fundamentais. Entender de outra maneira é reduzir a Constituição a mera tábua de sugestões, simples rol de recomendações. É negar-lhe a *vis* de Lei Máxima, vigor de Carta Fundamental, eficácia de Suprema Lei do país".

No mesmo sentido, informando a impossibilidade de flexibilização das competências constitucionalmente previstas, são as lições de Mizabel Derzi:[15]

"No Brasil, a questão da discriminação da competência tributária é manifestação do próprio Federalismo, por configurar partilha, descentralização do poder de instituir e regular tributos.

"Sendo assim, as ordens jurídicas tributárias (federal, estadual e municipal), que convivem na ordem nacional, são produzidas por órgãos legislativos próprios das comunidades descentralizadas, uma vez que são manifestação da distribuição do poder estatal, vale dizer, da competência para instituir e regrar tributos.

"Ora, o tipo como ordenação do conhecimento em estruturas flexíveis, de características renunciáveis, que admite as

13. "XII – Cabe à lei complementar: (...) g) regular a forma como, mediante deliberação dos Estados e do Distrito Federal, isenções, incentivos e benefícios fiscais serão concedidos e revogados."

14. *República e Constituição*, 2ª ed., 4ª tir., cit., p. 43.

15. Anotações ao *Limitações Constitucionais ao Poder de Tributar*, 7ª ed., rev. e compl. à luz da Constituição de 1988 até a Emenda Constitucional n. 10/1996, Rio de Janeiro, Forense, 2006, Aliomar Baleeiro, p. 134.

transições fluidas e contínuas e as formas mistas, não se adapta à rigidez constitucional de discriminação da competência tributária.

"Esta rigidez tem como pedra básica a competência privativa, mola-mestra do sistema, o qual repele a bitributação e evita a promiscuidade entre tributos distintos."

O mesmo problema se verifica em relação ao ISS, que também teve suas alíquotas fixadas pela Lei Complementar n. 123/2006, em total desconformidade com o que preceitua a Constituição da República. Com efeito, a instituição do imposto sobre serviços é de competência dos Municípios (arts. 30 e 156, da CF), cabendo à lei complementar, tão-somente a fixação de alíquotas máximas e mínimas, nos termos em que disposto no art. 156, § 3º, inciso I, da Carta Constitucional.

Não foi isso o que se verificou, entretanto. Também aqui, a Lei Complementar n. 123/2006 extrapolou seu objetivo de instituir um regime único de arrecadação para, adentrando na esfera de competência dos Municípios, alterar o critério quantitativo da regra-matriz de incidência tributária do ISS e estabelecer alíquotas fixas para cada caso por ela abarcado.

Como bem observa Roque Carrazza,[16] "as competências municipais, maiormente quanto à decretação e arrecadação de tributos, à aplicação de suas rendas, à organização dos serviços públicos locais etc., não são delegadas pelos Estados ou pela União, mas são tão originárias quanto as competências estaduais ou federais. É a Constituição do País que diretamente as outorgou. Assim, não é lícito, nem à União, nem aos Estados, tolher ou mesmo disciplinar o exercício das atribuições dos Municípios".

Vale frisar que a Constituição, em seu art. 146, ao permitir a instituição de um regime único de arrecadação dos impostos e contribuições da União, dos Estados, do Distrito Federal e Municípios não permitiu – e nem que quisesse, poderia fazê-lo, sob pena de ofensa ao princípio federativo – a alteração da competência de tais entes.

O que se possibilitou foi a delegação da capacidade tributária ativa, que não se confunde com a competência, consoante leciona Paulo de Barros Carvalho:[17]

"Não se confunde com a capacidade tributária ativa. Uma coisa é poder legislar, desenhando o perfil jurídico de um gravame ou regulando os expedientes necessários à sua funcionalidade; outra é reunir credenciais para integrar a relação jurídica, no tópico de sujeito ativo. O estudo da competência tributária é um momento anterior à existência mesma do tributo, situando-se no plano constitucional. Já a capacidade tributária ativa, que tem como contranota a capacidade tributária passiva, é tema a ser considerado no ensejo do desempenho das competências, quando o legislador elege as pessoas componentes do vínculo abstrato, que se instala no instante em que acontece, no mundo físico, o fato previsto na hipótese normativa. (...) Além disso, uma razão de ordem constitucional nos leva a realçar a diferença: a competência tributária é intransferível, enquanto a capacidade tributária ativa não o é."

Tendo em vista o princípio da indelegabilidade da competência tributária, resta cristalina a impossibilidade de a União legislar sobre matéria de competência dos outros entes da Federação, cabendo a estes, se do seu interesse for, a alteração da Regra-Matriz de Incidência Tributária de seus tributos, obedecendo, sempre, às limitações impostas pela Constituição.

E ainda que considerássemos a Lei Complementar n. 123/2006 como lei nacional, como pretendem crer alguns, ainda assim ela padeceria do vício da inconstitucionalidade. Afinal, se nem mesmo emenda constitucional pode alterar a esfera de competência dos entes federados, com mais propriedade uma lei nacional não poderá.

16. *Curso de Direito Constitucional Tributário*, 22ª ed., São Paulo, Malheiros Editores, 2006, p. 178.

17. *Curso de Direito Tributário*, 18ª ed., São Paulo, Saraiva, 2007, p. 229.

No nosso entender, nem mesmo a concordância, por parte dos entes federados ao regime instituído, tem o condão de sanar a inconstitucionalidade incorrida pela Lei Complementar n. 123/2006. Somente por meio de lei (estadual, distrital ou municipal, conforme o caso, e contanto que seguido o adequado processo legislativo) tal modificação seria possível.

Os Estados e contribuintes que se sentirem lesados com a cobrança do ICMS e ISS instituída pelo Supersimples devem levar a discussão ao Poder Judiciário, a quem compete a análise da constitucionalidade das leis.

Inclusive foi esta a atitude da Associação Nacional dos Procuradores de Estados – ANAPE, ao ajuizar ação direta de inconstitucionalidade no Supremo Tribunal Federal,[18] contra o já mencionado art. 41 da Lei Complementar n. 123/2006, que atribui à Procuradoria-Geral da Fazenda Nacional a inscrição em dívida ativa e a cobrança judicial de créditos de ICMS e ISS.

Com razão a ANAPE. A representação judicial dos Estados e do Distrito Federal compete aos Procuradores dos Estados, consoante determina o art. 132, da Constituição da República. De igual forma, aos Municípios compete a cobrança de seus créditos tributários, não havendo razão de qualquer ordem para que esta seja transferida à Procuradoria-Geral da Fazenda Nacional.

Aliás, cumpre notar que a instituição de um regime único de arrecadação de tributos visa favorecer as MEs e EPPs, facilitando o pagamento dos tributos. Já a concentração da cobrança judicial na União não tem qualquer vantagem para tais empresas e muito menos para os outros entes da Federação, que ainda ficarão reféns da União no repasse dos créditos a que têm direito. Tampouco tem embasamento constitucional.

9. Conclusões

A Lei Complementar n. 123/2006 trouxe importantes inovações para o micro e pequeno empresário, facilitando a abertura, existência e permanência da ME e EPP no mercado atual, abordando, ainda, questões trabalhistas e administrativas. No entanto, a efetiva carga tributária, eixo central da simplificação real, em alguns aspectos ainda segue sendo uma incógnita, obrigando os empresários a um constante planejamento tributário.

A idéia de unificar a arrecadação dos tributos federais, estaduais e municipais pode ser considerada um avanço, mas o modo escolhido pelo legislador para sua execução não nos leva à essa conclusão. Isto porque a Lei, a despeito de promover a instituição de um regime único de arrecadação, acabou por instituir um regime de tributação, afrontando os princípios federativo e da autonomia dos Municípios, bem como diversas outras disposições Constitucionais.

18. ADI 3.903, Rel. Ministro Cezar Peluso.

ESTUDOS & COMENTÁRIOS

A TRIBUTAÇÃO DO SERVIÇO DE VoIP (Voz sobre IP)

RUBYA FLORIANI DOS ANJOS

Mestranda em Direito Tributário pela PUC/SP. Professora e Pesquisadora do IBET – Instituto Brasileiro de Direito Tributário. Professora da PUC/SP-COGEAE e da Universidade São Judas Tadeu. Advogada em São Paulo

Introdução. 1. Competência tributária e regra-matriz de incidência tributária: 1.1 Alguns critérios da RMIT do ISS; 1.2 ICMS-Comunicação: 1.2.1 Processo comunicacional; 1.2.2 Conceito de comunicação tributável. 2. Provimento de acesso à internet, Voz sobre IP (VoIP) e suas respectivas tributações: 2.1 Serviço de provimento de acesso à internet; 2.2 Serviço de Voz sobre IP (VoIP). Conclusões.

Introdução

Questões envolvendo tributos incidentes sobre serviços de comunicação são atuais e instigantes, já que não há um consenso entre os doutrinadores, os legisladores e a jurisprudência sobre quais podem ser efetivamente considerados "*serviços de comunicação*" para fins de incidência do ICMS. O resultado prático disso é que alguns serviços que deveriam ser tributados pelo ICMS[1] estão sofrendo a incidência do ISS[2] e vice-versa, ou, serviços que não deveriam ser tributados nem pelo ISS nem pelo ICMS, acabam sofrendo a exação de um deles.[3]

A tributação do serviço de VoIP passa, necessariamente, pela disputa iniciada com a prestação dos serviços de Provimento de Acesso à Internet. Tema ainda controverso e longe de uma definição nas Cortes Superiores, pois a decisão do STJ de 2005 (no REsp n. 456.650), que concluiu que este serviço (acesso à internet) não deve sofrer a incidência nem do ICMS e nem do ISS, não foi por unanimidade entre os Ministros e também opera seus efeitos apenas entre as partes envolvidas no processo. Ademais, como o cerne da problemática é constitucional, só haverá uma resposta definitiva quando for apreciado pelo STF – Supremo Tribunal Federal.

1. A sigla ICMS, que usaremos doravante, conforme art. 155, II, da CF/1988, está no lugar de "Imposto sobre operações relativas à circulação de mercadorias e sobre prestações de serviços de transporte interestadual e intermunicipal e de comunicação, ainda que as operações e as prestações se iniciem no exterior".

2. ISS, abreviação que também será usada no decorrer do trabalho para representar o Imposto sobre serviços de qualquer natureza, v. art. 156, II, da CF/1988.

3. Esclarecemos que, por questões metodológicas, não trataremos exaustivamente de todos os tributos incidentes sobre o serviço VoIP (Voz sobre IP), apenas avaliaremos se cabível ICMS ou ISS.

O VoIP está sendo comercializado (não com exclusividade) pelos Provedores de Serviços de Conexão à Internet (PSCI) que foram definidos pelo STJ como prestadores de Serviços de Valor Adicionado (SVA).[4]

Isto vem causando uma série de dúvidas quanto à sua correta tributação, ensejando perguntas similares às suscitadas para o Provimento de Acesso à Internet. Que são: Este serviço deve sofrer a exação do ICMS? Ou seria do ISS? Quais os fundamentos legais determinantes do enquadramento em um ou em outro? Ou não haveria essa subsunção e, portanto, nenhum dos dois deveria incidir? E também, tendo em vista que os PSCI foram considerados prestadores de serviços de valor adicionado, isso, por si só, deixaria todos os serviços por eles prestados fora da incidência do ICMS? (A LGT[5] prescreve o que sejam serviços de telecomunicação segregando destes os serviços de valor adicionado.)

Por trás destas dúvidas há outras envolvidas, dentre elas, a de saber se há um conceito constitucional ou, se é possível que se construa um conceito constitucional de comunicação. Adiantamos nosso entendimento para dizer que sim, que é possível, a partir do texto da CF/1988 e com o auxílio da teoria do processo comunicacional, obter-se um conceito de comunicação e, baseados nele, responder às questões acima formuladas.

O objetivo deste trabalho, portanto, não é fornecer uma lista de *serviços* que possam ser tributados pelo ICMS e sim um conceito de comunicação que se faça tributável pelo ICMS. Permitindo um simples enquadramento (ou não) dos serviços nas notas deste conceito configurando a exação, incluindo o serviço de VoIP. Para isso há que se abordar, ainda que sucintamente e não necessariamente nesta ordem, os critérios da regra-matriz de incidência tributária, as competências estabelecidas pela Carta Magna para o ICMS e o ISS, bem como a tributação incidente sobre os serviços de provimento de acesso à internet.

Ademais, como ponto de partida metodológico para análise do objeto, a teoria do processo comunicacional não poderia ser deixada de lado, de modo que, o que se pretende é, fazendo uso dos seus elementos, indicar qual(is) dele(s) colabora(m) com a definição do conceito de comunicação tributável pelo ICMS e, conseqüentemente, no desenho da regra-matriz de incidência tributária.

Registre-se que não pretendemos exaurir o assunto, pelo contrário, esse tema é de grande interesse nosso e, certamente comportará outros estudos.

1. Competência tributária e regra-matriz de incidência tributária

A Constituição Federal Brasileira possui uma qualidade diferenciadora das demais Constituições alienígenas no que diz respeito à tributação. Ela traz um Capítulo que cuida detalhadamente do assunto. Isso implica na necessidade de se discorrer, embora de forma breve, sobre a repartição das competências tributárias quando se pretende definir qualquer exigência a título de tributo.

A competência legislativa é a aptidão decorrente da Constituição Federal dada aos entes políticos para introduzirem normas no sistema positivo. Notadamente, no nosso caso, importam as inserções das re-

4. V. Embargos de Divergência no REsp n. 456.650-PR.

5. Lei Geral de Telecomunicações (Lei n. 9.472/1997):

"Art. 60. Serviço de telecomunicações é o conjunto de atividades que possibilita a oferta de telecomunicação. Art. 61. Serviço de valor adicionado é a atividade que acrescenta, a um serviço de telecomunicações que lhe dá suporte e com o qual não se confunde, novas utilidades relacionadas ao acesso, armazenamento, apresentação, movimentação ou recuperação de informações. § 1º. *Serviço de valor adicionado não constitui serviço de telecomunicações*, classificando-se seu provedor como usuário do serviço de telecomunicações que lhe dá suporte, com os direitos e deveres inerentes a essa condição" (grifos nossos).

gras-matrizes de incidência tributária, que qualificam essa *competência legislativa como tributária*. Quando o constituinte originário discriminou as competências e elegeu as hipóteses que poderiam fazer parte da RMIT, não fez aleatoriamente, escolheu fatos sociais de conteúdo econômico, ou seja, aqueles reveladores de riqueza e, isso é um ponto importante quando falamos da prestação de serviços, pois, como veremos, devem ser onerosos.

A regra-matriz de incidência é construção científica de Paulo de Barros Carvalho.[6] Também denominada norma jurídica em sentido estrito,[7] visa a indicar os critérios mínimos que devem ser preenchidos para que as normas jurídicas tributárias[8] sejam compreendidas conformando assim a denominada unidade mínima irredutível do deôntico e, portanto, seu objetivo, que é a modificação das condutas, seja alcançado. Sua estrutura é composta de antecedente e conseqüente, de forma que, ocorrida a descrição da hipótese, as relações jurídicas que estão no conseqüente se estabelecem. E isso se dá por decorrência lógica e não cronológica e somente no instante em que for convertida na linguagem exigida pelo direito. Em outras palavras, o antecedente caracteriza-se por conter a descrição de uma situação abstrata, sendo essencialmente seletor, pois é por meio dele que os fatos sociais são trazidos para o mundo do direito. É o único veículo de que pode fazer uso o legislador para a regulação das condutas, posto que não é possível fazê-lo de modo individualizado para todos os casos. E como anteriormente dito, com objetivos tributários, a escolha deve se dar em torno de fatos sociais que denotem riqueza, atendendo desde já o princípio da capacidade contributiva, que quando forem relatados em linguagem competente, ou seja, na linguagem do direito, concomitantemente farão surgir os efeitos presentes na outra parte da RMIT, que é o descritor, comportando as relações jurídicas e suas conseqüentes obrigações ou deveres instrumentais em torno do tributo, regulando as condutas previstas na hipótese e modalizando-as, necessariamente, em obrigatória, proibida ou permitida.

6. *Teoria da Norma Tributária*, 4ª ed., São Paulo, Max Limonad, 2002.

7. Segundo o Professor: "Outro critério focaliza as regras jurídicas tributárias pelo ângulo do grupo institucional a que pertencem, separando-as em três classes: *a)* as normas que demarcam princípios, concebidos para dar os limites da virtualidade legislativa no campo tributário; *b)* normas que definem a incidência do tributo, equivale a dizer, descrevem fatos e estipulam os sujeitos da relação, como também os termos determinativos da dívida (*norma-padrão de incidência ou regra-matriz da incidência tributária*). Cabem nessa rubrica as normas que instituem isenções, bem como as regras sancionatórias; *c)* normas que fixam outras providências administrativas para a operatividade do tributo, tais como as de lançamento, recolhimento, configuração de deveres instrumentais e relativas à fiscalização" (grifos no original) (*Curso de Direito Tributário*, 18ª ed., São Paulo, Saraiva, 2007, p. 251). E continua: "Deveras, são numerosos os postulados que regem a atividade impositiva do Estado, praticamente todos inscritos, expressa ou de modo explícito, na Constituição. Igualmente abundantes as regras tributárias que envolvem a instituição do gravame, tornando possível sua existência como instrumento efetivo de desempenho do poder político, social e econômico-financeiro. Todavia, são poucas, individualizadas e especialíssimas as regras-matrizes de incidência dos tributos. Em princípio, há somente uma para cada figura tributária, acompanhada por uma infinidade daquelas que poderíamos nominar de operativas ou funcionais (lançamento, recolhimento, deveres instrumentais, fiscalização, prazos etc.). Baseados nessa verificação empírica, nada mais congruente do que designar por norma tributária em sentido estrito àquela que marca o núcleo do tributo, isto é, a regra-matriz da incidência fiscal, e de normas tributárias em sentido amplo a todas as demais" (idem, pp. 251-252).

8. Antes de ser norma jurídica em sentido estrito, é norma jurídica, e conforme ensina Paulo de Barros Carvalho: "A norma jurídica é a significação que obtemos a partir da leitura dos textos do direito positivo. Trata-se de algo que se produz em nossa mente, como resultado da percepção do mundo exterior, captado pelos sentidos. Vejo os símbolos lingüísticos marcados no papel, bem como ouço a mensagem sonora que me é dirigida pelo emissor da ordem. Esse ato de apreensão sensorial propicia outro, no qual associo idéias ou noções para formar um juízo, que se apresenta, finalmente, como proposição" (*Curso de Direito Tributário*, 18ª ed., São Paulo, Saraiva, 2007 p. 8).

A norma jurídica não está pronta e acabada podendo ser retirada dos textos do direito positivo. Não. Ela é *construída* pelo intérprete após este percorrer várias etapas do processo interpretativo, sendo, o texto legal, apenas seu ponto de partida. É por isso que tanto se discute a respeito dos conceitos jurídicos indeterminados[9] presentes nas normas jurídicas, resultado de diferentes compreensões sobre as palavras vagas e ambíguas. E, nesta circunstância, podemos incluir o conceito jurídico de comunicação, que ora estamos tratando.

A regra-matriz de incidência tributária é norma jurídica e, portanto, composta de antecedente e conseqüente (ou descritor e prescritor), mas, considerando que seu objetivo é demonstrar os pontos essenciais da norma – pois a RMIT é uma redução – podemos indicar seus critérios da seguinte maneira:

Descritor:

- *critério material* = composto por um *verbo* somado a um *complemento*, que, juntos, indicam o evento de possível ocorrência no mundo fenomênico;
- *critério espacial* = indica em qual limite territorial deve ocorrer o evento para que seja passível de incidência;
- *critério temporal* = indica em que momento ocorre o evento do critério material.

Prescritor:

- *critério pessoal* = indica quem são os sujeitos ativo e passivo da obrigação tributária;
- *critério quantitativo* = indica a base de cálculo e alíquota aplicáveis para a aferição do montante a pagar a título de tributo.

Por hora, retenhamos essas noções de RMIT, bem como seus atributos.

9. Terminologia usada pelos administrativistas no trato dos problemas da linguagem, especialmente a vaguidade.

1.1 Alguns critérios da RMIT do ISS

A Carta Magna outorga competência aos Municípios e ao Distrito Federal para instituir o imposto sobre serviços de qualquer natureza que não esteja compreendido no art. 155, inciso II, que são os serviços de comunicação e de transporte (de competência dos Estados e do Distrito Federal). Considerando a estrutura da regra-matriz de incidência apresentada, poderíamos dizer que "prestar serviços" é o componente do critério material do ISS, sendo: *prestar*, o verbo, e *serviços* o complemento. Todavia, como ficaria a também "prestação de serviços" de competência dos Estados? Por isso que é indispensável que o complemento "serviços" seja qualificado por "de qualquer natureza" ou comunicação ou transporte.

O critério material ou a materialidade do ISS é, portanto, *prestar serviços de qualquer natureza.*[10] Dado que os fatos sociais eleitos pelos constituintes para comporem a hipótese de incidência dos tributos são os econômicos, apenas aqueles serviços que forem prestados a título oneroso é que serão passíveis de sofrer a exação, e isso, para quaisquer serviços, independente do Ente Político competente para instituir o tribu-

10. Edison Aurélio Corazza: "A Constituição Federal, no art. 156, III, utiliza a expressão 'prestação de serviço de qualquer natureza', de modo a designar os negócios tributados pelo ISS. Entendemos que o termo 'de qualquer natureza' se encontra empregado de maneira equivocada, na medida que há prestações de serviços, por sua própria natureza, que não são alcançados pela tributação via ISS. De fato, por força da competência conferida aos Estados e ao Distrito Federal (art. 155, II), e de expressa previsão no inciso III do art. 156, não se incluem entre as prestações objeto de incidência do ISS, as prestações de serviços de transporte interestadual e intermunicipal e de comunicação, tributados pelo ICMS. Por esta razão, preferimos utilizar a expressão 'prestação de serviços de outra natureza', que melhor reflete a impossibilidade de se tributar mediante a instituição do imposto municipal, aquelas constantes do rol de competência impositiva dos Estados e do Distrito Federal" (*ICMS sobre Prestações de Serviço de Comunicação*, São Paulo, Quartier, 2006, p. 47).

to. Deste modo, os serviços prestados de forma gratuita não podem ser tributados, porque deixam sem preenchimento um dos critérios da regra-matriz de incidência tributária que é o critério quantitativo. Deixando em aberto a pergunta: sobre qual montante incidirá a alíquota?

Quanto à relação jurídica negocial esta deverá sempre ser irreflexiva, ou seja, deve ter uma pessoa num pólo e outra distinta daquela no outro, nunca podem ser os mesmos a preencher essas duas posições, portanto, o auto-serviço também não pode representar uma hipótese tributável.

Condições preliminares para a tributação pelo ISS são: a existência de pessoas distintas a compor a relação jurídica negocial; bem como que exista um preço ajustado pelo serviço prestado. Isso tudo decorrente de um negócio jurídico entre os envolvidos, determinando a vontade das partes.

Todavia, há outro ponto que deve ser considerado para que os serviços de qualquer natureza possam ser tributados: constar na lista (taxativa) de serviços determinada por Lei Complementar.[11]

1.2 ICMS-Comunicação

Não foi em vão que abordamos as características do ISS, pois, todas elas se aplicam ao ICMS. Determina a Constituição Federal de 1988 em seu art. 155 que compete aos Estados e ao Distrito Federal instituir impostos sobre as operações relativas à circulação de mercadorias e sobre prestações de serviços de transporte interestadual e intermunicipal e de comunicação (...). A Lei Complementar n. 87/1996 (Lei do ICMS), por sua vez, disciplina em seu art. 2º, III, que o imposto incide sobre "prestações onerosas de serviços de comunicação (...)". Ela vem apenas positivar expressamente o que já se interpretava em virtude de disposições constitucionais, em especial a do princípio da capacidade contributiva. Em outros termos isso se dá em razão da própria sistemática da tributação no Brasil que exige a onerosidade, ou manifestações economicamente apreciáveis.

Do mesmo modo que os serviços de qualquer natureza requerem a irreflexibilidade nas relações, onerosidade e, portanto, negócio jurídico envolvido, isso também se dá com a prestação dos serviços de comunicação. A diferença está no qualificativo do complemento no critério material que aqui é comunicação e no ISS é qualquer natureza.

Pacíficos, pois, estes pontos, o problema se dá com a definição do conceito de comunicação que pode ser construído a partir da prescrição do art. 155, II, da CF/1988. Segundo Aldo de Paula Junior[12] há pelo menos sete possíveis interpretações:

"(...) (i) *comunicação como meio*; (ii) *comunicação como interação por qualquer meio*; (iii) *comunicação como transmissão de mensagem entre o transmissor e o receptor* (sem necessidade de interação); (iv) *comunicação como telecomunicação*; (v) *comunicação como gênero da qual a telecomunicação é espécie*; e (vi) *comunicação distinta de telecomunicação embora com objetos pertencentes aos dois conceitos*; (vii) *comunicação como prevista no art. 68 do CTN*" (grifos do autor).

Nosso entendimento se aproxima da terceira opção, sem descartar a primeira, ou poderíamos dizer que a terceira em nossa interpretação abarcará a primeira, conforme veremos nos próximos itens. Não podemos, contudo, deixar de informar a posição de autores que distinguem comunicação e telecomunicação nos sentidos (v) e

11. Sabemos que este assunto é polêmico, todavia, não vamos adentrar e teremos como premissa que apenas os serviços constantes na lista da Lei Complementar n. 116/2003 é que podem sofrer a incidência do ISS, ou seja, consideramos a lista de serviços taxativa, tal como definido pelo STF.

12. "A interpretação do conceito de 'comunicação' veiculado pelo art. 155, II, CF/1988, frente às novas tecnologias", in *Interpretação e Direito*, São Paulo, Noeses, 2006.

(vi) supra, porém, baseados no art. 110 do Código Tributário Nacional. Este enunciado dispõe que a lei tributária não pode alterar a definição, o conteúdo e o alcance de institutos, conceitos e formas de direito privado, e, neste sentido, prevalecendo, para a definição dos serviços de comunicação tributáveis pelo ICMS, aqueles que a Lei Geral de Telecomunicações assim determinar. Consoante nosso conceito que será construído isso fica afastado, pois conceder ao legislador ordinário a possibilidade de definir quais seriam os serviços tributados seria delegar competência impositiva, deixando em segundo plano a rigidez da Constituição Federal do Brasil no tocante à tributação, o que não é admitido. Mas esses não seriam os únicos motivos, todavia, preferimos, nesta oportunidade, discorrer mais a respeito da construção do nosso conceito de comunicação tributável pelo ICMS. Vejamos.

1.2.1 Processo comunicacional

Entendendo fundamental o uso da teoria do processo comunicacional para aproximação ao objeto de estudo e conseqüente estabelecimento do raciocínio, ela será nosso ponto de partida.

Justificamos.

A comunicação concebida a partir do processo comunicacional é a acepção científica, na medida em que é a significação elaborada pela teoria da comunicação. Interessa-nos sobremaneira, pois, estudar a comunicação sob o ponto de vista deste processo comunicacional, desde já ressaltando a imprescindibilidade da presença humana, enquanto emissor e receptor da mensagem.[13]

Baseado nas lições de Roman Jakobson, a respeito do processo de comunicação, Paulo de Barros Carvalho,[14] indica seis elementos presentes: remetente; mensagem; destinatário; contexto; código e contato (ou canal). E sintetiza como essenciais cinco elementos: *emissor – canal – mensagem – código* e *receptor*, e explica:

"(1) *emissor*: é a fonte da mensagem, aquele que comporta as informações a serem transmitidas; (2) *canal*: é o suporte físico necessário à transmissão da mensagem, sendo o meio pelo qual os sinais são transmitidos (é o ar para o caso da comunicação verbal, mas pode apresentar-se em formas diversas, como faixas de freqüência de rádio, luzes, sistemas mecânicos ou eletrônicos etc.); (3) *mensagem*: é a informação transmitida; (4) *código ou repertório*: é o conjunto de signos e regras de combinações próprias a um sistema de sinais, conhecido e utilizado por um grupo de indivíduos ou, em outras palavras, é o quadro das regras de formação (morfologia) e de transformação (sintaxe) de signos; (5) *receptor*: a pessoa que recebe a mensagem, o destinatário da informação"[15] (grifos do autor).

Para nosso estudo também é suficiente que sejam utilizados os cinco elementos acima descritos.

1.2.2 Conceito de comunicação tributável

O conceito de comunicação faz parte dos denominados conceitos jurídicos indeterminados, também conhecidos como ambíguos, vagos, imprecisos, fluidos, etc., que resultam da linguagem natural inserida pelos órgãos competentes no ordenamento jurídico, mas não é só isso, eles são também recursos utilizados para que a norma permaneça sempre, de certa forma atuali-

13. Neste sentido Edson Aurélio Corazza para quem: "Não existe comunicação, no sentido utilizado pela Constituição, para fins de tributação pelo ICMS, entre homem/máquina e máquina/máquina, na medida em que esta última além de não ter vontade própria, somente é capaz de pensar e de compreender enquanto personagem de ficção científica, do contrário, no mundo real, conserva-se instrumento que desconhece sua própria existência, sendo, desta feita, 'máquinas não pensantes'" (*ICMS sobre Prestações de Serviços de Comunicação*, São Paulo, Quartier, 2006, p. 73).

14. "Não incidência do ICMS na atividade dos provedores de acesso à internet", in *Revista Dialética de Direito Tributário* 73, São Paulo, Dialética, 2001.

15. Ibid., p. 100.

zada ao momento histórico (ao contexto) de sua aplicação. Deles é dito que possuem conteúdo variável gerando muitas incertezas.

Poderíamos, então, escrever algumas páginas informando as diversas significações que o vocábulo "comunicação" possui, todavia, não faremos neste estudo. Indicaremos, entretanto, as características que julgamos relevantes, desde já descartando as demais.

Iniciamos ressaltando que o ICMS não incide sobre a *comunicação propriamente dita*, mas, conforme Carta Magna, art. 155, II, sobre a *prestação de serviços de comunicação*. Além da incidência se dar sobre a prestação de serviços de comunicação e não sobre a comunicação esta prestação deve pressupor *negócio jurídico e onerosidade*. Estando estes critérios preenchidos, temos que determinar as *notas características do vocábulo comunicação*, o que será feito, a partir do conceito científico de comunicação, ou da teoria do *processo comunicacional*.

Reconhecemos que cinco são os elementos essenciais deste processo: *emissor – canal – mensagem – código* e *receptor*. Em qual situação algum deles pode expressar um fato social presuntivo de riqueza revelando capacidade contributiva? Entendemos que seja o *canal*,[16] que é o meio necessário para que a mensagem (fazendo uso de um código) expedida pelo emissor chegue até o receptor aproximando-se da primeira acepção informada no subitem 1.2.1. Mas este canal tem que pertencer a um terceiro que esteja fora da relação comunicativa, que não emissor ou receptor. Será o denominado *prestador do serviço*. Ele está fora do processo comunicativo, todavia, por decorrência de um ato de vontade (negócio jurídico) do tomador, coloca à disposição esse meio, a título oneroso para que a comunicação aconteça entre o emissor e o receptor.

16. *Canal* ou *meio* serão usados como palavras sinônimas.

Outro aspecto a se considerar no conceito de comunicação que estamos construindo é que a troca de informações entre o emissor e receptor deve ser possível. Explicamos: não basta que o emissor envie a mensagem ao receptor, este deve responder, ou, no mínimo, ter condições técnicas (oferecidas pelo meio posto à disposição) de responder. Por isso, embora não seja um serviço a se abordar neste estudo, podemos exemplificar com a difusão que, a despeito de sua imunidade, fica fora do nosso conceito de comunicação, pois não denota essa característica. E mais, para que se configure o conceito que estamos elaborando, o emissor deve saber para quem está enviando a mensagem, deve ter um número, um endereço, um símbolo de identificação, assim como existe um número, por exemplo, na telefonia fixa e também como há um endereço de e-mail, pelos quais as pessoas se comunicam.

Para que esse *meio* (*canal*) seja tributado pelo ICMS, não importa se o emissor *efetivamente* (*pragmaticamente*) se comunique com o receptor, não se tributando, portanto, qualquer forma de interação por qualquer meio. Para que esta hipótese conforme-se na norma jurídica *in abstracto* (na regra-matriz de incidência tributária do ICMS-Comunicação) e, após sua transformação em linguagem própria faça surgir a relação jurídica decorrente, basta que o canal seja posto à disposição do tomador em condições de proporcionar a comunicação nos termos acima propostos. Considerando o acordo de vontades decorrente do negócio jurídico ajustado, é possível, ao contratante, optar pela denominada linha privativa (LP), que se dá pelo ajuste de um pagamento mensal do meio hábil a prover a comunicação. Não faria sentido, neste caso dizer que, como não se consegue medir efetivamente a comunicação (como se dá com as chamadas pelos telefones fixos) que não estaríamos diante de um serviço de comunicação tributável pelo ICMS, porquanto temos neste caso o conhecido serviço de comunicação não-medidos.

E ressalvamos com Paulo de Barros Carvalho que:

"(...) quando assevero instalar-se o laço comunicacional mediante o fornecimento, pelo contratado (prestador serviço) dos meios e modos necessários à transmissão e à recepção de mensagens entre o emissor (contratante) e uma terceira pessoa (receptor), não quero afirmar que o mero fornecimento de um aparelho ou serviço que facilite a comunicação seja o suficiente para caracterizar a prestação de serviço comunicacional. A entender-se desse modo, estaria obrigado a concluir que quando um indivíduo 'A' aluga aparelho e linha telefônica de 'B', este estaria obrigado a recolher o ICMS relativamente ao valor recebido em decorrência da citada locação, já que somente por meio do aparelho e da linha telefônica de propriedade de 'B' é possível efetivarem-se laços comunicacionais entre 'A' e outros indivíduos. Isso seria absurdo!"[17]

Podemos afirmar, reunindo em poucas palavras o que dissemos, que o conceito de comunicação tributável é a prestação de serviços de comunicação que deve ser considerada e não a comunicação. E que esta prestação de serviços de comunicação deve ser onerosa e decorrente de um acordo de vontades. E, a partir dos cinco elementos do processo comunicacional – emissor, código, canal, mensagem e receptor – *prestar serviços de comunicação* será a colocação à disposição do canal (oneroso) por um terceiro que não é nem emissor, nem receptor, ele será o prestador. O prestador, por sua vez, deve fornecer *ao tomador* desse serviço um número, forma de ser identificado. O homem deve preencher o papel de *emissor, bem como de receptor*. Por fim, não é necessário que a comunicação efetivamente aconteça, basta que o prestador torne disponível os meios em condições adequadas para isso, ou seja, deve ser possível que, por exemplo, quando se recebe uma ligação, se consiga responder a fim de garantir que a comunicação se estabeleça.

17. Ibid., p. 103.

2. Provimento de acesso à internet, Voz sobre IP (VoIP) e suas respectivas tributações

2.1 Serviço de provimento de acesso à internet

Estamos com os doutrinadores[18] que informam não seguir o caminho daqueles que dizem que seria necessário um Direito novo que englobasse todas as tecnologias que vêm se desenvolvendo, especialmente quando o assunto é comunicação. O direito positivo é composto de normas jurídicas que possuem homogeneidade sintática. Isso quer dizer, por outro lado, que ela possui heterogeneidade semântica, de modo que o desafio do cientista, do intérprete do direito é adaptar a nova realidade (evolução tecnológica) ao direito positivo existente e não o contrário. Porque, diante da velocidade do desenvolvimento tecnológico, em todos os ramos, norma jurídica editada hoje que englobasse hipótese determinada amanhã já estaria desatualizada.

Embora não seja relevante entrarmos em aspectos técnicos do provimento de acesso à internet, uma noção se faz necessária. A internet é composta por diversos computadores interligados que formam uma rede, na qual trafegam muitos dados, colaborando para a globalização, já que sua abrangência é mundial. É também conhecida como "rede das redes", posto que não é uma rede única, mas a reunião de várias outras redes menores. O provedor de acesso à internet, como o nome sugere, possibilita ao tomador deste serviço a conexão à rede mundial de computadores.

A decisão do STJ (Superior Tribunal de Justiça), de 11.5.2005, em Embargos de Divergência apresentados pela Fazenda do Estado do Paraná no REsp n. 456.650, foi no sentido de que o serviço de provimento de acesso à internet não deve sofrer a incidência nem do ICMS e nem do ISS. Não

18. Neste sentido Edison Aurélio Corazza, *ICMS sobre Prestações de Serviços de Comunicação*, cit., pp. 19-20.

podendo ser tributado pelo ICMS porque não se caracteriza como um serviço de comunicação, sendo sim, um serviço de valor adicionado nos termos da Lei Geral de Telecomunicações – LGT (Lei n. 9.472/1997) e que deveria, sim, sofrer a tributação do ISS, porém, como não consta na Lista de Serviços da Lei Complementar n. 116/2003, essa exação também não pode ser cobrada.

Concordamos que sobre a prestação (onerosa) dos serviços de acesso à internet não incide ICMS, nem ISS, todavia, utilizamos fundamentos diferentes para não sujeição ao ICMS. Partimos da análise do conceito constitucional de comunicação, de forma que, a disposição de lei infraconstitucional, embora, neste caso venha colaborar com o entendimento citado, pois o art. 61 da LGT dispõe:

"Serviço de valor adicionado é a atividade que acrescenta, a um serviço de telecomunicação, que lhe dá suporte e com o qual não se confunde, novas utilidades relacionadas ao acesso, armazenamento, apresentação, movimentação ou recuperação de mensagens".

Em outros casos gera entendimentos, em nossa opinião, equivocados. Como será percebido na tributação do serviço de VoIP.

E, sendo a internet, um conjunto de redes de máquinas repleto de dados, informações, o *mero provimento* da conexão à internet não é suficiente para que a emissão, transmissão etc., das informações, configure o canal (nos moldes que estamos tratando), pois não é meio posto à disposição já que é necessário, para tanto, conectar-se aos canais eletrônicos (ou sistema de telefonia). Mas esse ainda não é o ponto principal que descaracteriza o serviço em questão como serviço de comunicação. Acontece que, quando se provê o acesso à internet, considerando nosso conceito de comunicação tributável, é imprescindível a presença do homem nas duas pontas do processo comunicacional e que, no mínimo, o emissor ou o receptor contenha uma numeração ou registro próprio, para, a partir da contratação do canal, exercer seu direito à comunicação quando quiser (tal como o número de telefone).

Ora, no provimento de acesso à internet nenhuma dessas características é preenchida:[19] o homem, quando acessa a internet, não exerce o papel de emissor, porque as máquinas que são consultadas não podem ocupar o papel do homem nesse processo; há, certamente, um registro uma identificação das informações fornecidas, mas são apenas números de máquinas, que não possibilitarão que um homem (porque não há), na outra ponta, realize um diálogo com aquele que acessou a internet.

Uma empresa que resolvesse investir no canal, e não cobrasse por ele, meio necessário ao provimento de acesso à internet, por mais absurdo que seja em termos financeiros, e, prestasse serviços unicamente de provimento de acesso à internet, *não estaria sujeita à tributação pelo ICMS.*

Atualmente, as empresas de telecomunicação fornecem meios para que as contratantes possam, exclusivamente, realizar o acesso à internet e realizam a incidência do ICMS, o que em nossa opinião não deveria ocorrer. O objeto contratual é outro, não é o de prestação de serviços de comunicação (canal) a título oneroso e sim, de provimento de acesso à internet, ou seja, o canal é o meio e não o fim.

Tendo em vista que este não é o momento adequado para a discussão que existe em torno da tributação deste serviço pelo ISS, nos limitamos a dizer que estamos de acordo com a Decisão do STJ citada, quando dispõe que seria necessária a inclusão do provimento de acesso à internet na Lista de Serviços da Lei complementar n. 116/2003 para que esse tributo pudesse ser exigido.

19. De acordo com o princípio da tipicidade tributária, para que ocorra a subsunção do fato à norma todas as características devem ser preenchidas.

2.2 *Serviço de Voz sobre IP (VoIP)*

Por sua vez, o serviço de VoIP (*Voice over Internet Protocol*) ou VON (*Voice on Net*) – a Voz sobre IP – como é chamado no Brasil é resultado do desenvolvimento tecnológico em telecomunicações e que, como era de se esperar, já tem causado dúvidas quanto à sua tributação. Ele torna possível estabelecer conversações telefônicas em uma Rede IP (incluindo a internet), tornando a transmissão de voz mais um dos serviços suportados pela rede de dados. Os programas mais conhecidos são o MSN, o Skype, Yahoo.

O VoIP possibilita que, por meio da rede de computadores (a internet) ocorra a transmissão de voz em tempo real entre dois computadores e também entre o computador e um telefone tradicional. A Anatel, em 9.11.2005, em esclarecimento a respeito da oferta de serviços de voz pelo VoIP, informa que não pode regular *tecnologia*, mas relata que ela pode ser considerada sob três aspectos:

"a) comunicação de voz efetuada entre dois computadores pessoais, utilizando programa específico e recursos de áudio do próprio computador e com acesso limitado a usuários que possuam tal programa. Este caso, conforme considerado internacionalmente, não constitui serviço de telecomunicações, mas Serviço de Valor Adicionado (SVA);

"b) comunicação de voz no âmbito restrito de uma rede corporativa ou na rede de uma prestadora de serviços de telecomunicações, de forma transparente para o assinante, efetuada entre equipamentos que podem incluir o aparelho telefônico. Este caso é caracterizado como serviço de telecomunicações e é exigida a autorização para exploração de serviço de telecomunicações, para uso próprio ou para prestação a terceiros;

"c) comunicação de voz de forma irrestrita com acesso a usuários de outros serviços de telecomunicações e numeração específica, recurso este objeto de controle pelo órgão regulador. Estas são, sem qualquer margem de dúvida, características de serviço de telecomunicações de interesse coletivo para o qual é imprescindível uma autorização da Agência e cuja prestação deve estar em conformidade com a regulamentação."

Em resumo o serviço VoIP pode se dar entre computadores; entre redes de empresas privadas; e entre computador e um número de telefone convencional e vice-versa (entre um número convencional e um computador).

Neste comunicado, apesar da Anatel dizer que o VoIP é uma tecnologia, quando discorre sobre seus aspectos ou formas de manifestação conforme os itens reproduzidos, afirma também em suas duas últimas hipóteses que são serviços, e serviços de telecomunicação (consoante a LGT). Isso no permite falar em VoIP enquanto serviço, mediante uso de tecnologia específica e avançada.

Quando cuidamos do conceito de comunicação tributável asseveramos que ele deve preencher os seguintes critérios, que ora apresentamos de forma sistematizada:

a) é a prestação de serviços de comunicação que deve ser considerada e não a comunicação;

b) esta prestação de serviços de comunicação deve ser onerosa;

c) decorrer de um negócio jurídico, acordo de vontades;

d) com base nos cinco elementos do processo comunicacional – emissor, código, canal, mensagem e receptor temos que:

(i) prestar serviços é a colocação à disposição do canal (por meio oneroso) por um terceiro que não é nem emissor, nem receptor, ele será o prestador;

(ii) o prestador deve fornecer ao tomador desse serviço um número, uma forma de identificação;

(iii) o homem deve preencher o papel de emissor, bem como de receptor;

(iv) por fim, não é necessário que a comunicação efetivamente aconteça, basta que o prestador torne disponível os meios em condições adequadas para isso.

Também explicamos a necessidade do preenchimento de todos os critérios da regra-matriz de incidência para se falar em tributação. Sendo assim, comparando as notas do conceito de comunicação estabelecidas com as hipóteses presentes no Comunicado da Anatel é possível concluir que na alínea *a*, não há realmente que se falar em serviços de comunicação, e, portanto, em incidência do ICMS, porque inexiste fornecimento, a título oneroso, do canal. Ficando a regra-matriz de incidência do ICMS-Comunicação, por sua vez, sem preenchimento do critério material. O que pode ser vendido é o *software*. Nos demais casos, no entanto, alíneas *b* e *c*, todos os critérios para conformação do conceito de comunicação tributável estão presentes, de modo que o ICMS deve incidir.

No entanto, por falta de regulamentação – ineficácia técnica – há certa dificuldade na exigência do imposto. Apesar do Convênio ICMS,[20] não se sabe como cobrar em muitos casos, pois, há hipóteses em que as pessoas adquirem "créditos" para realizarem suas ligações de pessoas jurídicas localizadas no exterior, e, justamente por falta de identificação do sujeito ativo, a regra-matriz de incidência fica incompleta não sendo também possível a cobrança da exação. Sob a óptica regulatória, seria necessária autorização da Anatel, de forma que é recomendável contratar o serviço de comunicação por meio da tecnologia VoIP das empresas que tenham permissão para explorar essa atividade dentro do Brasil, como, por exemplo, as prestadoras de SCM (Serviço de Comunicação Multimídia).

Ressalte-se, contudo, que independe para a subsunção do serviço à hipótese de incidência do ICMS-Comunicação que o mesmo seja prestado por empresas de telecomunicação ou por provedores de acesso à internet. Não importa que a LGT tenha segregado dos serviços de telecomunicação alguns que denominou de SVA – Serviços de Valor Adicionado. Isso possibilita-nos uma asserção: se os PSCI fornecerem serviços que se enquadrem nas características que fornecemos, estarão sujeito ao recolhimento do ICMS, se prestarem serviços de VoIP nas modalidades de oferta dos itens b) e c) constantes no esclarecimento da Anatel, o ICMS será devido, pois há clara configuração de fornecimento de canal a título oneroso. Tudo isso com base no conceito construído que decorre da interpretação do dispositivo constitucional (art. 155, II).

Conclusões

Informamos no subitem 1.2.1 algumas significações adotadas pela doutrina para o conceito de comunicação disposto no art. 155, II, da CF/1988. Para nós, entretanto, a construção deste conceito há que levar em conta os cinco elementos do processo comunicacional, além de outros aspectos que são detectados a partir da análise dos dispositivos constitucionais tributários. Neste sentido, deve preencher as seguintes características:

a) é a prestação de serviços de comunicação que deve ser considerada e não a comunicação;

b) esta prestação de serviços de comunicação deve ser onerosa;

c) decorrer de um negócio jurídico, acordo de vontades;

d) considerando os cinco elementos do processo comunicacional – emissor, código, canal, mensagem e receptor:

20. Convênio ICMS n. 55/2005, "Cláusula Primeira", autorização para que Estados tributem, pelo ICMS, receitas advindas do provimento de VoIP. A disposição: "Relativamente às modalidades pré-pagas de prestações de serviços de telefonia fixa, telefonia móvel celular e de telefonia com base em voz sobre Protocolo Internet VoIP), disponibilizados por fichas, cartões ou assemelhados, mesmo que por meios eletrônicos, será emitida Nota Fiscal de Serviços de Telecomunicação – Modelo 22 (NFST), com destaque do imposto devido, calculado com base no valor tarifário vigente, na hipótese de disponibilização".

(i) prestar serviços é a colocação à disposição do canal (de forma onerosa) por um terceiro que não é nem emissor, nem receptor, ele será o prestador;

(ii) o prestador deve fornecer ao tomador desse serviço um número, forma de identificação;

(iii) o homem deve preencher o papel de emissor, bem como de receptor;

(iv) por fim, não é necessário que a comunicação efetivamente aconteça, basta que o prestador torne disponível os meios em condições adequadas para isso.

Essas são as notas essenciais para que a comunicação possa ser tributada pelo ICMS, isto é, este é um conceito elaborado com ajuda da teoria geral do direito, que não só preenche o critério material, mas colabora no preenchimento de outros critérios da regra-matriz, como sujeito passivo, além do quantitativo. E, quando falamos que basta que este conceito seja preenchido para conformar a exação, não estamos dizendo ser desnecessário que os demais elementos da RMIT, tal como definidos no item 1 deste trabalho, sejam considerados. Acontece que aqueles que não abordamos são mais fáceis de serem identificados, como se dá com o critério espacial, o mesmo não se pode dizer quanto ao critério temporal, mas o problema crucial encontra-se na definição de um conceito de comunicação tributável pelo ICMS, objetivo deste trabalho.

Assim sendo o que fornecemos não foi uma lista de serviços que devem ou não ser tributados pelo ICMS, mas sim a definição de um conceito de comunicação constitucionalmente tributável, para que, subsumindo-se as notas do serviço às notas conceito, possa se falar em exigência do ICMS.

Isto posto, o serviço de provimento de acesso à internet não deve ser tributado pelo ICMS, pois, o homem, quando acessa a internet, não exerce o papel de emissor. As máquinas que são consultadas não podem ocupar o papel do homem nesse processo; há, certamente, um registro, uma identificação das informações fornecidas, mas são apenas números de máquinas, que não possibilitarão que um homem, na outra ponta, realize um diálogo com aquele que acessou a internet.

Quanto ao serviço VoIP, enquanto resultado de mais um desenvolvimento tecnológico em telecomunicações, ele torna possível estabelecer conversações telefônicas em uma Rede IP (incluindo a internet), fazendo da transmissão de voz mais um dos serviços suportados pela rede de dados e, considerando nota de esclarecimento a respeito da oferta de serviços de voz pelo VoIP emitida pela Anatel em 9.11.2005, que em resumo pode se dar entre computadores; entre redes de empresas privadas; e entre computador e um número de telefone convencional e vice-versa (entre um número convencional e um computador). E, apesar de dizer que o VoIP é uma tecnologia, quando discorre sobre seus aspectos ou formas de manifestação, em especial nas duas últimas possibilidades (das três que resumimos), afirma também que é serviço, e serviço de telecomunicação (consoante a LGT). Isso nos permite falar em VoIP enquanto serviço, mediante uso de tecnologia específica e avançada. Ademais ela ratifica a necessidade de autorização, na medida em que se trate de serviços de telecomunicação. Podemos concluir que a tributação do VoIP pelo ICMS dependerá, portanto, da análise da forma de prestação deste serviço, que deve ser conformar no conceito de comunicação estabelecido, bem como, pelo preenchimento de todos os critérios da RMIT do ICMS-Comunicação.

Diante do conceito de comunicação proposto e comparando-o com as hipóteses presentes no Comunicado da Anatel é possível concluir que na alínea *a* – comunicação entre computadores –, não há serviços de comunicação, pois inexiste fornecimento, a título oneroso, do canal, ficando a regra-matriz de incidência do ICMS-Comunicação, por sua vez, sem preenchimento do critério material. Nos demais casos, no entanto, alíneas *b* – comunicação entre redes de empresas privadas das empresas – e *c* – entre computador e um número de telefone convencional e vice-versa (entre um número convencional e um computador) –, todos os critérios para conformação do conceito de comunicação tributável estão presentes, de modo que o ICMS deve incidir.

INTERPRETACIÓN TRIBUTARIA EXTENSIVA E INTEGRACIÓN ANALÓGICA A PARTIR DEL PRINCIPIO DE RESERVA DE LEY

OLGA MA. AUCAR MERCHÁN
Abogada

PAULA SUBÍA PINTO
Abogada

INTRODUCCIÓN. 1. ANTECEDENTES: 1.1 Principios fundamentales del Derecho Tributario: 1.1.1 Principio de igualdad; 1.1.2 Principio de generalidad; 1.1.3 Principio de proporcionalidad; 1.1.4 Principio de no confiscatoriedad; 1.1.5 Principio de irretroactividad de la ley; 1.1.6 Principio de legalidad; 1.2 Debido proceso: 1.2.1 Aplicación de normas tributarias en el Ecuador; 1.2.2 Seguridad jurídica. 2. PRINCIPIO DE RESERVA DE LEY: 2.1 Concepto. 3. INTERPRETACIÓN DE LAS NORMAS TRIBUTARIAS: 3.1 Antecedentes: 3.1.1 Concepto de interpretación; 3.2 Clases de interpretación: 3.2.1 Auténtica; 3.2.2 Doctrinal; 3.2.3 Judicial; 3.2.4 Administrativa; 3.3 Formas de interpretación: 3.3.1 Extensiva; 3.3.2 Restrictiva; 3.3.3 Literal o exegética; 3.4 Métodos de interpretación: 3.4.1 "Ratio legis"; 3.4.2 Sistemático: 3.4.2.1 Sistemático por comparación de normas; 3.4.2.2 Sistemático por ubicación de normas; 3.4.3 Histórico; 3.4.4 Sociológico; 3.5 La interpretación constitucional: 3.5.1 Origen de la interpretación constitucional; 3.5.2 El método de la interpretación constitucional; 3.5.3 Principios de interpretación constitucional. 4. ANALOGÍA: 4.1 Concepto. 5. CONCLUSIONES. 6. BIBLIOGRAFÍA.

INTRODUCCIÓN

El presente estudio abarcará las instituciones jurídicas del Principio de Reserva de Ley, Interpretación de las Normas Tributarias y de la Analogía; las cuales constituyen el patrimonio fundamental de nuestra sociedad de derecho.

Es muy importante que señalemos que no ha sido fácil, resumir en tan pocas líneas un estudio tan complejo y amplio de éstos grandes temas trascendentales dentro del campo tributario, con un enfoque constitucional fundamental; por cuanto es imposible abarcar éstas instituciones sin desentrañar el contenido de los principios constitucionales que rigen para la aplicación del derecho tributario ecuatoriano.

Es por esto que inicialmente nos enfocamos en la Constitución Política del Ecuador, para continuar con la Codificación del Código Tributario Ecuatoriano; pero ello nos condujo necesariamente a desmembrar la tan necesitada fuente del derecho como lo es la Doctrina.

Así podremos observar que esta investigación contiene no solo referencias nacionales sino también extranjeras por ser temas muy discutidos por los estudiosos del campo tributario.

1. Antecedentes

La Constitución Política del Ecuador así como toda aquella Carta Magna de los estados, contienen principios fundamentales que deberán regir la vida jurídica de los ciudadanos dentro de cada territorio; dentro de los cuales se encuentran los tributarios que influyen en la economía del país activamente.

Nuestra Constitución Política identifica claramente seis principios fundamentales básicos del ordenamiento jurídico tributario sobre los que se asientan las diversas clases de tributos.

1.1 Principios fundamentales del Derecho Tributario

1.1.1 Principio de igualdad

El art. 256 de la Constitución Política de la República del Ecuador dispone que el sistema tributario deben regularse por los principios básicos de igualdad, proporcionalidad y generalidad, siendo así los tributos medios para la obtención de recursos presupuestarios, que servirán como instrumento de política económica general.

Esto significa que la facultad de establecer, modificar, extinguir o exonerar tributos es exclusiva del Estado, el cual la ejerce mediante ley. Dentro de éste planteamiento se pueden establecer dos acepciones para este principio de la *igualdad ante la ley*, que es relativa al tratamiento que debe darse a las personas sin distinción alguna; y la *igualdad como base del impuesto*, que está intrínsecamente relacionada con la capacidad contributiva del sujeto pasivo.[1]

1. Carlos M. Giulliani Fonrouge, *Derecho Financiero*, t. I, 9ª ed., p. 294.

1.1.2 Principio de generalidad

Las leyes tributarias tienen que abstractas, y *erga omnes* y no referirse en concreto a determinadas personas o grupos de personas, sea concediéndoles beneficios, exenciones o imponiéndoles gravámenes.[2]

Este principio es consecuencia del principio de igualdad y significa que la normativa tributaria obliga a todos los ciudadanos al mantenimiento de las cargas tributarias en iguales condiciones.

1.1.3 Principio de proporcionalidad

Este principio tiene que basarse en la capacidad económica de los contribuyentes lo cual significa que el régimen impositivo deben considerarse tanto los ingresos como los gastos efectuados dentro un mismo periodo tributario, a efectos de establecer escalas que se adecuen a la realidad económica de cada sujeto, así los que tienen más contribuyen en proporción superior a los que tienen menos.[3]

1.1.4 Principio de no confiscatoriedad

La carta magna ecuatoriana prohíbe toda confiscación ya que las leyes tributarias deben estimular la inversión, reinversión, el ahorro y su empleo para el desarrollo nacional; procurando de esta manera una justa distribución de las rentas y de la riqueza entre todos los habitantes del país.[4]

De este principio depende que la sociedad tenga oportunidad de invertir en el desarrollo económico y social de los habitantes sometidos a su jurisdicción.

1.1.5 Principio de irretroactividad de la ley

En nuestra legislación este principio tiene dos aplicaciones. Desde un punto de

2. Art. 256, Constitución Política de la República del Ecuador.
3. Fernando Pérez Royo, *Derecho Financiero Tributario, Parte General*, 11ª ed., p. 39.
4. Art. 33, Constitución Política de la República del Ecuador.

vista general, las leyes tributarias, sus reglamentos y circulares rigen exclusivamente para el futuro. Al respecto, señala que regirán desde el día siguiente al de su publicación en el registro oficial (sin embargo muchas leyes tributarias señalan como fecha de vigencia la de su publicación en este registro). Pero puede también señalarse una fecha posterior a la de la publicación.

Las leyes que se refieren a tributos cuya determinación o liquidación deba realizarse por períodos anuales, por ejemplo el impuesto a la renta, son aplicables desde el primer día del siguiente año calendario; y si la determinación o liquidación se realiza por períodos menores, se aplicarán desde el primer día del mes siguiente.

En segundo lugar, las normas tributarias penales (las que se refieren a delitos, contravenciones y faltas reglamentarias de carácter tributario) rigen también para el futuro, pero excepcionalmente tendrán efecto retroactivo si son más favorables y aun cuando haya sentencia condenatoria. Estas serían: las que suprimen infracciones, establecen sanciones más benignas o términos de prescripción más breves.[5]

1.1.6 Principio de legalidad

Este principio constituye uno de los cimientos más importantes dentro de la tributación ecuatoriana, ya que ningún ciudadano está obligado a pagar tributos que no están establecidos por ley *nullum tributum sine lege*.

Es necesario recalcar que nuestra Constitución Política otorga únicamente al Presidente de la República, la potestad de enviar proyectos de creación o reformas tributarias al Congreso Nacional, sometiéndolos solo a que ejerzan sus funciones de análisis del proyecto, pero nunca podrán los diputados intervenir en el proceso de elaboración de los mismos.

5. Art. 11 del Código Tributario.

El poder legislativo, que de acuerdo a nuestra Carta Magna, tiene como una de sus funciones la de establecer, modificar o suprimir, mediante ley: impuestos, tasas u otros ingresos públicos, excepto las tasas y contribuciones especiales que corresponda crear a los organismos del régimen seccional autónomo; más sin embargo no podrán presentar proyectos de ley en este tema, como si lo hacen para las otras ramas del derecho.[6]

Este tema se lo tratará más a fondo en el capitulo siguiente, en vista de ser éste el tema central del presente estudio.

1.2 Debido proceso

1.2.1 Aplicación de normas tributarias en el Ecuador

Las disposiciones legales tributarias, prevalecen sobre cualquier otra norma dentro del territorio ecuatoriano, las cuales comenzarán a regir desde su publicación en el Registro Oficial o desde la fecha determinada en la misma Ley.

Sin embargo de lo anterior, existen disposiciones legales que entran en vigencia según el tributo del que traten, es decir, entrarán a regir desde el primer día del siguiente mes o el primer día del siguiente año, si son impuestos de liquidación mensual[7] o anual[8] según corresponda, tomando como condición sine qua non que su vigencia siempre es para el futuro eliminando de plano la retroactividad de la ley en el aspecto tributario, *a contrario sensu* de lo que sucede en otras legislaciones como en la Argentina.

La normativa tributaria debe también establecer cuales son las condiciones que

6. Art. 130, numeral 6), de la Constitución Política de la República del Ecuador.

7. Impuesto al Valor Agregado (IVA); Impuesto a los Consumos Especiales (ICE).

8. Impuesto a la Renta; Impuesto a la Matriculación Vehicular; Impuesto al Patrimonio Neto, entre otros.

deberá cumplir el obligado para generar el tributo, sus exenciones y limitaciones caso contrario no tendrían validez jurídica ya que dejarían de tener el elemento esencial que la constituye.

Todo esto significa que para nuestro país las disposiciones legales tributarias poseen jerarquía frente a cualquier otra norma y su aplicación se somete a la jurisdicción impositiva de manera exclusiva, a no ser, que puedan los otros ámbitos del derecho, cubrir ciertos vacíos, pero bajo ninguna circunstancia alterarán el verdadero sentido del impuesto.

Uno de los derechos civiles resguardados por la Constitución es que todo ciudadano tiene derecho a un debido proceso lo cual implica una justa interpretación y aplicación de las normas jurídicas salvaguardando te este modo su legítima defensa frente a cualquier acto arbitrario emanado por el Fisco.[9]

1.2.2 Seguridad jurídica

En materia tributaria la seguridad jurídica es considerada como un principio clave frente a las relaciones que nacen en virtud del cumplimiento del hecho generador entre la Administración Tributaria y el Contribuyente.[10]

Este tema es primordial en el aspecto tributario, por cuanto constituye los lineamientos que todo contribuyente debe conocer y tener en consideración para su desenvolvimiento tributario, y su relación frente al Fisco.

La existencia de una normativa tributaria no valida únicamente a la seguridad jurídica, ya que va a depender también de que el contenido de las mismas sea justo.[11]

Así mismo está intrínsecamente vinculado con el Principio de Legalidad porque la ley es la que otorga certeza – corriente positiva – y además señala las normas que encamina el accionar del Estado – corriente negativa – para evitar su arbitrariedad.

Según Osvaldo Soler, la corriente positiva que trata este principio tiene tres manifestaciones:

a) *La estabilidad de las normas*. Esto es fundamental en el ámbito tributario ya que demuestra la madurez que posee un Estado y permite que los sujetos pasivos de las obligaciones tributarias puedan realizar planificaciones que permitirán viabilizar sus negocios. Constituye también un atractivo para la inversión extranjera por cuanto sabrán que sus operaciones comerciales se ven reforzadas con la normativa analizada por ellos de primera mano.

b) *La determinación del ordenamiento aplicable en un caso y momento determinado*. Esto permite que la certeza que se tiene en la aplicación de las normas no va a variar a conveniencia del sujeto activo impidiendo que se den arbitrariedades.

c) *La certidumbre sobre los remedios jurídicos a disposición de los contribuyentes*. La legislación tributaria que posee cualquier país debe señalar taxativamente cuales podrían ser los caminos por los que el contribuyente podría optar para hacer valer sus derechos.

La postura negativa o freno a la arbitrariedad, no hace más que señalar la relación directa de la aplicación de las normas en virtud de su jerarquía evitando de esta forma, el nacimiento de leyes que sean contradictorias con la inmediata superior, porque se convertirían en inaplicables.

La seguridad jurídica seria entonces "(...) la suma de la certeza, jerarquía nor-

9. *Indubio pro contribuyente*.

10. La Legislación Ecuatoriana diferencia a las Administraciones Tributarias según sus jurisdicciones, tales como: Central (Servicio de Rentas Internas – SRI, Corporación Aduanera Ecuatoriana – CAE), Seccional (Municipios y Concejos Provinciales) y de Excepción: Universidad de Guaya.

11. Oswaldo H. Soler, *Derecho Tributario*, 2ª ed. actualizada y ampliada, p. 134.

mativa, legalidad, publicidad, irretroactividad perjudicial de las leyes, interdicción de la arbitrariedad", volviendo al ordenamiento jurídico-tributario una esfera acorde con la justicia.[12]

2. *Principio de reserva de ley*

2.1 Concepto

Es la facultad de establecer, modificar, extinguir o exonerar tributos que tiene el Estado, el cual ejerce mediante ley. En consecuencia no hay tributo sin ley.[13]

Este principio también se lo conoce como Reserva de Ley, y es el pilar fundamental y básico que debe tenerse en consideración para el establecimiento de tributos; este principio se funda en el concepto de protección de la libertad individual; y de la propiedad privada.[14]

El doctrinario colombiano, Mauricio Plazas Vega, establece que éste principio: "Es una expresión fundamental de la separación de poderes y representan una garantía ante eventuales arbitrariedades a las que podrían estar sometidas los ciudadanos si la rama ejecutiva del poder público pudiera crear o modificar tributos, con algún grado de amplitud al amparo de la fuerza legislativa de los actos que realizan".

En su sentido originario en nuestra tendencia moderna actual se lo entiende como todas las actuaciones de los poderes públicos que deben estar legitimadas y previstas por la Ley, de modo que la Administración solo puede actuar donde la ley le concede potestades, es la sujeción de la Administración a sus propias normas traduciendo a este principio en el de inderogabilidad singular de las leyes y reglamentos.[15]

Por otra parte, este principio permite al sujeto pasivo conocer con la debida anticipación cual es la naturaleza y cuales son los alcances de sus obligaciones frente al Fisco, así como la esfera de derechos ejercitables en contra del Estado cuando este, en su función recaudatoria pretenda traspasar o exceder los limites del marco jurídico a los que debe constreñirse su actuación. Adolfo Carretero Pérez lo define como las potestades públicas que deben ejercerse en al actividad financiera conformadas por la Ley y el ordenamiento jurídico, en virtud de este principio y que por un lado define positivamente su actuación y por el otro lado limita su esfera. Es por ello que la exigencia de la legalidad se encuentra en la soberanía fiscal que puede afectar a los derechos fundamentales de los individuos, libertad y propiedad y que tan solo puede ser intervenido por la Administración si existe autorización legislativa.[16]

En concordancia con lo anterior señala Gabino Fraga que el Principio de Legalidad consiste en que ningún órgano del Estado puede tomar una decisión individual que no sea conforme a una disposición general anteriormente dictada; de modo que en esencia este principio, detallando ya en la materia tributaria, opera como una balanza que busca el justo y adecuado equilibrio entre los dos sujetos que normalmente intervienen en la relación jurídica fiscal, al sujetar la acción tanto del Fisco como de los causantes al cumplimiento a un régimen legal específico, cuyo contenido debe ser eminentemente equitativo.[17]

En nuestra legislación este principio de reserva de Ley se expresa dentro del Derecho Tributario en el mismo sentido en que se emplea en el Derecho Penal, bajo el aforismo *nullum tributum sine legem* esto es, no hay tributo sin Ley.[18]

12. Oswaldo H. Soler, ob. cit., p. 136.
13. Art. 257, 130 num. 6, Constitución Política del Ecuador.
14. Art. 13 y 35 del Código Tributario.
15. *Diccionario Jurídico Espasa*, Editorial Espasa Calpe S/A, Madrid, 1999, p. 792.
16. Adolfo Arrioja Vizcaíno, *Derecho Fiscal*, 15ª ed., pp. 23-24.
17. Gabino Fraga, *Derecho Administrativo*, 10ª ed., p. 98.
18. Guillermo Salazar Sánchez, *El Principio de Legalidad*, Serie Jurídica n. 7, p. 28.

No hay más obligación tributaria que la establecida legalmente ya que sólo mediante Ley se pueden establecer, modificar o extinguir tributos. Suele aludir exclusivamente al campo de los impuestos, pero es evidente que el principio es aplicable a toda clase de gravámenes y por su importancia tiene origen constitucional como una regla esencial del derecho público. Por otra parte coincidimos que este principio comprende también la gestión tributaria de la Administración o su sujeto activo del tributo, ya que sus facultades y/o atribuciones son de naturaleza reglada por lo tanto sometidas al ordenamiento legal y esto conlleva en impugnabilidad por causa de la ilicitud tanto administrativa como contencioso-judicial; pero siempre garantizando la vigencia del principio de seguridad jurídica.[19]

José Vicente Troya sostiene que el principio de legalidad no es una limitación sino un instrumento de manifestación de la potestad tributaria, a contrario de lo que establece Fritz Newmark, el principio de legalidad se ha convertido en algo completamente natural en una democracia moderna. Es por ello que la importancia a nivel mundial de este principio implica que todos los elementos tanto objetivos como subjetivos de la relación tributaria están sometidos imprescindiblemente a las normas legales.

Es menester nuestro incluir en nuestro estudio los antecedentes legales e históricos de la evolución de este principio tributario de gran trascendencia tanto en nuestro país como en la legislación comparada.

3. *Interpretación de las normas tributarias*

3.1 *Antecedentes*

Etimológicamente hablando, el verbo "Interpretar" proviene de la voz latina *interpretare* o *interpretari*. El Diccionario de la Lengua española, en el sentido que nos interesa recalcar, define la voz "interpretar" como: explicar o declarar el sentido de algo, y principalmente el de textos poco claros. Explicar, acertadamente o no, acciones, palabras o sucesos que pueden ser entendidos de varias formas.

Por su parte, Luís Díez Picazo señala que la locución latina *inter-pres* procede del griego *meta fraxtes* que indica al que se coloca entre dos para hacer conocer a cada uno lo que el otro dice. En este amplio y primigenio sentido, la palabra se utiliza aun hoy para designar al traductor que permite la comunicación entre dos personas que hablan lenguajes o idiomas diferentes.[20]

En tanto, el tratadista alemán Ludwig Enneccerus define a la Interpretación de la norma jurídica como: "Interpretar una norma jurídica es esclarecer su sentido y precisamente aquel sentido que es decisivo para la vida jurídica y, por tanto, también para la resolución judicial. Semejante esclarecimiento es también concebible respecto al derecho consuetudinario, deduciéndose su verdadero sentido de los actos de uso, de los testimonios y del *usus fori* reconocido y continuo. Pero el objeto principal de la Interpretación lo forman las leyes".[21]

La normativa legal por regla general debería ser expresada de forma precisa y concreta, sin embargo, es factible que pueda necesitar de ciertos elementos de juicio adicionales para poder ser comprendida por quien la alega.

En la esfera del Derecho Tributario es permitido que se lleve a cabo la interpretación, que dependiendo de diversos factores, puede llevar a que el individuo comprenda el sentido de la misma, pero con el impedimento que la interpretación desvíe su sentido jurídico; ya que se interpretan con ar-

19. José Adolfo Morales Quirós, *Elementos del Derecho Tributario*, t. I, 1ª ed., p. 79.

20. Luís Díez Picazo, *Experiencias Jurídicas y Teoría del Derecho*, reimpresión de la 1ª ed., p. 225.

21. Ludwig Enneccerus, *Tratado de Derecho Civil*, t. I, traducido de la 39ª ed. alemana, p. 197.

reglo a los métodos admitidos en derecho tomando en cuenta los fines de las mismas y su significación económica, pero para poder introducirnos en este tema, primero tendríamos que entender que es interpretar.

La interpretación jurídica de la norma es la aprehensión del significado de la norma jurídica con el fin de aplicar la misma a la realidad social a la que se refiere.

3.1.1 Concepto de interpretación

En Derecho la interpretación busca determinar cual es el sentido y alcance de las normas, para aplicarlas a los casos concretos de una manera precisa, sin tergiversar la intención que tuvo el legislador al crear esa norma.

Demolombe concibe la interpretación como: "Un método empírico ya que la ley debe ser interpretada según la voluntad misma que ha presidido su origen. Desprenderla de ella para hacer variar su contenido con el movimiento social y adaptarla a las exigencias de la hora presente o a las transformaciones de la existencia no sería serle fiel; entonces sería el medio el que haría la ley y no ésta la que regiría el medio".

A lo largo del Siglo XIX en el Derecho Francés, se inicia una fuerte corriente crítica que se opone al método histórico evolutivo, por el cual, la ley no es una manifestación de la voluntad del legislador, sino una entidad distinta y autónoma, independiente de ese legislador, dotada de capacidad suficiente de adaptación a todas las exigencias y condiciones nuevas que ofrezca la vida, con tal que resulte respetada la letra del precepto.

Con el tiempo los métodos se multiplicaron y entre los más relevantes están La Escuela del Derecho Libre, La Escuela de La Jurisprudencia de intereses y la Escuela Teleológica.

Sin embargo, el problema inicial para el intérprete es determinar la propia existencia de la norma que haya que aplicar, porque la misma no contempla con exactitud el punto controvertido. Aunque dogmáticamente se ha defendido el criterio de que el ordenamiento es pleno y completo, es mas cierto reconocer que la previsión normativa no es *omniabarcadora ni omnicomprensiva*; las leyes se confeccionan en un tiempo y para un tiempo y es absurdo pretenderlas aplicar en una proyección plena.

Los "intelectualistas" propugnan que la *Interpretación* es un acto de razonamiento, una operación lógico mental destinada a revelar el significado o sentido de la norma jurídica (interpretación propiamente dicha).

Los "voluntaristas", en cambio, entienden que la *Interpretación* no se queda en lo que esta palabra podría denotar, sino que dicha tarea llega a involucrar una labor mucho más acabada, mucho más compleja, una labor de creación en la que el juez podrá actuar con considerables parámetros de libertad. Dentro de éste grupo se destaca Hans Kelsen, quien explica que la interpretación de la norma es un acto de creación de una norma individual, el cual es, a su vez, un acto de voluntad en la medida que se trata de llenar el marco establecido por la norma general.[22]

Comentando respecto a estas concepciones antagónicas, Ariel Álvarez Gardiol dice: "El célebre debate entre intelectualistas y voluntaristas no ha agotado – a mi juicio – ni con mucho, la intrincada madeja de elementos que se mueven alrededor de este complejo problema. Ni la interpretación es un proceso que se agota en una mera tarea de intelección del sentido de una norma, colocada allí para que el intérprete valore su significado, ni tampoco puede considerársela mero acto de voluntad del intérprete que decide a su arbitrio, el significado correcto para el caso".[23]

Además, la Interpretación jurídica tiene un fin (mediato): que es, a través de los

22. Hans Kelsen, *Teoría Pura del Derecho*, 18ª ed., p. 169.

23. Ariel Álvarez Gardiol, *Manual de Filosofía del Derecho*, 1ª ed., p. 290.

tribunales, aplicar correctamente el Derecho a los hechos.

Los científicos del derecho interpreten no con la finalidad de aplicar el derecho a un caso concreto, su labor a la larga tiende a cumplir esta finalidad, pues, como bien dice Karl Larenz, éstos facilitan, en cierto modo, el trabajo a la jurisprudencia de los tribunales, al mostrar los problemas de la interpretación y las vías para su solución; pero aquélla somete a prueba los resultados en la confrontación con la problemática del caso particular y, por tanto, necesita constantemente de la Ciencia del Derecho para la verificación.[24]

Sobre las posiciones del *intelectualismo* y del *voluntarismo* podrá haber sin duda una gran discrepancia, pero podemos advertir una confusión que se acentúa aun más cuando se tiene que determinar de dónde se obtiene el sentido o significado que se debe lograr a través de la Interpretación.

Los partidarios del *Subjetivismo* (que es la teoría más antigua) sostienen que para interpretar una norma debe tenerse como punto de referencia al legislador con el propósito de desentrañar de su mente lo que éste quiso decir. Entienden que lo que manda en la ley, es la voluntad del legislador (*mens legislatioris*), quien es su autor, y que la norma jurídica sólo es un medio o instrumento para expresar ese mandato; entonces el intérprete debe llegar a lo que el legislador quiso decir para interpretar correctamente la norma.

Los partidarios del *Objetivismo*, en cambio, son de la creencia de que sólo lo que aparece redactado en la ley es lo objetivamente dispuesto como mandato, que una vez publicada la ley, ésta se desprende de sus autores y adquiere vida y espíritu propios, en consecuencia es la voluntad de la ley (*mens legis*) lo que debe descubrirse, porque en ella está lo objetivamente querido. Es evidente, como bien manifiesta Ángel Latorre Segura, que la norma no puede tener voluntad y por ello, cuando, de acuerdo con el *Objetivismo*, se habla de "voluntad de la ley", está sumamente claro que esta referencia se hace únicamente en sentido metafórico.[25]

Mario Alzamora Valdez explica que la primera teoría (el subjetivismo) sostiene que la ley no puede ser entendida de otro modo que como "mandato" que es la voluntad dirigida a regular las relaciones jurídicas, y que dicho mandato proviene de la mente del legislador, en tanto que la segunda (el objetivismo) se apoya en la forma como se originan las normas, en el valor de éstas consideradas en sí mismas, y en el carácter de los objetos culturales, para atribuir a la ley un sentido independiente de lo querido por su autor.[26]

Creemos que la norma jurídica, como creación humana, es concebida sólo en el pensamiento humano por lo que consideramos que su origen será siempre, lo establecido en la mente del legislador, más allá de que una vez puesta en vigencia pueda expresar por sí misma y objetivamente un significado claro e inequívoco. Entendemos que de ello son conscientes los partidarios del objetivismo y por esta razón es que la teoría que esbozan, no puede limitarse, como en efecto no se limita, solamente a exponer sus razones, sino que además va más allá explicando los motivos por los que el subjetivismo no puede ni podrá nunca sustentar debidamente sus puntos de vista.

Karl Larenz considera que a cada una de estas teorías corresponde parte de verdad y que por ello ninguna puede aceptarse sin limitaciones. Continúa indicando que la verdad de la teoría subjetiva es que la ley jurídica, a diferencia de la natural, es hecha por hombres y para hombres, es la expresión de una voluntad dirigida a la creación de un orden justo; en cambio, la verdad de

24. Karl Larenz, *Metodología de la Ciencia del Derecho*, traducción de la 4ª ed. alemana, p. 310.

25. Ángel Latorre Segura, *Introducción al Derecho*, 7ª ed., p. 96.

26. Mario Alzamora Valdez, *Introducción a la Ciencia del Derecho*, 8ª ed., p. 259.

la teoría objetiva es que una ley, tan pronto es aplicada, despliega una actividad peculiar a ella, que va más allá de lo que el legislador había intentado.[27]

3.2 Clases de interpretación

Los tratadistas se han preocupado por precisar la diferencia existente entre interpretación e integración de una ley. La interpretación presupone la investigación de lo que el legislador ha querido decir y ha dicho efectivamente en una particular disposición; y la integración consiste en colmar una laguna existente en la ley mediante la búsqueda de la norma aplicable al caso.

Es exclusivo del legislador, pues éste como autor de la norma tiene también la atribución de determinar su alcance y de hacerlo con un carácter obligatorio. La función Legislativa, que dicta las leyes, tiene también la facultad de expedir leyes interpretativas, aunque en los últimos años no ha hecho uso frecuente de esta atribución.[28]

3.2.1 Auténtica

Es denominada también interpretación legal. Esta se realiza mediante una ley expedida por el Congreso que explica el contenido de una norma ya existente, siendo entonces la creación de una ley interpretativa de otra. De conformidad con lo estipulado en el Código Civil,[29] este tipo de interpretación tiene fuerza obligatoria general.

Es necesario destacar que a pesar de que el Poder Legislativo tiene la potestad de dictar leyes interpretativas en los últimos tiempos no ha hecho uso frecuente de ésta atribución.

3.2.2 Doctrinal

Es la realizada por los estudiosos del derecho, cuyo objeto es ilustrar los diversos temas jurídicos. No tiene ninguna fuerza obligatoria, aunque muchas veces sea citada en las sentencias de los máximos tribunales, por su gran valor intelectual.

Esto nos lleva a concluir que esta interpretación se refiere a la aplicación que ejercen los jueces, los funcionarios públicos y/o los particulares en ejercicio de su profesión, en busca de su verdadero sentido, para emplear su propio criterio y así acomodar las determinaciones generales de la Ley a sus hechos e intereses peculiares.

3.2.3 Judicial

Es la que realizan los jueces y tribunales de justicia al aplicar las leyes y resolver los casos concretos que están bajo su conocimiento y resolución. Especial importancia tiene en este sentido las sentencias que dictan los más altos tribunales del país: La Corte Suprema de Justicia, los Tribunales Distritales de lo Contencioso Administrativo y de lo

Fiscal. Esta interpretación puede tener 2 efectos:

a) Particularmente obligatoria: pues solamente es obligatoria para el caso en que la sentencia fue pronunciada.[30]

b) Generalmente obligatoria: es facultad de La Corte Suprema de Justicia en pleno expedir, la norma dirimente de carácter obligatorio, mientras la ley no determine lo contrario, en caso de fallos contradictorios sobre un mismo punto de derecho, dictados por los Tribunales Distritales.[31]

Igual facultad tendrá el pleno de La Corte Suprema en los casos de duda u oscuridad de las leyes, la que podrán ejercitarla, de oficio o a petición de los Tribunales Distritales.

Finalmente la triple reiteración de un fallo de casación se constituye en precedente jurisprudencial obligatorio y vinculante

27. Karl Larenz, ob. cit., p. 312.
28. Art. 130, num. 5, Constitución Política de la República del Ecuador.
29. Solo le toca al legislador interpretar la ley de un modo generalmente obligatorio.
30. Art. 3 del Código Civil.
31. Art. 197 de la Constitución Política.

para la interpretación de las leyes, excepto para la propia Corte Suprema.[32]

3.2.4 Administrativa

Consideramos necesario incluir a ésta fuente de interpretación dentro de la clasificación de clases, aun cuanto no esté señalada por la doctrina como tal, ya que normalmente es el alcance de interpretación que poseen los administradores, Gerentes o Directores de las Instituciones que forman parte del Estado, y que a través de sus funcionarios interpretan de una u otra forma las leyes dentro de cada campo del derecho. Así, diversas autoridades de estas administraciones efectúan labores de interpretación de leyes haciendo siempre presentes distinciones entre ellos y los legisladores; pero sometiéndose al campo de aplicación dentro de su esfera institucional, a través de la emisión de los Actos Administrativos.

Es por lo anterior importante señalar que el Acto Administrativo[33] – dictado por una autoridad competente – tiene suficientes efectos jurídicos ya que puede ratificar las obligaciones tributarias discutidas o desvanecerlas en su totalidad, mediante la aplicación de determinadas normas jurídicas contenidas en las resoluciones que se emiten para el efecto.

3.3 Formas de interpretación

La constante evolución de la ciencia y técnica del derecho ha dado lugar a la estructuración de diversas formas, clases y métodos de interpretación de las normas jurídicas teniendo siempre como finalidad única penetrar el sentido de ellas para así de este modo permitir su aplicación.

Cabe diferenciar en este punto la diferencia existente entre clases, formas y métodos para poder continuar con nuestra exposición doctrinaria de cada una de ellas. De conformidad con lo definido por el Diccionario de La Real Academia Española "Clase es el orden en que, con arreglo a determinadas condiciones o calidades se consideran comprendidas diferentes personas o cosas"; así "Formas es el principio activo que da a la cosa su entidad, ya sustancial, ya accidental. Son los requisitos externos o aspectos de expresión en los actos jurídicos. Cuestiones procesales en contraposición al fondo del pleito o causa"; y "Método se refiere al modo de decir o hacer con orden una cosa. Es el procedimiento que se sigue en las ciencias para hallar la verdad y enseñarla. Puede ser analítico o sintético".

3.3.1 Extensiva

La ineficacia del método gramatical y restrictivo, generó la necesidad de establecer nuevas formas de interpretación de las normas jurídicas, pues el derecho no puede ser concebido como una ciencia exacta, rigurosa o inmutable, por cuanto surge de la sociedad real cambiante, y es esa realidad la que debe primar en la intención de quien aplica la ley.[34]

Esta forma de interpretación se sustenta su tesis en que la labor del intérprete no puede ser reducida a un limitado ejercicio gramatical, en razón que su finalidad se orienta a encontrar el verdadero sentido de la justicia y a desempeñar el alcance y contenido de la norma por sobre la acepción de los términos que la conforman. Es por ello, que las teorías relacionadas al tema, coinciden que sobre la letra de la ley está el espíritu de la misma, motivaciones técnicas y también económicas.

Por tanto podemos definir a ésta forma como lo favorable u odioso de una disposición que no se tomará en cuenta para ampliar o restringir su interpretación; así la interpretación que deba darse a toda Ley se determinará por su genuino sentido y

32. Art. 19 Ley de Casación.
33. El art. 81 del Código Tributario.
34. Rodrigo Patiño Ledesma, *Sistema Tributario Ecuatoriano*, p. 38.

según las reglas de interpretación procedentes.[35]

La interpretación extensiva provoca en ciertos casos que la seguridad jurídica se vea afectada por cuanto el intérprete amplía el sentido de las disposiciones legales para verse beneficiado del resultado.

La explica el Profesor Mario Alzamora, se da cuando los términos de la ley expresan menos de lo que el legislador quiso decir, y se trata de averiguar cuáles son los verdaderos alcances de su pensamiento; continúa diciendo que "más que extensiva es esta interpretación 'integrativa' puesto que su objeto es referir la norma no a casos nuevos sino a aquellos que contiene virtualmente, porque si así no fuera no sería interpretación sino creación".[36]

Dentro del aspecto tributario esta situación no es concebible ya que no solo altera el ámbito de aplicación de una norma sino que también tergiversa la intensión de la misma, atropellando los principios tributarios consagrados en la Constitución.

3.3.2 Restrictiva

Desde los orígenes del Estado se concibió al tributo como medio de subsistencia para el cumplimiento de los fines del aparto estatal, tutelando de esta forma la imposición tributaria y el sometimiento de los ciudadanos a favor del fisco, naciendo así la máxima derivada del Derecho Penal de *in dubio pro reo* a *in dubio pro Fiscum*, por esto el propósito de esta forma es evitar el carácter odioso de la ley tributaria y de la concepción peyorativa del impuesto, considerándolo como símbolo de servilismo y opresión, con el fin de evitar la rigidez fiscal y defender así las garantías individuales que tienen todos los contribuyentes frente a la Administración Tributaria.

35. Briceño de Valencia y Ramón Vergara Lacombe, *Diccionario Técnico Tributario*, p. 362.
36. Mario Alzamora Valdez, ob. cit., p. 261.

Se restringe el alcance de la norma apartando de ella determinados supuestos que se encontrarían incluidos de acuerdo con la redacción de su texto, pero que se entiende que no fue voluntad del legislador comprenderlos dentro de éste. Alberto Trabucchi lo explica del siguiente modo: "La interpretación restrictiva se dará cuando la interpretación lógica restrinja el significado propio de la expresión usada por la ley".[37]

Es un alcance limitado a la atribución de la ley, no sólo a lo que expresa o se refiere la disposición, sino vinculando los criterios de privilegios entre los sujetos de la obligación tributaria.

3.3.3 Literal o exegética

Esta forma se utiliza como variable de interpretación en el lenguaje, de acuerdo a como está construida la norma y para esto es necesario tomar en consideración la gramática, sintaxis y el significado de las palabras.[38]

Es importante que destaquemos que siempre se esa ésta forma para encontrar el significado de las normas porque es con él que podemos tener el conocimiento de cada una de ellas, aunque después tratemos de buscar y encontrar otro significado complementario utilizando otra forma p método que se ajuste a nuestro intereses jurídicos, pero sin obviar o transgredir la norma de "No hay que distinguir en donde la ley no distingue".

3.4 Métodos de interpretación

Podemos definir a los métodos como procedimientos de aplicación de las variables interpretativas, para desentrañar el significado de las normas jurídicas.

37. Alberto Trabucchi, *Instituciones de Derecho Civil*, t. I, 1ª ed., p. 49.
38. Marcial Rubio Correa, *Interpretación de las Normas Tributarias*, 1ª ed., p. 134.

Son utilizados cuando existe una norma a la cual hay que dar sentido, y si no existe tal norma todavía podremos utilizar los procedimientos de aplicación del derecho, a través de la integración jurídica de los mismos; es por así decirlo, la solución de los vacíos y deficiencias de la ley mediante los principios generales, analogías y el argumento a contrario, pero si no hay norma aplicable no hay procedimiento de interpretación jurídica que se pueda utilizar.

Los métodos trabajan de acuerdo a las variables diversas entre sí, que no siempre nos llevan al mismo resultado interpretativo por lo mismo que son variables o parámetros de análisis en base a los cuales medimos diferentes ángulos de la norma jurídica siendo realizado por estudiosos del derecho que nunca utilizar a éstos métodos de la misma forma que otro.

3.4.1 "Ratio legis"

Este método no se fija solamente en lo dicho por la norma sino más bien, trata de encontrar el sentido, razón de ser, y en base a ello extrae la consecuencia interpretativa. Es utilizado tanto con la norma como elemento de fijación de reglas de juego de la interpretación como con el interés y las finalidades.[39]

En la dificultad que nos topamos con éste método, es al combinarlo con los elementos de conductas, ya que la *ratio legis*, es un elemento técnico de la norma misma, del interés y de las finalidades; y su sentido coincide con ellos. Así se atañe a la naturaleza de la norma más que al hecho objetivo, formal o literal de la misma.

3.4.2 Sistemático

Se funda en la variable que todas las normas tienen principios subyacentes que les dan sentido y que por consiguiente, buscando y aplicando los principios incorporados del derecho positivo, se puede enriquecer la interpretación de la norma jurídica.

El contexto de la ley servirá para ilustrar el sentido de cada una de sus partes de manera que haya entre todas ellas la debida correspondencia y armonía. Los pasajes oscuros de una ley pueden ser ilustrados por medio de otras leyes, particularmente si versan sobre el mismo asunto.[40]

Es por ello que tiene dos modalidades: por comparación entre normas y por ubicación de las normas.

3.4.2.1 Sistemático por comparación de normas

Éste sistema por comparación obliga a que el interprete de la norma jurídica deba analizar si hay dos normas que son más o menos homogéneas o parecidas en sus mandatos, comparando una con la otra para que pueda enriquecerse la interpretación de la una en función de la otra.

En este sentido, el legislador aplica los mismos principios en normas afines y por ello se puede clarificar su significado en cada una de ellas. Así por supletoriedad se puede aplicar la una como la otra porque la una ayuda en la interpretación de la otra y la complementa a aquella.[41]

Así dentro del campo del Derecho Tributario, podríamos afirmar que éste método se pueden interpretar normas tributarias en base a otras que no necesariamente sean de la misma materia.

3.4.2.2 Sistemático por ubicación de normas

Este método está basado en la localización física de una norma dentro del Ordenamiento Jurídico. Así podemos analizar la interacción de otras disposiciones y, el

39. Marcial Rubio Correa, ob. cit., p. 136.

40. *Diccionario Técnico Tributario*, ob. cit., p. 362.

41. Marcial Rubio Correa, ob. cit., p. 140.

conjunto de ellas permite que, dentro de ésa ubicación, cada norma enriquezca su significado y regule un determinado campo de la realidad jurídica excluyendo así a las demás.

Pertenece a la dimensión técnica del derecho, pues la variable de los principios de cada una de las normas es constitutiva del derecho mismo, así es que puede ser útil para el elemento norma por los principios valorativos incorporados a ella.

3.4.3 Histórico

La variable de éste método son todos los antecedentes que puede llegar a tener una norma desde el momento de su promulgación hasta la interpretación de la misma. Es decir, todos y cada una de las transformaciones que ha tenido desde que nació dentro del ordenamiento jurídico y su razón de ser, estar y continuar dentro del derecho positivo. Es decir, lo que sostuvieron los legisladores en la parte preliminar a la promulgación de la norma, las exposiciones de motivos, las formas en que fueron modificadas las anteriores por las actuales y la manera particular como se la haya entendido en el pasado.[42]

Podemos concluir que esta forma trata de indagar la intensión o espíritu que movió al legislador a dictar la norma que se trata de interpretar, analizándola desde sus inicios a efectos de comprender el alcance que pretendió darle.

3.4.4 Sociológico

Finalmente, éste es el método que regula las disciplinas sociales de la conducta humana dentro del Ordenamiento Jurídico y contiene las conductas consideradas obligatorias en a sociedad; atendiendo su costumbre, y las ideas predominantes en el medio social general y económico especializado que traten las diferentes normas como punto de vista para dar el significado a determinada norma jurídica.

3.5 La interpretación constitucional

3.5.1 Origen de la interpretación constitucional

Allí donde una norma ha sido prevista para ser aplicada, necesariamente habrá interpretación. Habiéndose inspirado nuestro derecho constitucional en la doctrina española, para la cual la Constitución es derecho, es norma jurídica que debe ser aplicada; entonces debemos concluir que existe obviamente, con mayor razón, una interpretación constitucional.[43]

3.5.2 El método de interpretación constitucional

Presupone que toda interpretación implementada conforme a los criterios y teorías ya desarrollados, se somete a lo establecido en la Constitución, es decir, deberá siempre preferirse la interpretación que sea conforme o más conforme a la Constitución. Así, si por su alcance (ya sea por ser restrictiva o extensiva) o por su fuente o por su método, se llega a una interpretación que termine transgrediendo alguna norma del texto constitucional, no quedará más remedio que recurrir a la interpretación que en cada caso quede como alternativa, siempre, claro está, que la elegida se someta a lo previsto en la Constitución.

Víctor García Toma[44] señala que desde el punto de vista doctrinario es posible establecer cuatro tipos de interpretación constitucional, que son:

a) *Interpretación de la Constitución* – Es la que consiste en asignar un sentido a la Constitución a fin de ayudar a su correcta aplicación en la realidad.

42. Marcial Rubio Correa, ob. cit., p. 152.

43. César Landa Arroyo, *Teoría del Derecho Procesal Constitucional*, 1ª ed., p. 215.

44. Víctor García Toma, "En torno a la interpretación constitucional", en *Revista del Foro*, n 2, p. 38.

b) *Interpretación desde la Constitución* – Consiste en que obtenida una respuesta hermenéutica "desde la Constitución", se desciende a la legislación infraconstitucional a fin de que esta última guarde coherencia y armonía con las normas del texto constitucional.

c) *Interpretación abstracta y conceptual genérica* – Es aquélla que parte de comprender teóricamente el texto constitucional, sin necesidad de ligarlo a una contingencia real en la vida política. Su utilización se lleva a cabo con un mero fin especulativo de conocimiento.

d) *Interpretación específica y concreta* – Es aquélla consistente en comprender su aplicabilidad en una situación o contingencia real, emanada de la vida política. Su utilización se lleva a cabo con un fin práctico de aplicación de las normas.

3.5.3 Principios de interpretación constitucional

Estos Principios que, entre otros autores cita el Dr. Aníbal Torres Vásquez,[45] comúnmente son aceptados como los siguientes:

a) *Principio de unidad de la Constitución* – Por este Principio, la Constitución se interpreta como un todo o una unidad, sin considerar sus disposiciones como normas aisladas.

b) *Principio de la coherencia* – Principio éste por el cual no deberían tener cabida las contradicciones entre las normas constitucionales. Postula la concordancia entre las distintas normas constitucionales que protejan diferentes bienes jurídicos.

c) *Principio de la funcionalidad* – Por el que se busca el respeto a las competencias de los distintos órganos. Así, ningún órgano estatal invadirá el ámbito competencial de otro, lográndose de esta manera un trabajo coordinado y en armonía.

d) *Principio de la eficacia* – La interpretación debe estar orientada a que se optimice la eficacia de las normas constitucionales, persiguiéndose así que sus fines se realicen con la mayor eficacia posible.

e) *Principio "in dubio pro libertate"* – Dado que la libertad pertenece a ser humano, también se utiliza la denominación *in dubio pro homine* para referirse a este principio. En caso de duda, ésta se dilucidará a favor de la libertad del ser humano, como garantía de la efectiva vigencia de los derechos (subjetivos) fundamentales.

f) *Principio de duración de la Constitución* – Persigue como objetivo esencial una Carta que tenga duración como texto normativo y como programa político.

g) *Principio de respeto al régimen político consagrado en la Constitución* – Implica que cada régimen político significa una especial concepción de la sociedad y el Estado. La Interpretación Constitucional tenderá así a afianzar el régimen político adoptado por la sociedad a través de la propia Constitución.

4. Analogía

4.1 Concepto

La palabra "analogía" proviene de la palabra griega α ν α λ ο γ ι α compuesta de la partícula α ν α = reiteración – comparación; y de la palabra λ ο γ ι α = *logos*, palabra, razón. De esta manera significa comparación o relación entre varias razones o conceptos. Los latinos, a su vez, tradujeron la palabra analogía por *proportio* = proporción. Santo Tomás escribe al respecto: "La proporcionalidad no es otra cosa que la igualdad de proporciones, o sea, que esto respecto de esto tiene una proporción igual a la de aquello respecto de aquello; la proporción por su parte no es otra cosa que la relación de una cantidad a otra."[46]

45. Aníbal Torres Vásquez, *Introducción al Derecho (Teoría General del Derecho)*, 2ª ed., pp. 583 y 584.

46. *www.monografias.com/trabajos/discriminacion/discriminacion.shtml.*

El Diccionario Jurídico Elemental de Cabanellas detalla que la analogía es la semejanza entre cosas o ideas distintas, cuya aplicación se admite en Derecho para regular, mediante un caso previsto en la ley, otro que siéndolo semejante, se ha omitido considerar en aquella.[47]

Sustentado en el principio de lógica jurídica – no puede haber vacíos o lagunas en el derecho –, en el que existe plenitud hermética en el ordenamiento jurídico, por lo que no puede denegarse la justicia con pretexto de que no exista norma aplicable al caso.

De lo anterior podemos colegir, que los aparentes vacíos de la ley tributaria deben llenarse por analogía o sustitución de otra norma fiscal, con normas de derecho público que regulan situaciones similares y en ciertos aspectos con normas del derecho privado como cuando la ley tributaria se refiere a la responsabilidad solidaria sin definirla, se recurre entonces para su definición a una norma de otra rama del derecho, como el Código Civil.

Así nadie puede ser responsable por la aplicación de éste método, sino por infracción de la Constitución o de la ley; y así los funcionarios públicos son libres para hacer todo aquello que no se les está prohibido; pero si lo son por extralimitación de funciones o por omisión en el ejercicio de éstas.

Por consiguiente, la utilización de la analogía se presenta cada vez que se atribuye a un caso concreto no regulado por una norma positiva, la disciplina prevista para otro caso similar contemplado expresamente en la ley. Por tanto se convierte en el mecanismo de llenar las lagunas que existen en el ordenamiento jurídico, y para que este medio de integrar o completar sea admisible, es necesario, para el caso regulado y el caso no regulado tenga en común la *ratio legis*.[48]

El Fundamento de la analogía estriba en el propio procedimiento de abstracción, por cuya virtud, las normas previstas para situaciones concretas, llegan al principio que justifican la norma misma. Esta función de abstracción puede referirse al mismo texto legal (analogía *legis*), o por alusión a otro extremo diferente (analogía *juris*). En todo caso, debe usarse de la analogía con precaución y cautela, pues se rodea de todos los inconvenientes de la lógica inductiva.[49]

La aplicación analógica de las normas, de acuerdo a lo detallado y estudiado, procederá entonces cuando éstas no contemplen un supuesto específico, pero que regulado por otro semejante con la característica primordial de que se aprecie identidad de razón.

La analogía requiere de: a) La falta de una disposición aplicable al caso concreto, y b) Que exista una semejanza entre el hecho regulado y el hecho por regular; siendo contraria al principio de legalidad expresada en la fórmula de que no puede haber delito ni pena si no está establecido en la ley (*nullum crimen, nulla poena sine previa lege*) "ningún delito ni pena sin ley previa"; y también al principio de irretroactividad de la norma ya que no pueden aplicarse a hechos cometidos con anterioridad a la entrada en vigor de ella.

Se distingue entre una analogía a favor del reo, la cual está permitida, y una analogía en contra del reo, que está prohibida. Cuando el sentido de la Ley no deja dudas, porque el legislador ha logrado trasladar su voluntad con toda claridad, la interpretación no plantea problemas; pero si la ley es oscura, hace falta que el intérprete utilice mecanismos, instrumentos de interpretación que le permitan llegar a determinar con exactitud el sentido de la misma.[50]

47. Guillermo Cabanellas de Torres, *Diccionario Jurídico Elemental*. 11ª ed. actualizada, p. 34.

48. Corte Suprema de Justicia de Bogota, Sala Plena, Sentencia del 31 de Octubre de 1974, Magistrado Ponente Dr. Guillermo González.

49. Salustiano Riñita Martínez, *De la Infracción Tributaria y sus Sanciones*, p. 79.

50. Emilio Morgáin Manautou, *Introducción al Estudio del Derecho Tributario Mexicano*, 12ª ed., pp. 149, 150.

Para la doctrina argentina, es la integración de lagunas del ordenamiento y es uno de los instrumentos para colmar estas lagunas, basándose en el racionamiento por semejanza, esto es, aplicar al supuesto no contemplado por la norma el mandato establecido en relación a un supuesto distinto.[51]

La interpretación analógica es un mecanismo o modo de aplicación de las normas que se diferencia de la interpretación dentro del derecho tributario, no es una fuente del derecho.[52]

Ahora bien, hemos dicho en temas anteriores criterios contrarios unos con otros, pero en sí lo que concluimos es que la analogía es una forma de aplicación de la ley tributaria ante sus vacíos, pero desde el punto de vista de la razón de ser del Derecho Tributario, mientras que la interpretación parte de la existencia de una norma, cuyo sentido es necesario interpretar o descifrar, por ende la analogía se convierte en un mecanismo de aplicación de las normas, diferenciándose de la interpretación propiamente dicha, motivo por el cual no se la considera fuente del derecho.

En épocas pasadas han existido posiciones doctrinales como las de Bañón, Amatucci, Abbamonte y Tipcke, que son favorables al empleo de la analogía en el derecho tributario, como un modo de hacer efectivo el principio e igualdad, en concordancia con lo expuesto por el maestro Giannini y Berliri. El uso del procedimiento analógico no debe ser puesto en conexión con el principio de legalidad porque ésta se desarrolla en el campo de la aplicación del derecho.

Es necesario resaltar que lo que limita a la analogía es la existencia de seguridad jurídica o de tipicidad, o el principio de reserva de ley formal, por eso resulta prohibida solo *in malam portem*, es decir, cuando no ha sido necesaria su utilización.

En el Derecho Tributario Ecuatoriano la analogía es admisible pero sólo para colmar los vacíos de la ley – para cuestiones meramente conceptuales sobre instituciones ampliamente abarcadas en otras ramas del derecho – sin que implique menoscabo a la existencia de la seguridad jurídica, pero en virtud de ella no se pueden crear, modificar o extinguir tributos, delitos, ni hechos jurídicos.

La doctrina señala también que la analogía no es propiamente un método de interpretación de la ley sino "un medio de integración del derecho ante un vacío legal".[53] Esto consiste en considerar los principios establecidos en otras normas para colmar situaciones que no pueden solventarse con disposiciones existentes, siempre que estas guarden armonías o identidad jurídica con el asunto no previsto. Se basa en el principio racional de semejanza y se entiende como la facultad que tiene el juez o interprete para otorgar igual trato o solución. Tanto así que una de las consecuencias del principio de legalidad es la prohibición de aplicar la analogía en la ley tributaria, y ello, básicamente, porque la actuación esencial del intérprete no se dirige a sustituir al legislador, sino a precisar conforme a los instrumentos interpretativos usuales, la ratio de la norma.[54]

Por ello nuestra Codificación del Código Tributario ecuatoriano acepta la analogía como procedimiento admisible para colmar los vacíos de la ley pero siempre que no contraríen los principios de legalidad, generalidad e igualdad, ya que en virtud de ello no se pueden crear tributos ni extensiones, según lo establecido en el art. 13, inciso II del Código Tributario Ecuatoriano y art. 6 del modelo de Código Tributario para Latinoamérica, y nunca como una forma de interpretación del Derecho Tributario.

51. "Ubi ea dem est ratio legis esdem est eius dispositio" según lo expuesto por Fernando Pérez Royo en su libro *Derecho Financiero y Tributario, Parte General*.

52. Alfonso Reyes Echandia, *Derecho Penal, Parte General*, reimpresión de la 11ª ed., p. 57.

53. Rodrigo Patiño Ledesma, ob. cit., p. 42.

54. Salustiano Rinthá Martínez, ob. cit., p. 80.

5. *Conclusiones*

Al haber finalizado este estudio, hemos llegado a la conclusión de que el Derecho Tributario se basa en principios fundamentales que no solo son aplicados en nuestra legislación, sino en la mayoría de legislaciones mundiales. Guardando íntima relación entre lo señalado en la Constitución y las normas de inferior jerarquía, respetando claro está, la tesis de Kelsen como base del derecho positivo.

Coincidimos en que no solo hay formas sino métodos y clases de interpretar las leyes desde varios puntos de vista de la doctrina, tanto nacional como de la extranjera; pero siempre sometiéndolas a la misma premisa básica fundamental que no pueden alterar el orden jurídico constituido, por cuanto nos estaríamos extralimitando en la potestad que otorga la ley, para poder utilizar ésta herramienta en la adecuada aplicación de la norma jurídica a un hecho concreto.

6. *Bibliografía*

ÁLVAREZ GARDIOL, Ariel. *Manual de Filosofía del Derecho.* 1ª ed., Buenos Aires, Editorial Astrea, 1979.

ALZAMORA VALDEZ, Mario. *Introducción a la Ciencia del Derecho.* 8ª ed., Lima, Tipografía Sesator, 1982.

ARRIOJA VIZCAÍNO, Adolfo. *Derecho Fiscal.* 15ª ed., México D.F., Editorial Themis, 2000.

BRICEÑO DE VALENCIA y RAMÓN VERGARA LACOMBE. *Diccionario Técnico Tributario.* Bogotá, Centro Interamericano Jurídico Financiero, 2002.

CABANELLAS DE TORRES, Guillermo. *Diccionario Jurídico Elemental.* 11ª ed. actualizada, Argentina, Editorial Heliasta SRL, 1993.

DÍEZ PICAZO, Luís. *Experiencias Jurídicas y Teoría del Derecho.* 1ª ed., reimpresión, Madrid, Editorial Ariel, 1975.

ENNECCERUS, Ludwig. *Tratado de Derecho Civil.* t. I, traducido de la 39ª ed. Alemana, Barcelona, Casa Editorial Bosch, 1953.

FRAGA, Gabino. *Derecho Administrativo.* 10ª ed., México D.F., Editorial Porrúa S/A, 1963.

GARCÍA TOMA, Víctor. "En torno a la interpretación constitucional", en *Revista del Foro*, año LXXXVI, n. 2, Colegio de Abogados de Lima, junio-diciembre 1998.

GIULLIANI FONROUGE, Carlos M. *Derecho Financiero.* t. I, 9ª ed., Buenos Aires, Editorial la Ley, 2004.

KELSEN, Hans. *Teoría Pura del Derecho.* 18ª ed., Buenos Aires, Editorial Universitaria de Buenos Aires, 1982.

LANDA ARROYO, César. *Teoría del Derecho Procesal Constitucional.* 1ª ed., Lima, Editorial Palestra, 2003.

LARENZ, Karl. *Metodología de la Ciencia del Derecho.* Traducción de la 4ª ed. alemana, Barcelona, Editorial Ariel, 1980.

LATORRE SEGURA, Ángel. *Introducción al Derecho.* 7ª ed., Barcelona, Editorial Ariel, 1976.

MORALES QUIRÓS, José Adolfo. *Elementos del Derecho Tributario.* t. I, 1ª ed., Quito, Editorial Ecuador F. B. T. Cia. Ltda., 2002.

MORGÁIN MANAUTOU, Emilio. *Introducción al Estudio del Derecho Tributario Mexicano.* 12ª ed., México D.F., Editorial Porrua S/A, 1996.

PATIÑO LEDESMA, Rodrigo. *Sistema Tributario Ecuatoriano.* Ecuador, Colegio de Abogados del Azuay, Cuenca, 2003.

PÉREZ ROYO, Fernando. *Derecho Financiero Tributario, Parte General.* 11ª ed., Madrid, Civitas Ediciones, 2001.

PLAZAS VEGA, Mauricio. *Derecho de la Hacienda pública y Derecho Tributario.* t. II, 2ª ed., Bogotá, Editorial Temis, 2005.

QUERALT, Juan Martín y otros. *Curso de Derecho Financiero y Tributario.* 12ª ed., España, Editorial Tecnos, 2001.

REYES ECHANDIA, Alfonso. *Derecho Penal, Parte General.* 11ª ed., reimpresión, Bogotá, Temis, 1989.

RIÑITA MARTÍNEZ, Salustiano. *De la Infracción Tributaria y sus Sanciones.* Bogotá, Instituto Colombiano de Derecho Tributario, Ocho Impresores Ltda., 1997.

RUBIO CORREA, Marcial. *Interpretación de las Normas Tributarias*. 1ª ed., Lima, Ara Editores, 2003.

SALAZAR SÁNCHEZ, Guillermo. *El Principio de Legalidad*. Serie Jurídica n. 7. Quito, Nina Comunicaciones, Asociación de Municipalidades Ecuatorianas, 1998.

SOLER, Oswaldo H. *Derecho Tributario*. 2ª ed. actualizada y ampliada, Buenos Aires, Editorial La Ley, 2005.

TORRES VÁSQUEZ, Aníbal. *Introducción al Derecho (Teoría General del Derecho)*. 2ª ed., Bogotá, Editorial Temis S/A, 2001.

TRABUCCHI, Alberto. *Instituciones de Derecho Civil*. t. I, 1ª ed., Madrid, Editorial Revista de Derecho Privado, 1967.

UCKMAR, Víctor. *Principios Comunes del Derecho Constitucional Tributario*. Bogotá, Editorial Temis, 2002.

A APURAÇÃO DO PIS E DA COFINS E A VIABILIDADE DA NÃO-TRIBUTAÇÃO DAS OPERAÇÕES DE VENDAS E PRESTAÇÕES DE SERVIÇOS INADIMPLIDAS: O CONCEITO DE FATURAMENTO E OS REGIMES CONTÁBEIS DE RECONHECIMENTO DAS RECEITAS

VANESSA RAHAL CANADO

Mestranda em Direito Tributário pela PUC/SP. Professora nos Cursos de Teoria Analítica do Direito e Estratégias Societárias e Tributação do GV*law*. Pesquisadora em Direito Tributário e Finanças Públicas na Direito-GV. Coordenadora da Seção de Jurisprudência do Tributário.Net

Introdução. 1. O conceito de faturamento na incidência da contribuição ao PIS e da COFINS. 2. Regimes contábeis de "caixa" e "competência": o processo de constituição dos fatos jurídico-tributários do PIS e da COFINS. 3. O conceito de faturamento, o regime contábil de competência para reconhecimento das receitas e o fato jurídico-tributário do PIS e da COFINS: 3.1 A posição dos Tribunais e da Secretaria da Receita Federal; 3.2 Conceito de faturamento e inadimplência: os fatos jurídico-contábeis, indicativos de receita no regime de competência, são aptos a constituírem os fatos jurídico-tributários do PIS e da COFINS?: 3.2.1 A tributação com base na receita contábil e a capacidade contributiva; 3.2.2 O conceito de faturamento "deve" denotar efetivos ingressos nas pessoas jurídicas?; 3.2.3 A linguagem contábil, o efetivo ingresso e o conceito de faturamento tributável pelo PIS e pela COFINS: é possível a tributação somente dos valores efetivamente recebidos pelas pessoas jurídicas?. Conclusão.

Introdução

Este trabalho pretende demonstrar a forma de operacionalização da não-tributação, pela Contribuição ao Programa de Integração Social (PIS) e pela Contribuição para o Financiamento da Seguridade Social (COFINS), de operações de vendas de mercadorias e/ou prestações de serviços que não tenham sido pagas pelos compradores/tomadores.

Deixando de lado as discussões sobre a acepção do termo "faturamento" e sua equivalência à "receita bruta" e à "receita total", é ponto pacificado pela jurisprudência do Supremo Tribunal Federal que tanto *faturamento* como *receita bruta* denotam o produto das operações de venda e/ou prestações de serviços.

Essas operações de compra e venda e de prestações de serviços são retratadas pelas pessoas jurídicas por meio da *contabilidade*, aqui entendida como a linguagem apta a demonstrar, segundo suas regras, a vida econômico-empresarial.

Contabilmente, há dois grandes grupos de normas que podem ser seguidos para traduzirem-se as entradas e saídas das empresas: o regime de *caixa* e o regime de *competência*. O reconhecimento das receitas varia conforme a opção das pessoas jurídicas por um ou outro regime. Há pessoas jurídicas, como veremos, que não têm essa *opção* e são obrigadas ao reconhecimento de suas receitas segundo o regime de competência.

No regime de caixa, as receitas e despesas são retratadas na linguagem contábil conforme o dinheiro entra (receita) e sai (despesas) da empresa. No regime de competência, o reconhecimento dos valores independe do ingresso ou dispêndio de dinheiro: o reconhecimento das receitas e despesas ocorre conforme sejam geradas e incorridas. Portanto, já é considerada receita bruta da empresa, os valores representativos de suas vendas e/ou prestações de serviços porque são estes os fatos *geradores* de riqueza. A simples venda da mercadoria com valor conhecido é fato suficiente para denotar, contabilmente, a existência de receita bruta.

Este regime tende a causar, num curto prazo, descompasso entre o registro de receitas e o efetivo recebimento dos valores referentes às vendas e/ou prestações de serviços. Diante disso surge a indagação: o *faturamento* das pessoas jurídicas, que neste caso equivale à sua receita bruta, pode ser representado por estes fatos contábeis que denotam a existência de receita ou necessitam de efetivo ingresso de dinheiro para constituírem-se em fatos jurídico-tributários?[1]

Caso a resposta seja afirmativa, como pode se dar a tributação apenas dos valores referentes às operações adimplidas? Como deduzir as operações mercantis inadimplidas? É a visão inicial do assunto que daremos neste artigo.

1. O conceito de faturamento na incidência da contribuição ao PIS e da COFINS

Em 28 de novembro de 1998 foi publicada a Lei n. 9.718, que consolidou as regras de incidência da contribuição ao PIS (PIS) – instituída pela Lei Complementar n. 7/1970 – e da Contribuição para o Financiamento da Seguridade Social (COFINS) – instituída pela Lei Complementar n. 70/1991 –, dispondo que essas contribuições incidiriam, a partir de 1º de fevereiro de 1999, sobre o faturamento das pessoas jurídicas de direito privado (art. 2º).

A palavra "faturamento", segundo o art. 3º, da Lei n. 9.718/1998, deveria ser entendida como "a receita bruta" que, por sua vez, segundo o § 1º, deveria ser entendida como a "totalidade das receitas auferidas pela pessoa jurídica, sendo irrelevantes o tipo de atividade por ela exercida e a classificação contábil adotada para as receitas".

A legislação equiparou, portanto, os significados das palavras "faturamento", "receita bruta" e "receita total" (faturamento = receita bruta = receita total) objetivando alagar os significados das duas primeiras. Isto porque, usualmente, não se entende que faturamento e receita bruta equivalham à receita total. Aliás são, na verdade, parte(s) desta.[2]

Essa menção legislativa, no entanto, se refere apenas à base de cálculo das con-

1. Quando nos referimos a "*efetivos*" pagamentos e recebimentos, "*efetivos*" ingressos etc., queremos nos referir ao ingresso de dinheiro no caixa da pessoa jurídica. Os pagamentos e recebimentos (ingressos), usualmente, em linguagem ordinária, denotam o ingresso ou desembolso de dinheiro. O regime de competência contraria esse sentido usual, dando nova significação aos termos "recebimento" e "pagamento". Portanto, a utilização da palavra "efetivos" após os substantivos "pagamento/ingresso/recebimento" visa reverter essa estipulação de significado feita pela Contabilidade e retomar o sentido usual dos termos.

2. Contabilmente, o que se denomina por "receita bruta" corresponde ao entendimento jurídico do termo "faturamento", isto é, resumidamente, os valores referentes às operações de venda e/ou prestações de serviço.

tribuições, isto é, sobre qual realidade econômica será devido o tributo. Para surgir a obrigação de pagar-se essas contribuições, no entanto, é necessária a prática de alguma ação que a denote.[3] Construindo o comportamento a partir dos textos de lei, diremos: *obter faturamento,*[4] *em um tempo determinado, no território nacional*[5] *é o comportamento que faz nascer, à pessoa jurídica, a obrigação de pagar o PIS e a COFINS.*

Foi a partir da equiparação legal entre "faturamento", "receita bruta" e "receita total", que diversas dúvidas surgiram já que normalmente entendidas, essas palavras não significam a mesma coisa e, portanto, são diversos os comportamentos que as têm como produto. Contabilmente, por exemplo, a receita bruta corresponde apenas à receita (sem qualquer dedução de tributos pagos na venda/prestação (IPI, ICMS, ISS etc.) ou quaisquer custos para a produção de bens ou para a prestação de serviços) advinda das atividades típicas da empresa, ou seja, venda de mercadorias e/ou prestação de serviços. Portanto, o verbo "obter", que compõe o critério material do antecedente da norma de incidência do PIS e da COFINS denota um tipo específico de comportamento segundo essa acepção contábil, que é a o valor referente à contraprestação das operações de venda de mercadorias e/ou prestações de serviços. A receita total incluiria outras receitas como as financeiras, por exemplo, decorrentes de juros recebidos, rendimentos de aplicações financeiras, variações monetárias etc.[6]

A acepção da palavra "faturamento", inserta na Lei n. 9.718/1998, que determinaria a base de cálculo e, por conseqüência, o critério material do antecedente da norma de incidência do PIS e da COFINS foi discutida amplamente pela doutrina e definida pelo Supremo Tribunal Federal.

Em 9 de novembro de 2005, foram julgados os Recursos Extraordinários ns.

3. Paulo de Barros Carvalho afirma que todas as normas jurídicas (produto da interpretação dos textos normativos) possuem a mesma estrutura lógica, qual seja, a estrutura hipotético-condicional refletida na fórmula "se..., então", ou H → C: "se ocorre o fato jurídico (descrito em H – hipótese), então deve ser o comportamento X (prescrito em C – conseqüente)". A primeira parte da fórmula, que descreve a ocorrência do fato, é chamada de *hipótese* ou *antecedente*. A segunda, que prescreve a obrigação decorrente da prática daquele fato descrito no antecedente, é chamada de *conseqüente*. Cf. *Direito Tributário: Fundamentos Jurídicos da Incidência*, 2ª ed., revista, São Paulo, Saraiva, 1999, pp. 22-25. As normas de incidência tributária, chamadas de Regras-Matrizes de Incidência Tributária, não são mais que espécie de normas jurídicas: têm descrição de fatos de possível ocorrência em seu antecedente e critérios que indicam um tipo específico de obrigação (pagamento do tributo) que decorrerá quando da prática daquele fato. Peculiarmente, no entanto, a Regra-Matriz de Incidência Tributária é construída a partir dos textos normativos que instituem os tributos e, por isso, possuem não só a mesma estrutura lógica inicial (H → C), mas também os mesmos critérios indicativos da incidência tributária. No (i) ***antecedente*** teremos sempre um (i.i) *critério material* (verbo de ação seguido de um complemento, que indicará o tipo de comportamento ensejador da obrigação de pagar o tributo), um (i.ii) *critério espacial* (onde deve ocorrer este fato para se fazer nascer a obrigação) e um (i.iii) *critério temporal* (que indicará quando pode ser considerado ocorrida a ação prevista no critério material), já que toda ação sempre acontece dentro de coordenadas de espaço e tempo. No (ii) ***conseqüente*** teremos, no caso da Regra-Matriz de Incidência Tributária, sempre um (ii.i) *critério pessoal* (dois sujeitos (ativo e passivo) em posições opostas que possuem direito ou dever de exigir ou pagar o tributo) e um (ii.ii) *critério quantitativo* (indicativo do montante, a partir da aplicação da alíquota à base de cálculo, a ser pago em decorrência da obrigação tributária nascida pela prática do fato jurídico tributário previsto no antecedente). Cf. Paulo de Barros Carvalho, *Curso de Direito Tributário*, São Paulo, Saraiva, 16ª ed., 2004, pp. 241-340.

4. Até elucidarmos as distinções, entre os termos, feitas pela doutrina e pela jurisprudência, utilizaremos os termos "faturamento", "receita bruta" e "receita total" tal como colocados na legislação, como sinônimos.

5. Por ser irrelevante para o caso e não trazer maiores discussões, não descreveremos sobre o critério espacial do antecedente das normas. No caso do PIS e da COFINS, o critério temporal de sua regra-matriz de incidência tributária é delimitado pelas ações ocorridas em território nacional, já que se trata de tributo federal.

6. Cf. "Demonstração do Resultado do Exercício (DRE) exemplificativa", in Sérgio de Iudícibus e José Carlos Marion, *Curso de Contabilidade para Não-Contadores*, São Paulo, Atlas, 2000, p. 73.

357.950-9-RS, 390.840-5-MG, 358.273-9-RS e 346.084-6-PR, decidindo-se que a incidência dessas contribuições (PIS/COFINS) deveria dar-se sobre o faturamento, este entendido como a receita bruta derivada das operações próprias do negócio (venda de mercadorias e/ou prestação de serviços) das empresas, com base no art. 3º, *caput*, da Lei n. 9.718/1998, promulgada com fundamento de validade no art. 195, I, da Constituição, antes da alteração de sua redação dada Emenda Constitucional n. 20/1998 e em consonância com seu entendimento no Recurso Extraordinário n. 150.755-1-PE.[7] O § 1º seria, portanto, inconstitucional, pois a Constituição de 1988 não teria dado fundamento de validade para a instituição de contribuição sobre outras receitas que não a receita típica das atividades da empresa (venda de mercadorias e/ou prestação de serviços), que seria a acepção de faturamento segundo o entendimento do tribunal, pelo que se lê do art. 195, I, antes da Emenda Constitucional 20/1998.

A interpretação do Supremo Tribunal Federal exclui a interpretação de faturamento como os simples atos de emitir faturas.[8] Segundo a interpretação dada pelo Supremo Tribunal (i) o faturamento é produto e não processo (é resultado do eventual *ato de emitir faturas* e não o próprio ato)[9] e (ii) decorre de quaisquer tipos de negociações que pratique a empresa para vender seus produtos ou prestar seus serviços (independente da emissão especificamente de *faturas*). Além disso, equiparou a expressão ao conceito de "receita bruta", motivo pelo qual tomaremos um pelo outro daqui adiante.

Esta ausência de permissão constitucional para tributação da receita total (outras receitas além da receita bruta, como as receitas financeiras) foi suprida pela Emenda Constitucional n. 20/1998 (posterior à Lei n. 9.718/1998), que acrescentou o termo "receita" ao art. 195, I, e forneceu, assim, fundamento de validade para a promulgação das Leis n. 10.637/2002 e n. 10.833/2003, que instituíram a contribuição ao PIS e a COFINS não-cumulativas, respectivamente. Essas mesmas leis também determinaram que a contribuição ao PIS e a COFINS teriam "como fato gerador o faturamento mensal", entendido como "o total das receitas auferidas pela pessoa jurídica, independentemente de sua denominação ou classificação contábil". Com isso, o termo *faturamento*, nestas novas leis, equipara-se ao termo *receita total*, por estipulação legal de significado.[10]

7. O Recurso Extraordinário 150.755-1-PE julgou a constitucionalidade do art. 28, da Lei n. 7.738/1989 – incidência do FINSOCIAL para as prestadoras de serviços também com base na receita bruta, sob alíquota de 0,5%. Neste recurso, o STF decidiu, por maioria de votos, pela equiparação da base de incidência do FINSOCIAL às prestadoras de serviço, entendendo constitucional o art. 28, da Lei n. 7.783/1989, desde que a alusão, nesta lei, à "receita bruta" como base de cálculo do tributo (para conformar-se ao art. 195, I, da Constituição), fosse entendida segundo a definição do DL n. 2.397/1987, a qual é equiparável à noção corrente de "faturamento" das empresas de serviço. Assim, o termo "receita bruta" teria a mesma acepção de faturamento, qual seja, "a receita bruta das vendas das mercadorias e de mercadorias e serviços de qualquer natureza", nos limites da definição do Decreto-lei n. 2.397/1987, art. 22, *a*.

8. Segundo a *Enciclopédia Saraiva do Direito*, "fatura é, em direito mercantil, o documento relativo à venda de mercadorias, pelo qual o vendedor faz conhecer ao comprador a lista das mercadorias vendidas, discriminando-as por quantidade, qualidade, espécie, tipo e outras características, o preço das mesmas e as condições de entrega e pagamento. A emissão de fatura nas vendas é obrigatória, nos termos da Lei n. 5.474, de 18.7.1968, mas é facultativa a emissão de duplicada", *apud* Alexandre de M. Wald e outros, "O aspecto temporal da hipótese de incidência das contribuições ao PIS e a COFINS e as receitas não auferidas em virtude de inadimplemento", in *PIS-COFINS: Questões Atuais e Polêmicas*, São Paulo, Quartier Latin, 2005, pp. 655-656.

9. Poderíamos ainda mais distinguir essas realidades: o ato de emitir "faturas" (processo) enseja o produto "fatura" que, após entregue ao destinatário, implementa a obrigação da contraprestação de pagar, realidade essa denotada pela palavra "faturamento" da perspectiva de quem emitiu a fatura e receberá o pagamento.

10. Juan Pablo Alonso, dissertando sobre as definições jurídicas, distingue-as, conforme sua origem, entre (i) legislativas, (ii) jurisprudenciais e (iii) dogmáticas. Citando Alchourrón e Buligyn, esclare-

Até o momento, portanto, a contribuição ao PIS e a COFINS devidas pelas *pessoas jurídicas enquadradas no regime não-cumulativo* e sujeitas, portanto, às Leis ns. 10.637/2002 e 10.833/2003, têm todas as suas receitas tributadas por essas contribuições, conforme dispõe o art. 1º de ambas as leis. As receitas financeiras, no entanto, estão sendo tributadas com alíquota zero enquanto vigorar o Decreto n. 5.442/2005.[11]

As *pessoas jurídicas enquadradas no regime cumulativo*, embora não estejam abrangidas pelo Decreto n. 5.442/2005 (que se refere apenas às pessoas jurídicas que apuram as contribuições pelo regime não-cumulativo), podem questionar a incidência das contribuições sobre outras receitas não provenientes da venda de bens e/ou serviços, com base na decisão do Supremo Tribunal Federal, que delimitou a expressão "faturamento" em torno do significado da expressão "receita bruta decorrente da venda de bens e/ou da prestação de serviços".

ce as primeiras (legislativas) podem ser utilizadas para distintos fins: (i.i) precisar melhor o uso do termo (utilizado vulgarmente em sentido mais amplo, na linguagem natural), restringido seu alcance; (i.ii) ampliar o uso do termo, fazendo com que ele abarque situações que não estão claramente cobertas por seu sentido vulgar; e (i.iii) introduzir um novo termo, não utilizado na linguagem comum. O primeiro fim (i.i) parece ser o perseguido pelas definições de faturamento trazidas pelos arts. (i) 3º, § 1º, da Lei n. 9.718/1998, (ii) 1º, da Lei n. 10.637/2002 e (iii) 1º, da Lei n. 10.833/2003. Segundo o mesmo autor, são *definições jurídicas jurisprudenciais*, aquelas firmadas pelos juizes diante das dificuldades de subsunção dos casos às normas, no momento da aplicação. Assim, um caso que estava na zona de penumbra da norma, a partir da articulação da definição pelo juiz, passa à zona de claridade, no momento de aplicação da norma. Acreditamos que este é o caso da acepção de faturamento definida pelo STF: mediante o delineamento da expressão "faturamento" foi possível dizer se as receitas financeiras integrariam ou não a base de cálculo do PIS e da COFINS (*Interpretación de las Normas y Derecho Penal*, Buenos Aires, Del Puerto, 2006, pp. 37-41).

11. Segundo o art. 1º, § 2º, a alíquota zero também se aplica "às pessoas jurídicas que tenham apenas parte de suas receitas submetidas ao regime de incidência não-cumulativa da Contribuição para o PIS/PASEP e da COFINS".

2. *Regimes contábeis de "caixa" e "competência": o processo de constituição dos fatos jurídico-tributários do PIS e da COFINS*

Como visto o PIS e a COFINS incidem sobre o faturamento, (i) na acepção definida pelo Supremo Tribunal Federal ou (ii) na acepção dada pelas Leis ns. 10.637/2002 e 10.833/2003 (total das receitas auferidas), a depender do regime de tributação (cumulativo ou não-cumulativo) e do questionamento judicial da Lei n. 9.718/1998. Para facilitar a exposição, que girará em torno das receitas que decorrem das operações usuais das empresas (sobre as quais não há discussão), utilizaremos as expressões como sinônimas, aludindo a *faturamento*, à *receita bruta* e à *receita* com as mesmas acepções, deixando de lado as discussões acerca da incidência sobre outras receitas que não equivalem ao faturamento e à receita bruta.[12]

A incidência das contribuições sobre os valores que decorrem da prática de operações usuais das empresas (venda de mercadorias e/ou prestação de serviços) parece não trazer maiores problemas, não fosse o caso da tributação da inadimplência, no regime contábil de competência para reconhecimento das receitas, que nos suscita algumas dúvidas: (i) o *faturamento* deve refletir o ingresso de dinheiro na pessoa jurídica ou os simples registros contábeis de que a receita existe são informações aptas para a constituição dos fatos jurídico-tributários das contribuições? (ii) a tributação deve ocorrer no momento do ingresso das receitas no caixa da empresa ou no momento do registro contábil daquelas?[13]

12. No caso do PIS e da COFINS, salvo equívocos cometidos no momento do registro, a conta contábil denominada "receita bruta", localizada na Demonstração dos Resultados do Exercício (DRE) é apta a refletir o faturamento da empresa e fornece informações necessárias e indiscutíveis para a constituição de seus fatos jurídicos, ressalvando as outras receitas e suas discussões.

13. Embora a delimitação do critério material a partir da elucidação do vocábulo "faturamento" seja

Segundo o art. 9º, da Resolução do Conselho Federal de Contabilidade (CFC) n. 750, de 29 de dezembro de 1993, "as receitas e as despesas devem ser incluídas na apuração do resultado do período em que ocorrerem, sempre simultaneamente quando se correlacionarem, independentemente de recebimento ou pagamento". Continuando no § 2º, prescreve que "o reconhecimento simultâneo das receitas e despesas, quando correlatas, é conseqüência natural do respeito ao período em que ocorrer sua geração".

Essa regra contábil é denominada de *Princípio da Competência* e estabelece um regime de reconhecimento de receitas e despesas independentemente de recebimentos ou pagamentos. Isto quer dizer que as receitas e despesas serão refletidas na contabilidade das empresas quando geradas e incorridas, respectivamente.[14] As receitas, que nos interessam particularmente, são consideradas realizadas no momento em que há a venda de bens (mercadorias, produtos, serviços, equipamentos, imóveis), com a transferência da propriedade a terceiros (geralmente mediante a emissão da nota fiscal ou documento equivalente), os quais ou pagam imediatamente ou se comprometem a fazê-lo. Mesmo havendo uma desvinculação temporal das receitas e despesas em comparação com os recebimentos e desembolsos (vendas com pagamento a prazo, por exemplo), a tendência é que ao longo do tempo ocorra a equalização entre os resultados contábeis e o fluxo de caixa.[15]

Segundo Tércio Chiavassa, "nesta hipótese [*regime de competência*], os resultados são reconhecidos no mês da realização das operações, independentemente de seu efetivo recebimento/realização. Aqui, as receitas são reconhecidas no momento em que estiverem juridicamente disponíveis".[16]

Contabilmente, no regime de competência, portanto, a receita bruta será reconhecida no momento da venda de bens e/ou da prestação de serviços, e seu registro ocorrerá na Demonstração de Resultados do Exercício (DRE). De outro lado os va-

suficiente como premissa para concluirmos se há ou não a tributação sobre as vendas e/ou prestações de serviços inadimplidas, preferimos sempre nos referir ao critério temporal separadamente, sobre o qual *refletem* aquela primeira tomada de posição em relação ao critério material, embora, ressalte-se, sejam realidades distintas que não se confundem. Cf Paulo de Barros Carvalho, se referindo à separação entre o critério material e o temporal, "(...) é curioso anotar que os autores deparam com grande dificuldade para promover o isolamento do critério material, que designam por *elemento material do fato gerador, elemento objetivo do fato gerador* ou por *aspecto material da hipótese de incidência*. Tanto nacionais como estrangeiros tropeçam, não se livrando de apresentá-lo engastado aos demais aspectos ou elementos integradores do conceito, e acabam por desenhar, como critério material, todo o perfil da hipótese tributária. Nesse vício de raciocínio incorreram quantos se dispuseram, em trabalho de fôlego, a mergulhar no exame aprofundado do suposto. Impressionados com a impossibilidade física de separar o inseparável, confundiram o núcleo da hipótese normativa com a própria hipótese, definindo a parte pelo todo, esquecidos de que lidavam com entidades lógicas, dentro das quais é admissível abstrair em repetidas e elevadas gradações", in *Curso de Direito Tributário*, ob. cit., p. 253.

14. Segundo Sérgio de Iudícibus e José Carlos Marion: "Este regime é universalmente adotado, aceito e recomendado pelo Imposto de Renda. Evidencia o resultado da empresa (lucro ou prejuízo) de forma mais adequada e completa. As regras básicas para a contabilidade pelo regime de competência são: (i) *a receita será contabilizada no período em que for gerada, independentemente do seu recebimento*. Assim, se a empresa vendeu a prazo em dezembro do ano T1 para receber somente em T2, pelo regime de competência, considera-se que a receita foi gerada em T1; portanto, ela pertence a T1; (ii) *a despesa será contabilizada como tal no período em que for consumida, incorrida, utilizada, independentemente do pagamento*. Assim, se em 10 de janeiro de T2 a empresa pagar seus funcionários (que trabalharam em dezembro de T1), a despesa compete a T1, pois nesse período ela incorreu efetivamente" (ob. cit., p. 121).

15. FIPECAFI (Sérgio de Iudícibus, Eliseu Martins e Ernesto Rubens Gelbcke, *Manual de Contabilidade das Sociedades por Ações (Aplicável às demais Sociedades)*, 6ª ed., 8ª reimp., São Paulo, Atlas, 2006, pp. 81-83).

16. "Valores faturados e não recebidos: a questão do PIS e da COFINS", in Eduardo de Carvalho Borges, *Tributação nas Telecomunicações*, Quartier Latin, 2005, p. 367.

lores efetivamente recebidos pela empresa, que adota o regime de competência, são reconhecidos, num dado momento (análise estática) na conta "Caixa/Bancos", retratada no Balanço Patrimonial (BP),[17] como nos exemplos que seguem:

BALANÇO PATRIMONIAL[18]			
ATIVO[19]		**PASSIVO[20] e PL (Patrimônio Líquido)**	
Circulante		**Circulante**	
Caixa/Bancos	200	Fornecedores	100
Duplicatas a receber	300	Impostos a recolher	1.000
Estoques	500	Outras dívidas	100
Total Circulante	*1.000*	*Total Circulante*	*1.200*
Realizável a Longo Prazo		**Exigível a Longo Prazo**	
Títulos a Receber	*100*	*Financiamentos*	*1.400*
Permanente		**Patrimônio líquido**	
Investimentos	1.000	Capital	400
Imobilizado	500	Lucros Acumulados	100
Diferido	500	*Total PL*	*500*
Total Permanente	*2.000*		
Total	**3.100**	**Total**	**3.100**

17. Segundo a Lei das S/A, o BP e a DRE são dois dos documentos obrigatórios que fazem parte das demonstrações financeiras das empresas (art. 176). O Balanço reflete a situação financeira das empresas em determinado momento, normalmente ao fim de cada ano. A DRE é um resumo somente das receitas e despesas da empresa, também em um ano, e é apresentada na forma vertical (dedutiva): das receitas subtraem-se as despesas para, em seguida, demonstrar-se o resultado (lucro ou prejuízo) do exercício (ano). Cf. Sérgio de Iudícibus e José Carlos Marion, *Curso de Contabilidade para Não-Contadores*, cit., p. 63.

18. Cf. Sérgio de Iudícibus e José Carlos Marion, ob. cit., p. 56.

19. As contas do Ativo são ordenadas de acordo com o grau de liquidez de seus itens, isto é, conforme a rapidez com que podem ser convertidos em dinheiro. A primeira conta do "Ativo" é denominada "Circulante" porque realizável a curto prazo (até um ano), p. ex. Cf. Sérgio de Iudícibus e José Carlos Marion, ob. cit., p. 43.

20. As contas do passivo também são colocadas em ordem decrescente de liquidez, isto é, de acordo com seu vencimento. As obrigações que serão liquidadas mais rapidamente ficarão no primeiro grupo (Circulante) e assim por diante. O PL indica os valores colocados pelo sócio na sociedade (investimentos no Capital) e os Lucros Acumulados (lucros de períodos anteriores, retidos e não distribuídos aos sócios). O PL localiza-se ao lado esquerdo do Balanço por caracterizarem-se, também, como obrigações da empresa para com os sócios. Cf. Sérgio de Iudícibus e José Carlos Marion, ob. cit., pp. 35 e 45-46.

DEMONSTRAÇÃO DO RESULTADO DO EXERCÍCIO[21]	
RECEITA BRUTA[22]	58.000
(-) **Deduções**[23]	
IPI	(3.000)
ICMS	(4.000)
Vendas canceladas[24]	
Abatimentos	(1.000)
RECEITA LÍQUIDA	50.000
(-) **Custo dos produtos vendidos**[25]	(18.000)
LUCRO BRUTO	32.000
(-) **Despesas operacionais**[26]	
De vendas	(6.000)
Administrativas	(12.000)
Financeiras (-) Receita[27]	(2.000)
Variações monetárias	(6.000)
LUCRO OPERACIONAL	6.000
(+/-) **Despesas/receitas não-operacionais**[28]	
Venda de Imobilizado com prejuízo	(1.000)
Perdas diversas	(2.000)
LUCRO ANTES DO IMPOSTO DE RENDA	3.000

Analisando essas duas demonstrações percebe-se que, ao passo que a DRE é apta a mostrar-nos a receita bruta da empresa (base de cálculo do PIS/COFINS[29]) e em

21. Idem, p. 73.

22. Valor total representativo das vendas de mercadorias e/ou serviços.

23. Ajustes para se chegar à Receita Líquida, cujos valores não representam esforços à empresa, como os tributos que incidem sobre as vendas, as vendas canceladas e os descontos concedidos. Cf. Sérgio de Iudícibus e José Carlos Marion, ob. cit., pp. 64-65.

24. Item incluído a partir da verificação de modelo exemplificativo de Contas Necessárias da DRE, in FIPECAFI (Sérgio de Iudícibus, Eliseu Martins e Ernesto Rubens Gelbcke), ob. cit., p. 332.

25. Representa os valores gastos diretamente com a venda de bens (matéria-prima, mão-de-obra, depreciação de bens utilizados para a fabricação de produtos, aluguel da fábrica onde se produzem os bens, energia elétrica etc.).

26. Gastos incorridos na administração do negócio (escritório administrativo): despesas com propaganda, comissão (despesas de vendas), juros decorrentes de empréstimos tomados (remuneração do capital de terceiros).

27. As receitas financeiras (decorrentes de aplicações financeiras, juros de mora recebidos etc.) não devem ser incluídas para apuração do lucro operacional, isto é, do lucro que decorre das operações normais da empresa (vendas de mercadorias e/ou prestação de serviços). Assim, se a receita financeira for maior que a despesa financeira no período, a receita financeira deverá ser deduzida em item específico das "Despesas Operacionais". Se a receita financeira for menor que a despesa financeira, o valor deve ser adicionado às despesas operacionais, diminuindo o lucro bruto.

28. Gastos extraordinários, imprevisíveis, que não contribuem para a obtenção de receita.

29. Aparte as discussões acerca da incidência sobre as receitas financeiras que comporiam, juntamente com a receita bruta, a base de cálculo do PIS e

períodos compatíveis com o período de apuração mensal dos tributos, a conta "caixa/bancos", além de não representar somente os ingressos compatíveis com os registros a título de receita bruta (valores que correspondem a contraprestações da venda de bens e/ou da prestação de serviços), permite apenas uma análise estática dos valores ingressados, em geral, ao final do período de um ano.

Para verificarmos a origem dos valores que ingressaram no caixa ou nos bancos da empresa, *durante* um período (permitindo uma análise dinâmica dos fatos econômico-empresariais, diferentemente do Balanço que é uma situação estática da empresa), é necessária a elaboração de um outro documento contábil denominado "Demonstração de Fluxo de Caixa".[30] Resumidamente, esse documento demonstra a origem de todo o dinheiro que entrou e saiu do caixa da empresa e permite a explicação da diferença que a conta "caixa/bancos" pode apresentar em Balanços elaborados em momentos distintos pela empresa.[31]

O *regime de "caixa"*, por sua vez, é o regime que permite o reconhecimento das despesas e receitas, contabilmente, apenas quando dos efetivos pagamentos (despesas) e recebimentos (receitas), isto é, conforme o dinheiro entra e sai da empresa.

Segundo Tércio Chiavassa, "neste tipo de regime (...) as receitas somente serão reconhecidas (...) quando estiverem economicamente disponíveis".[32]

3. O conceito de faturamento,[33] o regime contábil de competência para reconhecimento das receitas e o fato jurídico-tributário do PIS e da COFINS

Diante das explicitações acima, (i) acerca do conceito de faturamento hoje aceito e de sua equivalência à receita bruta (regime cumulativo) e não-equivalência à receita total (regime não-cumulativo sob fundamento da Emenda Constitucional n. 20/1998) e (ii) dos regimes contábeis de reconhecimento das receitas (caixa e competência), será possível daqui adiante, coletando alguns argumentos sobre o assunto, concluirmos ao que nos propusemos no início.

3.1 A posição dos Tribunais e da Secretaria da Receita Federal

O *Supremo Tribunal Federal*, por meio de decisão monocrática tomada pelo Ministro Eros Grau que negou seguimento ao Recurso Extraordinário 435.242-SC, manifestou-se no seguinte sentido:

da COFINS. Embora componha a base de cálculo, as receitas financeiras compõem conta diferenciada da receita bruta, como na DRE acima.

30. Sérgio de Iudícibus e José Carlos Marion: "A rigor, a intitulação DFC não é a mais correta, uma vez que englobamos as contas de Caixa e Bancos. Dessa forma, seria mais adequado denominar *Demonstração de Fluxo de Disponível*. Todavia, este relatório há muito tempo já é denominado desta forma (DFC). Portanto, para efeitos de DFC, entenderemos o termo Caixa como disponível (Caixa + Bancos)" (ob. cit., p. 123).

31. Nas palavras de Sérgio de Iudícibus e José Carlos Marion: "Assim como a Demonstração de Resultados do Exercício, a DFC é uma demonstração dinâmica e também está contida no Balanço que, por sua vez, é uma demonstração estática. Se, p. ex., tivemos um Balanço Patrimonial cujo disponível seja:

Circulante	31-12-8X	31-12-8X+1
Disponível	1.820.000	2.500.000

"Estamos diante de uma situação estática, ou seja, uma fotografia do saldo disponível no início do período e outra no final do período. Mas quais foram as razões que contribuíram para o aumento das disponibilidades de $680.000? A Demonstração do Fluxo de Caixa (DFC) irá indicar-nos o que ocorreu no período em termos de saída e entrada de dinheiro no Caixa (demonstração dinâmica) e o resultado desse Fluxo" (ob. cit., p. 123).

32. "Valores faturados e não recebidos: a questão do PIS e da COFINS", ob. cit., p. 367.

33. Lembremos que, retomando o quando já dito e justificado, estamos tomando as expressões faturamento e receita bruta como sinônimos, apartando as discussões sobre a incidência das contribuições sobre outras receitas que integram o conceito de *receita total*.

(...) Afirma-se (...) violação do disposto nos arts. 145, § 1º; 150, IV e 195, I, da Constituição, sob o argumento de que a decisão impugnada não poderia obstar o direito da contribuinte de excluir da base de cálculo do PIS e da COFINS o valor das vendas de mercadorias a prazo e os créditos que não foram adimplidos pelos adquirentes dos produtos ou serviços. A Lei n. 9.718/1998, em seu art. 3º, § 2º, incisos I a IV, dispõe expressamente sobre as operações passíveis de serem excluídas da receita bruta no momento da fixação da base de cálculo da contribuição para o PIS e COFINS. Nela não se verificam as hipóteses pretendidas pelo contribuinte. Logo, acolhimento de seu pedido implicaria violação do princípio da legalidade tributária.

Interpretando a decisão do Ministro Eros Grau, parece-nos que as vendas inadimplidas integram o conceito de receita e, neste sentido, deveriam expressamente integrar o rol das hipóteses de exclusão de base de cálculo. Como a Lei n. 9.718/1998, no caso, não prevê as vendas inadimplidas como operações passíveis de serem excluídas da receita bruta, em atendimento à legalidade devem ser tributadas. Essa mesma interpretação aparece quando da argumentação, por equiparação, da exclusão dos valores não-recebidos às vendas canceladas.

O *Tribunal Regional Federal da 3ª região*, por duas vezes manifestou-se sobre a questão, ambas em Acórdãos relatados pelo Desembargador Lazarano Neto. No (i) Agravo de Instrumento n. 2003.03.00.071991-1-SP (*DJU* 27.8.2004) decidiu que:

1. Para fins de apuração da base de cálculo da COFINS e da contribuição ao PIS, o faturamento mensal da pessoa jurídica deve corresponder à totalidade das receitas auferidas (receita bruta), nesse conceito incluídas aquelas decorrentes das vendas de mercadorias (art. 2º da Lei n. 9.718/1998). 2. A base de cálculo para a apuração dos tributos em tela deve ser o faturamento, consistente no valor total das mercadorias vendidas, identificando-se como receita bruta, e não sobre o lucro obtido com a venda, sendo irrelevante o prejuízo decorrente da inadimplência dos consumidores. (...).

Neste Acórdão entendeu o Desembargador que o *valor total das mercadorias vendidas*, isto é, ter praticado operações de vendas com valores determinados, em espaços de tempo mensais, é fato suficiente e apto à subsunção da ação de *obter faturamento*, prevista nas leis do PIS e da COFINS. Em outras palavras, a ação de obter faturamento (que enseja a obrigação de pagar o PIS e a COFINS) ou a base de cálculo que traduz essa ação (faturamento no antecedente, ali e no conseqüente, aqui) – duas realidades que denotam o mesmo entendimento acima transcrito – traduz-se simplesmente pelas vendas de mercadorias com as respectivas emissões de notas fiscais (documento hábil a transferir a propriedade do bem) as quais, por suas vezes, expressam os valores necessários à conformação do fato jurídico tributário (obter faturamento) e sua base de cálculo (faturamento, no conseqüente). As contribuições incidem sobre os valores das vendas e não sobre os valores *recebidos* em decorrência das vendas.

Na (ii) Apelação em Mandado de Segurança n. 2002.61.09.005666-6-SP (*DJU* 30.6.2004) decidiu-se:

(...) A impetrante esclarece que no caso do IPI somente o valor da operação deve servir de base de cálculo do imposto, enquanto no caso das contribuições sociais, PIS e COFINS, o montante faturado indicaria as respectivas bases de cálculos. Assim, o não cumprimento da obrigação por parte do comprador tornaria nulo o negócio comercial, desaparecendo a relação jurídica tributária, vez que não se pode exigir tributo quando o contribuinte não esteja efetivamente auferindo algum tipo de riqueza passível de ser mensurada economicamente. A questão reside em saber se para a caracterização dos fatos geradores do IPI, COFINS e PIS é relevante ou não que o comprador da mercadoria tenha efetivamente pago o seu preço. (...) Para fins de apuração da base de cálculo da COFINS e da contribuição ao PIS, o faturamento mensal da pessoa jurídica deve corresponder à totalidade das receitas auferidas (receita bruta), nesse conceito incluídas aquelas decorrentes das vendas de mercadorias (...). Assim, a base de cálculo para a apuração dos tributos em tela deve ser o faturamento, consistente no valor total das mercadorias vendidas, identificando-se como receita bruta, e não sobre o lucro obtido com a venda, sendo irrelevante o prejuízo decorrente da inadimplência dos consumidores. Observa-se que a legislação pátria não prevê para a materialização da hipótese de incidência do IPI, PIS e COFINS a necessidade da entrada do numerário expresso nas notas fiscais emitidas pela parte impetrante. (...) No caso da COFINS e do PIS, a hipótese de incidência é o faturamento, sendo irrelevante para a formação da base de cálculo os valores expressos nas notas fiscais. Destarte, o inadimplemento da obrigação por parte do comprador da mercadoria não acarreta falta de base financeira concreta que justifique a não incidência dos tributos, pois o fato gerador da obrigação tributária é a situação previamente definida em lei, como necessária e suficiente para sua ocorrência. O não pagamento do preço ajustado entre as partes poderá ser objeto de ação entre os particulares. No que tange ao conceito de "vendas canceladas", o contrato de compra e venda se aperfeiçoa com a entrega do produto, e não com o pagamento, não havendo que se falar em exclusão da base de cálculo, das exações em comento, das vendas cujos pagamentos não foram recebidos, por inadimplemento dos compradores. Conclui-se, portanto, que para a ocorrência do fato gerador e base de cálculo do IPI, PIS e COFINS é irrelevante a entrada dos valores descritos nas notas fiscais. (...).

Nesta decisão o Desembargador entendeu que a questão central seria saber se o recebimento dos valores correspondentes às mercadorias vendidas seria necessário para a conformação do fato jurídico-tributário do IPI, do PIS e da COFINS. Interpretando o critério temporal do fato jurídico-tributário do IPI, previsto no art. 46, do Código Tributário Nacional (saída, de produtos industrializados, dos estabelecimentos), entendeu que, de fato, a saída do produto do estabelecimento ocorre independentemente do pagamento, que é posterior. A base de cálculo seria o valor expresso nas notas e não os valores efetivamente recebidos. Com relação ao PIS e a COFINS, interpretando os conceitos de "faturamento" e de "receita bruta", previstos nas Leis Complementares ns. 7/1970 e 70/1991 e na Lei n. 9.718/1998, entendeu que a *base de cálculo* dessas contribuições seria *o valor total das mercadorias vendidas* e não *o lucro obtido com a venda*. Neste sentido, a medida do fato jurídico-tributário (base de cálculo) seria feita pelos valores das vendas, independente da contrapartida do comprador. As vendas seriam os fatos jurídicos suficientes para integrarem os antecedentes das normas individuais e concretas do PIS e da COFINS e fazerem nascer, portanto, a obrigação de pagar as contribuições. Embora o Desembargador não tenha entrado em questões contábeis, de fato há uma coincidência de sua posição com a presunção de receitas que existe no regime de competência, em decorrência da simples venda da mercadoria (emissão da nota fiscal).

O *Tribunal Regional Federal da 4ª Região*, em Acórdão proferido na Apelação em Mandado de Segurança n. 2003.70.00.052806-0-PR e relatado pela Desembargadora Maria Lúcia Luz Leiria, posicionou-se no sentido de que:

> O PIS e a COFINS são recolhidos sobre a receita bruta/faturamento mensal, sendo esta entendida como a totalidade das receitas auferidas pela pessoa jurídica, sendo irrelevantes o tipo de atividade por ela exercida e a classificação contábil adotada para as receitas, tenha ela realizado operações à vista ou a prazo, eis que a hipótese de incidência é aferida segundo mês de competência, independentemente do regime de caixa da empresa. (...) Considerando que a tributação nacional é feita sob o regime de competência, *in casu*

mensal, não pode pretender a autora ser tributada com base em seu regime de caixa sob pena, então sim, de violação ao princípio da igualdade, que permanece intacto com a decisão adotada. (...) As vendas canceladas possuem expressa previsão legal porque faticamente são hipóteses diversas. Nestes casos há o distrato, enquanto nos casos de inadimplência remanesce o vínculo obrigacional entre comprador/vendedor, e aquele prejudicado possui meios coercitivos para a obtenção de seu direito. Tais fatos, porém, não são oponíveis em sede tributária. Inexiste violação ao princípio da capacidade contributiva e do não-confisco (...), eis que inexiste uma tributação sobre a inadimplência das obrigações, mas a ocorrência de um fato tributário imponível cuja hipótese de incidência é o faturamento da pessoa jurídica (...). Objetivamente, deve ser considerado que a empresa realizou uma operação e apurou como faturados os valores dela decorrentes, com base na Lei n. 9.718/1998, autorizada pelo art. 116, I, do CTN. Posterior inadimplência em operação de venda, a prazo ou não, é matéria estranha ao regime de tributação nacional, eis que o sistema tributário é regido pelo regime de competência mensal e o faturamento foi apurado pelo próprio sujeito passivo, dando ensejo à ocorrência da hipótese de incidência das exações em comento. Tal entendimento respeita os arts. 113, § 1º, e 116, I e II, e não nega vigência aos arts. 114 e 117, II e III, todos do CTN, tendo em vista que o caso em tela, ao contrário do que afirma a parte autora, não caracteriza um negócio jurídico condicional, que somente ocorre em virtude de disposições contratuais celebradas pelo contribuinte em suas operações de venda. Não se pode cogitar, assim, que a inadimplência nas operações de venda a prazo é condição resolutiva da ocorrência do fato gerador do PIS e da COFINS. Por fim, a Lei n. 9.718/1998 (...) elenca taxativamente os valores que podem ser excluídos da base de cálculo (...), não estando entre tais hipóteses obrigação inadimplida em operação de venda a prazo. Tenho que não cabe ao Judiciário, em ofensa ao princípio da reserva legal e ao art. 111 do CTN, alargar as hipóteses legais.

O caso tratava de inadimplência das obrigações em vendas realizadas a prazo, mas o mesmo raciocínio poderia ser aplicado aos pagamentos à vista feitos sob outras formas que não em dinheiro ou depósitos (cheques, por exemplo, que são *ordens* de pagamento à vista que pode vir a não se concretizar). Há quatro argumentos diferenciados no voto da Desembargadora: (i) o primeiro trata do regime contábil. De fato, se tomarmos como regra a apuração dos tributos pelo regime de competência, as leis do PIS e da COFINS não precisariam ter mencionado nada acerca da inadimplência, pois teriam tomado a simples presunção de recebimento efetivo dos valores, ou seja, o registro de valores considerados receita, como fatos aptos a constituir fatos jurídicos tributários e, no caso do PIS e da COFINS, gerar a incidência das contribuições; (ii) o segundo argumento tratava da conformação do negócio jurídico de compra e venda diante da inadimplência. Chega-se, no Acórdão, à conclusão de que o contrato de compra e venda não é desfeito em razão do não pagamento pelo devedor; ao contrário, é lícito ao comprador exigir o pagamento em razão do acordo firmado. Além disso, não pode ser comparada à venda cancelada, que é hipótese distinta na qual ocorre o distrato; (iii) a terceira colocação gira em torno da atribuição de significado à hipótese de incidência das contribuições (faturamento). A Desembargadora entendeu que ela ocorre independentemente do efetivo ingresso dos valores das vendas no patrimônio da pessoa jurídica, quando afastou os argumentos da empresa no sentido de que a tributação pelo regime de competência estaria ferindo os princípios da capacidade contributiva e do não-confisco: só se estaria ferindo esses princípios se se tributasse a inadimplência, o que não é o caso; (iv) o quarto argumento interessante complementa o primeiro e ressalta que o faturamento, apurado pelo regime de competência, é feito pelo próprio sujeito passivo.

Ou seja, é o próprio contribuinte que apura seu faturamento contábil e, neste sentido, constitui fatos jurídicos aptos à incidência do PIS e da COFINS; (v) por fim, a Desembargadora argumenta no mesmo sentido do Ministro Eros Grau entendendo que, por serem aptas a gerar receita segundo o regime de competência, as vendas inadimplidas só poderiam ser excluídas da base de cálculo por expressa previsão legal.

O 2º *Conselho de Contribuintes*, por meio do Acórdão n. 203-09.745 (*DOU* 20.6.2005), proferido pela 3ª Câmara, manifestou-se no seguinte sentido:

> (...)
>
> *Inadimplência contratual não se caracteriza como venda cancelada.* O cancelamento de vendas, para fins de exclusão da base de cálculo da COFINS, é admitido nos casos de devolução de mercadorias vendidas. A inadimplência contratual não comporta similitude com o cancelamento de vendas. Nesta existe um expresso desfazimento do contrato de aquisição, naquele o que existe é a ausência de adimplemento contratual, cuja solução adotada pelo inadimplido não pode gerar efeitos tributários.

A Secretaria da Receita Federal, no Processo de Consulta n. 423/2003 oriundo da Superintendência da Regional da Receita Federal (SRRF – 7ª Região Fiscal), assim manifestou-se:

> *Assunto*: Contribuição para o PIS/Pasep
>
> *Ementa*: *Exclusões da base de cálculo.* Não é cabível, por falta de base legal, a exclusão, na base de cálculo da contribuição para o PIS de valores faturados, pelo regime de competência, mas que não foram efetivamente recebidos pela consulente de seus clientes, em virtude de inadimplência.
>
> *Dispositivos legais*: Lei n. 9.718, de 1998, arts. 2º e 3º e Lei n. 10.637, de 2002, art. 1º.
>
> Contribuição para o Financiamento da Seguridade Social – Cofins
>
> *Exclusões da base de cálculo.* Não é cabível, por falta de base legal, a exclusão, na base de cálculo da Cofins de valores faturados, pelo regime de competência, mas que não foram efetivamente recebidos pela consulente de seus clientes, em virtude de inadimplência.
>
> *Dispositivos legais*: Lei n. 9.718, de 1998, arts. 2º e 3º.
>
> Sérgio Martins Silva – Chefe (data da decisão: 22.12.2003).

Diante das argumentações dadas acima, trataremos, em seguida (i) do conceito de receita/faturamento e do momento de incidências dessas contribuições diante dos casos de inadimplência e (ii) da possibilidade da não-tributação dos valores inadimplidos.

3.2 Conceito de faturamento e inadimplência: os fatos jurídico-contábeis, indicativos de receita no regime de competência, são aptos a constituírem os fatos jurídico-tributários do PIS e da COFINS?

3.2.1 A tributação com base na receita contábil e a capacidade contributiva

O chamado princípio da capacidade contributiva está prescrito no art. 145, § 1º, da Constituição, nos seguintes termos: "sempre que possível, os impostos terão caráter pessoal e serão graduados segundo a capacidade econômica do contribuinte, facultado à administração tributária, especialmente para conferir efetividade a esses objetivos, identificar, respeitados os direitos individuais e nos termos da lei, o patrimônio, os rendimentos e as atividades econômicas do contribuinte".

Aparte a discussão sobre a aplicabilidade do dispositivo às contribuições – já que, indiretamente, a graduação da tributação conforme a capacidade contributiva decorre também do princípio da igualdade e da proibição da tributação com efeito de confisco (art. 150, II e IV) – a interpretação comum e a que nos parece coerente à primeira vista é que a Constituição determina que aquele contribuinte que demonstre ter maior poder econômico pague mais tributo.[34]

A capacidade econômica de contribuir ou, o que é o mesmo, a capacidade contributiva, no entanto, precisa de dados objetivos para ser graduada, assim como ocorre com as faixas salariais, por exemplo, no imposto sobre a renda das pessoas físicas. No caso do PIS e da COFINS, também quem demonstrasse maior receita deveria ter uma tributação maior, não só de forma proporcional (aumento da base de incidência), como ocorre naturalmente, mas progressivamente.[35] Mesmo assim, proporcionalmente, tributa-se mais quem exterioriza mais receitas.

A interpretação em torno da capacidade contributiva para efeitos de verificarmos o problema da tributação da inadimplência pelo PIS e pela COFINS deve girar em torno de outra argumentação, que toma a acepção mais usual de "capacidade contributiva", um pouco diferente daquela interpretada a partir do art. 145, da Constituição, mas dela não dissonante. A pergunta feita aqui é: o simples registros de receita bruta nas pessoas jurídicas são fatos jurídicos aptos a denotar a riqueza pretendida pela tributação do PIS e da COFINS, externando capacidade de contribuir para com o Estado?

Embora a resposta intuitiva seja negativa, a análise mais profunda do fenômeno parece transparecer que, de fato, o retrato econômico da empresa (fatos jurídico-contábeis) não coincide, necessariamente, com a disponibilidade econômica para pagamento dos tributos. Na verdade, a forma de exteriorização dos eventos econômicos, denotativos de riqueza, varia conforme a linguagem que os expressa e que servirão de prova para a constituição dos fatos passíveis de tributação. Os eventos, que vêm e vão todo o tempo, neste se perdem.[36] Somente a linguagem é que pode reter os acontecimentos, transformando-os em fatos, no caso jurídico-contábeis, e são esses fatos as provas que fornecem os dados objetivos capazes de demonstrar aptidão econômica e, portanto, capacidade contributiva.[37]

3.2.2 O conceito de faturamento *deve* denotar efetivos ingressos nas pessoas jurídicas?

O art. 3º, § 2º, II, da Lei n. 9.718/1998 e o art. 1º, § 3º, V, *b*, das Leis ns. 10.637/2002 e 10.833/2003 prevêem que não serão incluídas na receita bruta, base de cálculo das contribuições, "as recuperações de créditos baixados como perda, que não representem ingresso de novas receitas".

34. Cf. Roque Antonio Carrazza, *Curso de Direito Constitucional Tributário*, 17ª ed., São Paulo, Malheiros Editores, 2002, pp. 86-87.

35. Se entendermos que a tributação do PIS e da COFINS dá-se sobre o consumo, então o encargo econômico dos tributos estaria repassado ao consumidor final impossibilitando a graduação da tributação segundo a capacidade contributiva de quem adquire tal qual ocorre com o ICMS e o IPI. Essa é a conclusão, acerca do ICMS e do IPI, exposta por Roque Antonio Carrazza, ob. cit., p. 87.

36. Nas poéticas palavras de Eurico Marcos Diniz de Santi: "O tempo consome os fatos e o direito que deles advém. No tempo, a lei ganha sentido, nasce o direito. No tempo morrem os fatos, somem as provas", in *Decadência e Prescrição no Direito Tributário*, 2ª ed., São Paulo, Max Limonad, 2001, p. 35.

37. Segundo Émile Benveniste, "a linguagem reproduz a realidade (...) a realidade é produzida novamente por intermédio da linguagem. (...) Para o locutor, representa a realidade; para o ouvinte, recria a realidade" (*apud* Clarice V. O. Araújo, "Fato e evento tributário – Uma análise semiótica", in Eurico Marcos Diniz de Santi (org.), *Curso de Especialização em Direito Tributário – Estudos Analíticos em Homenagem a Paulo de Barros Carvalho*, Rio de Janeiro, 2005, Livro II, Capítulo III, pp. 349-350). Dessa afirmação, concluímos que a realidade, os eventos, são coisas distintas da linguagem, dos fatos, ainda que possamos afirmar que só são apreensíveis cognoscitivamente pela linguagem. A linguagem é signo da realidade, mundo físico, dos corpos materiais e por isso mesmo, não é ela mesma, a representa, "e pode até mesmo representá-lo falsamente; por isso mesmo, é signo" (cf. Eurico Marcos Diniz de Santi, "Norma, evento, fato, relação jurídica, fontes e validade no Direito", in *Curso de Especialização em Direito Tributário*, cit., "Introdução", p. 16).

Essa previsão legal de não tributação dos valores que, uma vez tributados de acordo com os registros contábeis de receita e baixados como perda, venham a ser recuperados, nos indica que, previsivelmente, a legislação do PIS e da COFINS tomou, para a constituição de seu antecedente, os fatos jurídico-contábeis indicativos da existência de receita.

O art. 20, da Medida Provisória n. 2.158-35/2001 determina que:

> Art. 20. As pessoas jurídicas submetidas ao regime de tributação com base no lucro presumido somente poderão adotar o regime de caixa, para fins da incidência da contribuição para o PIS/PASEP e COFINS, na hipótese de adotar o mesmo critério em relação ao imposto de renda das pessoas jurídicas e da CSLL.

Diante daquela previsão de exclusão, da base de cálculo, dos valores recuperados e da obrigatoriedade de apuração do PIS e da COFINS pelo regime de competência (a partir interpretação, *a contrario sensu*, do art. 20 da Medida Provisória n. 2.158-35/2001), chegamos à conclusão de que, implicitamente a legislação previu que a tributação pelo PIS e pela COFINS, assim como ocorre com o IRPJ e a CSLL, tomaria por base os registros contábeis de receitas, ainda que estes não representassem efetivos ingressos.[38]

Como vimos (deixando de lado a discussão sobre a incidência das contribuições sobre outras receitas), a DRE é o documento contábil apto, segundo a legislação comercial e fiscal, a indicar a receita bruta mensal das pessoas jurídicas. Essa linguagem, no entanto, por registrar a existência de receita bruta diante dos valores decorrentes da venda de mercadorias e/ou prestação de serviços, independentemente do pagamento pelo comprador/tomador, não representa o efetivo ingresso de dinheiro. No entanto, nos parece que essa foi a prescrição legislativa e com alguma razão.

A constituição dos fatos jurídico-tributários depende de prova, de linguagem que retenha, no tempo, os signos presuntivos de riqueza (lucro, renda, faturamento). A realidade econômico-empresarial é, de acordo com as normas vigentes, retratada na linguagem contábil. Essa é a forma adequada, obedecidas suas regras, dentre elas, o regime de competência, apta a representar a existência de despesas, receitas, ativos, passivos etc.

Há diversos posicionamentos doutrinários e até jurisprudenciais (como vimos em relação às vendas canceladas) que permitem a construção de um conceito de fatu-

38. As leis do IRPJ e da CSLL adotam o regime de competência para demonstração de resultados fiscais, isto é, fazem com que esses tributos incidam sobre os registros contábeis, tornando-os aptos a passar de fatos jurídico-contábeis para fatos jurídico-tributários. O art. 251, do RIR/1999, prescreve que "A pessoa jurídica sujeita à tributação com base no lucro real deve manter escrituração com observância das leis comerciais e fiscais (Decreto-lei n. 1.598, de 1977, art. 7º)". Complementando a interpretação do art. 251, do RIR/1999, prescreve o art. 177, da Lei n. 6.404/1976 (Lei das Sociedades Anônimas), que "A escrituração da companhia será mantida em registros permanentes, com obediência aos preceitos da legislação comercial e desta Lei e aos princípios de contabilidade geralmente aceitos, devendo observar métodos ou critérios contábeis uniformes no tempo e registrar as mutações patrimoniais segundo o regime da competência". Reafirmando a adoção do regime de competência para as sociedades anônimas, o art. 187, § 1º, tratando da Demonstração do Resultado do Exercício (DRE), prescreve: "Na determinação do resultado do exercício serão computados: a) as receitas e os rendimentos ganhos no período, independentemente da sua realização em moeda; e b) os custos, despesas, encargos e perdas, pagos ou incorridos, correspondentes a essas receitas e rendimentos". Mesmo para as limitadas, parece-nos que há a obrigação de escrituração pelo regime de competência, seja pela observância dos princípios contábeis geralmente aceitos (que pregam a adoção do regime da competência, segundo dispõe o art. 9º, da Resolução CFC 750/1993) seja pela leitura do art. 274, § 1º, do RIR/1999, que manda que o contribuinte, na apuração do lucro líquido do período, observe as disposições da Lei n. 6.404/1976. No mesmo sentido: Hiromi Higushi e outros, *Imposto de Renda das Empresas*, 31ª ed., São Paulo, IR Publicações Ltda., 2006, p. 31. Com relação à CSLL, prescrevem os arts. 57, da Lei n. 8.981/1995 e o 3º, da Instrução Normativa SRF n. 390/2004 que se aplicam a ela as mesmas normas de apuração do IR.

ramento que englobe, entre outros elementos, o efetivo ingresso de dinheiro nas pessoas jurídicas.[39] A argumentação é feita trabalhando-se com a conotação de *faturamento/receita bruta* para nela incluir o critério do efetivo ingresso de receitas.[40] De fato, até o sentido usual do termo, na linguagem ordinária que o utilizamos, denota essa realidade de ingresso efetivo.

Com bem se expressou o Ministro Eros Grau no julgamento do Recurso Extraordinário n. 357.950 (julgamento da ampliação da base de cálculo do PIS e da COFINS – item 1), "a cada conceito corresponde um *termo*. Este – o termo – é o signo lingüístico do conceito. Assim, o conceito, expressado no seu termo, é coisa (signo) que representa outra coisa (seu objeto). *Faturamento* é o termo do conceito (= noção, em rigor) de *faturamento*. Aqui, corremos o risco de cair numa cilada. (...) Não há nenhuma relação necessária entre as *palavras* (de um lado) e os *objetos*, *circunstâncias*, *fatos* ou *acontecimentos* (de outro) em relação aos quais as palavras cumprem múltiplas funções. As palavras – diz Hospers – são como rótulos que colocamos nas coisas, para que possamos falar sobre elas: 'Qualquer rótulo é conveniente na medida em que nos ponhamos de acordo com ele e o usemos de maneira conseqüente. A garrafa conterá exatamente a mesma substância, ainda que coloquemos nela um rótulo distinto (...)'. Podemos, como Hospers, apor rótulos convencionais sobre determinadas garrafas ou fazê-lo de modo arbitrário. Optando pela segunda alternativa, da sua adoção não resultará nenhuma alteração no conteúdo do continente arbitrariamente rotulado. Apenas, se o nosso propósito não for o de instalar, no mínimo, a confusão, cumpre-nos deixar bem esclarecido aos seus potenciais usuários quais conteúdos encontrarão em cada uma delas. Assim com as palavras. Se não as tomarmos com a significação usual, cumpre nos informar aos nossos ouvintes ou leitores os sentidos que lhes atribuímos".

39. José Antonio Minatel, *Conteúdo do Conceito de Receita e Regime Jurídico para sua Tributação*, São Paulo, MP Editora, 2005, p. 58; Ricardo Mariz de Oliveira. "O conceito de receita como hipótese de incidência das contribuições para a seguridade social (para efeitos da COFINS e da contribuição ao PIS)", in *Grandes Temas Tributários da Atualidade*, São Paulo, IOB, 2000, pp. 43 a 20; Aliomar Baleeiro. *Uma Introdução à Ciência das Finanças*, 5ª ed., Rio de Janeiro, Forense, p. 130; Marco Aurélio Greco, "Cofins na Lei 9.718/1998 – Variações cambiais e regime de alíquota acrescida", in *Revista Dialética de Direito Tributário* 50/131, São Paulo, Dialética; Tércio Chiavassa, ob. cit., pp. 367-373 e Helenilson Cunha Pontes, "A incidência de PIS/COFINS sobre a variação cambial gerada nas operações de exportação de mercadorias", in *Revista Dialética de Direito Tributário* 104/106, São Paulo, Dialética.

40. Segundo a filosofia, conceito é "todo processo que torne possível a descrição, a classificação e a previsão dos objetos cognoscíveis" (cf. Nicola Abbagnano, *Dicionário de Filosofia*, 4ª ed., 2ª tir., São Paulo, Martins Fontes, 2003, p. 164). *Conceito* é o conteúdo de um ato de intelecção (cf. Paulo de Barros Carvalho, *A Lógica e seu Objeto – Generalização e Formalização – As Estruturas Lógicas – Relações Lógicas e Relações Fácticas – A Chamada Lógica Formal e a Metodologia*, Apostila de Filosofia do Direito I (Lógica Jurídica), PUC, São Paulo, Capítulo III). Em outras palavras, é a idéia que formamos em nossa mente quando entramos em contato com determinado objeto (real, ideal ou cultural). *Definição* é o produto daquele conceito. É um enunciado, exteriorizado em linguagem mediante ato de enunciação (cf. Tárek Moysés Moussallem, "A existência de um enunciado pressupõe a execução de um ato que coloca a língua em funcionamento. Ao ato mesmo de produção de enunciados chama-se *enunciação*", "Fontes do direito tributário", in *Curso de Especialização em Direito Tributário*, cit., 2005, p. 107). Em outras palavras, é a aparição, no mundo real, do conceito idealizado na mente do sujeito cognoscente. A definição compõe-se de suas partes: o *definiendum* (palavra que se quer definir) e o *definiens* (enunciação do significado) (cf. Ricardo A. Guibourg e outros, *Introducción al Conocimiento Científico*, 3ª ed., Buenos Aires, Eudeba, 2003, p. 54). Dependendo da forma como encontramos o *definiens*, podemos distinguir dois tipos de definições: *denotativas* e *conotativas*. As *definições denotativas* nos mostram o conjunto de objetos que pertencem à determinada classe. As *definições conotativas* nos dão critérios de uso de determinada palavra de classe (cf. Eurico Marcos Diniz de Santi, "As classificações no Sistema Tributário Brasileiro", in *Justiça Tributária*, p. 129). Neste sentido, é plenamente possível idealizarmos o conceito de *faturamento* e a partir dele formular definição conotativa que englobe o critério "ingresso de dinheiro".

Nas palavras de Eurico Marcos Diniz de Santi, "Segundo John Hospers, durante muito tempo acreditou-se que havia uma relação natural entre as palavras e aquilo que elas representavam. Confundia-se a palavra com a coisa, a palavra 'gato' com a criatura gato (...). No universo da linguagem simbólica, a relação entre *significante* e *significado* é convencional. E, dado que as palavras são convencionais, não se pode afirmar que uma palavra é correta ou incorreta quando representa uma coisa. (...) As coisas não mudam de nome; nós que mudamos o modo de nomear as coisas. (...) A possibilidade de inventar nome para as coisas chama-se liberdade de estipulação".[41]

Enquadrando as idéias acima à situação que analisamos, concluímos que, neste caso, é possível a utilização da "liberdade de estipulação" para indicar aos intérpretes da lei o significado do termo utilizado, mudando, eventualmente, a forma de nomear aquele pedaço da realidade (faturamento). No entanto, a assunção de outra acepção não meramente contábil dos termos faturamento/receita bruta terá algumas conseqüências, que indicaremos abaixo.

3.2.3 A linguagem contábil, o efetivo ingresso e o conceito de faturamento tributável pelo PIS e pela COFINS: é possível a tributação somente dos valores efetivamente recebidos pelas pessoas jurídicas?

Assumindo a posição de que se deva tributar somente o efetivo ingresso dos valores (especialmente para o tema que tratamos aqui, aqueles valores ingressados efetivamente e que representem a contraprestação pela venda de mercadorias e/ou prestação de serviços), em nome (i) da ausência de estipulação de significado na legislação e (ii) do sentido usual do termo em contrapartida ao sentido contábil que toma momento anterior para caracterizar a receita, pergunta-se: como será possível a constituição dos fatos jurídico-tributários do PIS e da COFINS, coerentemente como essa posição?

Como vimos, é a contabilidade a linguagem juridicamente competente para retratar a vida econômica das pessoas jurídicas. Nessa linguagem, a demonstração das contraprestações efetivamente recebidas pelas vendas de mercadorias e/ou prestações de serviços é retratada a partir do confronto da Demonstração dos Resultados do Exercício – DRE (que corresponde ao registro das receitas decorrentes da prática de operações que, sem dúvida, ensejam a tributação pelo PIS e pela COFINS – vendas de mercadorias e prestações de serviços – mas sem se preocupar com a efetiva contraprestação) com a Demonstração do Fluxo de Caixa – DFC (a qual indica quais valores efetivamente entraram, e a que título, na pessoa jurídica).

A formação da base de cálculo das contribuições a partir do confronto entre essas duas demonstrações financeiras levaria em conta, portanto, somente os valores ingressados na pessoa jurídica, decorrentes de suas atividades tipicamente operacionais. No entanto, essa forma permitiria, além da não-tributação da inadimplência, a "dedução" dos valores computados como receitas e decorrentes das operações de vendas e/ou prestações de serviços feitas a prazo.

Com isso, chegamos à conclusão de que, operacionalmente, a tributação pelo PIS e pela COFINS apenas dos valores que efetivamente ingressaram na pessoa jurídica (DFC) caracterizaria uma tributação utilizando a técnica do regime de caixa,[42] forma de apuração permitida apenas para as empresas optantes pelo lucro presumido e desde que seja adotado o mesmo regime de apuração para os demais tributos (IRPJ e

41. "As classificações no Sistema Tributário Brasileiro", in *Justiça Tributária – 1º Congresso Internacional de Direito Tributário*, São Paulo, Max Limonad, pp. 126-127.

42. Cf. Sérgio de Iudícibus e José Carlos Marion, ob. cit., p. 122.

CSLL), segundo a prescrição do art. 20, da Medida Provisória n. 2.158-35/2001.

Tributando-se o fluxo de caixa, o contribuinte estará, na verdade, para efeitos de apuração do PIS e da COFINS, se autodesobrigando de adotar o regime de competência, obrigatório nos termos da interpretação, *a contrario sensu*, do art. 20, da MP n. 2.158-35/2001 ou, em última análise, terá de adotar o mesmo regime para o IRPJ e a CSLL.

Conclusão

O objetivo deste artigo foi enfrentar o conceito de faturamento diante do problema da tributação dos valores inadimplidos de uma perspectiva operacional-contábil. Quisemos demonstrar a forma como o próprio direito determina que se retenha, no tempo, as variações econômicas pelas quais passam as pessoas jurídicas e suas conseqüências para o direito tributário, em especial, na tributação pelo PIS e pela COFINS.

As legislações societária, comercial e contábil, muitas vezes obrigam que as pessoas jurídicas reconheçam seus ingressos e dispêndios conforme o período em que foram gerados. Este regime de apuração de resultados é conhecido como regime de competência. Esse reconhecimento de receitas e despesas não se importa com os ingressos e saídas de dinheiro das empresas e, portanto, não se importa com a inadimplência dos compradores ou tomadores de serviços quando do registro de sua receita bruta. Tal fato chamou a atenção para uma tributação, pelo PIS e pela COFINS, de meros registros contábeis que não denotavam algo efetivamente ingressado nas pessoas jurídicas.

A discussão sobre o assunto gira em torno, mais uma vez, do conceito de faturamento diante da eventual necessidade, inclusive em nome do princípio da capacidade contributiva, de efetivos ingressos dos valores relativos às vendas/prestações de serviços (existência de contraprestação por parte do comprador/tomador) para constituir-se o fato jurídico-tributário do PIS e da COFINS.

Diante da interpretação (i) da hipótese de exclusão, da base de cálculo das contribuições, dos valores baixados como perda, mas recuperados posteriormente e (ii) da opção dada, pela Medida Provisória n. 2.158-35/2001, para a tributação pelo regime de caixa apenas em situação específica e para algumas pessoas jurídicas, concluímos que a legislação deu-nos critérios suficientes que indicam que o PIS e a COFINS devam incidir tomando-se por base os registros contábeis de receita, independentemente de seu efetivo ingresso.

E isso não nos parece equivocado, pois mesmo para a verificação e realização da capacidade contributiva, é necessário que existam dados objetivos denotativos de riqueza. A linguagem contábil é aquela determinada, pelo direito, como competente para retratar a evolução econômico-empresarial e, desta forma, demonstrar a existência ou não de signos presuntivos de riquezas tributáveis.

Por fim, ainda que tomássemos o conceito de faturamento como os efetivos ingressos das pessoas jurídicas, a sua tributação se daria, praticamente, com base no regime de caixa, o que implicaria (i) a estrita obediência do art. 20, da Medida Provisória n. 2.258-35/2001 e, portanto, a adoção do mesmo regime para a tributação do IRPJ e da CSLL ou (ii) a não-observância da prescrição de adoção do regime de competência, com as conseqüências jurídico-tributárias cabíveis.

REGIMES DE TRIBUTAÇÃO MONOFÁSICA DA CONTRIBUIÇÃO PARA O PIS/PASEP E DA COFINS DE QUE TRATA A LEI 10.147/2000 E O ENTENDIMENTO VEICULADO NO ADI SRF 26/2004

CIRO CARDOSO BRASILEIRO BORGES

Mestre em Direito Tributário pela PUC/SP. Professor de Direito Tributário do Programa GV*law* da FGV/SP. Advogado em São Paulo

1. Introdução. 2. Regimes de tributação monofásica da Contribuição para o PIS/PASEP e da COFINS de que trata a Lei 10.147/2000, em face do disposto na Lei 10.637/2002 e na Lei 10.833/2003 e das alterações e inovações promovidas pela Lei 10.865/2004. 3. Ato Declaratório Interpretativo da Secretaria da Receita Federal 26/2004. 4. Regimes monofásicos de tributação e o disposto no art. 149, § 4º, da Constituição Federal: 4.1 Não visualização do fenômeno da cumulatividade; 4.2 Visualização do fenômeno da cumulatividade de incidências das regras-matrizes da Contribuição para o PIS/PASEP e da COFINS, de acordo com o entendimento veiculado no ADI SRF 26/2004. 5. Inconstitucionalidade e ilegalidade do ADI SRF 26/2004. 6. Conclusões.

1. Introdução

O presente estudo tem por objeto os regimes de tributação monofásica da Contribuição para o PIS/PASEP e da COFINS de que trata a Lei 10.147/2000, cuja redação se encontra atualmente alterada pela Lei 10.548/2002 e pela Lei 10.865/2004, especificamente em relação às receitas auferidas pelas pessoas jurídicas referentes a determinados produtos farmacêuticos utilizados como insumo nas prestações de serviços.

Esses produtos farmacêuticos correspondem àqueles classificados nas posições 30.01, 30.03, exceto no código 3003.90.56, 30.04, exceto no código 3004.90.46, nos itens 3002.10.1, 3002.10.2, 3002.10.3, 3002.20.1, 3002.20.2, 3006.30.1 e 3006.30.2 e nos códigos 3002.90.20, 3002.90.92, 3002.90.99, 3005.10.10, 3006.60.00, da Tabela de Incidência do Imposto sobre Produtos Industrializados – TIPI.

Também vem ao encontro desta análise, por ser necessário às conclusões que se pretende atingir, o exame de disposições contidas na Lei 10.637/2002 e na Lei 10.833/2003, levando-se em conta as alterações e inovações promovidas pela Lei 10.865/2004, bem como no art. 149, § 4º, da Constituição Federal, com redação dada pela Emenda Constitucional 33/2001.

Nesse contexto, com o advento do Ato Declaratório Interpretativo da Secretaria da Receita Federal 26/2004 – ADI SRF 26/

2004, restou veiculado entendimento referente aos regimes de tributação monofásica da Contribuição para o PIS/PASEP e da COFINS de que trata a Lei 10.147/2000 que deve ser confrontado com a legislação tributária e o texto constitucional, tendo em vista a aferição de sua compatibilidade ou incompatibilidade.

Feitas essas considerações, passa-se, então, à exposição dos regimes de tributação monofásica da Contribuição para o PIS/PASEP e da COFINS de que trata a Lei 10.147/2000, contemplando na abordagem tanto as suas disposições alteradas ao longo dos últimos anos quanto a redação que se encontra atualmente em vigor.

2. *Regimes de tributação monofásica da Contribuição para o PIS/PASEP e da COFINS de que trata a Lei 10.147/2000, em face do disposto na Lei 10.637/2002 e na Lei 10.833/2003 e das alterações e inovações promovidas pela Lei 10.865/2004*

Os regimes de tributação monofásica da Contribuição para o PIS/PASEP e da COFINS de que trata a Lei 10.147/2000 surgiram na vigência da Lei 9.715/1998 e da Lei 9.718/1998, que prevêem as respectivas sistemáticas de cumulatividade, nas quais não há o direito ao desconto de créditos dos montantes devidos a título desses tributos, que recaem sobre a totalidade das receitas auferidas pelas pessoas jurídicas, respectivamente, mediante as alíquotas de 0,65% e de 3%.

Antes do advento da Lei 10.147/2000, as receitas auferidas em decorrência da venda dos referidos produtos farmacêuticos por cada uma das pessoas jurídicas que participasse dessa cadeia plurifásica estavam submetidas às incidências da Contribuição para o PIS/PASEP e da COFINS, de modo que se visualizava claramente o fenômeno da cumulatividade a partir da segunda ou posterior etapa.

Tendo sido publicada a Lei 10.147/2000, foram inseridos no ordenamento jurídico brasileiro regimes de tributação monofásica da Contribuição para o PIS/PASEP e da COFINS em relação às receitas auferidas pelas pessoas jurídicas em decorrência da venda de determinados produtos farmacêuticos, que consistem nas incidências mediante alíquotas elevadas, em comparação com as alíquotas previstas em suas sistemáticas de cumulatividade, na primeira etapa da cadeia plurifásica, não havendo as incidências desses tributos nas demais etapas.

Nesse sentido, cumpre verificar o teor do art. 1º, incisos I e II, e no art. 2º, *caput*, da Lei 10.147/2000, na forma de sua redação original:

> Art. 1º. A contribuição para os Programas de Integração Social e de Formação do Patrimônio do Servidor Público PIS/Pasep e a Contribuição para o Financiamento da Seguridade Social – Cofins, devidas pelas pessoas jurídicas que procedam à industrialização ou à importação dos produtos classificados nas posições 3003, 3004, 3303 a 3307, e nos códigos 3401.11.90, 3401.20.10 e 96.03.21.00, todos da Tabela de Incidência do Imposto sobre Produtos Industrializados – TIPI, aprovada pelo Decreto n. 2.092, de 10 de dezembro de 1996, serão calculadas, respectivamente, com base nas seguintes alíquotas:
>
> I – dois inteiros e dois décimos por cento e dez inteiros e três décimos por cento, incidentes sobre a receita bruta decorrente da venda dos produtos referidos no *caput*;
>
> II – sessenta e cinco centésimos por cento e três por cento, incidentes sobre a receita bruta decorrente das demais atividades.
>
> (...).
>
> Art. 2º. São reduzidas a zero as alíquotas da contribuição para o PIS/Pasep e da Cofins incidentes sobre a receita bruta decorrente da venda dos produtos tributados na forma do inciso I do art. 1º, pelas pessoas jurídicas não enquadradas na condição de industrial ou de importador.

Essa redação dos mencionados dispositivos legais, no entanto, não se manteve intacta, em razão das alterações e inovações promovidas pela Lei 10.548/2002 e pela Lei 10.865/2004, que instituíram os regimes de tributação monofásica da Contribuição para o PIS/PASEP e da COFINS que se encontram atualmente em vigor relativos às receitas auferidas pelas pessoas jurídicas em decorrência da venda de determinados produtos farmacêuticos.

Note-se que as receitas auferidas pelas pessoas jurídicas em decorrência da venda de alguns dos referidos produtos farmacêuticos, descritos no art. 2º da Lei 10.548/2002, não estavam submetidas os regimes de tributação monofásica da Contribuição para o PIS/PASEP e da COFINS, na forma da redação original da Lei 10.147/2000, bem como que foram modificadas as respectivas alíquotas pela Lei 10.865/2004, o que se constata do art. 1º, inciso I, alínea "a", e inciso II, e do art. 2º, *caput*, da Lei 10.147/2000:

> Art. 1º. A contribuição para os Programas de Integração Social e de Formação do Patrimônio do Servidor Público – PIS/PASEP e a Contribuição para o Financiamento da Seguridade Social – Cofins, devidas pelas pessoas jurídicas que procedam à industrialização ou à importação dos produtos classificados nas posições 30.01, 30.03, exceto no código 3003.90.56, 30.04, exceto no código 3004.90.46 e 3303.00 a 33.07, nos itens 3002.10.1, 3002.10.2, 3002.10.3, 3002.20.1, 3002.20.2, 3006.30.1 e 3006.30.2 e nos códigos 3002.90.20, 3002.90.92, 3002.90.99, 3005.10.10, 3006.60.00, 3401.11.90, 3401.20.10 e 9603.21.00, todos da Tabela de Incidência do Imposto sobre Produtos Industrializados – TIPI, aprovada pelo Decreto n. 4.070, de 28 de dezembro de 2001, serão calculadas, respectivamente, com base nas seguintes alíquotas:
>
> I – incidentes sobre a receita bruta decorrente da venda de:
>
> a) produtos farmacêuticos classificados nas posições 30.01, 30.03, exceto no código 3003.90.56, 30.04, exceto no código 3004.90.46, nos itens 3002.10.1, 3002.10.2, 3002.10.3, 3002.20.1, 3002.20.2, 3006.30.1 e 3006.30.2 e nos códigos 3002.90.20, 3002.90.92, 3002.90.99, 3005.10.10, 3006.60.00: 2,1% (dois inteiros e um décimo por cento) e 9,9% (nove inteiros e nove décimos por cento);
>
> (...).
>
> II – sessenta e cinco centésimos por cento e três por cento, incidentes sobre a receita bruta decorrente das demais atividades.
>
> Art. 2º. São reduzidas a zero as alíquotas da contribuição para o PIS/PASEP e da Cofins incidentes sobre a receita bruta decorrente da venda dos produtos tributados na forma do inciso I do art. 1º, pelas pessoas jurídicas não enquadradas na condição de industrial ou de importador.

Como se verifica da atual redação dos mencionados dispositivos legais, as pessoas jurídicas que realizam a industrialização ou a importação dos produtos farmacêuticos especificados na alínea "a" do inciso I do art. 1º da Lei 10.147/2000, que correspondem à primeira etapa da cadeia plurifásica, devem submeter as receitas auferidas em decorrência das respectivas vendas às incidências da Contribuição para o PIS/PASEP e da COFINS, respectivamente, mediante as alíquotas de 2,1% e de 9,9%.

Em relação às demais receitas auferidas por essas pessoas jurídicas que procedam à industrialização ou à importação dos referidos produtos farmacêuticos, estabelece o art. 1º, inciso II, da Lei 10.147/2000, as incidências da Contribuição para o PIS/PASEP e da COFINS, respectivamente, mediante as alíquotas de 0,65% e de 3%.

Por sua vez, as pessoas jurídicas que efetuem a revenda desses produtos farmacêuticos, por ocasião da segunda ou posterior etapa da cadeia plurifásica, devem sujeitar as respectivas receitas auferidas às alíquotas zero da Contribuição para o PIS/PASEP e da COFINS, nos termos do art. 2º, *caput*, da Lei 10.147/2000, não havendo as suas incidências, considerando que, na etapa anterior, as receitas auferidas pelas pessoas jurídicas em decorrência da venda dos referidos produtos farmacêuticos tenham sido expostas aos regimes de tributação monofásica.

Portanto, as pessoas jurídicas que participam da cadeia plurifásica relativa aos mencionados produtos farmacêuticos devem submeter as respectivas receitas auferidas, na primeira etapa, desde que enquadradas na condição de industrial ou de importador, às alíquotas de 2,1% e de 9,9%, respectivamente, da Contribuição para o PIS/PASEP e da COFINS; enquanto, na segunda ou posterior etapa, não ocorrem as incidências desses tributos sobre as receitas auferidas por outras pessoas jurídicas em decorrência da revenda dos referidos produtos farmacêuticos, em razão de suas alíquotas zero.

Ratificando a natureza *monofásica* do regime de tributação da Contribuição para o PIS/PASEP, dispunha o art. 1º, § 3º, inciso IV, da Lei 10.637/2002, em sua redação original, que instituiu a respectiva sistemática de não-cumulatividade, dentre outras providências, que as receitas decorrentes da venda de produtos especificados na Lei 10.147/2000 não integrariam a base de cálculo, bem como *quaisquer outras submetidas à incidência monofásica da contribuição:*

> Art. 1º. (...).
>
> § 3º. Não integram a base de cálculo a que se refere este artigo, as receitas:
>
> (...).
>
> IV – de venda dos produtos de que tratam as Leis n. 9.990, de 21 de julho de 2000, n. 10.147, de 21 de dezembro de 2000, e n. 10.485, de 3 de julho de 2002, ou quaisquer outras submetidas à incidência monofásica da contribuição;

Percebe-se que, no dispositivo legal reproduzido, constava referência a *outras* receitas auferidas pelas pessoas jurídicas que foram *submetidas à incidência monofásica da contribuição*, além das receitas decorrentes da venda de produtos especificados na Lei 10.147/2000, o que confirma a natureza *monofásica* desse regime de tributação, no caso, relativo à Contribuição para o PIS/PASEP.

Também cumpre notar que a exclusão da base de cálculo da Contribuição para o PIS/PASEP contemplava as receitas auferidas pelas pessoas jurídicas em decorrência da venda dos produtos especificados na Lei 10.147/2000, independente de o fato jurídico-tributário ocorrer na primeira ou na segunda ou posterior etapa da cadeia plurifásica, ou seja, respectivamente, de haver a incidência desse tributo mediante a alíquota de 2,1% ou de não ocorrer a sua incidência, em face da alíquota zero.

Isto, saliente-se, não obstante a circunstância de que sempre estiveram, inclusive atualmente, excluídas da base de cálculo da Contribuição para o PIS/PASEP, em sua sistemática de não-cumulatividade, as receitas auferidas pelas pessoas jurídicas em decorrência de saídas submetidas à alíquota zero, nos termos do inciso I do § 3º do art. 1º da Lei 10.637/2002:

> Art. 1º. (...).
>
> § 3º. Não integram a base de cálculo a que se refere este artigo, as receitas:
>
> I – decorrentes de saídas isentas da contribuição ou sujeitas à alíquota zero;

Por outro lado, determinava o art. 3º, inciso I, da Lei 10.637/2002, na forma de sua redação original, que o direito ao desconto de créditos calculados em relação aos bens adquiridos para revenda não alcançava os produtos especificados na Lei 10.147/2000, tendo em vista que as receitas auferidas pelas pessoas jurídicas em decorrência da revenda desses produtos, além de sujeitas à alíquota zero, estavam excluídas da base de cálculo da Contribuição para o PIS/PASEP:

> Art. 3º. Do valor apurado na forma do art. 2º a pessoa jurídica poderá descontar créditos calculados em relação a:
>
> I – bens adquiridos para revenda, exceto em relação às mercadorias e aos produtos referidos nos incisos III e IV do § 3º do art. 1º;

Do mesmo modo, constatava-se a natureza *monofásica* do regime de tributação da COFINS em face do disposto no art. 1º, § 3º, inciso IV, da Lei 10.833/2003, em sua redação original, que instituiu a respectiva sistemática de não-cumulatividade, dentre outras providências, segundo o qual as receitas decorrentes da venda de produtos especificados na Lei 10.147/2000 não integrariam a base de cálculo, bem como *quaisquer outras submetidas à incidência monofásica da contribuição*:

> Art. 1º. (...).
>
> § 3º. Não integram a base de cálculo a que se refere este artigo as receitas:
>
> (...).
>
> IV – de venda dos produtos de que tratam as Leis ns. 9.990, de 21 de julho de 2000, 10.147, de 21 de dezembro de 2000, 10.485, de 3 de julho de 2002, e 10.560, de 13 de novembro de 2002, ou quaisquer outras submetidas à incidência monofásica da contribuição;

Também nesse caso, o dispositivo legal transcrito estabelecia que *outras* receitas auferidas pelas pessoas jurídicas que foram *submetidas à incidência monofásica da contribuição*, além das receitas decorrentes da venda de produtos especificados na Lei 10.147/2000, não integrariam a base de cálculo da COFINS, o que também ratifica a natureza *monofásica* desse regime de tributação.

Note-se, ainda, que a exclusão da base de cálculo da COFINS contemplava as receitas auferidas pelas pessoas jurídicas em decorrência da venda dos produtos especificados na Lei 10.147/2000, independente de o fato jurídico-tributário ocorrer na primeira ou na segunda ou posterior etapa da cadeia plurifásica, ou seja, respectivamente, de haver a incidência desse tributo mediante a alíquota de 9,9% ou de não ocorrer a sua incidência, em face da alíquota zero.

Isto, cumpre salientar, sem prejuízo da circunstância de que sempre estiveram, inclusive atualmente, excluídas da base de cálculo da COFINS, em sua sistemática de não-cumulatividade, as receitas auferidas pelas pessoas jurídicas em decorrência de saídas submetidas à alíquota zero, nos termos do inciso I do § 3º do art. 1º da Lei 10.833/2003:

> Art. 1º. (...).
>
> § 3º. Não integram a base de cálculo a que se refere este artigo as receitas:
>
> I – isentas ou não alcançadas pela incidência da contribuição ou sujeitas à alíquota 0 (zero);

No que se refere ao direito ao desconto de créditos calculados em relação aos bens adquiridos para revenda, na forma da redação original da Lei 10.833/2003, determinava o seu art. 3º, inciso I, que não se aplicava aos produtos especificados na Lei 10.147/2000, tendo em vista que as receitas auferidas pelas pessoas jurídicas em decorrência da revenda desses produtos, além de sujeitas à alíquota zero, estavam excluídas da base de cálculo da COFINS:

> Art. 3º. Do valor apurado na forma do art. 2º a pessoa jurídica poderá descontar créditos calculados em relação a:
>
> I – bens adquiridos para revenda, exceto em relação às mercadorias e aos produtos referidos nos incisos III e IV do § 3º do art. 1º;

No entanto, com o advento da Lei 10.865/2004, foram alterados os incisos IV dos §§ 3º dos arts. 1º da Lei 10.637/2002 e da Lei 10.833/2003, substancialmente de redações idênticas, que passaram a excluir das bases de cálculo da Contribuição para o PIS/PASEP e da COFINS as receitas decorrentes de venda de álcool para fins carburantes, não mais havendo referências à exclusão das receitas decorrentes da venda dos produtos especificados na Lei 10.147/2000, dentre *outras submetidas à incidência monofásica* dessas contribuições:

> Art. 1º. (...).
>
> § 3º. Não integram a base de cálculo a que se refere este artigo as receitas:
>
> (...).
>
> IV – de venda de álcool para fins carburantes;

Por outro lado, apesar das alterações de redação dos incisos IV dos §§ 3º dos arts. 1º da Lei 10.637/2002 e da Lei 10.833/2003, ainda reconhecem a natureza *monofásica* dos regimes de tributação de que trata a Lei 10.147/2000, da Contribuição para o PIS/PASEP e da COFINS, as disposições contidas no § 5º do art. 11 da Lei 10.637/2002 e no § 7º do art. 12 da Lei 10.833/2003, ambos incluídos pela Lei 10.865/2004.

Também foram promovidas outras alterações pela Lei 10.865/2004, como sucedeu em relação ao inciso I do art. 3º da Lei 10.637/2002, além da inclusão de sua alínea "b", mantendo-se a negativa do direito ao desconto de créditos, no caso da Contribuição para o PIS/PASEP, relativos aos mencionados produtos adquiridos pelas pessoas jurídicas para revenda:

> Art. 3º. Do valor apurado na forma do art. 2º a pessoa jurídica poderá descontar créditos calculados em relação a:
>
> I – bens adquiridos para revenda, exceto em relação às mercadorias e aos produtos referidos:
>
> (...).
>
> b) no § 1º do art. 2º desta Lei;

O referido § 1º do art. 2º da Lei 10.637/2002, de que trata o dispositivo legal transcrito, foi inovação da Lei 10.865/2004, que também incluiu o inciso II, determinando que a alíquota da Contribuição para o PIS/PASEP aplicável sobre as receitas auferidas pelas pessoas jurídicas enquadradas na condição de industrial ou de importador em decorrência da venda de determinados produtos não seria de 1,65%, mas a alíquota prevista no art. 1º, inciso I, da Lei 10.147/2000, com redação dada pela Lei 10.548/2002 e pela Lei 10.865/2004:

> Art. 2º. Para determinação do valor da contribuição para o PIS/Pasep aplicar-se-á, sobre a base de cálculo apurada conforme o disposto no art. 1º, a alíquota de 1,65% (um inteiro e sessenta e cinco centésimos por cento).
>
> § 1º. Excetua-se do disposto no *caput* a receita bruta auferida pelos produtores ou importadores, que devem aplicar as alíquotas previstas:
>
> (...).
>
> II – no inciso I do art. 1º da Lei n. 10.147, de 21 de dezembro de 2000, e alterações posteriores, no caso de venda de produtos farmacêuticos, de perfumaria, de toucador ou de higiene pessoal nele relacionados;

A propósito, cumpre notar que, diferentemente do previsto na forma da redação original do inciso IV do § 3º do art. 1º da Lei 10.637/2002, excetua o dispositivo legal reproduzido da incidência da Contribuição para o PIS/PASEP, mediante a alíquota de 1,65%, ao menos de modo expresso, apenas as receitas decorrentes da venda dos produtos especificados na Lei 10.147/2000 por ocasião da primeira etapa da cadeia plurifásica, cuja alíquota é de 2,1%, não se referindo ao fato jurídico-tributário que ocorra na segunda ou posterior etapa, submetido à alíquota zero.

Da mesma forma, foram promovidas alterações pela Lei 10.865/2004 no inciso I do art. 3º da Lei 10.833/2003, além da inclusão de sua alínea "b", permanecendo a negativa do direito ao desconto de créditos, no caso da COFINS, relativos aos referidos produtos adquiridos pelas pessoas jurídicas para revenda:

> Art. 3º. Do valor apurado na forma do art. 2º a pessoa jurídica poderá descontar créditos calculados em relação a:
>
> I – bens adquiridos para revenda, exceto em relação às mercadorias e aos produtos referidos:
>
> (...).
>
> b) no § 1º do art. 2º desta Lei;

Por sua vez, esse § 1º do art. 2º da Lei 10.833/2003, de que trata o dispositivo legal transcrito, também foi inovação da Lei 10.865/2004, tendo incluído o inciso II e estabelecido que a alíquota da COFINS aplicável sobre as receitas auferidas pelas pessoas jurídicas enquadradas na condição de industrial ou de importador em decorrência da venda de determinados produtos não seria de 7,6%, mas a alíquota prevista no art. 1º, inciso I, da Lei 10.147/2000, com redação dada pela Lei 10.548/2002 e pela Lei 10.865/2004:

> Art. 2º. Para determinação do valor da COFINS aplicar-se-á, sobre a base de cálculo apurada conforme o disposto no art. 1º, a alíquota de 7,6% (sete inteiros e seis décimos por cento).
>
> § 1º. Excetua-se do disposto no *caput* deste artigo a receita bruta auferida pelos produtores ou importadores, que devem aplicar as alíquotas previstas:
>
> (...).
>
> II – no inciso I do art. 1º da Lei n. 10.147, de 21 de dezembro de 2000, e alterações posteriores, no caso de venda de produtos farmacêuticos, de perfumaria, de toucador ou de higiene pessoal, nele relacionados;

Note-se, também, que, diferentemente do previsto na forma da redação original do inciso IV do § 3º do art. 1º da Lei 10.833/2003, excetua o dispositivo legal reproduzido da incidência da COFINS, mediante a alíquota de 7,6%, pelo menos expressamente, apenas as receitas decorrentes da venda dos produtos especificados na Lei 10.147/2000 por ocasião da primeira etapa da cadeia plurifásica, cuja alíquota é de 9,9%, não se referindo ao fato jurídico-tributário que ocorra na segunda ou posterior etapa, submetido à alíquota zero.

De qualquer modo, os arts. 2º, §§ 1º, incisos II, tanto da Lei 10.637/2002 quanto da Lei 10.833/2003, não deixam de vir ao encontro do disposto no art. 1º, inciso I, e no art. 2º, *caput*, da Lei 10.147/2000, que prevêem alíquotas elevadas para as receitas auferidas pelas pessoas jurídicas enquadradas na condição de industrial ou de importador em decorrência da venda dos produtos ali especificados, em comparação com as alíquotas previstas nas sistemáticas de não-cumulatividade da Contribuição para o PIS/PASEP e da COFINS, e alíquotas zero para as receitas auferidas pelas pessoas jurídicas em decorrência da revenda dos referidos produtos.

Em outras palavras, as regras jurídicas aplicáveis às receitas decorrentes da venda e da revenda dos mencionados produtos farmacêuticos devem ser aquelas dispostas no art. 1º, inciso I, alínea "a", e no art. 2º, *caput*, da Lei 10.147/2000, que prevêem as alíquotas de 2,1% e de 9,9%, respectivamente, da Contribuição para o PIS/PASEP e da COFINS, para as receitas auferidas pelas pessoas jurídicas enquadradas na condição de industrial ou de importador, na primeira etapa, em decorrência da venda de determinados produtos farmacêuticos, e as alíquotas zero para as receitas auferidas por outras pessoas jurídicas em decorrência da revenda dos produtos farmacêuticos.

Nesse sentido, saliente-se também que o art. 8º, inciso VII, alínea "a", da Lei 10.637/2002, desde a sua redação original, exclui da sistemática de não-cumulatividade da Contribuição para o PIS/PASEP *as receitas decorrentes das operações referidas no inciso IV do § 3º do art. 1º*, que se aplicava às receitas decorrentes da venda dos produtos especificados na Lei 10.147/2000, apesar de, atualmente, em face da alteração promovida pela Lei 10.865/2004, referir-se às receitas decorrentes da venda de álcool para fins carburantes:

> Art. 8º. Permanecem sujeitas às normas da legislação da contribuição para o PIS/Pasep, vigentes anteriormente a esta Lei, não se lhes aplicando as disposições dos arts. 1º a 6º:
>
> (...);
>
> VII – as receitas decorrentes das operações:
>
> a) referidas no inciso IV do § 3º do art. 1º;

Esse mesmo registro é válido para a COFINS, uma vez que o art. 10, inciso VII, alínea "a", da Lei 10.833/2003, desde a sua redação original, exclui da sistemática de não-cumulatividade *as receitas decorrentes das operações referidas no inciso IV do § 3º do art. 1º*, que se referia às receitas decorrentes da venda dos produtos especificados na Lei 10.147/2000, embora, considerando a alteração promovida pela Lei 10.865/2004, tenha passado a ser aplicável às receitas decorrentes da venda de álcool para fins carburantes:

> Art. 10. Permanecem sujeitas às normas da legislação da COFINS, vigentes anteriormente a esta Lei, não se lhes aplicando as disposições dos arts. 1º a 8º:
>
> (...);
>
> VII – as receitas decorrentes das operações: a) referidas no inciso IV do § 3º do art. 1º;

Por outro lado, na forma da redação original do art. 10, inciso XIII, da Lei 10.833/2003, que se aplicava tanto para a COFINS quanto para a Contribuição para o PIS/PASEP, em face do disposto no seu art. 15, também em sua redação original, estavam excluídas das sistemáticas de não-cumulatividade as receitas auferidas por hospital, pronto-socorro, casa de saúde e de recuperação sob orientação médica e por banco de sangue em decorrência das respectivas prestações de serviços:

> Art. 10. Permanecem sujeitas às normas da legislação da COFINS, vigentes anteriormente a esta Lei, não se lhes aplicando as disposições dos arts. 1º a 8º:
>
> (...);
>
> XIII – as receitas decorrentes do serviço prestado por hospital, pronto-socorro, casa de saúde e de recuperação sob orientação médica e por banco de sangue;
>
> *Art. 15. Aplica-se à contribuição para o PIS/PASEP não-cumulativa de que trata a Lei n. 10.637, de 30 de dezembro de 2002, o disposto nos incisos I e II do § 3º do art. 1º, nos incisos VI, VII e IX do* caput *e nos §§ 1º, incisos II e III, 10 e 11 do art. 3º, nos §§ 3º e 4º do art. 6º, e nos arts. 7º, 8º, 10, incisos XI a XIV, e 13.*

Em face do advento da Lei 10.865/2004, foi alterada a redação do inciso XIII do art. 10 da Lei 10.833/2003, tendo sido incluídas as alíneas "a" e "b", permanecendo a sua aplicabilidade tanto para a COFINS quanto para a Contribuição para o PIS/PASEP, em face do disposto no seu art. 15, inciso V, dispositivo legal com redação modificada pela Lei 10.865/2004, pela Lei 11.051/2004 e pela Lei 11.196/2005:

> Art. 10. Permanecem sujeitas às normas da legislação da COFINS, vigentes anteriormente a esta Lei, não se lhes aplicando as disposições dos arts. 1º a 8º:
>
> (...);
>
> XIII – as receitas decorrentes de serviços:
>
> a) prestados por hospital, pronto-socorro, clínica médica, odontológica, de fisioterapia e de fonoaudiologia, e laboratório de anatomia patológica, citológica ou de análises clínicas; e
>
> b) de diálise, raios X, radiodiagnóstico e radioterapia, quimioterapia e de banco de sangue;
>
> Art. 15. Aplica-se à contribuição para o PIS/PASEP não-cumulativa de que trata a Lei n. 10.637, de 30 de dezembro de 2002, o disposto:
>
> (...);
>
> V – nos incisos VI, IX a XXVII do *caput* e nos §§ 1º e 2º do art. 10 desta Lei;

Nos termos do art. 10, inciso XIII, alínea "a", da Lei 10.833/2003, passaram a estar excluídas das sistemáticas de não-cumulatividade da Contribuição para o PIS/PASEP e da COFINS as receitas auferidas por mais pessoas jurídicas do que anteriormente estavam previstas, quais sejam hospital, pronto-socorro, clínica médica, odontológica, de fisioterapia e de fonoaudiologia, laboratório de anatomia patológica, citológica ou de análises clínicas.

Interessam, especialmente ao presente estudo, as receitas auferidas por essas pessoas jurídicas referentes aos mencionados produtos farmacêuticos utilizados como insumo nas prestações de serviços, em face dos regimes de tributação monofásica da Contribuição para o PIS/PASEP e da COFINS de que trata a Lei 10.147/2000, por terem sido objeto de tratamento do ADI SRF 26/2004, exposto logo adiante.

Por oportuno, registre-se a impossibilidade de manutenção de créditos vinculados às receitas auferidas pelas pessoas jurídicas em decorrência das operações de revenda dos produtos farmacêuticos especificados na Lei 10.147/2000, que estão submetidas às alíquotas zero da Contribuição para o PIS/PASEP e da COFINS, tendo como base o disposto no art. 17 da Lei 11.033/2004:

> Art. 17. As vendas efetuadas com suspensão, isenção, alíquota 0 (zero) ou não incidência da Contribuição para o PIS/PASEP e da COFINS não impedem a manutenção, pelo vendedor, dos créditos vinculados a essas operações.

Apesar de o dispositivo legal transcrito contemplar, em regra, o direito à manutenção de créditos, fica prejudicada a sua aplicabilidade por força das vedações expressas do direito ao desconto de créditos em relação às aquisições para revenda de produtos farmacêuticos especificados na Lei 10.147/2000, no presente caso, previstas nos arts. 3º, incisos I, alíneas "b", da Lei 10.637/2002 e da Lei 10.833/2003, com redações alteradas pela Lei 10.865/2004.

Portanto, tendo sido expostos os regimes de tributação monofásica da Contribuição para o PIS/PASEP e da COFINS de que trata a Lei 10.147/2000, levando-se em consideração disposições contidas na Lei 10.637/2002 e na Lei 10.833/2003, bem como as alterações e inovações promovidas pela Lei 10.865/2004, passa-se ao exame do entendimento manifestado no ADI SRF 26/2004.

3. Ato Declaratório Interpretativo da Secretaria da Receita Federal 26/2004

No contexto descrito sob a epígrafe anterior, posteriormente às referidas alterações e inovações promovidas pela Lei 10.865/2004 nas disposições contidas na Lei 10.637/2002 e na Lei 10.833/2003, relativas aos regimes de tributação monofásica da Contribuição para o PIS/PASEP e da COFINS de que trata a Lei 10.147/2000, foi publicado o ADI SRF 26/2004, tendo o seu art. 1º, *caput* e parágrafo único, incisos I e II, estabelecido o que se segue:

> Art. 1º. Os hospitais, prontos socorros, clínicas médicas, odontológicas, de fisioterapia e de fonoaudiologia, e os laboratórios de anatomia patológica, citológica ou de análises clínicas, estão sujeitos à incidência cumulativa da Contribuição para o PIS/Pasep e da Contribuição para o Financiamento da Seguridade Social (Cofins) sobre a totalidade das receitas auferidas, mediante a aplicação das alíquotas de 0,65% (sessenta e cinco centésimos por cento) e 3% (três por cento), respectivamente.
>
> Parágrafo único. É vedado a essas entidades:
>
> I – a segregação, na receita bruta, do valor correspondente aos produtos relacionados no art. 1º da Lei n. 10.147, de 21 de dezembro de 2000, utilizados como insumos na prestação de seus serviços;
>
> II – a aplicação de alíquotas zero das referidas contribuições sobre parcelas da receita bruta relativa aos produtos referidos no inciso I.

Percebe-se, de logo, que o *caput* do art. 1º do ADI SRF 26/2004, ao determinar as incidências da Contribuição para o PIS/PASEP e da COFINS, respectivamente, mediante as alíquotas de 0,65% e de 3%, integrantes das sistemáticas de cumulatividade, não segue exatamente o disposto no *caput* do art. 8º da Lei 10.637/2002 e no *caput* do art. 10 da Lei 10.833/2003, que, de outro modo, deixam de aplicar as sistemáticas de não-cumulatividade, cujas alíquotas são de 1,65% e de 7,6%, permanecendo aplicáveis as *normas da legislação vigentes anteriormente* à publicação destas leis.

Isto porque essas *normas da legislação vigentes anteriormente* à publicação da Lei 10.637/2002 e da Lei 10.833/2003 não correspondem inexoravelmente às disposições contidas na Lei 9.715/1998 e na Lei 9.718/1998, que veiculam as sistemáticas de cumulatividade da Contribuição para o PIS/PASEP e da COFINS, tampouco excluem de sua abrangência o art. 1º, inciso I, alínea "a", e o art. 2º, *caput*, da Lei 10.147/2000, com redação dada pela Lei 10.548/2002 e pela Lei 10.865/2004.

Por outro lado, dispõem os incisos I e II do parágrafo único do art. 1º do ADI SRF

26/2004 que as pessoas jurídicas mencionadas no *caput* não podem segregar, na receita bruta, os valores correspondentes aos produtos relacionados no art. 1º da Lei 10.147/2000, utilizados como insumo nas prestações de serviços, aplicando-se sobre essa parcela as alíquotas zero da Contribuição para o PIS/PASEP e da COFINS.

Ou seja, veda-se que as referidas pessoas jurídicas, quando da apuração dos montantes devidos a título de Contribuição para o PIS/PASEP e de COFINS, efetuem a aplicação das alíquotas zero sobre a parcela das receitas auferidas correspondente aos produtos farmacêuticos especificados na Lei 10.147/2000, submetidos aos regimes monofásicos de tributação, para que sejam aplicadas as alíquotas de 0,65% e de 3%, respectivamente, apenas sobre a parcela das receitas auferidas referente às prestações de serviços.

Esta é a situação a ser examinada no presente estudo, que pretende demonstrar a inconstitucionalidade do art. 1º, *caput* e parágrafo único, incisos I e II, do ADI SRF 26/2004, em face do art. 149, § 4º, da Constituição Federal, objeto da próxima epígrafe, bem como a sua ilegalidade diante do art. 1º, inciso I, alínea "a", e do art. 2º, *caput*, da Lei 10.147/2000.

4. Regimes monofásicos de tributação e o disposto no art. 149, § 4º, da Constituição Federal

Os regimes monofásicos de tributação caracterizam-se por estarem previstos na legislação de modo que a incidência do tributo recaia apenas sobre uma etapa da cadeia plurifásica de fatos jurídico-tributários ou, propriamente, sobre a única etapa de uma dada cadeia monofásica, concentrando-se nesse momento o respectivo recolhimento de valores perante os cofres públicos, não havendo incidência nas demais etapas anteriores e/ou posteriores, entendimento já manifestado por esse autor.[1]

Nesse sentido, distinguindo o regime de tributação monofásica da substituição tributária, confira-se o posicionamento de Sacha Calmon Navarro Coêlho:[2] "Evidencia-se assim, no caso *in examen*, que não se trata mais de substituição tributária, já que a alíquota nas operações subseqüentes é zero, mas de tributação monofásica sobre o consumo, com incidência centrada nas fases de produção ou importação (poderia ser na ponta como é o caso da *sale tax* norte-americana) (...)" (destaques constam do original).

De acordo com esse regime de tributação de natureza *monofásica*, portanto, no caso da Contribuição para o PIS/PASEP e da COFINS, opta-se por suas incidências em apenas uma etapa da cadeia plurifásica de receitas auferidas pelas pessoas jurídicas, sendo que, nos termos do art. 1º, inciso I, alínea "a", da Lei 10.147/2000, este momento se verifica na primeira etapa, em que figuram como contribuintes as pessoas jurídicas que realizam a industrialização ou a importação dos produtos farmacêuticos ali especificados.

Por conseguinte, em relação às demais etapas da cadeia plurifásica de receitas auferidas pelas pessoas jurídicas, como não poderia ser diferente, em se tratando de regimes de tributação de natureza *monofásica*, não se verificam as incidências da Contribuição para o PIS/PASEP e da COFINS, por força das alíquotas zero dispostas no art. 2º, *caput*, da Lei 10.147/2000.

A propósito, estabelece o art. 149, § 4º, da Constituição Federal, com redação dada pela Emenda Constitucional 33/2001, aplicável indistintamente às contribuições sociais, contribuições de intervenção no domínio econômico e contribuições de in-

1. Ciro Cardoso Brasileiro Borges, *Fenômeno da Cumulatividade e Regras de Não-Cumulatividade em Face do Sistema Tributário Nacional*, Dissertação de Mestrado em Direito Tributário, São Paulo, PUC/SP, 2006, pp. 39-40.

2. Sacha Calmon Navarro Coêlho, "A constitucionalidade da tributação monofásica das contribuições sociais (PIS e COFINS)", *Revista Dialética de Direito Tributário* 61/158, São Paulo, Dialética, 2000.

teresse das categorias profissionais ou econômicas, que a lei poderá instituir regimes monofásicos de tributação:

> Art. 149. Compete exclusivamente à União instituir contribuições sociais, de intervenção no domínio econômico e de interesse das categorias profissionais ou econômicas, como instrumento de sua atuação nas respectivas áreas, observado o disposto nos arts. 146, III, e 150, I e III, e sem prejuízo do previsto no art. 195, § 6º, relativamente às contribuições a que alude o dispositivo.
>
> (...).
>
> § 4º. A lei definirá as hipóteses em que as contribuições incidirão uma única vez.

Em outras palavras, esse dispositivo constitucional prevê que a lei poderá definir as hipóteses em que quaisquer das contribuições de que trata o *caput* do art. 149 da Constituição Federal apresentarão regimes monofásicos de tributação, recaindo as incidências sobre apenas uma etapa da cadeia plurifásica de fatos jurídico-tributários, concentrando-se nesse momento o respectivo recolhimento de valores perante os cofres públicos, ou, propriamente, sobre a única etapa de uma dada cadeia monofásica.

Não diverge dessa determinação o disposto no art. 1º, incisos I, e no art. 2º, *caput*, da Lei 10.147/2000, na forma de sua redação original, que, anteriormente à Emenda Constitucional 33/2001, enquanto ainda não havia sido incluído o § 4º no art. 149 da Constituição Federal, inseriu no ordenamento jurídico brasileiro regimes de tributação monofásica da Contribuição para o PIS/PASEP e da COFINS em relação às receitas auferidas pelas pessoas jurídicas em decorrência da venda de determinados produtos farmacêuticos.

Nesse sentido, reconhecendo a natureza *monofásica* dos regimes de tributação de que trata a Lei 10.147/2000, da Contribuição para o PIS/PASEP e da COFINS, dispunham os incisos IV dos §§ 3º dos arts. 1º da Lei 10.637/2002 e da Lei 10.833/2003, na forma da redação original, bem como ainda pode ser constatada diante do § 5º do art. 11 da Lei 10.637/2002 e do § 7º do art. 12 da Lei 10.833/2003, ambos incluídos pela Lei 10.865/2004.

Por sua vez, observam essa exigência as alterações e inovações promovidas pela Lei 10.548/2002 e pela Lei 10.865/2004, que, posteriormente à inclusão do § 4º no art. 149 da Constituição Federal, pela Emenda Constitucional 33/2001, instituíram os regimes de tributação monofásica da Contribuição para o PIS/PASEP e da COFINS que se encontram atualmente em vigor relativos às receitas auferidas pelas pessoas jurídicas em decorrência da venda dos produtos farmacêuticos especificados na Lei 10.147/2000.

4.1 Não visualização do fenômeno da cumulatividade

Tendo sido expostas características dos regimes monofásicos de tributação, especialmente a forma pela qual se manifestam na Lei 10.147/2000, no caso da Contribuição para o PIS/PASEP e da COFINS, em relação às receitas auferidas pelas pessoas jurídicas em decorrência da venda de determinados produtos farmacêuticos, cumpre atentar para outra peculiaridade, qual seja a não visualização do fenômeno da cumulatividade.

Para que se visualize o fenômeno da cumulatividade, faz-se necessária a previsão legal de incidências de regras-matrizes tributárias em etapas distintas de uma dada cadeia plurifásica de fatos jurídico-tributários, sem a concentração do recolhimento de valores perante os cofres públicos em apenas uma etapa, o que revela o regime plurifásico de tributação, conforme posicionamento exposto por esse autor.[3]

Em se tratando de regime monofásico de tributação, em que há previsão legal de incidência de regra-matriz tributária em apenas uma etapa da cadeia plurifásica de

3. Borges, ob. cit., pp. 41-43.

fatos jurídico-tributários ou, propriamente, sobre a única etapa de uma dada cadeia monofásica, concentrando-se nesse momento o respectivo recolhimento de valores perante os cofres públicos, resta inviabilizada a visualização do fenômeno da cumulatividade, entendimento defendido por esse autor.[4]

Portanto, constata-se a impossibilidade da visualização do *fenômeno da cumulatividade*, que demanda a previsão legal de incidências de regras-matrizes tributárias em mais de uma etapa da cadeia plurifásica, em se tratando de *regimes monofásicos de tributação*, nos quais se verifica a previsão legal de incidência de regra-matriz tributária em apenas uma etapa da cadeia plurifásica ou, propriamente, sobre a única etapa de uma dada cadeia monofásica.

Embora tratando sobre regime de tributação monofásica do ICMS, que, na forma estabelecida por lei complementar, de acordo com o disposto no art. 155, § 2º, inciso XII, alínea "h", da Constituição Federal, *incidirá uma única vez* ao longo da cadeia plurifásica de operações mercantis com lubrificantes e combustíveis, têm plena pertinência ao presente estudo as ponderações de Sacha Calmon Navarro Coelho e Misabel Abreu Machado Derzi:[5]

"(...) a incidência única, determinada no inciso acima reproduzido, em nenhuma hipótese deverá se converter em tributação em cascata do Imposto sobre Operações de Circulação de Mercadorias e Serviços de Transporte e Comunicação – ICMS, em *dúplice ou tríplice incidência.*

"(...) Ou a incidência será única, ou se descumprirá o comando da própria Emenda Constitucional n. 33/2001; (...)" (destaques constam do original).

4. Ibid., pp. 40-41, 171-173, 211-214, 266-267 e 283.

5. Sacha Calmon Navarro Coêlho e Misabel Abreu Machado Derzi, "A Emenda Constitucional n. 33/2001 e os princípios da não-cumulatividade, da legalidade e da anterioridade", in Valdir de Oliveira Rocha (coord.), *O ICMS e a EC 33*, São Paulo, Dialética, 2002, pp. 185-186.

Nesse sentido, reconhecendo que não se visualiza o fenômeno da cumulatividade em regimes monofásicos de tributação, cumpre verificar o posicionamento manifestado no Supremo Tribunal Federal, por ocasião do julgamento do RE 258.470-3-RS, sob a relatoria do Ministro Moreira Alves, na 1ª Turma, *DJ* 12.5.2000, em que se decidiu pela constitucionalidade de contribuição social residual destinada à manutenção ou expansão da seguridade social, conforme se depreende da ementa do respectivo acórdão:

> *Contribuição social. Constitucionalidade do art. 1º, I, da Lei Complementar n. 84/1996.*
>
> (...). Nessa decisão está ínsita a inexistência de violação, pela contribuição social em causa, da exigência da não-cumulatividade, porquanto essa exigência – e é este, aliás, o sentido constitucional da não-cumulatividade tributária – só pode dizer respeito à técnica de tributação que afasta a cumulatividade em impostos como o ICMS e o IPI – e *cumulatividade que, evidentemente, não ocorre em contribuição dessa natureza cujo ciclo de incidência é monofásico* –, uma vez que a não-cumulatividade no sentido de sobreposição de incidências tributárias já está prevista, em caráter exaustivo, na parte final do mesmo dispositivo da Carta Magna, que proíbe nova incidência sobre fato gerador ou base de cálculo próprios dos impostos discriminados nesta Constituição. Dessa orientação não divergiu o acórdão recorrido. Recurso extraordinário não conhecido (destaques não constam do original).

Trata-se de contribuição social residual destinada à manutenção ou expansão da seguridade social devida por empresas e pessoas jurídicas, inclusive cooperativas, incidente sobre as remunerações ou retribuições pagas ou creditadas em favor dos segurados empresários, trabalhadores autônomos, avulsos e demais pessoas físicas, pelos serviços que estes prestem àqueles, sem vínculo empregatício.

Neste caso, o regime de tributação monofásica da contribuição social residual destinada à manutenção ou expansão da seguridade social decorreu da cadeia monofásica de fatos jurídico-tributários, diferentemente do que sucede com os regimes de tributação monofásica da Contribuição para o PIS/PASEP e da COFINS de que trata a Lei 10.147/2000, que recaem sobre cadeia plurifásica.

Não obstante isso, a instituição dessa exação tributária teve por fundamento de validade o art. 195, § 4º, da Constituição Federal, que, por força de remissão expressa, exige observância ao quanto disposto no art. 154, inciso I, que trata da competência tributária residual da União, onde está prevista a exigência de que o tributo a ser instituído seja *não-cumulativo.*

A suposta inobservância dessa regra de não-cumulatividade foi suscitada como argumento no referido RE 258.470-3-RS, tendo sido afastada essa alegação exatamente porque, em se tratando de regime monofásico de tributação, não se visualizava o fenômeno da cumulatividade, como se percebe do trecho destacado da ementa do respectivo acórdão: "(...) cumulatividade que, evidentemente, não ocorre em contribuição dessa natureza cujo ciclo de incidência é monofásico (...)".

Desse modo, para que os regimes de tributação tenham natureza *monofásica*, em conformidade com o disposto no art. 149, § 4º, da Constituição Federal, tal como sucede com a Contribuição para o PIS/PASEP e a COFINS nos termos da Lei 10.147/2000, não se admite a visualização do fenômeno da cumulatividade de incidências das regras-matrizes tributárias.

4.2 Visualização do fenômeno da cumulatividade de incidências das regras-matrizes da Contribuição para o PIS/PASEP e da COFINS, de acordo com o entendimento veiculado no ADI SRF 26/2004

Segundo o entendimento veiculado no ADI SRF 26/2004, consoante exposto, as pessoas jurídicas indicadas no *caput* do seu art. 1º devem aplicar as alíquotas de 0,65% e de 3%, integrantes das sistemáticas de cumulatividade, respectivamente, da Contribuição para o PIS/PASEP e da COFINS, sobre as respectivas receitas auferidas referentes a determinados produtos farmacêuticos utilizados como insumo nas prestações de serviços, por ocasião da segunda ou posterior etapa da cadeia plurifásica, vedando-se a segregação dessa parcela, na receita bruta, para fins de aplicação das alíquotas zero dispostas no art. 2º, *caput*, da Lei 10.147/2000.

Em sendo assim, considerando que as pessoas jurídicas que realizam a industrialização ou a importação dos produtos farmacêuticos especificados na alínea "a" do inciso I do art. 1º da Lei 10.147/2000, na primeira etapa da cadeia plurifásica, devem submeter as receitas auferidas em decorrência das respectivas vendas às incidências da Contribuição para o PIS/PASEP e da COFINS, respectivamente, mediante as alíquotas de 2,1% e de 9,9%, tem-se a visualização do fenômeno da cumulatividade.

Note-se que o fenômeno da cumulatividade, em conformidade com o entendimento veiculado no ADI SRF 26/2004, não decorre de incidências da Contribuição para o PIS/PASEP e da COFINS, respectivamente, mediante as alíquotas de 0,65% e de 3%, ao longo da cadeia plurifásica, como ocorre nas respectivas sistemáticas de cumulatividade, uma vez que a sua visualização sucede de forma mais gravosa, em razão das alíquotas de 2,1% e de 9,9%, respectivamente, previstas nos regimes de tributação monofásica da Contribuição para o PIS/PASEP e da COFINS.

5. Inconstitucionalidade e ilegalidade do ADI SRF 26/2004

Em face das considerações realizadas neste estudo, restou demonstrado que o art. 1º, inciso I, alínea "a", e o art. 2º, *caput*, da Lei 10.147/2000, com redação atualmente dada pela Lei 10.548/2002 e pela Lei 10.865/2004, veiculam regimes de tributação de natureza *monofásica* da Contribuição para o PIS/PASEP e da COFINS, tendo por objeto cadeia plurifásica de receitas auferidas pelas pessoas jurídicas referentes a determinados produtos farmacêuticos.

Apesar das diversas alterações e inovações promovidas pela Lei 10.865/2004 nas disposições contidas na Lei 10.637/2002 e na Lei 10.833/2003, não se pretendeu em quaisquer delas desvirtuar os regimes de tributação monofásica da Contribuição para o PIS/PASEP e da COFINS de que trata a Lei 10.147/2000, de modo que as incidências das respectivas regras-matrizes tributárias passassem a recair sobre mais de uma etapa da cadeia plurifásica.

De acordo com o entendimento veiculado no ADI SRF 26/2004, a cadeia plurifásica das receitas auferidas pelas pessoas jurídicas referentes aos produtos farmacêuticos especificados na Lei 10.147/2000 estaria submetida às incidências da Contribuição para o PIS/PASEP e da COFINS em mais de uma de suas etapas, dando ensejo à visualização do fenômeno da cumulatividade, o que não se coaduna com o disposto no art. 149, § 4º, da Constituição Federal, que permite à lei instituir regimes monofásicos de tributação, desde que se verifique única incidência ao longo da cadeia plurifásica.

A propósito, merecem transcrição as palavras de Sacha Calmon Navarro Coelho e Misabel Abreu Machado Derzi,[6] ainda tratando sobre o regime de tributação monofásica do ICMS na cadeia plurifásica de operações mercantis com lubrificantes e combustíveis, por serem plenamente pertinentes aos regimes de tributação monofásica da Contribuição para o PIS/PASEP e da COFINS de que trata a Lei 10.147/2000, em face do art. 149, § 4º, da Constituição Federal, com redação dada pela Emenda Constitucional 33/2001:

"A incidência única do ICMS nas operações com combustíveis e lubrificantes deve, harmonicamente, conciliar-se com a não-cumulatividade, pois incidência única significa, no contexto da Constituição da República, *não-cumulatividade*.

"(...).

"Ora, a incidência única não poderá ser imperfeita, ou seja, cumulativa, desnaturando e ferindo o cerne da Constituição, em sua redação original. Aliás, é preciso cumprir o comando da própria Emenda Constitucional n. 33/01, que cria a *incidência única*" (destaques constam do original).

Em sendo assim, o desvirtuamento dos regimes de tributação monofásica da Contribuição para o PIS/PASEP e da COFINS de que trata a Lei 10.147/2000, na forma sugerida pelo ADI SRF 26/2004, consistente nas incidências das respectivas regras-matrizes tributárias, respectivamente, mediante as alíquotas de 0,65% e de 3%, previstas nas sistemáticas de cumulatividade, com o que se visualiza o fenômeno da cumulatividade, revela-se inconstitucional, por inobservar o disposto no art. 149, § 4º, da Constituição Federal.

Por oportuno, registre-se que as vedações do direito ao desconto de créditos dos montantes devidos a título da Contribuição para o PIS/PASEP e da COFINS, tais como dispostas nos arts. 3º, incisos I, alíneas "b", da Lei 10.637/2002 e da Lei 10.833/2003, ambos alterados pela Lei 10.865/2004, inclusive na forma de suas redações originais, em relação aos produtos farmacêuticos adquiridos para revenda especificados na Lei 10.147/2000, além de não serem incompatíveis com os regimes monofásicos de tributação, remetem a uma outra questão, atinente às regras de não-cumulatividade relativas a esses tributos.

Acerca desse outro tema, esse autor já teve a oportunidade de sustentar posicionamento,[7] levando em consideração, inclu-

6. Ibid., p. 195.

7. Ciro Cardoso Brasileiro Borges, "Aspectos da não-cumulatividade da contribuição para o PIS/PASEP e da COFINS", Tese apresentada e aprovada no XVIII Congresso Brasileiro de Direito Tributário, promovido pelo Instituto Geraldo Ataliba/Insti-

sive, o disposto no art. 195, § 12, da Constituição Federal, com redação dada pela Emenda Constitucional 42/2003, tendo concluído no sentido de que as regras de não-cumulatividade integrantes dos regimes jurídico-tributários da Contribuição para o PIS/PASEP e da COFINS não decorrem do texto constitucional, devendo ser observadas as disposições previstas no âmbito legal.

Por sua vez, esse desvirtuamento dos regimes de tributação monofásica da Contribuição para o PIS/PASEP e da COFINS de que trata a Lei 10.147/2000, tal como se depreende do ADI SRF 26/2004, que admite as incidências das respectivas regras-matrizes tributárias em relação a mais de uma etapa da cadeia plurifásica de receitas auferidas pelas pessoas jurídicas referentes a determinados produtos farmacêuticos, também incorre em ilegalidade.

A natureza *monofásica* dos regimes de tributação de que trata a Lei 10.147/2000, da Contribuição para o PIS/PASEP e da COFINS, conforme exposto, encontrava-se expressamente reconhecida nos incisos IV dos §§ 3º dos arts. 1º da Lei 10.637/2002 e da Lei 10.833/2003, na forma da redação original, bem como ainda pode ser constatada diante do § 5º do art. 11 da Lei 10.637/2002 e do § 7º do art. 12 da Lei 10.833/2003, ambos incluídos pela Lei 10.865/2004.

Desse modo, levando-se em conta os regimes de tributação monofásica da Contribuição para o PIS/PASEP e da COFINS de que trata a Lei 10.147/2000, tem-se como inadmissível que as respectivas regras-matrizes de incidência tributária recaiam sobre mais de uma das etapas ao longo da cadeia plurifásica das receitas auferidas pelas pessoas jurídicas referentes aos produtos farmacêuticos especificados na Lei 10.147/2000.

tuto Internacional de Direito Público e Empresarial, realizado nos dias 27, 28 e 29.10.2004, em São Paulo/SP, *Revista de Direito Tributário* 92, São Paulo, Malheiros Editores, 2005.

Para que não haja o desvirtuamento dos regimes monofásicos de tributação de que trata a Lei 10.147/2000, portanto, na forma pretendida pelo ADI SRF 26/2004, deve ser realizada a segregação, na receita bruta, dos valores correspondentes aos produtos farmacêuticos especificados na Lei 10.147/2000, utilizados como insumo nas prestações de serviços, devendo-se aplicar sobre essa parcela as alíquotas zero da Contribuição para o PIS/PASEP e da COFINS.

Perceba-se que, na hipótese de serem aplicadas as alíquotas de 0,65% e de 3%, respectivamente, da Contribuição para o PIS/PASEP e da COFINS, sobre a parcela dos valores referentes aos produtos farmacêuticos especificados na Lei 10.147/2000, segundo o entendimento veiculado no ADI SRF 26/2004, seriam verificadas incidências em mais de uma etapa ao longo da cadeia plurifásica, visualizando-se o fenômeno da cumulatividade, incompatível com regimes monofásicos de tributação.

De outra forma, em sendo aplicadas as alíquotas zero da Contribuição para o PIS/PASEP e da COFINS sobre a parcela dos valores referentes aos produtos farmacêuticos especificados na Lei 10.147/2000 e as mencionadas alíquotas de 0,65% e de 3% sobre a parcela das receitas auferidas pelas pessoas jurídicas em decorrência apenas das prestações de serviços, estariam preservados os regimes monofásicos de tributação, não se visualizando o fenômeno da cumulatividade.

Saliente-se que essa segregação, na receita bruta, dos valores correspondentes aos produtos farmacêuticos especificados na Lei 10.147/2000, utilizados como insumo nas prestações de serviços, deve ser realizada pelas pessoas jurídicas, nos termos expostos, em observação às disposições do texto constitucional e da legislação tributária, que instituiu os regimes monofásicos de tributação, não apenas na situação indicada no ADI SRF 26/2004, de modo favorável aos contribuintes.

Na situação das pessoas jurídicas que realizam operações de importação dos produtos farmacêuticos especificados na Lei 10.147/2000, não se recolhem valores perante os cofres públicos a título da Contribuição para o PIS/PASEP-importação e da COFINS-importação, apesar da previsão constante no art. 8º, § 1º, incisos I e II, da Lei 10.865/2004, em razão das respectivas alíquotas zero dispostas no art. 2º, incisos I, II, III, IV, V, VI, VII e VIII, do Decreto 5.821/2006, e no art. 2º do Decreto 5.127/2004, este com efeitos retroativos até 1º.5.2004, sendo-lhes, ainda, vedado o desconto de créditos de que trata o art. 17, inciso I, § 2º, da Lei 10.865/2004, por força da restrição que esta mesma lei impõe no § 1º do seu art. 15.

Neste caso, as pessoas jurídicas que realizam as operações de importação dos referidos produtos farmacêuticos tendo em vista a sua utilização como insumo nas prestações de serviços também devem segregar, na receita bruta, os valores correspondentes aos produtos farmacêuticos especificados na Lei 10.147/2000, de modo desfavorável aos contribuintes, para aplicar as alíquotas de 2,1% e de 9,9% sobre as respectivas receitas auferidas, previstas nos regimes de tributação monofásica da Contribuição para o PIS/PASEP e da COFINS, e não as alíquotas de 0,65% e de 3%, previstas em suas sistemáticas de cumulatividade.

Não sendo assim, admitir-se-ia a possibilidade de os produtos farmacêuticos especificados na Lei 10.147/2000 serem objeto de operações de importação realizadas por pessoas jurídicas para a utilização como insumo nas prestações de serviços tendo como tributação, no que se refere à Contribuição para o PIS/PASEP e à COFINS, somente as incidências de suas regras-matrizes, respectivamente, mediante aplicação das alíquotas de 0,65% e de 3%, previstas nas sistemáticas de cumulatividade, sobre as respectivas receitas auferidas.

Isto representaria não apenas um tratamento desigual entre contribuintes que se encontram em situações equivalentes, em violação ao disposto no art. 150, inciso II, da Constituição Federal, mas, também, um inconveniente concorrencial, gerado estritamente sob o aspecto tributário, o que é indesejado em face do disposto no art. 146-A e no art. 170, inciso IV, da Constituição Federal.

6. Conclusões

Em face do exposto, considerando as disposições contidas na Lei 10.147/2000, na Lei 10.637/2002 e na Lei 10.833/2003, levando-se em conta as alterações e inovações promovidas pela Lei 10.548/2002 e pela Lei 10.865/2004, constata-se a natureza reconhecidamente *monofásica* dos regimes de tributação da Contribuição para o PIS/PASEP e da COFINS de que trata a Lei 10.147/2000.

Desse modo, as receitas auferidas pelas pessoas jurídicas referentes aos produtos farmacêuticos especificados na Lei 10.147/2000, ainda que utilizados como insumo nas prestações de serviços, não devem se submeter às incidências das regras-matrizes da Contribuição para o PIS/PASEP e da COFINS em mais de uma das etapas ao longo da cadeia plurifásica, sob pena de desvirtuamento dos regimes monofásicos de tributação.

Por sua vez, o entendimento veiculado no art. 1º, parágrafo único, incisos I e II, do ADI SRF 26/2004, que veda a segregação, na receita bruta, dos valores correspondentes aos produtos relacionados no art. 1º da Lei 10.147/2000, utilizados como insumo nas prestações de serviços, bem como a aplicação sobre essa parcela das alíquotas zero da Contribuição para o PIS/PASEP e da COFINS, impondo suas incidências mediante as alíquotas de 0,65% e de 3%, respectivamente, dá ensejo à visualização do fenômeno da cumulatividade.

No entanto, em se tratando de regimes monofásicos de tributação, de que se refere o art. 149, § 4º, da Constituição Federal, tais como os regimes de tributação monofásica da Contribuição para o PIS/PASEP e da COFINS de que trata a Lei 10.147/2000, além de serem incompatíveis com incidências de regras-matrizes tributárias em mais de uma etapa da cadeia plurifásica, não se admite a visualização do fenômeno da cumulatividade.

Portanto, incorre no vício da inconstitucionalidade o ADI SRF 26/2004, por veicular entendimento que afronta o disposto no art. 149, § 4º, da Constituição Federal, que permite à lei instituir regimes monofásicos de tributação, tal como previsto na Lei 10.147/2000, com redação dada pela Lei 10.548/2002 e pela Lei 10.865/2004, no caso da Contribuição para o PIS/PASEP e da COFINS, desde que se verifique única incidência ao longo da cadeia plurifásica.

Também incorre no vício da ilegalidade o ADI SRF 26/2004, uma vez que, nos termos do entendimento que veicula, contempla incidências das regras-matrizes tributárias da Contribuição para o PIS/PASEP e da COFINS em mais de uma etapa da cadeia plurifásica, dando ensejo à visualização do fenômeno da cumulatividade, o que desvirtua os regimes de tributação monofásica de que trata a Lei 10.147/2000.

CPMF: NÃO-INCIDÊNCIA SOBRE OPERAÇÕES SIMBÓLICAS DE CÂMBIO DECORRENTES DA CONVERSÃO DE EMPRÉSTIMO EM INVESTIMENTO EXTERNO DIRETO

ELIANA KARSTEN ANCELES
Especialista em Direito Tributário pela UFRGS e pelo IBET. Advogada

1. Introdução. 2. A nova perspectiva da incidência tributária: a tributação do fluxo financeiro. 3. A descrição normativa da hipótese de incidência tributária da CPMF. 4. A não-incidência da CPMF sobre as operações simbólicas de câmbio: 4.1 Os contratos de câmbio simbólico: formalidade exigida pelo Banco Central do Brasil na conversão de empréstimo em investimento externo e a não-incidência da CPMF. 4.2 Divergências jurisprudenciais: a operação de câmbio "aparentemente" simbólica. 5. Conclusão.

1. Introdução

A introdução da Contribuição Provisória sobre Movimentação ou Transmissão de Valores e de Créditos e Direitos de Natureza Financeira (CPMF) no complexo legislativo pátrio teve como objetivo a destinação do produto da arrecadação ao Fundo Nacional de Saúde, visando o financiamento das ações e serviços de saúde. A evolução histórica da CPMF desvendou, através das suas reiteradas prorrogações, que não está de acordo com a pretensão legislativa preliminar.

Entre as distorções ocasionadas pela equivocada compreensão dos contornos da sua Regra-Matriz de Incidência da CPMF, encontra-se a incidência nas operações simbólicas de câmbio decorrentes da conversão de empréstimo em investimento externo direto. A concessão de empréstimo pela pessoa jurídica sediada, domiciliada ou com sede no exterior representa o ingresso de divisas no país e demanda movimentação financeira por intermédio de instituição financeira autorizada. Nesse sentido, constitui-se em hipótese de incidência tributária da Contribuição Provisória sobre Movimentação ou Transmissão de Valores e de Créditos e Direitos de Natureza Financeira (CPMF). Por outro lado, a conversão do empréstimo em investimento externo direto não evidencia efetiva movimentação financeira a legitimar a cobrança da CPMF.

Ao se circunscrever ao âmbito da empresa, mediante os seus registros contábeis, a operação de conversão de empréstimo em investimento externo direto, vislumbra a necessidade do registro formal, por intermédio de contrato de câmbio, nos termos das exigências do Banco Central do Brasil (BACEN).

E, sobre essa operação, a Secretaria da Receita Federal vem exigindo a cobrança da Contribuição Provisória sobre Movimentação ou Transmissão de Valores e de Créditos e Direitos de Natureza Financeira (CPMF). A partir da adequada compreensão dos seus contornos e limites, torna-se possível fundamentar a não-incidência da CPMF sobre o contrato de câmbio simbólico decorrente da conversão de empréstimo em investimento externo direto.

2. *A nova perspectiva da incidência tributária: a tributação do fluxo financeiro*

Assevera-se, de longa data, que a sujeição tributária passiva sempre esteve adstrita aos fatos econômicos renda, patrimônio e consumo, mediante o emprego de técnicas variadas, seja pela progressividade, seletividade, ou ainda, universalidade.

A tributação da *renda pura* perde significância na arrecadação do Estado, principalmente em virtude de pequena parte da população auferir montante considerado razoável. O Imposto sobre a Renda faz parte desse cenário, incidindo sobre a riqueza acrescida, a dizer, sobre o acréscimo patrimonial.

Por sua vez, a tributação incidente sobre o patrimônio tem como objeto a *renda acumulada* – a exemplo do Imposto Predial Territorial Urbano (IPTU) e o Imposto Territorial Rural (ITR). Por outro lado, os tributos incidentes sobre o consumo e produção estão diretamente associados à *renda consumida*.

Concomitantemente à dinâmica legislativa, seguida da globalização dos mercados, os fluxos monetários se intensificaram. Diante dessa tendência mundial, surgiu um quarto tipo de tributação incidente sobre o *fluxo das riquezas*, ao lado da *renda pura*, *renda acumulada* e *renda consumida*.

Parte-se, então, de uma visão do fluxo financeiro como expressão de riqueza. Sem considerar esta visão de o fluxo monetário vir a representar riqueza, de imediato, pensa-se que o simples fato de movimentar ou transmitir valores, créditos e direitos de natureza financeira, não denota nenhuma capacidade contributiva.[1]

A intermediação bancária ou financeira tem como objeto os ativos, assim considerados bens ou direitos de que alguém dispõe. Os ativos financeiros expressam um direito em relação a outra unidade econômica, que não proporciona serviços materiais ao seu possuidor, mas é mantido como reserva de valor em função do retorno que dele se espera obter.[2] Em outros termos, os ativos financeiros se referem à mobilização da moeda e à sua utilização remunerada.

Os ativos financeiros denotam mobilização de recursos e, portanto, revelam capacidade contributiva dos agentes econômicos atuantes no mercado financeiro. Como a moeda em si – representada através de suas diversas formas – é reveladora de operação de troca, a sua circulação desvenda verdadeiro conteúdo econômico.

De fato, à medida que aumenta a circularização da riqueza, o Estado evolui editando normas específicas em matéria tributária e, muitas vezes, há a necessidade de o intérprete buscar o verdadeiro conteúdo normativo e seus respectivos limites para que seja possível não só manter a coerência com o Sistema Tributário, mas também o próprio conteúdo axiológico do tributo.

1. A visão da capacidade contributiva, nesse caso, está adstrita ao princípio da igualdade. Sob este aspecto, vale lembrar os ensinamentos do renomado professor Humberto Ávila no sentido de que *a eficácia modificativa de comportamentos deve ter sua constitucionalidade medida pela compatibilidade com os direitos fundamentais a serem devidamente aplicados mediante o emprego dos postulados da razoabilidade, da concordância prática e da proporcionalidade.* E sintetiza o professor que a *capacidade contributiva é, na verdade, o critério de aplicação da igualdade* (Humberto Ávila, *Sistema Constitucional Tributário*, São Paulo, Saraiva, 2004, pp. 357-358).

2. Andréa Fernandes Andrezo e Iran Siqueira Lima, *Mercado Financeiro: Aspectos Históricos e Conceituais*, São Paulo, Pioneira, 1999, pp. 6-7.

E, neste cenário, inclui-se o regime tributário da Contribuição Provisória sobre Movimentação ou Transmissão de Valores e de Créditos e Direitos de Natureza Financeira (CPMF), prevista pela Emenda Constitucional n. 12, de 15 de agosto de 1996, mediante a inclusão do art. 74 no Ato das Disposições Constitucionais Transitórias. Ou seja, incide sobre a *movimentação ou transmissão de valores e de créditos e direitos de natureza financeira*. E, conforme o parágrafo único do art. 1º da Lei n. 9.311/1996, *considera-se movimentação ou transmissão de valores e de créditos e direitos de natureza financeira qualquer operação liquidada ou lançamento realizado pelas entidades referidas no art. 2º, que representem circulação escritural ou física de moeda, e de que resulte ou não transferência da titularidade dos mesmos valores, créditos e direitos.*

E, com a prerrogativa de instituição da criação da CPMF – precedida pela instituição do Imposto Provisório sobre a Movimentação ou Transmissão de Valores e Créditos e Direitos de Natureza Financeira e ao lado do Imposto sobre Operações Financeiras (IOF) – o legislador, diante da inexistência de tributação do fluxo financeiro, passou a eleger este como fato jurídico tributário.

Observa-se, no entanto, que não é toda movimentação financeira que é capaz de evidenciar a circulação de riqueza. A descoberta passa pela análise anterior da própria circulação, de modo que, quando há um negócio jurídico acompanhando a circulação da moeda, resta evidenciada a relevância como fato jurídico tributário. Em contrapartida, a movimentação de moeda sem conteúdo econômico, não representa relevância ao Direito Tributário e não revela capacidade contributiva.[3]

A mobilização dos recursos – e, em última análise, a mobilização da moeda – passou a ser referência de riqueza, passível de incidência tributária. A hipótese de incidência tributária da CPMF tem como parâmetro a realidade subjacente à circulação dos ativos financeiros. Nesse sentido, faz-se necessária a análise da estrutura lógico-normativa e o adequado entendimento dos elementos que compõem a hipótese de incidência tributária da CPMF para fins de vislumbrar a incidência sobre as operações simbólicas de câmbio.

3. A descrição normativa da hipótese de incidência tributária da CPMF

A descrição normativa da hipótese de incidência tributária desvenda a necessidade de se buscar a conjunção dos seus critérios para fundamentar a não-incidência da Contribuição Provisória sobre Movimentação ou Transmissão de Valores e de Créditos e Direitos de Natureza Financeira (CPMF) sobre as operações simbólicas de câmbio.

A hipótese de incidência expressa a descrição legal de um fato. Mais especificamente, a hipótese de incidência vem a representar a formulação hipotética contida na lei de um fato, de modo que seria, como afirma Geraldo Ataliba, *o espelho do fato, a imagem conceitual de um fato, é seu desenho.*[4] A lei, ao descrever um estado de fato, limita-se a arrecadar certos caracteres que bem o definam, para os efeitos de criar uma hipótese de incidência. O legislador pode, portanto, arrolar muitos ou só alguns dos caracteres do estado de fato, ao erigir uma hipótese de incidência.

3. Nesse ponto, lembra Roberto Quiroga que parece manifestamente inconstitucional o disposto no art. 1º da Lei n. 9.311/1996, ao dispor que a CPMF incidirá sobre a circulação de moeda física ou escritural, independentemente de ocorrer a respectiva transferência de titularidade. E, explica que a mera circulação de moeda de uma conta corrente de depósito de um titular para uma outra conta corrente do mesmo titular em outro estabelecimento bancário não é revelador, necessariamente, de riqueza (Roberto Quiroga Mosquera, *Direito Monetário e Tributação da Moeda*, São Paulo, Dialética, 2006, p. 291).

4. Geraldo Ataliba, *Hipótese de Incidência Tributária*, 5ª ed., São Paulo, Malheiros Editores, 1998, pp. 53-54.

O fato jurídico tributário, por sua vez, designa o fato imponível, que há de ser um fato concreto ocorrido no mundo fenomênico, como acontecimento fático, sensível e palpável. Fato imponível é o fato concreto, localizado no tempo e no espaço, acontecido efetivamente no universo fenomênico, que – por corresponder rigorosamente à descrição prévia, hipoteticamente formulada pela hipótese de incidência legal – dá nascimento à obrigação tributária.[5]

O surgimento da obrigação tributária expressa a conseqüência da conjunção do fato jurídico tributário com a hipótese de incidência tributária. Paulo de Barros Carvalho afirma que *a decomposição da hipótese de incidência tributária tem como finalidade de traçar os núcleos fundamentais do conceito*, de modo que *através da consideração simultânea de todos os critérios permite-se identificar a integralidade do fato jurídico tributário.*[6]

Inarredavelmente, a hipótese de incidência da CPMF – movimentação ou transmissão de valores e de créditos e direitos de natureza financeira – descreve, basicamente, as seguintes situações hipotéticas e abstratas, a legitimar a ocorrência do fato jurídico tributário:

(i) *Movimentação ou transmissão*: movimentar expressa a acepção dinâmica da incidência tributária através do fluxo financeiro. O vocábulo *movimentar* traduz o deslocamento de um determinado bem, coisa de um lugar para o outro, ou em sentido análogo, a circulação de bens e direitos quaisquer.[7] Transmitir é a explicitação da movimentação visto que não há "transmissão" sem "movimentação".[8]

É certo que as expressões *movimentar* e *transmitir*[9] induzem a uma primeira noção da materialidade da hipótese de incidência tributária da CPMF. A Contribuição incide sobre fato que representa uma ação ou movimento. Mais especificamente, a tributação incide sobre elementos patrimoniais em seu sentido dinâmico, e não no sentido estático.

Ives Gandra Martins afirma, à evidência, o transporte, a guarda, por uma instituição financeira, de direitos e créditos de terceiros, enquanto na sua posse, não pode, pelo desenho da lei maior, ser alcançado pela CPMF.[10]

A partir disso, conclui-se que a CPMF não incide sobre a posse ou a propriedade de algum direito, valor ou crédito, mas atinge elementos patrimoniais em mutação.

(ii) *Valores, créditos e direitos*: o vocábulo *valores* apresenta conteúdo semântico amplo, referindo-se a papéis, documentos, bens representativos de dinheiro ou índices de riqueza que circulam na economia.

Por sua vez, o vocábulo *crédito* (do latim *credere*, expressa confiança) expressa a permissão para usar do capital alheio,[11] ou ainda, adiantamento para reembolso posterior; transferência temporária do uso da riqueza. Pressupõe a troca de um bem presente por um bem futuro, de modo a desvendar aspecto temporal entre a realização da prestação presente e a prestação

5. Idem, p. 61.

6. Paulo de Barros Carvalho, *Teoria da Norma Tributária*, São Paulo, Max Limonad, 1998, p. 123.

7. Roberto Quiroga Mosquera, *Direito Monetário e Tributação da Moeda*, cit., p. 151.

8. Ives Gandra da Silva Martins, "A hipótese de imposição da CPMF e sua inexistência nas operações em que as instituições financeiras são mandatárias", *Revista Dialética de Direito Tributário* 66/53-61, mar. 2001.

9. Sobre a discussão que o verbo transmitir deve envolver a circulação entre duas pessoas, a questão torna-se de fácil solução ao verificar que o legislador constitucional prescreveu que a CPMF incidiria sobre a movimentação ou transmissão, utilizando-se da disjunção *ou*. No entanto, a controvérsia entre a aplicação da capacidade contributiva no caso de movimentação de valores, direitos e créditos de natureza financeira de um mesmo possuidor ou titular é discutível e possui fundamentos.

10. Ives Gandra da Silva Martins, "A hipótese de imposição da CPMF e sua inexistência nas operações em que as instituições financeiras são mandatárias", cit., v. 66/53-61.

11. Rubens Requião, *Curso de Direito Comercial*, v. 2, São Paulo, Saraiva, 1995, p. 290.

futura.[12] O crédito representa, pois, a causa do fenômeno patrimonial.[13] A acepção do termo crédito para fins de incidência da CPMF está adstrito a circulação de bens que representam a troca de direitos atuais por futuros.

Por fim, o termo *direitos*, que também apresenta significação vaga, pode indicar tanto uma prerrogativa legal quanto direito decorrente do acordo de vontades.

(iii) *Locução adjetiva de "natureza financeira"*: a locução adjetiva *de natureza financeira* delimita o alcance dos termos valores, créditos e direitos. Assim, a referida expressão está a indicar que os valores, créditos e direitos, que não transitem pelo Sistema Financeiro Nacional, não estão sujeitos à incidência do tributo.

O Sistema Financeiro Nacional consiste em um *organismo legal, com regime jurídico próprio, para o qual as demais pessoas jurídicas, não financeiras, se dirigem com o intuito de realizar negócios jurídicos que se qualificam como aplicações financeiras.*[14] Nesse sistema estão incluídos os valores, créditos e direitos realizados por instituições financeiras (monetárias e não-monetárias), já que estas possuem função econômica inafastável deste cenário ao viabilizar o trânsito entre a poupança popular e o financiamento.[15]

Conclui-se que tal expressão veio a diferenciar os valores, créditos e direitos de outras espécies (natureza), tais como os de natureza mercantil, civil, previdenciário, trabalhista, indenizatória, entre outros.

A partir da noção advinda da hipótese de incidência tributária, é possível destacar, sinteticamente, os critérios que compõem a regra-matriz de incidência da CPMF:

Hipótese	**Critério Material**	Circular moeda, física ou escritural, mediante liquidação de operação ou realização de lançamento por intermédio de instituição financeira, bancos comerciais, bancos múltiplos com carteira comercial e caixas econômicas e de que resulte ou não transferência da titularidade dos mesmos valores, créditos e direitos.
	Critério Temporal[16]	I – o lançamento a débito, por instituição financeira, em contas correntes de depósito, em contas correntes de empréstimo, em contas de depósito de poupança, de depósito judicial e de depósitos em consignação de pagamento de que tratam os parágrafos do art. 890 da Lei n. 5.869, de 11.1.1973, introduzidos pelo art. 1º da Lei n. 8.951, de 13.12.1994, junto a ela mantidas; II – o lançamento a crédito, por instituição financeira, em contas correntes que apresentem saldo negativo, até o limite de valor da redução do saldo devedor; III – a liquidação ou pagamento, por instituição financeira, de quaisquer créditos, direitos ou valores, por conta e ordem de terceiros, que não tenham sido creditados, em nome do beneficiário, nas contas referidas nos incisos anteriores; IV – o lançamento, e qualquer outra forma de movimentação ou transmissão de valores e de créditos e direitos de natureza financeira, não relacionados nos incisos anteriores, efetuados pelos bancos comerciais, bancos múltiplos com carteira comercial e caixas econômicas; V – a liquidação de operação contratadas nos mercados organizados de liquidação futura;

...segue

12. Roberto Quiroga Mosquera, *Tributação no Mercado Financeiro e de Capitais*, São Paulo, Dialética, 1999, p. 118.

13. Antonio Lopes de Sá, *Dicionário de Contabilidade*, 9ª ed., São Paulo, Atlas, 1995, p. 116.

14. Roberto Quiroga Mosquera, *Tributação no Mercado Financeiro e de Capitais*, cit., p. 179.

15. Ibidem, p. 19.

16. A expressão *fato gerador* contida no *caput* do art. 2º da Lei 9.311/1996 deve ser compreendida

Hipótese		VI – qualquer outra movimentação ou transmissão de valores e de créditos e direitos de natureza financeira que, por sua finalidade, reunindo características que permitam presumir a existência de sistema organizado para efetivá-la, produza os mesmos efeitos previstos nos incisos anteriores, independentemente da pessoa que a efetue, da denominação que possa ter e da forma jurídica ou dos instrumentos utilizados para realizá-la.[17]
	Critério Espacial	Território Brasileiro.
Conseqüente	**Critério Pessoal**	**Sujeito ativo:** União Federal. **Sujeito passivo:** *a) Contribuintes*: pessoa física ou jurídica que efetivar a circulação da moeda física ou escritural, nos termos do art. 4º da Lei 9.311/1996; *b) Responsáveis*: as instituições financeiras que liquidarem as operações de circulação de moeda física ou escritural, nos termos do art. 5º da Lei n. 9.311/1996.
	Critério Quantitativo	**Base de cálculo**: o valor da movimentação ou transmissão de qualquer natureza (art. 6º da Lei n. 9.311/1996). **Alíquota**: 0,38% (trinta e oito centésimos por cento) e zero para as hipóteses especificadas em Lei.

4. A não-incidência da CPMF sobre as operações simbólicas de câmbio

4.1 Os contratos de câmbio simbólico: formalidade exigida pelo Banco Central do Brasil na conversão de empréstimo em investimento externo e a não-incidência da CPMF

Tem-se que, no Brasil, toda e qualquer espécie de recurso proveniente do exterior, a título de investimento direto ou de empréstimo, deverá sujeitar-se ao registro no Banco Central do Brasil, para efeitos de controle de divisas.

O Banco Central do Brasil é o órgão responsável pela fiscalização das operações que envolvem capital estrangeiro, através do registro das movimentações, de modo a desempenhar a função inafastável de controle sobre os fluxos de entrada e saída de capital estrangeiro. Toda entrada de capital estrangeiro deve ser controlada pelo Departamento de Capitais Estrangeiros – FIRCE/ *Foreign Capital Department* – do Banco Central do Brasil.

O Banco Central do Brasil, a quem compete a fiscalização do mercado de câmbio, determinou, a fim de serem preservados os aspectos cambiais, fiscais e estatísticos, a contratação e liquidação simultânea de contratos de câmbio como pressuposto à integralização do capital social de pessoa jurídica brasileira mediante a conferência de participação societária em empresa estrangeira.

Sob este enfoque, é importante observar dois momentos distintos: *a um*, a concessão do empréstimo pela pessoa jurídica sediada, domiciliada ou com sede no exterior; *a dois*, a realização de investimentos com origem nestes recursos, através da conferência de participação societária em empresa estrangeira. A não-incidência da CPMF refere-se ao segundo momento, em que a conversão de empréstimo em investimento externo direto se verifica no âmbito da empresa, mediante seus registros contábeis, mas que demanda o fechamento de contra-

como o momento em que se considerará ocorrida a circulação de moeda escritural ou física, e não como a definição do critério material da regra-matriz de incidência da CPMF.

17. O legislador pretendeu com esse dispositivo estipular não o critério temporal da CPMF, mas sim um novo critério material para alcançar operações realizadas fora do ambiente bancário, com as mesmas características deste. Em que pese a possível ofensa ao princípio da legalidade, o dispositivo deverá ser interpretado sob os limites da materialidade do fato jurídico tributário.

to de câmbio para fins de controle do Banco Central do Brasil.

O art. 3º da Lei n. 4.131/1962[18] institui, sob a responsabilidade do Banco Central do Brasil, o serviço especial de registro de capitais estrangeiros, junto ao qual deve estar registrado todo e qualquer capital estrangeiro investido no país, qualquer que seja a modalidade específica.

O serviço especial de registro a que se refere o texto legal é regulamentado pela Carta Circular do Banco Central de n. 2.997/2000, tendo em vista o disposto no art. 3º da Resolução n. 2.337/1996 do Conselho Monetário Nacional que autoriza a instituição do registro declaratório eletrônico no âmbito do Banco Central do Brasil.[19]

A Circular n. 2.997/2000, então, instituiu e regulamentou o módulo investimentos externos diretos no país pelo sistema de Registro Declaratório Eletrônico (RDE – IED), complementado pelo Comunicado n. 7.845/2000 do Banco Central do Brasil.[20]

A sistemática de registro engloba toda transferência efetuada com o exterior em decorrência da aplicação inicial, assim como quaisquer modificações relativas aos titulares de registro de capital estrangeiro, contemplando, ainda, todo evento societário ou contratual que implique alteração dos dados constantes do registro, além de informações econômico-financeiras das empresas receptoras.[21]

Sob este aspecto, tem-se que as transferências de modalidades de aplicação do capital estrangeiro no Brasil para a modalidade objeto do Regulamento anexo à Circular n. 2.997/2000 e vice-versa dependem de prévia e expressa autorização do Departamento de Capitais Estrangeiros do Banco Central do Brasil – FIRCE (*Foreign Capital Department*), sujeitando-se à realização de operações simultâneas de compra e venda de câmbio, sem expedição de ordem de pagamento do ou para o exterior.

A determinação do fechamento dos contratos de câmbio simbólicos consta no item 12 da Circular n. 3.037/2001 do Banco Central do Brasil, de modo que quando *da realização de investimentos por meio de conferência internacional de ações ou de outros ativos, será exigida a realização de operações simbólicas de câmbio relativas ao ingresso de investimento externo no País e à saída de investimento brasileiro para o exterior, realizadas sem emissão de ordens de pagamento com liquidação pronta e simultânea em um mesmo banco.*

18. Assim determina o dispositivo legal: "Art. 3º. Fica instituído, no Banco Central do Brasil, *um serviço especial de registro de capitais estrangeiros*, qualquer que seja sua forma de ingresso no País, bem como de operações financeiras com o exterior, no qual serão registrados: *a) os capitais estrangeiros que ingressarem no País sob a forma de investimento direto ou de empréstimo, quer em moeda, quer em bens*; b) as remessas feitas para o exterior como retorno de capitais ou como rendimentos desses capitais, lucros, dividendos, juros, amortizações, bem como as de 'royalties', de pagamento de assistência técnica, ou por qualquer outro título que impliquem transferência de rendimentos para fora do País; c) os reinvestimentos de lucros dos capitais estrangeiros; d) as alterações do valor monetário do capital das empresas, procedidas de acordo com a legislação em vigor. Parágrafo único. O registro dos reinvestimentos a que se refere a letra 'c' será devido, ainda que se trate de pessoa jurídica com sede no Brasil, mas filiada a empresas estrangeiras ou controlada por maioria de ações pertencentes a pessoas físicas ou jurídicas com residência ou sede no estrangeiro".

19. Observa-se o disposto no art. 3º da Resolução n. 2.337/1996 do Conselho Monetário Nacional: "Art. 3º. O Banco Central do Brasil e a Comissão de Valores Mobiliários, nas respectivas áreas de competência, ficam autorizadas a adotar medidas e baixar normas complementares que se fizerem necessárias à execução do disposto nesta Resolução" (Brasil, Conselho Monetário Nacional, Resolução 2.337, de 28.11.1996, disponível em *http://www5.bcb.gov.br/normativos/detalhamentocorreio.asp?N=096251207&C=337 ASS=ESOLUCAO+2.337*, acesso em 21.7.2006).

20. Informa os procedimentos para registro de conversão de principal, de juros e de encargos em investimento no Sistema Registro Declaratório Eletrônico (RDE), Módulo Registro de Operações Financeiras (ROF).

21. Conforme determina o art. 1º da Circular n. 2.997/2000.

Tecnicamente, o Banco Central do Brasil ordena que, para a conversão do empréstimo em investimento externo direto, sejam realizados o fechamento de contratos simultâneos de câmbio tipo 03 e 04[22] (operações simbólicas de câmbio).

O contrato de câmbio tipo 03 consiste no instrumento hábil para o ingresso de divisas no país mediante compra de moeda estrangeira, com a conseqüente recepção de ordem de pagamento. Por sua vez, o contrato de câmbio tipo 04 corresponde à saída de divisas do país mediante a venda de moedas estrangeiras, com a conseqüente expedição de ordem de pagamento. Os contratos do tipo 03 e 04 devem, necessariamente, possuir a mesma moeda e valor.[23]

Como denota a própria expressão operações simultâneas de compra e venda de moeda estrangeira, sem expedição de ordem de pagamento do ou para o exterior – e, daí exsurge a designação simbólica – há a transação fictícia de saída e entrada de capital no país, não envolvendo saída pecuniária efetiva do país. Operacionalmente, os recursos estrangeiros ingressam escrituralmente no país, por meio da liquidação do contrato de compra de câmbio, em razão do qual o banco comprador pagará a empresa pela moeda estrangeira proveniente do exterior (contrato de compra de câmbio). Nesse caso, o recebimento ocorre por intermédio de lançamento a crédito em conta corrente.

Em contrapartida, a saída de recursos estrangeiros para configurar o pagamento do crédito ocorre através de contrato de venda de câmbio, efetuando-se através de lançamento a débito em conta. Ou seja, o lançamento a débito em conta corrente é neutralizado pelo anterior lançamento a crédito, resultando em um efeito econômico nulo.[24]

Disso resulta a ausência operação com conteúdo econômico. Tal fato é perceptível na medida em que, ao celebrar contrato de câmbio simbólico (em que não há transação real em moeda estrangeira), vislumbra-se que a conversão do financiamento em investimento externo direto não representa efetiva movimentação financeira.

Verifica-se que a perfectibilização do contrato, nestes casos, é fruto de exigências burocráticas e com finalidade de controle da saída e entrada de divisas do país, mesmo em operações meramente simbólicas. Tanto é verdade, que em janeiro de 2002, o Banco Central editou a Circular n. 3.074, ao dispor sobre a regularização de conversão de créditos remissíveis em investimentos, determinou que as operações efetuadas sem a celebração de operações de câmbio, passassem a ser regularizadas por meio de operações simultâneas de câmbio.[25]

22. Consolidação das Normas Cambiais, Título 1, Capítulo 2, item 27, atualizada pela Circular n. 2.231, de 25.11.1992, disponível em *http://www.bcb.gov.br/rex/CNC/port/cnc_ult_versao.asp*, acesso em 21.7.2006.

23. Banco Central do Brasil, Sistema de Câmbio: conversão de pagamento antecipado de exportação em investimento/empréstimo, disponível em *http://www.bcb.gov.br/Rex/Atualizacoes/port/cambio4.asp*, acesso em 1.5.2006.

24. Tanto é verdade de que não há elementos em mutação, que a Lei n. 10.833/2003, em seu art. 37, ao criar a hipótese de antecipação do valor da CPMF relativa à liquidação de operações, com ações ou opções de ações adquiridas em bolsa de valores ou em mercado de balcão organizado, pelos investidores estrangeiros – o que pressupõe a não-ocorrência do fato gerador e, conseqüentemente, a ausência de movimentação de recursos – estabelece a mesma sistemática. Ou seja, a antecipação da CPMF será apurada *mediante lançamento a débito, precedido de lançamento a crédito no mesmo valor, em conta corrente de depósito do investidor estrangeiro.*

25. "A Diretoria Colegiada do Banco Central do Brasil, em sessão realizada em 4.1.2002, com base na Resolução 2.337, de 28.11.1996, e tendo em vista o disposto na Circular 2.997, de 15.8.2000, DECIDIU: Art. 1º. Determinar que as conversões, em investimento, de créditos remissíveis contabilizados como capital da empresa receptora até a data de publicação desta Circular, efetuadas sem celebração de operações de câmbio, sejam regularizadas por intermédio da realização de operações simultâneas de compra e venda de moeda estrangeira, à taxa de câmbio vigente no dia da conversão, devendo ser providenciada a respectiva atualização dos registros pertinentes no Banco Central do Brasil, na forma da regulamentação em vigor. Art. 2º. Referidas operações

Como se pode inferir, o Banco Central do Brasil reconhece não haver movimentação ou transmissão de valores e de créditos e direitos de natureza financeira, mas que, para fins de controle, julga necessária a celebração de operação simbólica de câmbio. Para esse órgão, a operação simbólica desvenda *operações simultâneas de compra e venda de moeda estrangeira, sem expedição de ordem de pagamento do ou para o exterior.*

Conseqüentemente, não há o que se falar em incidência da CPMF, por absoluta ausência de previsão legal para este fato. Ou seja, a materialidade do tributo, ora em análise, envolve, necessariamente, a mobilização de riqueza com verdadeiro conteúdo econômico. A hipótese de incidência da CPMF está longe de prever operações simbólicas a legitimar a ocorrência do fato jurídico tributário.

Não há nenhum impedimento para que o Banco Central do Brasil, no exercício de sua competência, crie uma ficção cambial com a finalidade de controle dos seus registros. No entanto, a pretensão de se atribuir efeitos tributários para uma ficção registral revela-se inaceitável e absolutamente incoerente com a hipótese de incidência tributária da CPMF.[26] Tal situação evidencia que, quando o parágrafo único do art. 1º da Lei n. 9.311/1996 fala em *movimentação ou transmissão de valores e de créditos e direitos de natureza financeira*, não faz previsão a qualquer situação simbólica ou fictícia, mesmo representando *circulação escritural ou física de moeda.*

Desta forma, a operação envolvendo a conversão de empréstimo, proveniente de capital externo, para investimento não se encontra no âmbito da hipótese de incidência da Contribuição Provisória sobre Movimentação ou Transmissão de Valores e de Créditos e Direitos de Natureza Financeira.

4.2 Divergências jurisprudenciais: a operação de câmbio "aparentemente" simbólica

Apesar de a discussão ser recente e não usual nos Tribunais pátrios, existem manifestações do Poder Judiciário que não admitem a incidência da CPMF sobre as operações simbólicas de câmbio quando da conversão de empréstimo em investimento externo direto, e outras que entendem legítima a incidência da contribuição.

Administrativamente, a Receita Federal, admite a incidência da CPMF sob o argumento de que, nos lançamentos decorrentes de operações simbólicas de câmbio, assim entendidas as operações de fechamento simultâneo de câmbio, realizadas para a regularização de registro de empréstimos externos, reorganização de dívidas e para a conversão de crédito em investimento externo direto, vislumbram movimentação escritural de moeda a ensejar a inci-

devem obedecer à seguinte estrutura cambial: a) formalização de contrato de câmbio de venda de moeda estrangeira, pelo valor representativo do pagamento da obrigação ou da dívida, tendo como comprador o legítimo devedor e como recebedor no exterior o credor da dívida ou o beneficiário da obrigação, observada a correta classificação da operação de câmbio, inclusive no que se refere ao código de grupo; b) formalização de contrato de câmbio de compra de moeda estrangeira no mesmo valor do contrato referido na alínea anterior, representativo das ações ou quotas detidas pelo investidor não-residente na empresa brasileira receptora do investimento, tendo como vendedor e recebedor no País a empresa brasileira receptora do investimento, observada a correta classificação da operação em face do investimento realizado, inclusive no que se refere ao código de grupo."

26. Nesse sentido: Hugo Barreto Sodré Leal, "Não-incidência da CPMF nos contratos de câmbio simbólico realizados na Conferência Internacional de Ações", in Aristóteles Moreira Filho e Marcelo Jotobá Lôbo, *Questões Controvertidas em Matéria Tributária: uma Homenagem ao Professor Paulo de Barros Carvalho*, Belo Horizonte, Fórum, 2004, p. 480; Fabiola Cassiano Keramidas, "CPMF devida em operação simbólica", *Revista Dialética de Direito Tributário* 89/35-40, fev. 2003, p. 37; Roberto Quiroga Mosquera, *Direito Monetário e Tributação da Moeda*, cit., p. 174.

dência, nos termos do parágrafo único do art. 1º da Lei n. 9.311/1996.[27]

Ao prevalecer o posicionamento da Receita Federal referente à incidência da CPMF sobre as operações simbólicas de câmbio, os contribuintes passaram a buscar a solução no Poder Judiciário.

Nesse contexto, verifica-se a existência de decisões no Tribunal Regional Federal da 1ª Região, Tribunal Regional Federal da 2ª Região, Tribunal Regional Federal da 3ª Região e Tribunal Regional da 4ª Região.

O Tribunal Regional Federal da 1ª Região, mediante manifestação monocrática, entende que a operação a que se refere – simbólica, apenas, em sua aparência – envolve movimentação financeira, e o fato de se cuidar de conversão de empréstimo em investimento não é suficiente para descaracterizar o fato gerador da contribuição.[28]

No Tribunal Regional Federal da 2ª Região vislumbram-se manifestações contraditórias: uma admitindo a incidência da CPMF sobre a operação simbólica de câmbio e outra afastando a incidência da contribuição em análise. A decisão que defende a incidência da CPMF sobre a operação simbólica de câmbio entende que *tal operação de liquidação de débito, por retratar uma transmissão de titularidade de quotas, representa transferência patrimonial com a conseqüente transmissão de valores.*[29] Por outro lado, a decisão proferida no sentido de afastar a incidência da CPMF sobre as operações simbólicas de câmbio defende que *há uma movimentação fictícia quando as empresas nacionais que captam recursos do exterior e, mediante concordância do credor estrangeiro transformam o débito decorrente do empréstimo em investimento direto na própria empresa devedora, passando o credor à situação de sócio quotista.*[30] E, adiante conclui que *não houve remessa de dinheiro para o exterior e sequer houve expedição de ordem de pagamento, o que configura a ausência de circulação de moeda física ou escritural.*[31]

O Tribunal Regional Federal da 3ª Região manifestou-se, por maioria, no sentido de não admitir a incidência sobre as operações simbólicas de câmbio. No voto vencedor da Desembargadora Alda Basto evidenciou-se que não há ocorrência da hipótese tributária, *porquanto na transação levada a efeito não se vislumbra qualquer pagamento ou circulação financeira, mesmo porque a remessa dos valores se converteu em capital da empresa do grupo, não tendo se dado a transferência de titularidade.*

Por fim, o Tribunal Regional Federal da 4ª Região, ao contrário, entende que há a incidência da CPMF sobre as operações simbólicas de câmbio. Basicamente, o Tribunal entende que a operação é "aparentemente" simbólica, desvendando verdadeira transação cambial e, por tal razão, deve-se sujeitar à incidência da CPMF.[32]

Para fins da correta interpretação da hipótese de incidência da CPMF, não basta a simples movimentação de *contas correntes*, sendo imprescindível a efetiva movimentação de *recursos*. E, sob este aspecto, a origem da expressão *operações aparentemente simbólicas de câmbio*, utiliza-

27. Neste sentido: Brasil, Superintendência Regional da Receita Federal (SRRF), Processo de Consulta n. 35, 4ª Região Fiscal, *DOU* 6.6.2005; Brasil, Superintendência Regional da Receita Federal (SRRF), Processo de Consulta n. 103, 9ª Região Fiscal, *DOU* 7.4.2005; Brasil, Superintendência Regional da Receita Federal (SRRF), Processo de Consulta n. 125, 10ª Região Fiscal, *DOU* 15.8.2003; Brasil, Superintendência Regional da Receita Federal (SRRF), Processo de Consulta n. 102, 8ª Região Fiscal, *DOU* 19.5.2003; Brasil, Superintendência Regional da Receita Federal (SRRF), Processo de Consulta n. 299, 6ª Região Fiscal, *DOU* 21.12.2000.

28. Brasil, TRF-1ª R., AI n. 2004.01.00.030752-3, Rel. Desembargadora Federal Assusete Magalhães, *DOU* 15.2.2004.

29. Brasil, TRF-2ª R., AI n. 2002.02.01.038132-0, Rel. Desembargadora Federal Vera Lúcia Lima, *DOU* 22.11.2002.

30 Brasil, TRF-2ª R., Apelação em Mandado de Segurança n. 2002.51.01.014486-4, Rel. Desembargadora Federal Tânia Heine, *DOU* 14.1.2005.

31. Ibidem.

32. Brasil, TRF-4ª R., Apelação em Mandado de Segurança n. 2004.70.00.003901-5, Rel. Desembargadora Maria Lúcia Leiria, *DJU* 6.4.2005.

da pelos Tribunais pátrios para justificar a incidência da CPMF, tem origem no simples fato da operação de conversão de empréstimo em investimento externo direto movimentar contas e não recursos.

No entanto, o legislador constituinte, ao estabelecer a hipótese de incidência da CPMF, levou em consideração a tributação do fluxo financeiro, entendido como a real movimentação de valores ou transmissão de valores e de créditos e direitos de natureza financeira. Caso contrário, a hipótese de incidência seria redimensionada para incluir novas hipóteses, assim entendidas as movimentações ou tributações fictícias/ simbólicas ou ainda, movimentação de contas correntes e não de valores, de créditos e direitos de natureza financeira.

5. *Conclusão*

A conjunção dos elementos que compõem a regra-matriz de incidência tributária da CPMF permite a compreensão dos seus contornos e limites. O intérprete deverá perseguir o fundamento que antecede o critério material da hipótese de incidência (movimentação ou transmissão de valores e de créditos e direitos de natureza financeira) para adequar a sua análise. A incidência tributária deve representar verdadeiro conteúdo econômico, já que não é toda e qualquer circulação de moeda que representa a circulação de riqueza.

No momento da concessão do empréstimo pela pessoa jurídica residente ou domiciliada no exterior há expressão de riqueza. A transmudação desse empréstimo em investimento externo direto, por mera exigência do BACEN, para fins de manter o controle de seus registros, desvenda-se que não há riqueza nova. Como não há movimentação de riqueza, não há ciclo econômico completo a revelar capacidade contributiva.

Em que pese a existência de posicionamento em sentido contrário, no sentido de admitir a incidência da CPMF sobre as operações simbólicas de câmbio, é certo que os fundamentos não ultrapassam o cunho axiológico do tributo e a adequada compreensão da hipótese de incidência, entendendo como suficiente a ocorrência do critério temporal da hipótese de incidência, sem vislumbrar a materialidade.

Ademais, é incontestável que não há previsão hipotética acerca da incidência da CPMF sobre operações simbólicas, mas tão-somente sobre operações efetivas que denotam circulação de moeda, física ou escritural. Resta evidente que a criação de uma obrigação tributária meramente simbólica, ao arrepio da lei instituidora desse tributo, está flagrantemente violando todos os princípios norteadores do Sistema Tributário Nacional, repercutindo, veementemente, na segurança jurídica dos contribuintes e desconsiderando, por completo, a estrita legalidade tributária.

A conversão dos valores recebidos a título de empréstimo ou financiamento em investimento externo direto, quando da celebração do contrato de câmbio simbólico, está, completamente, fora do âmbito da hipótese de incidência da CPMF e, qualquer exigência apresenta-se incoerente e ausente de fundamentos diante da presente sistemática jurídico-tributária.

GRÁFICA PAYM
Tel. (011) 4392-3344
paym@terra.com.br

RDT 97

CADERNOS DE DIREITO TRIBUTÁRIO: O ABSURDO DA INTERPRETAÇÃO ECONÔMICA DO "FATO GERADOR" – DIREITO E SUA AUTONOMIA – O PARADOXO DA INTERDISCIPLINARIEDADE – PAULO DE BARROS CARVALHO • A FILOSOFIA DA PALAVRA – GUSTAVO BERNARDO KRAUSE • INCREMENTO PATRIMONIAL NO JUSTIFICADO Y LOS FONDOS DE ORIGEN ILÍCITO: ¿PRESUNCIÓN O FICCIÓN? – JORGE BRAVO CUCCI • ABUSOS DA FISCALIZAÇÃO – O CASO DA COBRANÇA DE ICMS SOBRE A CONSTRUÇÃO DE ABRIGOS DE ÔNIBUS – SACHA CALMON NAVARRO COÊLHO, EDUARDO JUNQUEIRA COELHO e ANDRÉ MENDES MOREIRA • APURAÇÃO DA BASE DE CÁLCULO DO IRPJ E DA CSLL. A desconsideração de 100% dos custos e despesas. Obrigatoriedade do arbitramento do lucro – MARY ELBE QUEIROZ • COMPETÊNCIA REGULAMENTAR DA ANATEL E TRIBUTAÇÃO. O caso da Súmula n. 7/2005 – TÁCIO LACERDA GAMA • O USO HABITUAL DOS VOCÁBULOS COMO LIMITE À INTERPRETAÇÃO: ANÁLISE SOB O PONTO DE VISTA DOS JULGADOS DO SUPREMO TRIBUNAL FEDERAL – TATHIANE DOS SANTOS PISCITELLI • BOA-FÉ, REEXAME, VALORAÇÃO DAS PROVAS E OS "RECURSOS DE DIVERGÊNCIA" NO PROCESSO ADMINISTRATIVO-TRIBUTÁRIO – DURVAL FERRO BARROS • AS PRESUNÇÕES E A LINGUAGEM PRESCRITIVA DO DIREITO – FLORENCE CRONEMBERGER HARET • ***ESTUDOS E COMENTÁRIOS***: O SIMPLES NACIONAL E ASPECTOS CONSTITUCIONAIS DA TRIBUTAÇÃO DAS MICRO E PEQUENAS EMPRESAS (LEI COMPLEMENTAR 123, DE 14.12.2006) – POLLYANA VILAR MAYER e OLÍVIA TONELLO MENDES FERREIRA • A TRIBUTAÇÃO DO SERVIÇO DE VoIP (Voz sobre IP) – RUBYA FLORIANI DOS ANJOS • INTERPRETACIÓN TRIBUTARIA EXTENSIVA E INTEGRACIÓN ANALÓGICA A PARTIR DEL PRINCIPIO DE RESERVA DE LEY – OLGA MA. AUCAR MERCHÁN e PAULA SUBÍA PINTO • A APURAÇÃO DO PIS E DA COFINS E A VIABILIDADE DA NÃO-TRIBUTAÇÃO DAS OPERAÇÕES DE VENDAS E PRESTAÇÕES DE SERVIÇOS INADIMPLIDAS: O CONCEITO DE FATURAMENTO E OS REGIMES CONTÁBEIS DE RECONHECIMENTO DAS RECEITAS – VANESSA RAHAL CANADO • REGIMES DE TRIBUTAÇÃO MONOFÁSICA DA CONTRIBUIÇÃO PARA O PIS/PASEP E DA COFINS DE QUE TRATA A LEI 10.147/2000 E O ENTENDIMENTO VEICULADO NO ADI SRF 26/2004 – CIRO CARDOSO BRASILEIRO BORGES • CPMF: NÃO-INCIDÊNCIA SOBRE OPERAÇÕES SIMBÓLICAS DE CÂMBIO DECORRENTES DA CONVERSÃO DE EMPRÉSTIMO EM INVESTIMENTO EXTERNO DIRETO – ELIANA KARSTEN ANCELES

MALHEIROS EDITORES

Revista de Direito Tributário

93

M